colección

Ideas en Debate

SERIE EDUCACIÓN

Claudia Finkelstein y Elisa Lucarelli (editoras)
Los docentes universitarios en búsqueda de su formación pedagógica:
abriendo las fronteras

1ª ed. - Barcelona / Buenos Aires: Miño y Dávila editores - Marzo 2022.

374 p.; 22,5x14,5 cm.

ISBN: 978-84-18095-94-8
Depósito legal: M-24053-2021

Edición: Primera. Marzo 2022
Lugar de edición: Barcelona, España / Buenos Aires, Argentina

ISBN: 978-84-18095-94-8
Depósito legal: M-24053-2021

THEMA: JNM [Higher & further education, tertiary education]
JNMT [Teacher training]
BISAC: EDU015000 [Higher]
EDU046000 [Professional Development]
WGS: 860 [School and learning / Adult education/adult education centre]
863 [School and learning / Adult education centre/
course materials general]

Diseño: Gerardo Miño
Composición: Laura Bono

Página web: www.minoydavila.com

Mail producción: produccion@minoydavila.com
Mail administración: info@minoydavila.com

Dirección postal: Miño y Dávila s.r.l.
Tacuarí 540. Tel. (+54 11) 4331-1565
(C1071AAL), Buenos Aires.

Los docentes universitarios en búsqueda de su formación pedagógica:

abriendo las fronteras

Claudia Finkelstein y Elisa Lucarelli

(editoras)

Los docentes universitarios en búsqueda de su formación pedagógica:

abriendo las fronteras

Claudia Finkelstein — ARGENTINA
Elisa Lucarelli
Alicia Villagra
Ana María Malet
Andrea Montano
Gladys R. Calvo
Mercedes Lavalletto
Walter Viñas

Maria Isabel da Cunha — BRASIL
Maria Boéssio Atrib Zanchet
Nadiane Feldkercher
Gabriela Machado Ribeiro
Sandra Regina Soares
Liége Maria Queiroz Sitja
Mariana Soledade Barreiro

Nora Castante Flores — COSTA RICA
Patricia Marín Sánchez

Mercedes Collazo — URUGUAY
Sylvia De Bellis
Virginia Fachinetti
Nancy Peré
Vanesa Sanguinetti

ÍNDICE

PRÓLOGO

Estela M. Miranda[1]

L a invitación a prologar esta publicación es un honor y una gran responsabilidad. El honor de ser convocada a abrir la puerta de una magnífica producción en dos partes, porque en definitiva es lo primero que enfrentamos después del índice y a veces antes. La obra recupera la trayectoria de un colectivo de investigadores preocupados y ocupados en la formación pedagógica del docente universitario. Al mismo tiempo la responsabilidad de interpretar los sentidos del conjunto de la publicación, a modo de un primer acercamiento y convite a ingresar en la lectura de los capítulos que la integran.

Agradezco a Claudia y a Elisa y a cada una/o de las/os autoras/es por la invitación a la presentación de las producciones de esta red de investigadores de universidades de Argentina, Brasil, Costa Rica y Uruguay, congregados en el Proyecto "Estrategias institucionales para la formación pedagógica de los docentes de nivel superior orientadas al mejoramiento de la calidad del nivel superior de educación". Con una extensa trayectoria en investigaciones e intervenciones pedagógicas, esta red académica condensa en dos partes la vasta tarea de reflexiones teóricas fundadas en exploraciones empíricas y el análisis de experiencias en universidades latinoamericanas, visibilizando rasgos comunes, convergencias y diferencias en las mutaciones de la pro-

---

1   Doctora en Ciencias de la Educación (Universidad Nacional de Córdoba).
Profesora Titular de Política Educacional y Legislación Escolar. Directora del Doctorado en Ciencias de la Educación (2002-2013) (FFYH-UNC).
Coordinadora del Núcleo de Estudios e Investigaciones en Educación Superior del MERCOSUR (NEIES-MERCOSUR).
Editora de *Integración y Conocimiento*. Revista del Núcleo de Estudios e Investigaciones en Educación Superior del MERCOSUR (NEIES-MERCOSUR).

fesión académica que atraviesa la educación superior del continente, desde las últimas décadas del siglo pasado.

Las transformaciones en la educación superior, a escala global, impactaron en las instituciones y, en particular, en la profesión académica, con diferentes alcances según los países. Las políticas de evaluación institucional de las universidades, la acreditación de carreras de grado y de postgrado, los planes estratégicos o proyectos institucionales, al mismo tiempo, la expansión de la matrícula y las políticas que efectivizaron el reconocimiento del derecho a la universidad generaron un conjunto de respuestas institucionales que colocaron el foco, como nunca antes, en el aula universitaria y en la formación pedagógica de los profesores. Para atender la masividad y heterogeneidad del aula universitaria por la presencia de nuevos sujetos estudiantes se promovieron acciones tendientes a garantizar el acceso, la permanencia y la graduación a una población con otras demandas, intereses, condiciones y posibilidades; desde una inversión de la concepción del fracaso en los estudios universitarios atribuida al estudiante a otra que considera "otras variables, entre ellas, como el sistema, las instituciones y el docente", como se plantea en la introducción de este volumen.

En ese contexto, la tarea docente en el aula universitaria como una de las funciones sustantivas de la educación superior, en algunas disciplinas todavía descalificada respecto de la investigación, fue cobrando importancia como práctica profesional compleja que requiere de saberes y disposiciones específicas, a la par de los conocimientos disciplinares. La transmisión y gestión de procesos pedagógico-didácticos en el aula universitaria ya no pueden ser resueltas por la vía de la idoneidad, la imitación o reproducción de modelos, desde una concepción tradicional de la práctica profesoral que entendía como innecesaria la formación específica para la enseñanza universitaria.

En el transcurso de varias décadas, la formación pedagógica de los docentes universitarios fue ganando espacios e institucionalizada a través de una pluralidad de modalidades como: carrera docente, asesoría pedagógica universitaria, acciones formativas abiertas o de formación continua y programas de posgrado (Especialización y Maestría). Las experiencias presentadas son testimonios de indagaciones de largo alcance para develar procesos de conformación de espacios, lugares y territorios de institucionalización de la formación pedagógica en las universidades, tal como plantean Claudia Finkelstein, Elisa Lucarelli y equipo en el primer capítulo de la primera parte. Los capítulos exteriorizan las diferentes perspectivas y los recorridos diversos en los espacios de formación estudiados. Mientras algunos analizan el desarrollo profesional del docente universitario desde la tensión entre dos lógicas: una, vinculada a la disciplina de la profesión y otra relacionada a la formación pedagógica que, en algunos casos, se traduce en el desplazamiento/deslegitimación de la tarea pedagógica; otros enfatizan en la problematización de la propia práctica y en la reflexión sobre "su hacer" para deconstruir prácticas rutinizadas que movilicen cambios en las representaciones y prácticas docentes.

En algunos países, es el caso de Argentina, los requerimientos de formación de posgrado de los profesores universitarios orientaron la elección hacia las carreras de especialización y/o maestría en docencia universitaria. A diferencia de otras modalidades de formación de profesores, en una misma disciplina, carrera o facultad, las carreras de postgrado en docencia universitaria permiten el ingreso de graduados de diferentes disciplinas. La formación que se ofrece incluye, generalmente, contenidos sobre aspectos político-institucionales, pedagógico-didáctico y de metodología de la investigación, desde una concepción del desarrollo profesional docente como una práctica compleja que involucra la docencia, la investigación y la extensión desde múltiples atravesamientos político-institucionales.

Es importante destacar los avances y la consolidación de la temática como objeto de estudio de la investigación educativa, en las últimas décadas. Como testimonio de ello, los capítulos muestran resultados de investigaciones en redes, equipos y proyectos, que por más de veinticinco años, se desarrollaron entre universidades de Argentina, Brasil y Uruguay. Trayectoria capitalizada en una red ampliada (por la incorporación de Costa Rica) para emprender este proyecto seleccionado en la segunda convocatoria pública a la conformación de redes de investigación, realizada por el Núcleo de Estudios e Investigaciones en Educación Superior del MERCOSUR (NEIES)[2], un Programa del Sector Educativo del MERCOSUR (SEM), en el año 2016. Dicha convocatoria fue gestionada por el Programa de Internacionalización de la Educación Superior y la Cooperación Internacional (PIESCI), Secretaría de Políticas Universitarias (SPU) y financiada por el Ministerio de Educación de Argentina.

El trabajo en redes académicas y/o de investigación son estrategias políticas e institucionales que revelan un alto potencial para el forta-

---

2   http://nemercosur.siu.edu.ar/webnucleo/index.html.

lecimiento de los espacios de producción y difusión de conocimiento, a través de vínculos regionales. El NEIES se ubica en esa perspectiva, en tanto instrumento de política pública que tiene como función la conformación de redes de investigación, el fortalecimiento de grupos existentes en la región y la formación de nuevos grupos de investigación para promover la diseminación de los conocimientos producidos sobre temáticas relativas a la educación superior, desde una perspectiva de integración regional.

En síntesis, esta obra amalgama tres facetas que no siempre se alcanzan en un único proyecto: los aportes teóricos, con base empírica en acciones, espacios y experiencias de formación pedagógica de los docentes universitarios como objeto de investigación, el trabajo colectivo en redes de investigadores y el fortalecimiento de la interacción y la producción y diseminación de conocimientos con una mirada territorial ampliada, enriqueciendo vínculos académicos previos.

Tengo la certeza de que esta obra estimulará nuevos debates y propuestas de investigación que acrecentarán el campo de estudio y de intervención en la formación pedagógica de los docentes universitarios. Además de un material de estudio de gran valía en los espacios de formación y una contribución ineludible para los gestores de programas, instancias académico-institucionales y las políticas públicas universitarias que apuesten al mejoramiento de la enseñanza y al fortalecimiento de la profesión docente.

Introducción

Claudia Finkelstein

La formación pedagógica de los docentes universitarios ha cobrado relevancia en las últimas décadas. Las reformas suscitadas en la universidad generadas por las políticas de evaluación y acreditación implementadas a partir de la década de 1990, la mercantilización del conocimiento producto del pasaje del conocimiento universitario al conocimiento pluriuniversitario (Da Souza Santos, 2007), la conformación del Espacio Europeo de Educación Superior que cristaliza las reformas surgidas de la Declaración de Bolonia en 1999[1], son algunos de los factores que han operado generando que la universidad hoy se enfrente a demandas contrapuestas que atentan contra su institucionalidad.

Asimismo, el aumento sostenido de estudiantes que acceden al nivel superior universitario, resultado de políticas de democratización, al tiempo que su diversidad y heterogeneidad, los desafíos que presenta la inclusión de las tecnologías de la información, son otros factores que han provocado, en algunos casos, una profunda fractura en la identidad social y cultural de la universidad, que se traduce en una cierta parálisis disfrazada de actitud defensiva resistente al cambio en nombre de la autonomía universitaria y de la libertad académica (Da Sousa Santos, 2007).

De igual manera, no puede dejar de reconocerse que los procesos nacionales de transformación de la educación superior en Uruguay, Brasil, Argentina y Costa Rica fueron progresivamente afectados por el contexto internacional y sus lógicas de generación y apropiación del conocimiento. En este sentido, aparecen las propuestas de diseños de currículos competenciales, nuevas estrategias de enseñanza y evaluación que en muchas oportunidades demandan ser adoptadas

---

1   Dieciocho países latinoamericanos se incorporaron al Proyecto Tuning – América Latina.

acríticamente, intentando legitimar modelos que no son sometidos a profunda reflexión por parte de la comunidad educativa y que generan redefiniciones en el rol del docente universitario.

En este contexto la formación pedagógica de los docentes universitarios ha tenido un creciente interés, reconociéndose el posible impacto en la calidad de los aprendizajes de los estudiantes. En este sentido, el fracaso del estudiantado ha dejado de ser responsabilidad única del alumno, incorporando otras variables, entre ellas, el sistema, la institución y el docente.

Hacer foco en la formación de los docentes universitarios en pos de mejorar la calidad de este nivel de educación, implica considerar los nuevos desafíos —en términos de condiciones socio históricas— que atraviesan las universidades de América Latina. Cambios en las políticas educativas, redimensionamientos presupuestarios, modificaciones en las demandas y características de los estudiantes, nuevas interpelaciones de la sociedad, el cambio paradigmático, que ha afectado la concepción de conocimiento e incluido nuevas racionalidades, y nuevos desarrollos específicamente didácticos —opuestos a perspectivas tecnicistas— se presentan como verdaderos retos a las instituciones formadoras.

El rol del profesor universitario se asume como primordial en tanto sujeto social posibilitador de cambios y como garante de la calidad de la formación de los futuros graduados. Basadas en esta premisa las universidades de Argentina, Brasil, Uruguay y Costa Rica han desarrollado acciones sistemáticas tendientes a la formación pedagógica de los profesores universitarios, tarea que se ve desafiada por varias cuestiones: políticas, encuadres de formación, lógicas de funcionamiento institucional, la propia biografía escolar de los docentes de este nivel, entre otros aspectos.

Cáceres Meza y otros (2003) afirman que las propuestas de formación pedagógica del profesorado universitario deben orientarse a elevar la calidad de la educación y concebirse como un proceso continuo, integrador, holístico. Para estos autores, elevar la calidad de la enseñanza implica promover en los estudiantes la innovación, el sentido crítico, la reflexión y la creatividad.

Una cuestión importante a considerar es que los docentes universitarios ejercen la docencia, pero a su vez, en su gran mayoría, realizan otra actividad profesional en tanto tienen otra formación disciplinar de base.

En términos generales, su identidad profesional refiera a esta formación inicial y, como profesores universitarios, es necesario que construyan otra nueva identidad.

La identidad es un concepto polisémico. Da cuenta de una cierta estabilidad y permanencia a lo largo del tiempo, que no es absoluta ni inmutable, en tanto está socialmente influida y condicionada por las características de los espacios sociales e institucionales en los que el sujeto se desempeña. La construcción de la identidad es un proceso dinámico que implica a la vez individuación e interacciones múltiples con otros.

En este encuadre, la identidad profesional docente se inscribe en un proceso complejo que integra el reconocimiento de uno mismo como docente y de la dimensión social que supone la pertenencia a un grupo habilitado para el ejercicio de ese rol y, al mismo tiempo, el reconocer que en el imaginario social existe una idea clara y definida de lo que implica el ejercicio de esa profesión (Ávila Quevedo y Cortés Montalvo, 2007).

Vale decir que es también producto de las condiciones en las que se da el ejercicio profesional, el contexto, y las particularidades que asume cada comunidad disciplinar que se expresan en un lenguaje, una cultura y prácticas que van configurando la identidad dentro de un ámbito disciplinar y que generan un sentido de pertenencia: las tribus académicas en términos de Becher (2001). La disciplina se presenta como una estructura organizativa que rige la producción y transmisión del conocimiento, es la base de la cultura y la identidad (Henkel, 2005).

De este modo, la construcción de la identidad profesional del docente universitario se produce en un contexto caracterizado por relaciones de poder, dentro de comunidades disciplinares. Estas creencias sobre la profesión son dinámicas y van transformándose a medida que se desarrolla la profesión.

El accionar del profesor universitario se sustenta en una representación auto-referencial general conformada por elementos cognitivos y emocionales que se perciben como propios y que dan cierta estabilidad y continuidad a la vida profesional: qué significa ser profesor universitario y qué profesor se es, cuáles son las funciones que se deben desempeñar, cómo se debe enseñar en la universidad, etc. (Monereo *et al.*, 2009).

Esta representación autoreferencial se constituye en base a tres dimensiones que sustentan la identidad docente (Monereo y Domínguez, 2014). En primer lugar, se reconocen las representaciones sobre el propio rol profesional identificándose cinco posibles roles profesionales: especialista en la temática, docente y tutor de sus alumnos, investigador de su especialidad, profesional en su área de competencia (paralela a su actividad de profesor) y gestor en alguna de las áreas anteriores.

En segundo lugar, las representaciones sobre los procesos de enseñanza, aprendizaje y evaluación que dan cuenta de un conjunto de creencias, concepciones y teorías, explícitas e implícitas sobre qué, cómo y cuándo deben enseñarse y evaluarse los contenidos correspondientes a su disciplina.

Finalmente, representaciones sobre los sentimientos que conlleva el ejercicio docente. Implica reconocer las asociaciones afectivas que un profesor hace entre determinados sentimientos y creencias sobre la enseñanza y el aprendizaje y el impacto afectivo que le produce su práctica.

Estos desarrollos teóricos y el incremento de las demandas hacia el profesorado universitario, en términos de modificar los modos tradicionales de enseñar y de entender el aprendizaje para contribuir a una mejora en la calidad de la formación de los futuros graduados, podría suponer la necesidad de realizar cambios en las autorepresentaciones y en la identidad profesional docente de, probablemente, gran parte del profesorado universitario.

Para lograr este propósito se requiere de la implementación de políticas institucionales que contemplen, entre otras, acciones de formación del profesorado.

En este sentido, cabe preguntarse cómo abordan las universidades de Argentina, Brasil, Uruguay y Costa Rica este desafío.

Esta obra, que se presenta en dos partes, hace foco en esta problemática y se inscribe como un trabajo colectivo que pretende, a través de las investigaciones realizadas por cada grupo, contribuir a la comprensión de las particularidades que asumen estos procesos formativos.

La primera de ellas aborda la formación del docente universitario analizando las continuidades que se presentan en las diversas modalidades y formatos adoptados por las diferentes universidades al tiempo que presenta un desarrollo teórico conceptual que encuadra estas experiencias formativas.

La segunda parte continúa el análisis de las estrategias institucionales de formación del docente universitario desarrolladas en las diferentes universidades centrándose en el reconocimiento de las experiencias disruptivas identificadas.

Todas estas investigaciones se realizaron en el marco del Proyecto *Estrategias institucionales para la formación pedagógica de los docentes de nivel superior orientadas al mejoramiento de la calidad del nivel superior de educación* (NEIES-Sector Educativo del MERCOSUR)[2].

Con la intención de profundizar al respecto hemos ido afianzando lo largo de más de 25 años una red de investigadores conformada por el Grupo Rioplatense, que incluye al grupo de investigación *Estudios sobre el aula universitaria* (IICE-FFyL-UBA), los Grupos de las Universidades Nacionales del Sur y de Tucumán, el Grupo radicado en la Universidad de la República de Uruguay (UDELAR) y el grupo brasileño, *Formación de profesores, enseñanza y evaluación* (registro en el CNPq) con sede en la Universidad Federal de Pelotas (UFPel) y la Universidad Estadual de Bahía (UNEB). A este conjunto de investigadores se ha integrado en nuestro último proyecto la Universidad de Costa Rica, a través del equipo de la Dirección de Docencia Universitaria de la Universidad de Costa Rica.

El intercambio de saberes y experiencias entre colegas argentinos, uruguayos y brasileños a través de este proyecto investigativo ha dado lugar a los aportes que presentamos en este libro.

Cada equipo abordó de una manera particular el objeto de estudio analizando las experiencias de formación de docentes del nivel superior tendientes al mejoramiento de la calidad pedagógica, tomadas como "estudios de casos" desde diversas dimensiones de análisis e identificando las estrategias de intervención y acompañamiento que en ellas se incluyen con una finalidad interpretativa.

En cuanto al encuadre metodológico, se utilizó en todos los casos una lógica de generación conceptual, pero al reconocer que los espacios de investigación nacionales e institucionales y sus participantes son plurales, y a partir de la diversidad encontrada en el campo, se definieron procedimientos metodológicos propios.

La primera parte presenta las investigaciones realizadas en Argentina, en la Universidad de Buenos Aires y en la Universidad Nacional de Tucumán, en Brasil, en la Universidad Federal de Pelotas

---

2   Es la segunda producción colectiva de este grupo. La primera fue la investigación PPCP 003/11 (SPU-CAPES) *Estrategias institucionales para el mejoramiento de la calidad de la educación superior y el desarrollo de profesional docente* que dio lugar a dos libros:

-   Lucarelli, E., Finkelstein, C., Solberg, V., Collazo, M., Villagra, A. y Malet, A.M. (2015): *Universidad y asesoramiento pedagógico. Enfoques teóricos y experiencias en Argentina Uruguay*. Bs. As.: Miño y Dávila.
-   Da Cunha, M .I. e Lucarelli, E. (orgs.) (2014): *Estratégias de qualificação do ensino e o assessoramento pedagógico: reconhecendo experiências em universidades iberoamericanas*. Criciuma (SC,Br.): Ed. UNESC.

y en Costa Rica, en la Universidad de Costa Rica. Asimismo, se incorpora un desarrollo de índole conceptual sobre la formación pedagógica del docente universitario y el lugar de la Pedagogía Universitaria.

Los capítulos I y II denominados *¿Cómo encara la UBA la formación pedagógica de sus docentes?* y *Algo más acerca de la formación pedagógica de los docentes de la UBA...* presentan la investigación desarrollada en el marco de la Universidad de Buenos Aires de Argentina. El grupo de investigadores está compuesto por miembros del Programa Estudios sobre el Aula Universitaria perteneciente al Instituto de Investigaciones en Ciencias de la Educación de la Facultad de Filosofía y Letras de la Universidad de Buenos Aires: Claudia Finkelstein, Elisa Lucarelli, Gladys Calvo, Mercedes Lavalletto y Walter Viñas. Se propuso ahondar en la problemática de la formación pedagógica del docente universitario en el marco de la Universidad de Buenos Aires haciendo foco en caracterizar los modelos y formatos que se llevan a cabo en las diferentes Unidades Académicas.

La investigación se desarrolló en dos etapas: la primera, realizada sobre la base de material documental, se orientó a tener una visión panorámica de cómo se dan estos procesos en la Unidades Académicas de la UBA que cuentan con espacios institucionales sistemáticos de formación de sus docentes. Se identificaron dos modalidades en términos de formatos para la formación pedagógica de los profesores: las denominadas Carreras Docentes (como un primer nivel de formación) que desarrollan las Facultades de Agronomía, Derecho y Ciencias Sociales, Farmacia y Bioquímica, Odontología y Medicina. La otra modalidad encontrada son las Carreras de Especialización y/o Maestrías, que dan un segundo nivel de formación, y que se llevan a cabo, como ofertas de los Posgrados, en las Facultades de Arquitectura, Diseño y Urbanismo, Ciencias Económicas, Ciencias Veterinarias.

En la segunda etapa, se focalizó en el análisis de cinco casos, que representan las Unidades Académicas que ofrecen las denominadas Carreras Docentes como espacios formativos privilegiados para sus propios docentes. El encuadre metodológico incluyó entrevistas en profundidad a los responsables y docentes de estos procesos formativos.

El tercer capítulo presenta la investigación de Alicia Villagra, radicado en la Universidad Nacional de Tucumán titulado *La formación pedagógica en la UNT: un **detrás de escena** o hacia la reivindicación del asesor pedagógico universitario*, se orienta a esclarecer el *sentido y alcance* otorgado a la formación pedagógica de docentes universitarios en la citada universidad argentina.

La investigación se sitúa en el *detrás de escena* de dicha formación con el propósito de poner en cuestión sus modos de implementación, los fundamentos que los sustentan, quiénes los llevan a cabo, planteándose centralmente un interrogante ¿Qué lugar otorgan a la formación pedagógica de los *formadores* propuestas legitimadas institucionalmente orientadas a propiciarla para mejorar la calidad de la Educación Superior?

Posicionada en esta perspectiva, la investigación aborda la problemática de la legitimación del lugar del Asesor Pedagógico Universitario (APU): la emergencia en el ámbito académico de indicios que refieren a un cierto desplazamiento y/o desdibujamiento de su ineludible protagonismo en la formación pedagógica de docentes universitarios por parte de otros profesionales, que no se especializan en Pedagogía Universitaria.

La autora presenta el estado de situación de las propuestas formativas instaladas en la UNT analizando sus formatos, dejando en evidencia deudas e impostergables replanteos didácticos-pedagógicos en lo que respecta a sus diseños y puesta en acto. Asimismo, da cuenta de lógicas ocultas y/o contradictorias, que condicionarían o determinarían el reconocimiento o la negación (incluso el reemplazo) del indelegable lugar del *Asesor Pedagógico Universitario* en la tarea cuya especificidad lo define identitariamente: la formación pedagógica de los docentes.

A continuación, María Isabel da Cunha aborda el capítulo *Enseñanza en la universidad: nuevas configuraciones y posibles alternativas*, en donde realiza un análisis en profundidad sobre la formación de profesores universitarios y el lugar de la Pedagogía Universitaria. Parte de la idea que la concepción de la formación no es neutra, y que es necesario analizarla desde una perspectiva que vaya más allá de una mirada puramente técnica. La formación remite a una práctica social que cumple funciones sociales relacionadas con la reproducción, regulación y legitimación del sistema social, al tiempo que destaca ciertos valores, a veces contradictorios, vinculados tanto al mundo empresarial y de gestión, como al mundo cívico y a la ciudadanía.

La autora destaca que históricamente la idoneidad profesional bastaba para el ejercicio de la docencia en este nivel de enseñanza en tanto que la universidad, se convirtió en un legitimador del poder anclado en el campo del trabajo, dominado, fundamentalmente, por las corporaciones. En esta perspectiva, la formación específica para la enseñanza se entendió como innecesaria.

A su vez, el conocimiento pedagógico se mantuvo lejos del espacio universitario lo que redituó en una descalificación de la Pedagogía Universitaria; sólo con el tiempo fue adquiriendo cierta legitimación científica

Da Cunha analiza lo que implica ser un profesor exitoso en la universidad y el papel que las políticas públicas han tenido en la definición de los conocimientos requeridos para ser reconocidos profesionalmente. Finalmente, se centra en el tratamiento de la regulación de la enseñanza, las crisis, contradicciones y posibilidades, considerando en primer término los cambios en la concepción del conocimiento constitutivo de los profesores. En cuanto a las crisis que enfrenta la profesión docente, menciona la de profesionalidad y la de ética profesional.

Para finalizar, la autora retoma investigaciones que dan cuenta de la importancia de las primeras experiencias como profesores, a las que reconoce como fundantes del conocimiento profesional; plantea el gran desafío que constituye hacer posible una educación de profesores que ayude a construir conocimiento para la enseñanza emancipadora de manera de hacer frente a las contingencias de las políticas dominantes que defienden las normas hegemónicas.

Apoyo pedagógico a los profesores universitarios principiantes: espacios y posibilidades es el siguiente capítulo, que presentan Beatriz Maria Boéssio Atrib Zanchet, Maria Isabel da Cunha, Nadiane Feldkercher y Gabriela Machado Ribeiro. Se basa en la investigación que llevaron a cabo en 4 universidades del sur de Brasil. A partir de la implementación del Plan Nacional de Educación de 2001-2010 se desarrollaron e implementaron en ese país varios programas destinados a ampliar el acceso a la educación superior y al aumento del número de estudiantes en este nivel de educación que significó la reestructuración de las universidades federales brasileñas y la creación de otras nuevas.

El Programa dio lugar a un aumento considerable de los profesores que iniciaron su tarea docente, en tanto se trata de doctorados recientes, que reúnen los requisitos para ser docentes, cuentan con producción científica significativa en su especialidad y han realizado una formación que favorece la investigación, pero tienen poca o ninguna preparación pedagógica.

La investigación parte del supuesto que los profesores, al comenzar a enseñar, necesitan insertarse en la cultura universitaria y requieren de apoyo pedagógico para desarrollar su tarea. Teniendo en cuenta la importancia de la fase inicial de la carrera docente universitaria y la implementación de programas que se dedican a proporcionar apoyo pedagógico a los profesores, la investigación se propuso comprender las impresiones de los docentes universitarios principiantes sobre estos espacios como apoyo para el desarrollo de sus prácticas.

La investigación se llevó a cabo en cuatro universidades federales ubicadas en el sur de Brasil que implementaron estrategias institucionales de apoyo pedagógico a sus profesores.

Se definió una muestra de 28 profesores pertenecientes a las Carreras de Medicina, Odontología, Artes Escénicas, Física, Ingeniería (Ambiental, Civil, Eléctrica, Cartográfica, Forestal, Agrícola, Informática, Madera Industrial y Minería), Meteorología, Música, Farmacia, Ciencia Animal y Terapia Ocupacional. La obtención de la información se realizó a partir de entrevistas semiestructuradas en el lugar de trabajo de los profesores.

Los resultados se presentan en dos bloques de análisis: uno referente a los retos y dificultades que se presentan en el inicio de la Carrera como docente y el otro referido a los espacios de discusión pedagógica para los profesores universitarios principiantes.

Esta primera parte finaliza con el aporte de la investigación llevada a cabo en la Universidad de Costa Rica, por Nora Cascante Flores y Patricia Marín Sánchez en las cinco universidades estatales de este país. En el capítulo titulado *Escenarios de formación pedagógica para los docentes universitarios: trayectos y modalidades en las universidades públicas costarricenses* las autoras identifican las diferentes experiencias institucionales de formación pedagógica para docentes universitarios, caracterizan la organización y estructuras de estas acciones formativas y valoran los aportes, límites y retos de la formación pedagógica que se ofrece en las universidades estatales.

Cascante Flores y Marín Sánchez reconocen dos grandes tendencias; las acciones formativas abiertas o de formación continua y las ofertas formativas con titulación.

En la primera se encuadran las acciones desarrolladas para responder a los emergentes surgidos de las necesidades o intereses específicos referidos al campo pedagógico, o a las vinculadas con los diferentes escenarios de actuación profesional donde se desarrolla el proceso formativo. Dentro de esta tendencia de acciones continuas de formación se ubican dos escenarios de mayor relevancia: uno que desarrolla temáticas de orden *pedagógico* cuyo propósito se orienta a fortalecer el quehacer cotidiano del docente en el ámbito del aula. En el otro escenario se ubican acciones formativas más estructuradas cuya duración se sitúa entre las 100 y las 150 horas.

Asimismo, la oferta también incluye cursos cortos, talleres, seminarios, conferencias que refieren a temas transversales y son de participación voluntaria.

Las acciones denominadas con titulación, comprenden programas académicos que acreditan a los participantes un título universitario. Entre ellas se identifican los programas con titulación en grado de Licenciatura y los programas con titulación en posgrado de Maestría.

Finalmente, las autoras analizan las formas de acompañamiento llevadas a cabo por los equipos de asesores pedagógicos de las universidades estatales como parte de los procesos formativos del docente universitario. Se reconocen en primer término acciones de interacción personalizada que se articulan hacia el análisis, la reflexión y la construcción de alternativas en las que los participantes tienen un papel activo.

En segundo lugar, el acompañamiento de interacción colectiva comprende acciones de formación caracterizados por la colaboración y el intercambio de experiencias que potencian la construcción colectiva de conocimiento tendiente a la innovación y la transformación de las prácticas educativas. Estas acciones combinan propuestas de corta duración con otras más extendidas temporalmente.

Cascante Flores y Marín Sánchez concluyen que el estudio puso en evidencia la pluralidad de las ofertas formativas desarrolladas en las universidades públicas costarricenses y que éstas dan respuesta a las particularidades, necesidades, intereses y recursos de cada institución.

La segunda parte de este libro, centrado en experiencias de formación innovadoras de los docentes universitarios, presenta las investigaciones realizadas en la Universidad Nacional del Sur de Argentina, en la Universidad de la República, de Uruguay y en la Universidad Estadual de Bahía, de Brasil.

Es el caso de los aportes realizados por la investigación llevada a cabo en la Universidad Nacional del Sur por Ana María Malet y Andrea Montano.

El equipo se planteó dos líneas de investigación debido a que en la universidad sede del proyecto y en las diferentes unidades académicas que la componen, existe un solo espacio institucional sistemático de formación del cuerpo docente y se reconocen solo dos propuestas de formación docente.

La primera línea se desarrolla en el capítulo *Trayectos singulares en la formación de grado de docentes universitarios* que toma como caso en estudio abordar como caso de estudio, la asignatura *Didáctica y Práctica Docente del Nivel Superior*, en la formación de grado.

Esta asignatura junto a dos seminarios, *Perspectivas Pedagógicas de la Educación Superior* y *Política y Legislación del Nivel Superior* conforman un bloque de asignaturas que habilita a los egresados a desempeñarse en el nivel superior: universidades e institutos superiores de formación docente, técnica y artística de los Profesorados en Historia, Química Letras, Filosofía, Economía, Educación Secundaria y Superior en Ciencias de la Administración. A su vez esta asignatura es actualmente, materia electiva de la Licenciatura en Ciencias de la Educación, del Área de Ciencias de la Educación del Departamento de Humanidades de la Universidad Nacional del Sur.

Didáctica y Práctica Docente del Nivel Superior ha implementado distintas propuestas a lo largo del tiempo, en las que la práctica asumió en un primer momento la forma de pasantía, luego de práctica docente supervisada para, a partir del año 2010, conformarse como Práctica Docente Situada (PDS).

Las autoras analizan en profundidad el caso considerándolo una verdadera experiencia de desempeño en la docencia universitaria y/o en los institutos superiores en contextos reales y que involucra, por definición y en las actividades desarrolladas, las funciones de docencia, investigación, extensión y gestión.

La otra línea que investigó este grupo se desarrolla en el capítulo *El Departamento de Ciencias de la Salud (UNS) y la formación de los docentes universitarios.*

Parten del análisis curricular de la carrera de Medicina y su vinculación con uno de los modelos de formación médica para continuar con la estrategia de enseñanza *aprendizaje basado en problemas* que aparece como prioritaria en la enseñanza de los futuros médicos.

La investigación que han desarrollado Malet y Montano hace foco en la formación de los profesores que conforman el equipo docente de la carrera de Medicina analizando las estrategias institucionales para la formación pedagógica de los docentes. Analizan las contradicciones que resultan producto de la coexistencia de distintas lógicas en los profesores que se desempeñan en la educación médica: una, vinculada a la base disciplinar de la profesión; y otra relacionada a la formación recibida para la creación de la carrera desde un enfoque particular.

En el caso de la Universidad de la República, de Uruguay, se presentan en esta obra dos capítulos que dan cuenta de las investigaciones realizadas por el equipo coordinado por Mercedes Collazo y compuesto por Sylvia De Bellis, Virginia Fachinetti, Nancy Peré y Vanesa Sanguinetti. El equipo se focaliza en el análisis de la convergencia entre las políticas de formación docente y las políticas de innovación educativa promovidas por esta universidad desde la reapertura democrática desde 1985 hasta 2016.

Desde el Pro Rectorado de Enseñanza se han fomentado dos líneas de mejora: el desarrollo de la formación pedagógico-didáctica de los docentes y el fomento de la innovación educativa como parte fundamental de los planes estratégicos de la institución, implementados de manera autónoma, pero indudablemente imbricados.

El primer capítulo, *Políticas institucionales de formación docente e innovación educativa: el caso de la Universidad de la República (UDELAR, Uruguay)*, aborda, a través de un estudio de análisis documental, el análisis de las políticas institucionales en su dimensión prescriptiva.

Las autoras comienzan definiendo a las políticas educativas universitarias como "políticas públicas" en función del interés público que despiertan. Parten de interrogarse sobre el origen de estas políticas. Consideran fundamental analizar las políticas desde una perspectiva institucional articulada con la dimensión académica.

A partir de considerar el diseño, las formas de ejecución y los instrumentos de evaluación de las políticas centrales de enseñanza advierten tres etapas rectorales y sus correspondientes presupuestos quinquenales que definieron nítidamente cada agenda política propia en materia de enseñanza de grado, reconociendo que cada una dio mayor o menor sostenimiento a los ejes y líneas de políticas que la precedieron.

En cuanto a la formación de los docentes universitarios, las autoras identifican a las asesorías pedagógicas como responsables de estas acciones, que se institucionalizan a partir la creación de la Comisión Sectorial de Enseñanza, integradas al Pro Rectorado de Enseñanza de la UDELAR en el año 2003.

Se analizan los Programas de formación docente propuestos a nivel central y por las diferentes Áreas Académicas y las políticas de innovación educativa implementadas dando cuenta de los cambios originados en las orientaciones a lo largo del tiempo.

El segundo capítulo que este grupo de investigadoras uruguayas ha producido se denomina *Formación e innovación, rutas alternativas de desarrollo profesional docente*. Se propuso profundizar en la problemática de la formación del docente universitario haciendo foco en analizar cómo se manifiesta esa dimensión en las experiencias de *innovación educativa* desarrolladas por equipos docentes, en el marco de las convocatorias centrales de apoyo a la enseñanza de grado.

En primer lugar, realizaron un relevamiento histórico de las convocatorias centrándose en el período 2011-2014; se revisaron los 31 proyectos aprobados y se seleccionaron los casos cuyas propuestas de innovación contemplaran procesos de formación pedagógica formales como aquellos que implicaran procesos de autoformación del docente participante, comprendidos en las convocatorias de los años 2013 y 2014.

Se reconocen ocho casos que abordan esta problemática pertenecientes a diferentes áreas: Ciencias de la Salud, Ciencias Sociales y Artísticas, Tecnología y de Ciencias de la Naturaleza y el Hábitat. A partir de indagar algunos tópicos de análisis se resuelve focalizar la mirada en cuatro de los ocho casos (dos de cada uno de los años mencionados). Se analiza cada caso ahondándose en los siguientes aspectos: problema que dio origen al proyecto; la innovación que plantea, los componentes de la innovación y las modalidades y alcances de la formación docente propuesta.

El equipo realiza un análisis comparativo por contraste de las experiencias de innovación buscando identificar las similitudes y diferencias expresadas en las dimensiones y categorías de análisis siguientes: historicidad de las innovaciones, contexto institucional y de innovación educativa, situación problema y foco de la innovación, modelos y resultados de la innovación y papel de la formación pedagógica en la innovación.

Finalmente, el equipo integrado por Sandra Regina Soares, Liége Maria Queiroz Sitja y Mariana Soledade Barreiro de la UNEB, son las autoras del capítulo *Desenvolvimento profissional do docente universitário: contribuição da problematização sobre a prática em uma pesquisa-ação.*

Las autoras sostienen que la enseñanza universitaria debe basarse en las necesidades e intereses de los estudiantes y generar procesos reflexivos que permitan poner a consideración sus representaciones y actitudes hacia el conocimiento, el aprendizaje, los profesores, los colegas y su formación profesional. Es necesario fomentar en los alumnos un aprendizaje eficaz y la capacidad de resolver problemas complejos de forma autónoma. Para lograr este propósito se requiere que los profesores desarrollen habilidades cognitivas, afectivas y político-pedagógicas que no se adquieren a través de una formación centrada en la trasmisión sino que se realiza a través de un proceso de reflexión sobre la propia práctica docente.

La investigación que llevaron a cabo sigue la lógica de la investigación acción. Se convocaron a profesores del campus I de la Universidad Estatal de Bahía (UNEB) para investigar sus prácticas docentes. El grupo se conformó con once participantes de diferentes campos disciplinares: Psicología, Administración, Enfermería, Fisioterapia, Ingeniería, Diseño, Cartografía y Pedagogía.

Se realizaron 19 reuniones que fueron grabadas en audio y video, y se realizaron entrevistas semiestructuradas en la etapa final del proceso.

En este capítulo se presentan los resultados de esta experiencia de investigación-acción que dan cuenta de su potencial para provocar cambios en las representaciones y prácticas docentes, a partir del proceso de problematización experimentado por los participantes.

Este equipo de investigación reconoce a la reflexión como un proceso fundamental que potencia la posibilidad del cambio cuando se lleva a cabo en grupos. En este sentido, el diálogo reflexivo con los compañeros es un importante elemento de transformación. La reflexión es considerada un dispositivo fundamental del desarrollo profesional del profesorado.

Al mismo tiempo, las autoras consideran a la problematización como la acción de elaborar un conjunto de preguntas articuladas que pone en tensión la forma rutinaria y naturalizada de abordar ciertas situaciones y los resultados que se han obtenido.

De este modo, la problematización de la propia práctica se configuró como el hilo conductor de la experiencia relatada, tomando como punto de partida una situación dilemática de la práctica docente de los participantes. Implicó también la generación de un clima de confianza mutua y vínculo entre ellos.

Las autoras concluyen que el desarrollo profesional de los profesores, en términos de auto-formación es posible si el profesor está dispuesto a reflexionar sobre su "hacer" y este proceso puede ser potenciado si se generan comunidades de investigación en la práctica, preferentemente multidisciplinares.

Como se advierte, el recorrido de cada equipo es diverso. Las producciones que en esta obra se presentan dan cuenta de las diferentes perspectivas con que el tema central puede ser abordado.

La consolidada colaboración recorrida por los equipos, a lo largo de dos décadas, da testimonio de afinidad teórica y de capacidad solidaria de aprender en conjunto. Esperamos contribuya de manera significativa al desarrollo consistente de los desafíos de la calidad de la educación en nuestros países.

Bibliografía

Ávila Quevedo, J. A. y Cortés Montalvo, J. (2007). "La construcción de las identidades profesionales a través de la educación superior". *Revista Cognición* (9). México.

Becher, T. (2001). *Tribus y territorios académicos. La indagación intelectual y las culturas de las disciplinas.* Barcelona: Gedisa.

Cáceres Mesa, M., Lara Díaz, L., Iglesias León, C. M., García Cruz, R., Bravo López, G., Cañedo Iglesias, C. y Valdés Chaviano, O. (2003). "La formación pedagógica de los profesores universitarios. Una propuesta en el proceso de profesionalización del docente". *Revista Iberoamericana De Educación*, 33(1), pp.1-15. https://doi.org/10.35362/rie3312900.

Da Cunha, M. I. (2008). "Os conceitos de espaço, lugar e territorio nos procesos analíticos da formação de docentes universitários". *Educação Unisinos*, v.12, n.3, pp.182-186.

Henkel, M. (2005). "Academic identity and autonomy in a changing policy". *Environment Higher Education*, 49, pp.155-176.

Monereo, C. y Dominguez, C. (2014). "La identidad docente de los profesores universitarios competentes. Facultad de Educación. UNED". *Educación XX1*, 17.2, pp.83-104.

Monereo, C., Badia, A., Bilbao, G., Cerrato, M. y Weise, C. (2009). "Ser un docente estratégico, cuando cambiar la estrategia no basta". *Cultura y Educación*, v.21, n.3, pp.237-256.

Rigal, L. y Sirvent, M. T. (2019). *Metodología de la investigación social y educativa Diferentes caminos de producción de conocimiento.* (Manuscrito en proceso de revisión).

Santos, B.de Sousa (2007). *La Universidad en el Siglo XXI. Para una reforma democrática y emancipatoria de la Universidad.* La Paz: Plural.

Primera Parte

Universidad de Buenos Aires
Claudia Finkelstein
Elisa Lucarelli
Gladys R. Calvo
Mercedes Lavalletto
Walter Viñas

Universidad Nacional de Tucumán
Alicia Villagra

Universidad Federal de Pelotas
María Isabel da Cunha
Beatriz Maria Boéssio Atrib Zanchet
Nadiane Feldkercher
Gabriela Machado Ribeiro

Universidad de Costa Rica
Nora Cascante Flores
Patricia Marín Sánchez

Capítulo I

¿Cómo encara la UBA la formación pedagógica de sus docentes? La articulación teoría-práctica y las concepciones sobre la formación

Claudia Finkelstein, Elisa Lucarelli, Gladys R. Calvo, Mercedes Lavalletto y Walter Viñas

Introducción

El grupo de investigación de la Universidad de Buenos Aires –UBA–, que pertenece al Instituto de Investigación en Ciencias de la Educación de la Facultad de Filosofía y Letras[1], se propone ahondar en la problemática de la formación pedagógica del docente universitario en el marco de la Universidad de Buenos Aires haciendo foco en caracterizar los modelos y formatos que se llevan a cabo en las diferentes Unidades Académicas.

La UBA es una universidad nacional pública argentina con sede en la Ciudad de Buenos Aires. Fue fundada el 12 de agosto de 1821, es la mayor universidad de Argentina y está considerada como uno de los centros de estudios más prestigiosos de América. En 2019, ocupa el lugar 73° en el Ranking Mundial de Universidades QS que la ubicó como la mejor universidad de Iberoamérica con base en su calidad de enseñanza, su nivel de investigación y su internacionalización.

Alrededor del 30% de la investigación científica del país se realiza en esta institución. Su estatuto universitario, vigente desde 1960, menciona que la

> Universidad de Buenos Aires es una entidad de derecho público que tiene como fines la promoción, la difusión y la preservación de la cultura. Cumple este propósito en contacto directo permanente con el pensamiento universal y presta particular atención a los problemas argentinos. Contribuye al desarrollo de la cultura mediante los estudios humanistas, la investigación científica y tecnológica y la creación artística. Difunde las ideas, las conquistas de la ciencia y las realizaciones artísticas por la enseñanza y los diversos medios de comunicación de los conocimientos. (Estatuto Universitario, 1960, Bases I y II).

---

1 El equipo está compuesto por Claudia Finkelstein, Elisa Lucarelli, Gladys Calvo, Mercedes Lavalletto y Walter Viñas.

Tiene carácter autónomo, es decir que tiene su propio sistema de gobierno, conformado desde la Reforma Universitaria de 1918 por representantes de profesores, estudiantes y graduados. Es libre y laica, y como todas las universidades nacionales argentinas, no arancelada y depende financieramente del estado argentino.

La conforman trece Facultades, varios establecimientos de nivel medio –la Escuela Superior de Comercio Carlos Pellegrini, el Instituto Libre de Segunda Enseñanza, el Colegio Nacional de Buenos Aires con una sede en la Ciudad Autónoma de Buenos Aires y otra sede en Escobar, la Escuela de Educación Técnico Profesional de Nivel Medio en Producción Agropecuaria y Agroalimentaria y el Colegio Técnico de Lugano–, ocho centros universitarios regionales, el Centro Cultural Ricardo Rojas, la Editorial Universitaria de Buenos Aires, el Cine Cosmos, dieciocho museos y cinco unidades asistenciales. Cuenta con un total de 85 carreras de grado y su oferta de posgrado incluye 296 especializaciones, 146 Maestrías y 40 Doctorados.

El ingreso a la universidad es irrestricto, aunque desde 1985 el primer año de todas las carreras lo constituye el Ciclo Básico Común –CBC–, que debe ser aprobado antes de poder ingresar a la facultad correspondiente.

Cuenta con alrededor de 30.000 docentes y más de 300.000 estudiantes. La formación pedagógica del docente universitario es objeto de preocupación de larga data en la Universidad de Buenos Aires y conlleva como proceso de desarrollo profesional la construcción de la identidad profesional (Sánchez Núñez, 2001). Esta afirmación presenta algunos rasgos importantes ya que crear las condiciones del cambio de una nueva identidad del profesor universitario en consonancia al contexto del siglo XXI –signado por la globalización, la sociedad del conocimiento, el auge de las tecnologías de la información–, significa crear propuestas institucionales:

a) Dirigidas al ámbito pedagógico y profesional del docente superior, como también al ámbito personal y social del profesor universitario, mediante la instalación de una adecuada carrera académica, incentivos y espacios para desarrollar investigación educacional, programas de apoyo al trabajo docente, seminarios y cursos de formación y/o actualización en pedagogía universitaria, entre otras.

b) Focalizadas en el mejoramiento de las tres funciones principales del profesor universitario, la docencia, la investigación y la gestión curricular. Implica una adecuada investigación y gestión que incluya el diagnóstico de las necesidades formativas de los estudiantes y/o de la institución, como también lograr capacidad para el desarrollo de programas y actividades para alcanzar una formación de excelencia en los estudiantes. Es necesario señalar en este punto que la Universidad de Buenos Aires incluye a la extensión como una de sus funciones primordiales junto a la docencia y a la investigación.

c) Elaborando un modelo formativo del desarrollo docente del profesor universitario que sea capaz de dar respuesta a las necesidades individuales del profesor y a las necesidades de la propia organización universitaria.

De este modo, la formación del docente universitario debe entenderse como un proceso educativo dirigido a potenciar su desarrollo profesional a partir de una reflexión crítica y comprometida con la calidad de su desempeño, dentro de un ambiente académico participativo, equitativo, dialógico y democrático (Villalobos Clavería & Melo Hermosilla, 2008).

Es un proceso de construcción profesional en donde, a través de las reflexiones sobre la problemática de la enseñanza, el profesor de este nivel de enseñanza va desarrollando destrezas cognitivas y metacognitivas que le permiten realizar modificaciones en sus prácticas y la valoración de su trabajo profesional.

Por otro lado, en los últimos años, la temática de la formación pedagógica de los docentes universitarios ha tenido un creciente interés a partir del reconocimiento de su impacto en la calidad de los aprendizajes de los estudiantes. En este sentido, el fracaso del estudiantado ha dejado de ser responsabilidad única del alumno, incorporando otras variables, entre ellas, el sistema, la institución y el docente. Como varias universidades nacionales argentinas, la Universidad de Buenos Aires no se encuentra ajena a esta problemática y ha desarrollado en sus diferentes Unidades Académicas diversos programas formativos para sus docentes que se enmarcan en espacios institucionales de formación.

Hacer foco en los espacios institucionales de formación implica realizar algunas consideraciones terminológicas.

En primer lugar, siguiendo a Fernández (2004) se considera a la institución en su calidad de marco social regulador —externo e internalizado— de los comportamientos individuales y de su vivencia subjetiva, no es observable, sino que se la ve expresada en diferentes ámbitos de análisis —los sujetos, los grupos, los establecimientos, las agrupaciones sociales más complejas— y siempre, conformando el esqueleto de la trama que constituye la vida social.

En cuanto al concepto de espacio institucional, esta autora señala que alude a un espacio que hace lugar a la vida humana organizada. Este espacio se diferenció del espacio social mayor al responder a ciertos mandatos. Se ha especializado para cumplir funciones singulares respetando regulaciones más o menos explícitas, se hace cargo de tareas que antes cumplían otros. Cuando un espacio institucional se diferencia del espacio social mayor, inicia su institucionalización, es decir genera tradiciones, modos de hacer, produce una cultura y un estilo propio que al mismo tiempo "que expresa, desmiente la universalidad de la institución que dice representar" (Fernández, 2004, p.2).

Por otro lado, tal como lo señala Nicastro (2006), el espacio es un término polisémico. Da cuenta de la posibilidad de la existencia del hombre. Se advierten dos enfoques en su consideración: como objeto exterior al sujeto, y por ende considerado en sus variables de medición, organización, y el orden respecto a personas y distribuciones, es decir, como envase, referido a su cualidad física y material.

El espacio referido a la formación, en palabras de Da Cunha (2008) siempre es una potencialidad y como tal, abriga la posibilidad de existencia de la formación docente en los programas, pero no garantiza su efectividad. Es decir que el hecho de que el espacio de la formación exista, no significa que necesariamente se constituye en un lugar donde ocurre.

Esta autora ya señala la segunda consideración de este término, es decir, constituirse en lugar. El lugar como espacio donde se vivencia una experiencia, mirado en su dimensión simbólica, ligado a la producción de interrelaciones, soporte que andamia la experiencia (Nicastro, 2006).

Es decir que es la dimensión humana la que puede transformar el espacio en lugar. Cuando cada sujeto se inscribe en una trama colectiva que da cuenta de una historia compartida y participa de una dinámica de funcionamiento contextualizada, cuando asigna un sentido cultural, subjetivo y propio de la situación. "Entran en juego las representaciones que los sujetos hacen de los lugares y el sentido que atribuyen a los mismos" (Da Cunha, 2008, p.184).

La autora señala que la universidad, como un espacio de formación, puede o no convertirse en el lugar. Así afirma:

La universidad es un lugar de formación cuando los sujetos que se benefician de ese proceso incorporan esas experiencias en su biografía (…). Las experiencias que dan a la universidad su condición de lugar de formación reconocen en ella su condición de locus cultural que produce intermediaciones de significados con los sujetos en formación. (Da Cunha, 2008, p.185).

Finalmente, es necesario incluir el concepto de territorio. El lugar se convierte en territorio cuando se incluyen las relaciones de poder, cuando se hacen explícitos los valores y los dispositivos de poder que asigna.

En términos de la formación, cuando se advierten el aporte legal que sustenta los programas de formación; el tiempo, que revela la intensidad de su institucionalización y el reconocimiento de sus efectos por los beneficiarios de acciones de formación.

En la primera etapa de esta investigación, el grupo UBA identificó los espacios de formación pedagógica de los docentes universitarios en el marco de las diferentes facultades de la Universidad de Buenos Aires esperando poder llegar a determinar en etapas sucesivas si los mismos pueden ser considerados lugares y/o territorios.

Metodología

En cuanto al encuadre metodológico, se adoptó un enfoque de generación conceptual –comúnmente denominado cualitativo–. En este sentido se consideró a lo educativo como objeto social complejo que sustenta la elección de trabajar con *casos*. La investigación se desarrolló en dos etapas. En la primera se identificaron los espacios institucionales de formación pedagógica dentro de las Unidades Académicas de la UBA y su descripción y las características de los Programas que ofrecen. Se han reconocido los mismos en las Facultades de Arquitectura, Diseño y Urbanismo, de Agronomía, de Derecho y Ciencias Sociales, de Ciencias Económicas, de Ciencias Veterinarias, de Farmacia y Bioquímica, de Odontología y de Medicina.

En esta primera etapa se recurrió al análisis documental basado en la información existente en las páginas web de las Unidades Académicas y las Resoluciones del Consejo Superior de la UBA que reglamentan la creación y funcionamiento de las mismas[2].

En la segunda etapa se tomaron como casos las facultades que ofrecen las denominadas Carreras Docentes –CD–. Se utilizó como estrategia de recolección de información entrevistas en profundidad

---

2   Se trata de: Res. CS 3230/88 Facultad de Medicina, Res. CS 27/86 y Res. CS 3510/07 Facultad de Ciencias Económicas, Res. CS 216/83 y Res. CS. 6202/13 Agronomía, Res. CS 732/82, Res. CS 228.024/94 y Res. CS 4044/ 08 Facultad de Arquitectura, Diseño y Urbanismo, Res. CS 2420/88 Facultad de Ciencias Veterinarias, Res. CS 469/80. Facultad de Derecho, Res. CS 776/85 Facultad de Odontología, Res. 1596/91 y Res. CS 5243/01 Facultad de Farmacia y Bioquímica.

realizadas a responsables de la Dirección o coordinación de dichos Programas formativos y a docentes que participan de los mismos.

En la primera etapa se consideraron las siguientes dimensiones de análisis:

* Espacio institucional de formación y nivel de dependencia institucional
* Títulos que otorga
* Destinatarios
* Requisitos de inscripción
* Tipo de formación que brinda

Una mirada de conjunto a las instancias de formación pedagógica de la UBA

A partir del análisis comparativo hay que señalar, en primer lugar, que los espacios de formación de las diferentes Unidades Académicas se diferencian respecto al nivel de formación que brindan. Por un lado, las Carreras Docentes –que ofrecen un primer nivel de formación a los docentes– y las Carreras de Especialización, que dan cuenta de mayor profundización respecto a esta formación.

Las CD, presentes en las facultades de Agronomía, de Derecho y Ciencias Sociales, de Farmacia y Bioquímica, de Odontología y de Medicina otorgan el título de Docente Autorizado, salvo la de la Facultad de Derecho y Ciencias Sociales que no otorga título, y la de la Facultad de Medicina que lo hace de manera diferenciada según el nivel de formación alcanzado por el cursante: Docente Adscripto al Departamento y Orientación que corresponda, en este caso se le dará un certificado que acredite su condición de tal, y Docente Autorizado para el Docente Adscripto con título de Doctor o Magister de la Universidad de Buenos Aires o de cualquier universidad estatal nacional o extranjera legalmente reconocida.

Las Carreras de Especialización, son las dependientes de las Facultades de Arquitectura, Diseño y Urbanismo, de Ciencias Económicas y de Ciencias Veterinarias. Cada una otorga un título diferenciado según la orientación de la formación: Especialista en Docencia para Arquitectura, Diseño y Urbanismo, Especialista en Docencia Universitaria –otorgado por la Facultad de Ciencias Económicas– y Especialista en Docencia Universitaria para Ciencias Veterinarias y Biológicas respectivamente.

Es interesante señalar que esta diferenciación también redunda en la especificidad de la formación: las CD, al estar centradas en mejorar la calidad de la enseñanza de los docentes de esas casas de estudio, tienen más definido su objeto de estudio y necesidades de formación específicas de sus docentes en función de las problemáticas de enseñanza que se plantean en cada contexto institucional.

A su vez los programas de Posgrado, ofrecen un abanico más amplio en términos de contenidos, permiten el intercambio de cursantes con diferentes formaciones de base, enriqueciendo las perspectivas individuales, brindando una formación pertinente para el desempeño docente en el campo profesional disciplinar general sin centrarla en las características de la cultura institucional de cada facultad y en sus necesidades e intereses específicos, como ocurre en las Carreras Docentes.

En cuanto a la duración de estos programas formativos, existe una normativa nacional respecto a la duración de las carreras de Posgrado.

En cambio, no la hay respecto a las CD. Cada Unidad Académica establece su propio programa que debe ser aprobado en primera instancia por su Consejo Directivo y por el Consejo Superior de la UBA. La CD de la Facultad de Agronomía tiene una duración de 208 hs., la de Derecho y Ciencias Sociales, 80 hs.; la de Farmacia y Bioquímica 264 hs.; la de Medicina 472 hs., y la de Odontología 250 hs.

Esta disparidad en cuanto a la duración se relaciona con los contenidos que aborda cada Carrera Docente. En este aspecto se hará foco más adelante.

Los aspectos analizados en la primera etapa se sintetizan en el siguiente cuadro:

Cuadro 1: Dimensiones de análisis. Primera etapa

Unidad Académica	Espacio institucional de formación y Nivel de dependencia institucional	Títulos que otorga	Destinatarios	Requisitos de inscripción	Tipo de formación que brinda
Facultad de Agronomía	Posgrado/ Secretaría Académica	Docente Autorizado	Docentes auxiliares de la facultad con por lo menos un año de graduados	Docentes auxiliares de la facultad con por lo menos un año de graduados	Pedagógica e investigación

continúa>>

Facultad de Arquitectura, Diseño y Urbanismo	Posgrado/ Secretaría de Posgrado	Especialista en Docencia para Arquitectura, Diseño y Urbanismo	Graduados de carreras de 4 años universitarios que acrediten una formación en el campo del Diseño y el Proyecto	Graduado de la UBA u otras universidades argentinas o extranjeras de 4 años de duración mínimo. Egresados de nivel superior no universitario de 4 años de duración completando prerrequisitos. Acreditar 2 años de experiencia docente y ejercerla	Pedagógica e investigación
Facultad de Ciencias Económicas	Posgrado/ Secretaría de Posgrado	Especialista en Docencia Universitaria	Docentes auxiliares de la facultad	Graduados de universidades argentinas o extranjeras, o extranjeros de estudios de nivel superior no universitario	Pedagógica
Facultad de Ciencias Veterinarias	Posgrado/ Secretaría de Posgrado	Especialista en Docencia Universitaria para Ciencias Veterinarias y Biológicas	Graduados de carreras de 4 años universitarios	Graduado de la Universidad de Buenos Aires, de otras universidades argentinas o extranjeras	Pedagógica e investigación
Facultad de Derecho y Ciencias Sociales	Programa de Formación y Actualización Docente Continua/ Secretaría Académica	No hay titulación	Docentes auxiliares de la facultad	Graduado universitario de las carreras que se dictan en la facultad. Aprobar el examen de ingreso en la cátedra elegido	Pedagógica, epistemológica
Facultad de Farmacia y Bioquímica	Posgrado/ Secretaría de Posgrado	Docente Autorizado	Docente de la facultad y Auxiliares docentes	Graduados de Fcia. y Bioquímica o carreras afines que desarrollen cargo docente	Pedagógica e investigación
Facultad de Medicina	Posgrado/ Secretaría de Educación Médica	Varía según los títulos de PG que se posean: Docente Adscripto al Departamento y Orientación que corresponda/Docente Autorizado	Docentes de la facultad	Graduado universitario de universidades nacionales públicas o privadas reconocidas afín a la asignatura en la cual el aspirante desea formarse. Aprobar un Examen de Idoneidad Conocimiento del idioma inglés	Pedagógica, Metodológica y Socio-Humanístico

continúa>>

Facultad de Odontología	Posgrado/ Secretaría Académica	Docente Autorizado	Docentes de la facultad	Odontólogo o Graduado universitario en Cs. de la Salud, de universidades nacionales o provinciales con una antigüedad no menor a 2 años. Poseer nombramiento docente en la facultad	Pedagógica, Investigación y Extensión

Las Carreras Docentes también se diferencian entre sí por el año de creación y su antigüedad da cuenta de los cambios realizados, sus tradiciones y de su reconocimiento e inserción institucional. Las de mayor antigüedad, corresponden a la década del 60 siguiendo el mandato del Estatuto Universitario; son las de las facultades de Derecho y Ciencias Sociales y de Medicina –de la década del 60–, mientras que las de Odontología y Agronomía han sido creadas dos décadas después, si bien esta última habla de antecedentes no efectivizados en aquel momento inicial del impulso dado por el Estatuto Universitario; la de la Facultad de Farmacia y Bioquímica es la más reciente ya que fue creada en 1995.

Los casos en estudio

En la segunda etapa de esta investigación se propuso analizar las Carreras Docentes, tomadas como "estudios de casos" a partir de la información surgida de entrevistas en profundidad realizadas a actores significativos que integran esos espacios en esas Unidades Académicas.

Como se adelantó, las CD son instancias de formación dirigidas a los docentes de cada facultad que otorgan en su mayor parte el título de Docente autorizado. La figura de docente autorizado se define en el Estatuto Universitario de la Universidad de Buenos Aires –de 1960– como un título otorgado por el Consejo Superior a quienes hayan completado la Carrera Docente de acuerdo con la reglamentación de cada facultad –Art. 60–. La actividad de estos Docentes Autorizados es compatible con el dictado de cursos y con el desempeño de jefaturas de investigación o de trabajos prácticos –Art. 62–.

A continuación presentamos algunas características de cada uno de los casos estudiados.

La CD de la Facultad de Agronomía

En la Facultad de Agronomía, fundada en 1909, se dictan 6 carreras de grado, siendo la más antigua Agronomía, y cinco Tecnicaturas, además de distintos programas de posgrado. Cuenta con Asesoría Pedagógica, responsable de la Coordinación de la Carrera Docente.

La actual Carrera Docente, tiene como antecedente fundacional el impulso dado por el Rectorado de Risieri Frondizi a la capacitación docente, según lo había determinado el Estatuto Universitario para todas las facultades de la UBA.

El título que se obtiene es el de Docente Autorizado, otorgado por el Consejo Superior de la universidad.

Depende de la Secretaría de Posgrado y la Secretaría Académica.

En la actualidad la CD consta de una Directora, Doctora en Educación, que a su vez es la Asesora Pedagógica de la facultad y cumple funciones docentes en el Programa, y tres docentes: dos Ingenieros Agrónomos y una Antropóloga, todos profesores titulares, así como otra pedagoga designada por contrato. Además cumplen tareas de supervisión de la práctica docente los profesores regulares de la cátedra a la que pertenecen los participantes. Algunos de los responsables de la formación tienen cargos concursados.

Los destinatarios son docentes auxiliares de la Facultad de Agronomía con, por lo menos, un año de graduados. Deben presentar ante la Junta Departamental un Plan de Trabajo bienal, un Currículum Vitae y una Nota de solicitud avalada por un profesor regular que dicte clases en las asignaturas que se propongan para la práctica. Otorga el título de Docente autorizado.

La Carrera Docente está vinculada con la enseñanza de las asignaturas de las carreras que se dictan en su ámbito. Su duración es de 2 años y tiene un total de 208 horas –13 créditos– de las cuales un mínimo de 96 horas –6 créditos– corresponde a la Práctica de la Enseñanza supervisada y 112 horas a cursos –7 créditos– (Res. CS 6202/13).

Existen dos convocatorias anuales, una en junio y otra en noviembre de cada año.

En el Diseño curricular se presenta como objetivo general del Programa *capacitar pedagógica y didácticamente a sus docentes e introducirlos en el campo de la investigación*, que deriva en los siguientes objetivos específicos:

- Reflexionar sobre las distintas misiones de la universidad actual y las formas que ellas revisten en el ámbito de la Facultad de Agronomía.
- Caracterizar epistemológicamente los conocimientos, ciencias y tecnologías agropecuarias y ambientales, a fin de comprender los desafíos que plantea su enseñanza y la formulación de proyectos de investigación.

- Planificar dispositivos y secuencias didácticas que se adecuen a situaciones reales del área de competencia de las carreras de la Facultad de Agronomía.
- Formular estrategias de enseñanza para los espacios curriculares de las carreras de la facultad, según los perfiles de los destinatarios, tipos de aprendizaje y contextos de desempeño profesional a partir de un abordaje socioconstructivista.
- Elaborar sistemas de evaluación –criterios, modalidades, instrumentos– de los aprendizajes y de la práctica docente.
- Integrar nuevas modalidades interactivas de trabajo docente –entornos virtuales de aprendizaje– a metodologías participativas presenciales a fin de potenciar la acción docente y el aprendizaje de los participantes.
- Formular proyectos de investigación relativas a los conocimientos, ciencias y tecnologías agropecuarias y ambientales.

En cuanto a su estructura curricular, el Programa tiene tres áreas de actividades:

- Cursos, talleres, seminarios que abordan la fundamentación didáctica y pedagógica de las prácticas docentes. Los contenidos de estos espacios presentan como eje tanto la formación didáctica general –planificación, enseñanza, aprendizaje, sistemas de evaluación– como la especial; es decir, la referida a la enseñanza de los conocimientos, ciencias y tecnologías agropecuarias y ambientales –estrategias, procedimientos y técnicas pertinentes–. Las actividades se concretan a través de estos espacios curriculares: Pedagogía Universitaria –16 horas, 1 crédito–, Didáctica General –32 horas, 2 créditos– y Didáctica Especial –32 horas, 2 créditos–.
- Curso-taller de investigación –32 horas, 2 créditos– brinda las herramientas necesarias para las actividades de investigación y da las bases para la formulación de proyectos del campo de las ciencias y tecnologías agropecuarias y ambientales.
- Práctica de la enseñanza –96 horas, 6 créditos–, que comprende actividades en terreno supervisadas por un profesor, tales como observación, preparación y producción de materiales y colaboración en los procesos de enseñanza y de aprendizaje. Es un proceso graduado a desarrollar en dos años e implica la realización de las diversas actividades que constituyen las prácticas de un docente en la universidad.

En la Estructura Curricular se destacan dos ejes: la conformación de una *Didáctica Específica* de las Ciencias y Tecnologías agropecuarias y ambientales, y las *Prácticas Supervisadas* a cargo del profesor de la asignatura correspondiente que implican la realización de un Dossier.

El primer eje supone un trabajo multiprofesional que el equipo docente desea culminar con la elaboración de una obra dedicada a esta Didáctica Específica, ya que se considera que no se encuentran en la actualidad sistematizaciones sobre esta problemática en el área de las Ciencias y Tecnologías agropecuarias y ambientales.

El otro eje está centrado en la práctica de un docente; si bien incluye, por parte del cursante, la enseñanza frente a estudiantes, implica también el desarrollo de otras actividades, como: elaborar materiales, observar reuniones de cátedras, atender a becarios, entre otras. Estas actividades son supervisadas en forma excluyente por el profesor responsable de la asignatura sin participación directa de la Asesoría Pedagógica que dirige el Programa, situación fundamentada en que *entre cursante y profesor hay una relación laboral*. Los profesores observan algunas clases, no todas; también pueden derivar parte de esta tarea de observación en otros docentes.

El *dossier* es el recurso que diseñó la Asesoría Pedagógica, en conjunto con los profesores, de manera de orientar el análisis de la propia práctica por parte del practicante. El proceso mismo de elaboración del documento orientador "*Agropaideia*" de 2013 fue largo y complejo pero permitió un trabajo colaborativo entre el equipo docente del Programa y los profesores; situación que facilitó su implementación. Esta modalidad de trabajo se sostiene en la actualidad a través de la realización de talleres y reuniones para facilitar la administración del dossier, dando lugar, a la vez, de esta manera, a un proceso de formación pedagógica de los profesores supervisores.

Los espacios curriculares tienen distintos sistemas de evaluación de los aprendizajes y acreditación. Mientras que los cursos son calificados con notas, el espacio curricular de práctica de la enseñanza tiene como calificación aprobado o no aprobado, fundamentada en la presentación de los Informes.

Además de estos espacios, los participantes tienen la posibilidad de seguir Cursos abiertos –por ejemplo sobre el Método de Casos y Teorías del aprendizaje– que no forman parte de la estructura de la Carrera Docente.

La CD de la Facultad de Derecho y Ciencias Sociales

Esta Unidad Académica de la Universidad de Buenos Aires fue creada en el año 1874 y ofrece cuatro carreras de grado: Abogacía,

Calígrafo Público, Traductorado Público y el Profesorado de Enseñanza Media y Superior en Ciencias Jurídicas.

La formación pedagógica de los docentes es responsabilidad del Centro para el Desarrollo Docente, que depende de la Secretaría Académica cuya tarea principal es el diseño e implementación de la Carrera Docente. Esta, si bien no es de posgrado, constituye un Programa de Formación y Actualización Docente Continua y está reglamentada a través de la Resolución N° 3481/2007 del Consejo Superior de la universidad.

Asimismo, este Centro desarrolla otras actividades entre las cuales se encuentran el Acompañamiento Pedagógico a Cátedras, reglamentado a través de la Resolución del Consejo Directivo N° 1241/2011, y las Jornadas de Enseñanza del Derecho. La primera actividad consiste en ofrecer asesoramiento pedagógico a través de la actualización pedagógico-didáctica a las cátedras de la facultad según la demanda, mientras que la segunda representa una instancia de encuentro anual entre docentes del área, cuyo objetivo es compartir diferentes aristas de posible análisis y reflexión sobre experiencias concretas, y socializar propuestas para su mejora.

La Carrera Docente fue creada en el año 1961 teniendo como base el Estatuto Universitario que establece la estructura piramidal de cátedra. No obstante, a partir del retorno de la democracia y el restablecimiento de la normalización y funcionamiento de la universidad, la CD empieza a tomar mayor grado de sistematización; en el año 1991 se crea la organización modular del plan de estudios que fue modificado en el año 1997.

Según la normativa que regula el funcionamiento y la organización curricular del Programa de Formación que estructura esta CD los principales propósitos de la misma son:

- Formación de recursos docentes de la facultad.
- Capacitación continua y rigurosa en los aspectos pedagógicos de la educación superior universitaria focalizados en la enseñanza del Derecho.
- Fortalecimiento de la docencia en las carreras de Calígrafo Público y Traductorado Público.

Asimismo, se establecen los siguientes objetivos en relación con el enfoque didáctico adoptado en la fundamentación de dicho Programa de Formación:

- Comprender y analizar las diversas concepciones de universidad y de sus misiones en la actualidad y las formas de organización que asume el trabajo académico en la UBA.

- Caracterizar la enseñanza específica del Derecho, de la Traducción Pública y del Calígrafo Público en lo que refiere al diseño curricular, a las estrategias de enseñanza y a la evaluación de los aprendizajes y la calidad de la docencia.
- Brindar a los auxiliares docentes una visión actualizada y fundamentada sobre los principios de la evaluación de los aprendizajes, sus diferentes modalidades e instrumentos y los criterios a utilizar en la promoción de la enseñanza.
- Conformar instancias de actualización permanente en temas de enseñanza del Derecho a los Profesores de las carreras de la Facultad de Derecho.

Los cursos que estructuran el Plan de Estudios constituyen módulos de 52 hs. reloj de duración, de carácter semanal, salvo el módulo Prácticas de la enseñanza del Derecho, del Traductorado y del Calígrafo Públicos que además incluyen actividades de observación y práctica docente en contextos reales de clase en las asignaturas y cursos de las carreras. Cabe aclarar que la modalidad de la CD es presencial. Los módulos que estructuran la organización de dicho plan, con sus respectivas correlativas, son:

- Pedagogía Universitaria: no requiere correlativa previa.
- Didáctica General: se sugiere para su cursada el módulo Pedagogía Universitaria como correlativa previa.
- Didáctica Específica de la disciplina –Derecho, Calígrafo Público y Traductorado Público–: requiere como correlativa previa Didáctica General.
- Práctica de la enseñanza: requiere como correlativa previa Didáctica Específica de la disciplina.

Asimismo, es importante señalar que el diseño de este plan de estudios articula la teoría y la práctica a través de la práctica docente en el contexto real de desempeño principalmente, pero también, a través de las actividades que se realizan en algunos de sus módulos.

De la misma manera, algunos de los ejes centrales de la formación son: la programación, las estrategias de enseñanza y la evaluación de los aprendizajes y la calidad de la docencia. Se emplean casos, exposiciones dialogadas, plenarios y microclases como estrategias didácticas y dispositivos de formación.

Para poder cursar la carrera docente se deben cumplir los siguientes requisitos:

- Graduados de las carreras que se dictan en la Facultad de Derecho UBA que ejercen como ayudantes de segunda.
- Experiencia en la docencia universitaria.

Los responsables que tienen a su cargo la enseñanza de los módulos son graduados de la carrera de Ciencias de la Educación principalmente, pero también la planta docente cuenta con graduados en Letras y Ciencias de la Comunicación. Sus designaciones son interinas y renovables anualmente. El Director de este programa de formación es abogado y antropólogo.

La articulación con la Maestría en Docencia Universitaria dependiente del Rectorado de la UBA y se concreta a través del reconocimiento como equivalencia de uno de sus módulos, Pedagogía Universitaria. No obstante, dicha articulación no está del todo resuelta.

La CD de la Facultad de Farmacia y Bioquímica

La Facultad de Farmacia y Bioquímica fue creada en el año 1957, como desprendimiento de la Facultad de Medicina. En ella se desarrollan las carreras de Bioquímica, Farmacia y las Licenciaturas en Ciencia y Tecnología de los Alimentos y las Tecnicaturas Universitarias en Medicina Nuclear y en Óptica y Contactología.

La Carrera Docente fue creada en 2001, por Resolución del Consejo Superior N° 5243/01, y fue implementada regularmente hasta el año 2009. Cuenta con un antecedente importante: el Programa de Capacitación Docente que se desarrolló entre 1994 y 2001. En el año 2009 se consideró necesaria una mejora de la propuesta para adecuarse a la reforma de los posgrados impulsados a nivel nacional y por la universidad –que implicó entre otros aspectos la reducción de las cargas horarias de las carreras de posgrado–. En 2010 la CD fue modificada por la Resolución (CS) N° 618/10 con las características que posee en la actualidad.

Desde la dimensión administrativa, la Carrera Docente se encuentra dentro de la estructura de la Secretaría de Posgrado de la facultad. También posee una dependencia con Secretaría Académica, siendo la Secretaria Académica en funciones la directora formal de la esa carrera.

No obstante, es la coordinadora del Componente Pedagógico de la Carrera Docente quien lleva adelante la coordinación de toda la carrera, en los aspectos operativos y cotidianos. Además es quien coordina el Área Pedagógica[3] de la Facultad de Farmacia y Bioquímica.

Según la Web institucional, la CD tiene por objeto la formación y capacitación del personal docente de la Facultad de Farmacia y Bioquímica, con el propósito de producir las actualizaciones e innovaciones pedagógicas, metodológicas y técnicas que son necesarias para la enseñanza universitaria. Asimismo, se propone ayudar a mejorar la conexión entre la formación pedagógica y las áreas disciplinares específicas. Se plantean como objetivos de carácter general (Res. CS 618/10):

- El desarrollo de una actitud rigurosa hacia la actividad docente y de pautas que permitan intervenir en situaciones educativas, siempre singulares y complejas, con acciones de remediación y con recursos conceptuales y metodológicos que hagan efectivo el aprendizaje en el aula universitaria.
- Fortalecer las articulaciones entre la investigación, la docencia y la extensión.
- Promover una actitud crítica y reflexiva para el mejoramiento y desarrollo de planes de estudio con estructuraciones específicas.

Asimismo se especifican los siguientes objetivos:

- Promover la formación y el perfeccionamiento pedagógico y académico en forma gratuita para los docentes de la Facultad de Farmacia y Bioquímica.
- Institucionalizar la formación pedagógica y docente.
- Favorecer en los docentes una actitud de actualización e investigación permanente.
- Capacitar en el uso de las tecnologías de la información.
- Formar en el diseño, uso y análisis de instrumentos de diagnóstico y evaluación para la detección y la solución de los diferentes problemas y obstáculos en la educación en sus diferentes instancias.

El equipo que lleva adelante la Carrera Docente se compone de tres Profesores Adjuntos –con dedicación semiexclusiva–, un Jefe de Trabajos Prácticos –con dedicación semiexclusiva–, cuatro Ayudantes –2 con dedicación semiexclusiva y 2 con dedicación simple–.

Los profesionales del plantel docente son principalmente Licenciados en Ciencias de la Educación y sus perfiles en general están ligados

---

3   El Área Pedagógica concentra las actividades de Asesoría Pedagógica a docentes, profesores y cátedras de la facultad ofreciendo espacios de reflexión en torno a las problemáticas específicas de la enseñanza, el aprendizaje y la investigación en Educación, desde la perspectiva de las Ciencias de la Salud. También realiza acciones de investigación y formación.

a las tecnologías, las didácticas y la política educativa. Varios de ellos tienen títulos de posgrado.

El plantel docente se ha ido conformando sobre la base de las personas que forman parte del Área Pedagógica. Algunos miembros del equipo docente tienen cargos concursados y otros cargos interinos.

Desde la dimensión curricular, se puede señalar que la Carrera Docente posee tres componentes que agrupan a los bloques y módulos de la estructura curricular: el componente Pedagógico, el de Metodología de la Investigación y el de Especialización. Por otra parte, está organizada en 4 –cuatro– trayectos diferenciados con una duración total de 4 –cuatro– cuatrimestres –264 hs. en total–.

Según la resolución vigente, que aprueba la Carrera Docente en 2010, la estructura curricular es la siguiente:

- Trayecto Estructurado: Son 5 asignaturas obligatorias –3 de 36hs., 1 de 30hs. y 1 de 24hs. que hacen un total de 162hs. que se desarrollarán en 4 cuatrimestres–.
- Las asignaturas son: Bases didácticas, Tecnología educativa, Evaluación de la calidad educativa, Políticas de educación superior y acciones científico tecnológicas, Didáctica y epistemología de las ciencias de la salud.
- Trayecto de Observación y análisis de la práctica docente: son 3 sesiones de análisis y prácticas supervisadas –42 hs.–. Este trayecto contiene los dispositivos de análisis de las prácticas docentes, a partir de la reflexión sobre los diferentes momentos del trabajo docente, sus principales condicionantes, las diferentes dinámicas que se generan al respecto y los resultados de la misma.
- Trayecto de Especialización Académica: Refiere a instancias que acrediten conocimiento en la disciplina específica de intervención en la docencia –42 hs.–.
- Trayecto No estructurado: Es de carácter flexible. Consiste en un taller optativo a elegir entre un menú de 5 talleres –cada uno de 18 hs.–: Taller de investigación en didáctica de las ciencias experimentales, Taller de metodología de la investigación, Taller de metodologías de la enseñanza, Taller de enseñanza en entornos virtuales de enseñanza y aprendizaje y Problemática del conocimiento en los nuevos escenarios culturales.

La CD otorga el título de Docente Autorizado y para ingresar a la carrera es requisito ser docente de alguna cátedra.

La CD presenta un fuerte énfasis didáctico, en coherencia con propósitos orientados a favorecer la construcción de una caja de herramientas conceptuales y metodológicas para el aula; así como herramientas para reflexionar y revisar las propias prácticas de los docentes que hacen la carrera.

Luego de cursar cada asignatura, los cursantes deben realizar un módulo de práctica docente y análisis de sus prácticas. Se finaliza la CD con una práctica supervisada por medio de tutorías, y con un proyecto destinado a mejorar la propia práctica docente en la materia que cada cursante enseña.

Existe una articulación entre la Carrera Docente y la Maestría en Docencia Universitaria que se implementa desde el Rectorado de la Universidad de Buenos Aires. La CD se acredita como el primer año de la maestría, es decir, casi el 50 % de ella.

Asimismo, también existe la posibilidad de aprobar materias por equivalencia, y en el trayecto no estructurado, la mayoría de los alumnos eligen hacer algún curso del CITEP[4].

Por su parte, la formación en investigación se realiza en los talleres de Metodología de la investigación, en el ámbito de la disciplina. Sin embargo, cabe destacar que la mayoría de los docentes que la cursan tiene amplia experiencia en investigación en su disciplina específica.

La CD de la Facultad de Medicina

Esta Unidad Académica data de 1822 y en ella se desarrollan en el grado la carrera de Medicina y las Licenciaturas en Enfermería, Nutrición, Fonoaudiología, Kinesiología y Fisiatría, Producción de imágenes, Obstetricia y las Tecnicaturas Universitarias en Anestesia, Cosmetología Facial y Corporal, Hemoterapia e Inmunohematología, Instrumentación Quirúrgica, Podología y Prácticas Cardiológicas.

La CD de esta facultad fue creada en 1960 y modificada en 1988 por medio de la Resolución (CS) 3230/88 que deroga la anterior pero mantiene la misma denominación, aumenta la carga horaria a 472 hs. poniendo acento en la práctica docente en terreno –200 hs.–. Esta Resolución es derogada en 2008 y su organización se mantiene hasta la actualidad. Depende de la Secretaría de Educación Médica y cuenta con una Dirección de Carrera Docente a cargo de un médico.

El equipo responsable de la formación está compuesto por 10 docentes. Cinco docentes del área pedagógica, Licenciados en Ciencias de la

---

4   El CITEP es el Centro de innovación en tecnología y pedagogía, una plataforma virtual creada por el rectorado de la Universidad de Buenos Aires donde las distintas unidades académicas y las distintas materias dentro de ellas, pueden intercambiar materiales didácticos y hacer más fluido el intercambio entre el cuerpo docente y los estudiantes.

Educación y 5 docentes médicos. Todos ellos tienen cargo de Jefe de Trabajos Prácticos con dedicación semiexclusiva. En la década del 80, hubo concursos y se les otorgó a los docentes de la CD un cargo docente regular, pero estos concursos nunca fueron renovados y volvieron a tener cargos interinos.

Los aspirantes a cursar la CD deben ser Docentes de la Facultad de Medicina y de las Licenciaturas y Cursos de la facultad.

En cuanto a los requisitos de ingreso, son múltiples. Se debe poseer título universitario afín a la asignatura en la cual el aspirante desea formarse para la Docencia Universitaria, expedido por universidades nacionales públicas o privadas reconocidas. Para las asignaturas asistenciales los aspirantes deben tener 3 años de antigüedad en el ejercicio profesional de la especialidad acreditado por institución reconocida. Para las disciplinas no asistenciales deben tener acreditados tres años de actividad científica o académica en institución reconocida y también se reconoce antigüedad en la especialidad aunque no esté recibido en la misma.

Asimismo se debe demostrar dominio de la asignatura en la que se desea realizar la Carrera Docente que se llevará a cabo por medio de un examen de idoneidad que cuya aprobación es excluyente para el ingreso a la CD.

Se requiere también demostrar conocimiento de inglés evaluado por medio de un examen de comprensión.

Se plantean los siguientes objetivos:

- Propender al perfeccionamiento académico de la Facultad de Medicina.
- Institucionalizar la formación docente.
- Conformar una actitud docente de investigación y educación médica permanente.
- Interrelacionar la institución con la individuación docente.
- Otorgar una metodología general de enseñanza a las Unidades Académicas de la Facultad.
- Propiciar formar al docente en el aspecto teórico cultural, práctico y de investigación. Para ello la temática abarcará aspectos disímiles pero congruentes.
- Propiciar la investigación tanto en las ciencias de la salud como en los contenidos pedagógicos y humanísticos.
- Incentivar la adecuada relación de los trabajadores de la salud con el paciente.

La estructura curricular consta de tres Módulos:

- Pedagógico compuesto por Didáctica –60 hs.–; Políticas en educación y salud –30 hs.– y Organización y práctica de la enseñanza –60 hs.– donde hacen microenseñanza.
- Metodológico: Metodología de la investigación científica –30 hs.–; Introducción a la epistemología de las Ciencias de la Salud –10 hs.–; Seminario: Estructura y método de una monografía y de una tesis de doctorado y maestría –10 hs.–.
- Módulo socio-humanístico: Historia de la Medicina y de las Ciencias de la Salud o Historia de la Medicina –optar por uno 50 hs.–; Socioantropología médica y de las Ciencias de la salud –16 hs.– y Organización y administración académica –16 hs.–.
  Como se observa, esta modificación implica la inclusión de temas pedagógicos referidos a política educacional y salud, elimina el tratamiento específico de los recursos en la enseñanza y la problemática grupal y el uso de las tecnologías en educación. Incorpora un módulo denominado socio-humanístico y amplía en cantidad de horas y especificidad la formación en investigación.
- Práctica docente en terreno. En cuanto al espacio dedicado a la práctica, elimina la instancia de observación y el requisito de realizarla en una unidad diferente a aquella en donde se desempeña el cursante. Aumenta la carga horaria a 200 hs.

La práctica docente actual se debe desarrollar en cualquier instituto, Orientación, Departamento, carrera conexa, cátedra, Hospital o Unidad Docente Hospitalaria –UDH–, donde se dicte la asignatura elegida. Se realiza en 5 cuatrimestres, realizando actividad docente correspondiente a un auxiliar docente con dedicación parcial dos veces por semana, 3 clase teóricas como mínimo por cuatrimestre y participar en evaluaciones parciales o finales. Para iniciarla se requiere de un certificado del encargado de enseñanza del lugar elegido donde conste su compromiso de permitir la realización de esa práctica. Al finalizar cada cuatrimestre se debe presentar un certificado expedido por el responsable del servicio que acredite su desempeño en ese lapso ante la Secretaría de Desarrollo Docente. Debe ser corroborado por el Director de la UDH y/u Coordinador docente del Hospital Asociado en el Ciclo Clínico y por el Director del Departamento del Ciclo Biomédico.

La evaluación está a cargo del encargado de enseñanza y el Director del servicio, cátedra, etc. quienes elevan un informe por cuatrimestre de las actividades realizadas y el desempeño y determinan la aprobación o no del cursante.

Algunos docentes siguen la Maestría en Docencia Universitaria de la UBA.

La Formación en investigación se da específicamente a través de los cursos del módulo Metodológico que tiene una duración de 50 hs. Comprende Metodología de la investigación científica –30 hs.–, Introducción a la epistemología de las Ciencias de la Salud –10 hs.– y el Seminario Estructura y método de una monografía y de una tesis de doctorado y maestría –10 hs.–. La formación es en investigación disciplinar, no en investigación sobre la enseñanza de las ciencias de la salud.

La CD de la Facultad de Odontología

La Facultad de Odontología de la UBA fue creada en 1946. Esta Unidad Académica es un Hospital Universitario y en ella se desarrolla la carrera de Odontología y el Curso de Asistentes Dentales.

La Dirección del Área de Educación Odontológica y Asistencia Pedagógica, dependiente de la Secretaría de Posgrado y Relaciones Institucionales, es un espacio dentro de la facultad dedicado al asesoramiento pedagógico y la formación de recursos humanos.

La tarea de esta Área se centraliza en responder a las necesidades institucionales a nivel del Decanato a través de diferentes Secretarías, así como a los requerimientos de asesoramiento didáctico y pedagógico de las Cátedras. Por lo tanto, la tarea consiste en dar respuesta a diversas demandas que involucran el proceso de enseñanza y de aprendizaje, así como en colaborar en la elaboración y ejecución de proyectos pedagógicos de mayor envergadura. De este modo se trabaja con los profesores y el personal docente de las diferentes cátedras evacuando consultas acerca del diseño y desarrollo de actividades en el marco de su desempeño docente. La actividad de la Dirección Área de Educación Odontológica y Asistencia Pedagógica es de carácter esencialmente interdisciplinario en el cual se comparten propósitos y códigos que se han ido construyendo en el transcurso de los años de gestión.

La CD de la Facultad de Odontología de la Universidad de Buenos Aires comienza a funcionar en 1985 (Res. (CS) N°776/85) y actualmente depende de aquella dirección y se estructura como un Programa de Formación de Formadores para sus docentes, lo que permite un intercambio fluido entre miembros de distintas cátedras y un reconocimiento de las características centrales de la cultura de la institución. Sus objetivos son:

* Adquirir habilidades para utilizar herramientas teóricas y metodológicas en el diseño, implementación y evaluación de las prácticas de enseñanza.

- Utilizar distintos encuadres didácticos como sustento de la programación y evaluación educativa.
- Valorar principios éticos que sustentan prácticas profesionales de docencia, asistencia e investigación.
- Implementar prácticas innovadoras de intervención en el aula.
- Reflexionar sobre la propia práctica docente.
- Cuestionarse acerca del marco institucional que opera en la práctica docente.
- Reflexionar acerca de la problemática de la formación de profesionales.

En el año 1991 por Resolución (CS) N°1596/91 se aprueba el reglamento de la CD y, dentro del reglamento, el plan de estudios de la CD que está actualmente vigente y que presenta la siguiente estructura:

Primer nivel compuesto por Metodología de la enseñanza I, Planeamiento I, Técnicas de Enseñanza I, Recursos Didácticos I, Evaluación I, Administración y Organización de una Cátedra y Metodología de la Investigación. Una Práctica docente –a lo largo de seis meses–, y el segundo nivel que lo componen Metodología de la enseñanza II, Planeamiento II, Técnicas de Enseñanza II, Recursos Didácticos II, Evaluación II, Funcionamiento Institucional de la Facultad y Universidad, Taller de Reflexión sobre Articulación Docente Asistencial y Estadística. Los cursantes deben acreditar conocimiento de idioma inglés en el transcurso de la Carrera Docente.

Esta aborda dos áreas de conocimiento: pedagógica y científica. En el área pedagógica se trabajan diferentes temáticas con distinto grado de profundidad: diseño y planificación de planes de estudio, programas de asignaturas, abordaje de estrategias de enseñanza, programas de evaluación del nivel superior, recursos didácticos, diseño de proyectos pedagógicos y estrategias de articulación docente-asistencial, grupos de aprendizaje y análisis del funcionamiento institucional universitario. En el área científica se realiza una introducción a la metodología de la investigación y a la estadística. Al finalizar el primer año los alumnos rinden un examen de nivel I que es un examen integrador donde se articulan todos los contenidos de los módulos que vieron durante el primer año. El trayecto formativo continúa con una práctica docente de cuatro meses de duración y a su término continúa el segundo año.

La CD finaliza con la presentación de un trabajo final integrador que se defiende en un coloquio.

Como una herramienta clave para la actualización y el desarrollo profesional, el plan de estudios de la Carrera Docente, incluye la acreditación de conocimientos y habilidades básicas para la comprensión y traducción de textos científicos en el idioma Inglés.

Un elemento clave consiste en el análisis del propio desempeño docente del cursante.

Algunos de los contenidos que resultan pilares centrales en la formación son: los contenidos procedimentales, la programación, las estrategias de enseñanza y la evaluación de las prácticas. En cuanto a las estrategias de enseñanza, se prioriza el trabajo con casos, problemas y con otras metodologías innovadoras en la enseñanza de la odontología.

El título que otorga este programa formativo es el de "Docente Autorizado".

Para poder cursar la CD se deben cumplir los siguientes requisitos: ser graduado Odontólogo de universidades nacionales o provinciales, ser graduado universitario en ciencias de la salud y desempeñarse como docente en la Facultad de Odontología de la Universidad de Buenos Aires, poseer nombramiento docente en la Facultad de Odontología de la Universidad de Buenos Aires en el momento de la inscripción y poseer una antigüedad no menor de dos años como graduado universitario, o en su defecto, haber ejercido la docencia universitaria o desempeñarse en actividades docentes en Instituciones Oficiales Asistenciales, por igual periodo.

Los responsables que llevan a cabo este Programa son por un lado por los 5 miembros que forman parte de la Dirección Área Educación Odontológica y Asistencia Pedagógica, expertos en Didáctica de Nivel Superior en Ciencias de la Salud. Cuentan con designaciones anuales; todos los cargos son interinos.

Por otro lado, algunos módulos están a cargo de Profesores Titulares de la carrera de grado. De este modo se conforma un equipo interdisciplinario de trabajo.

La CD cuenta con una Comisión Asesora que integran la Dirección de la CD y algunos Profesores de las diferentes disciplinas.

La CD presenta cambios desde su creación: se acortó el tiempo de cursada de tres a dos años; se incorporó la tecnología de la enseñanza dentro del programa y se modificó el espacio curricular de la práctica docente considerado actualmente un espacio de reflexión con modalidad tutorial cuya propuesta cambia año a año según las necesidades detectadas en los cursantes.

La formación en investigación se lleva a cabo a través de dos módulos: Metodología de la investigación y Estadística pero que centran su perspectiva las características que adquiere la investigación en Ciencias de la Salud.

La Maestría en Docencia Universitaria dependiente de la UBA completa y complementa a la Carrera Docente.

Las dimensiones

Como ya se ha señalado, la segunda etapa de la investigación abordó, a través de entrevistas en profundidad, la percepción de los responsables de la formación desarrollada a través de las CD en las diferentes Unidades Académicas. A partir del análisis de los casos estudiados se han identificado las siguientes dimensiones de análisis:

- La articulación teoría-práctica como principio sinérgico en la enseñanza universitaria y en la formación pedagógica de sus docentes.
- Las concepciones acerca de la formación.
- El sistema didáctico.
- La profesionalización del docente universitario.

A continuación se abordará las primeras dos dimensiones.

La articulación teoría-práctica como principio sinérgico en la enseñanza universitaria y en la formación pedagógica de sus docentes

Tanto el currículum como la enseñanza en la educación superior manifiestan y son afectados por las formas que adopta el relacionamiento entre la teoría y la práctica, definiendo modelos y estrategias, cargadas de la valoración que se adjudica a esas esferas del conocimiento.

Las vinculaciones entre ambas pueden asumirse, según el posicionamiento epistemológico del que se parta, como una relación dialéctica o una relación causal y de dependencia, implicando derivaciones pedagógicas y didácticas contrastantes. En las Carreras Docentes de la Universidad de Buenos Aires se hacen presentes ambas perspectivas tal como se expondrá en este apartado.

Las concepciones acerca de la articulación teoría-práctica[5]

Las concepciones acerca de lo teórico y lo práctico que forman parte de la trama teórica valorativa, subyacen en las acciones docentes y connotan por tanto las situaciones de enseñanza y aprendizaje que se desarrollen en la universidad, tanto en las actividades del grado como en los programas para formación pedagógica de sus docentes.

---

5   Muchos de los conceptos de este apartado fueron presentados en: Lucarelli, E. (2009). *Teoría y práctica en la universidad. La innovación en las aulas.* Bs. As.: Miño y Dávila.

En términos generales pueden reconocerse dos grandes perspectivas acerca de cómo se vinculan teoría y práctica en la universidad: la *perspectiva tecnicista*, heredera de la tradición del positivismo y fundamentada en la racionalidad técnica, que se manifiesta en la segmentación de las esferas teóricas y prácticas del conocimiento y de la enseñanza; y la *perspectiva fundamentada crítica*, basada en los principios dialécticos y de la ciencia social crítica, y que pone en acción un relacionamiento dinámico entre lo teórico y lo práctico. Ambas perspectivas, con orígenes teóricos y cronológicos distintos, coexisten en la actualidad en las propuestas curriculares y en los desarrollos áulicos de las instituciones universitarias.

La perspectiva tecnicista se hace presente en seguimiento de los principios de universalismo y segmentación propios de la filosofía positivista que desde el siglo XIX dominó el campo epistemológico y de la educación, considerando a la ciencia empírica como única fuente de conocimiento positivo y a la tecnología como su expresión en el terreno de la práctica. Se trata, según Schön (1998):

> De una filosofía que pretendía tanto proporcionar un registro de los triunfos de la ciencia y la tecnología, como purificar a la humanidad de los residuos de la religión y el misticismo que todavía estorbaba el pensamiento científico y la práctica tecnológica en su total dominio sobre los asuntos humanos. (pp.40-41).

En la segunda mitad del siglo XX esta visión se orienta por el resurgimiento de las corrientes conductistas, que sosteniendo aquellos principios de segmentación y universalismo y de fragmentación entre medios y fines, entienden a la práctica como aplicación del conocimiento teórico a través del uso de las técnicas.

Esta valoración exclusiva de la técnica asigna a la Didáctica, la responsabilidad de definir conocimientos del cómo enseñar de forma tal que puedan ser utilizados en cualquier situación: de esta manera la preocupación por identificar formas universales de enseñanza se hace presente en la disciplina, concibiéndolas independientes de fines, contenidos, sujetos, medio social e institucional en que se desarrollen (Lucarelli, 2009).

Da Cunha (1998) sostiene que en las propuestas y en el desarrollo de las clases, el conocimiento se expone sin analizar las condiciones socio-históricas en las que fue creado y sin reconocerlo como una producción social que se da en un espacio y en un tiempo, en función de los desafíos sociocognitivos de un contexto. Al referirse al distanciamiento entre teoría y práctica que habitualmente caracteriza a la formación universitaria como una de las formas de expresión del paradigma positivista, sostiene que ese paradigma contribuyó a la construcción de un imaginario en el cual la teoría, al preceder a la práctica en la apropiación del conocimiento, podría ser encajada totalmente en esa práctica. Asocia esta mirada con la separación entre la producción científica del mundo académico y el trabajo en otros sectores de la sociedad. Así, afirma: "La idea de la separación entre teoría y práctica ha servido también de excusa para mantener el conocimiento científico y el saber académico aislados del hacer de los hombres" (Da Cunha, 1997, p.86).

La segmentación atraviesa los aspectos de la teoría y de la práctica educativa en la universidad, evidenciándose en la estructura tradicional de los planes de estudio universitarios, específicamente en la ubicación secuencial de las asignaturas: en los primeros tramos se desarrollan las disciplinas de los fundamentos teóricos o de las ciencias básicas, seguidamente las aplicadas y por último el espacio de las prácticas donde se abordan habilidades relacionadas con el ejercicio de la profesión. También se traslada esta dicotomía a la organización académico administrativa del desarrollo de las clases, con horarios, espacios, docentes diferenciados, según sea su responsabilidad la puesta en acción de los aspectos "teóricos" o "prácticos" de la enseñanza.

Desde otro ángulo, esta forma de asumir la práctica separada de la teoría y en forma diferida, se corresponde con lo que Heller (1977) entiende como propia de la "praxis repetitiva", es decir aquélla que implica la repetición de esquemas prácticos desarrollados por otros —en este caso los docentes, los libros, los programas informáticos— y adquiridos como tales por cada sujeto particular —es decir por el alumno individual o el grupo clase—.

La *perspectiva fundamentada crítica* sostiene una vinculación dinámica, de alternancia entre aspectos teóricos y prácticos, basándose epistemológicamente en posiciones dialécticas sobre el modo de ser y de hacer del hombre: ambos términos, teoría y práctica, así relacionados, se sintetizan en la praxis. Desde el materialismo dialéctico, Kosik (1967) afirma que la praxis hace referencia a toda actividad histórica y social —a la vez libre y creativa— a través de la cual el ser humano se modifica a sí mismo y al mundo.

En su dimensión epistemológica, la praxis muestra el conocimiento no como contemplación sino como apropiación del mundo; el hombre toma contacto con él a través de la práctica y conoce en la medida que crea; es la actitud que caracteriza al hombre en su primer contacto con la realidad, cuando desarrolla su actividad práctica para alcanzar determinados objetivos dentro de un conjunto específico de relaciones sociales (Lucarelli, 2009).

En una dimensión pedagógica de la teoría crítica, Carr (1996) sostiene que:

nuestro concepto contemporáneo de práctica educativa constituye el producto final de un proceso histórico a través del cual un concepto más antiguo, amplio y coherente ha ido sufriendo transformaciones y modificaciones graduales. (p. 87).

En función de esta línea de pensamiento afirma que *práctica* es un concepto utilizado muchas veces en formas diferentes y hasta incompatibles entre sí, de la misma manera que puede suscitar confusiones entender la práctica solamente en relación con la teoría. Entre esas creencias dentro un pensamiento dicotómico, están las que identifican a la práctica como lo urgente, lo particular en el trabajo cotidiano, y la teoría como lo universal, fuera de tiempo y contexto (Carr & Kemmis, 1988, p. 201). Entender la práctica educativa como independiente de la teoría, es entenderla solamente en su dimensión técnica, en un saber cómo, sin tener en cuenta otras aristas, como la ética, presentes en la acción[6].

En relación con el currículum universitario en el contexto de esta perspectiva se rompe con la tradicional estructura en que las disciplinas se ubican en tramos secuenciales respetando un ordenamiento que va desde mayor grado inicial de abstracción en los contenidos hacia una mayor concreción, desplazándose la formación en las prácticas profesionales al trayecto final, en función de un principio de aplicación. En el encuadre fundamentado crítico las propuestas se caracterizan por formatos articulados alrededor de un eje centrado en prácticas alrededor del cual se establecen las disciplinas. Esas prácticas se orientan a la conformación, a lo largo del plan de estudios, de las habilidades de la profesión, dando cuenta del desarrollo graduado de aprendizajes que hacen al rol.

Es así que desde la dimensión didáctica en la perspectiva fundamentada crítica se reconocen sus conceptos fundantes, entendiéndose a la articulación como principio general metodológico que connota los procesos de enseñar y de aprender desarrollados en toda situación

---

6   De forma explícita dice Carr (1996) al respecto de la manera en que la racionalidad técnica entiende la relación: "la práctica puede regirse por una teoría que no es más que una idea de sentido común tácita, implícita y no articulada, o por la teoría elaborada mediante la investigación disciplinaria sistemática. Pero la dificultad más importante que plantea esta perspectiva es que no reconoce adecuadamente que la práctica educativa nunca puede regirse por la pura teoría; y esto es así porque la teoría explícita y tácita o explícita y manifiesta, es siempre un conjunto de creencias generales, mientras que la práctica supone siempre la acción en una situación determinada" (pp.89-90).

didáctica; sus componentes expresan distintas formas de manifestar cómo se relacionan los momentos teóricos y prácticos que se suceden y alternan en la enseñanza, definiendo así distintas propuestas de aprendizaje para los alumnos. Se pueden reconocer así las variadas *sintaxis* (Eisner, 1998) que asumen las formas estratégicas de enseñanza y las actividades que desarrollan los estudiantes, es decir la modalidad de cómo se da el ordenamiento de las formas que asume la relación teoría-práctica dentro de un conjunto de componentes de la situación didáctica. En la educación de nivel superior un primer nivel de modalidades sintácticas, de alcance más general y abarcativo, se manifiesta en dos vías principales: como *proceso genuino de aprendizaje* y como proceso particular de adquisición de conocimientos, actitudes, *formas de operar específicas relativas a la práctica profesional*. En el primer caso se comprende al aprendizaje como construcción, como un proceso de apropiación del conocimiento, en el que el método didáctico permite trasladar a este contexto las notas propias de la conformación dialéctica (Wachowitz, 1995); en el segundo la formación anticipada en los meollos de la profesión de destino es el eje vinculante entre momentos teóricos y prácticos en los estudios universitarios y de nivel superior en general.

A nivel de las acciones de aula —entendiendo ese lugar de formación que incluye laboratorios, talleres, unidades de trabajo profesional— las formas sintácticas adquieren mayor especificidad y se expresan en actividades de enseñanza y aprendizaje propiciadores de una articulación dinámica. Se definen como *modalidades particulares*, esto es:

> Formas de más baja generalidad, portadoras de situaciones didácticas que desarrollan la articulación teoría-práctica, definidas en función de cómo son percibidas por los sujetos que intervienen en esas situaciones y que se concretan en las actividades que integran las estrategias de enseñanza. (Lucarelli, 2009, p.97).

Estas modalidades —de menor alcance y mayor especificidad en la situación didáctica— incluye aquellas tradicionalmente presentes en la enseñanza universitarias en las que la acción desarrollada por el estudiante hacia el aprendizaje significativo es más restringida, hasta otras en las que la articulación dinámica entre teoría y práctica se manifiesta en actividades de mayor grado de complejidad y autonomía en la construcción del conocimiento.

Dentro de las primeras se ubican la ejemplificación, la demostración, la ejercitación. Así cuando se presenta la *ejemplificación* se trata de situaciones en las que los sujetos desarrolla acciones destinadas a ilustrar, probar o explicar a través de ejemplos, casos, situaciones particulares que den cuenta de lo que se describe y se sustenta en la presentación de un concepto teórico de carácter general; en un sentido más específico la *ejercitación* se orienta a desarrollar actividades según procedimientos similares a un prototipo presentado. La *demostración* tiene características semejantes, dado que, siguiendo una línea metodológica deductiva, a partir de la enunciación teórica se presentan modelos con el propósito que sean secuencialmente desarrollados a través de procedimientos análogos o imitativos.

Estas modalidades implican actividades simples, más proclives al logro de adquisiciones de realización rápida y económica, caracterizadas por la precisión y la rapidez, pertinentes para algunos aprendizajes de destrezas y habilidades. Sin embargo fuera de estos contextos de contenidos, corren el riesgo de dar lugar a comportamientos repetitivos con algún grado de mecanicidad y automatismo, donde la práctica se muestra como una técnica segmentada de los fundamentos teóricos que le dan sentido[7].

En el otro extremo de complejidad de las categorías de este nivel, *la resolución de situaciones problemáticas* es entendida como una modalidad particular de enseñanza en que la articulación teoría-práctica se expresa a través de la presentación de problemas, organizados de tal manera que posibilitan al sujeto del aprendizaje elaborar estrategias para abordarlas, darle resolución y fundamentarlas. Como antecedente fundante de esta modalidad, puede señalarse la importancia que Dewey, en su obra *Democracia y educación* de 1971, atribuye al problema, al reconocerlo como un "estímulo para el pensamiento", que se deriva de una situación auténtica de experiencia en la que el alumno se sienta genuinamente interesado. Las estrategias como el *Estudio de casos*, o el *Aprendizaje Basado en Problemas* se constituyen en estrategias sistematizadas que se derivan de estos principios soportes de la vinculación dialéctica entre teoría y práctica.

Otra modalidad particular de alta complejidad en la que se expresa la articulación teoría-práctica, es la relativa a la *producción*; esta

---

7   Al respecto es adecuada esta cita de Dewey (1998):

"En el dominio de la lectura y la escritura, el dibujo, las técnicas de laboratorio, etcétera, tan grande es la necesidad de economía de tiempo y de material, de pulcritud y de precisión, de rapidez y de uniformidad, que todo ello tiende a convertirse en un fin en sí mismo, con independencia de su influencia sobre la actitud mental general. La pura imitación, la imposición de los pasos que hay que dar, el ejercicio mecánico, pueden dar resultados con la mayor rapidez, pero también fortalecer rasgos que probablemente resulten fatales para la capacidad reflexiva. El alumno se ve empujado a hacer esto y aquello sin conocimiento de ninguna otra razón que la de que si lo hace así obtendrá más rápidamente el resultado previsto; se le señalan y corrigen por él sus errores; está obligado a la pura repetición de determinados actos hasta que éstos se vuelvan automáticos. Más tarde, los maestros se asombran de que los alumnos lean con tan poca expresión y realicen cálculos con tan escasa comprensión de los términos del problema" (p.34).

implica la realización de una tarea o un objeto de tipo cognitivo o material que permita sintetizar, identificar, derivar o retrabajar contenidos conceptuales, procedimentales y actitudinales adquiridos por el alumno. El *trabajo crítico* sobre producciones de otros –profesionales experimentados o estudiantes desempeñando el rol–, como actividad de análisis y apreciación valorativa, implica la aplicación de un marco teórico posibilitador de ese análisis y apreciación, el cual es a la vez susceptible de revisión en función de esa práctica. El *trabajo en terreno o trabajo de campo* puede ser considerado como una subcategoría de la producción , siendo una actividad de articulación teoría-práctica en contexto real; se concreta en tareas fuera del ámbito del aula; incluye, entre otras operaciones, observación y búsqueda de información, elaboración de informes, así como desempeños que implican la puesta en acción de contenidos conceptuales, procedimentales y actitudinales previos, que, a su vez, pueden intervenir como "disparadores" para la adquisición de nuevos contenidos. Los *Pasantías* se ubican tambén en esta categoría al ser una estrategia compleja como instancia formativa de desempeño anticipado en el rol profesional, que se desarrolla en organismos públicos o privados, empresas, servicios de salud –o de otra área–, escuelas, centros comunitarios, entre otros. De igual manera se integran como estrategia particular de la *producción* los Talleres, tal como se señalará en los próximos párrafos.

Las modalidades reflexivas como expresión de la articulación teoría-práctica en la formación pedagógica de docentes es uno de los ángulos de interés que nos permite entender cómo se manifiesta en las CD estudiadas.

La relación entre formación y reflexión en la preparación sistemática de los docentes es un tema vigente desde las últimas décadas del siglo XX hasta la actualidad, producto del desarrollo de los enfoques hermenéuticos y críticos en las ciencias sociales y en particular en las ciencias de la educación.

La formación a través de la reflexión, según Souto (2017), se entiende como: "el desarrollo de capacidades que en la profesionalización se plasman como modo de ejercer profesión reflexivamente" (p.71). En este sentido, afirma que la reflexión, al ser un acto del pensamiento, requiere un retorno sobre sí mismo o sobre algo y por tanto un cambio de dirección en el comportamiento.

En este sentido, tanto para el terreno de formación inicial y continua en la profesión, como para el área general de la Didáctica Universitaria, son significativos los aportes de Schön (1998) en la construcción de lo que él denomina una "nueva epistemología de la práctica", referida a los procesos de formación de profesionales en las competencias específicas de la profesión.

Esta nueva epistemología supone que la articulación de la teoría y la práctica se desarrolla a través de estrategias metodológica que propician la *reflexión en la acción*. Schön hace referencia a esta nueva *epistemología de la práctica*, relacionándola con las formas de pensamiento con las que operan los profesionales en su tarea cotidiana. Al respecto señala:

> Cuando alguien reflexiona desde la acción se convierte en un investigador en el contexto práctico. No es dependiente de las categorías de la teoría y de la técnica establecidas, sino que construye una nueva teoría de un caso único. (…) No mantiene separados los medios de los fines, sino que los define interactivamente como marcos de una situación problemática. No separa el pensamiento del hacer, racionalizando su camino hacia una decisión que más tarde debe convertir en acción. Dado que su experimentación es un tipo de acción, la implementación está construida desde su investigación en curso. De este modo la reflexión desde la acción puede seguir adelante, aun en situaciones de incertidumbre o de un carácter único, porque no está limitada por las condiciones de la racionalidad técnica. (Schön, 1998, p.72).

La *reflexión en la acción* alude a la posibilidad de pensar en lo que se hace mientras se está haciendo, tal como lo realizan los profesionales en la resolución de situaciones cotidianas en su actividad específica, en las que la incertidumbre y el conflicto deben ser encarados sin pretender aislarse de esa situación o detener el proceso tal cual se produce. El conocimiento *en la acción* se revela en las acciones inteligentes ya sean observables o no, ejecutadas en forma espontánea y hábil y generalmente no explicitadas en forma verbal, a no ser que esté mediada por una reflexión intencional. Esta forma de actividad se diferencia de la *reflexión sobre la acción*, en la que la "reflexión carece de una conexión directa con la acción presente" (Schön, 1992, p.37). Cuando se reflexiona en la acción, por el contrario, se puede reorganizar lo que se está haciendo simultáneamente a la acción. Consecuentes con este principio, las notas que caracterizan este tipo de reflexión son las siguientes:

- Es consciente, aunque no se exprese verbalmente.
- Posee una función crítica, a través de la cual se cuestiona aún la estructura misma del conocimiento en acción, permitiendo también la reestructuración hasta de las mismas estrategias de acción.
- Permite experimentar con los fenómenos en observación, verificar la comprensión de los mismos y desarrollar estrategias de acción.

La nueva epistemología de la práctica implica la acción de investigadores que desarrollan la *reflexión sobre la reflexión en la acción*, dando lugar a la elaboración de los principios fundantes de esa disciplina.

En el caso de la formación en la práctica profesional, el conocimiento en la acción propio de cada profesión adquiere las características que le otorga el contexto estructurado, social e institucional, de esa profesión. Conocimiento profesional y sistema de valores compartido definen un determinado campo profesional y generan las formas del conocimiento en acción, a la vez que la concepción epistemológica acerca de la práctica profesional determina la estrategia general de formación. De allí que según estuviera esa concepción regida por la racionalidad técnica o, por el contrario, se diera a través de un proceso dinámico y constructivista, será la definición de los contenidos curriculares propios de esa práctica y la forma estratégica prevista para su enseñanza. Esos contenidos incluyen, además de los aspectos previsibles de la profesión, tales como conocimientos y habilidades específicos, aquellos otros relacionados con situaciones en las que el profesional define cursos de acción, aceptando la existencia de "zonas indeterminadas de la práctica" que se caracterizan por la incertidumbre, la singularidad de la situación y el conflicto de valores.

Consecuente con esta línea de pensamiento, Schön transfiere al ámbito del aula universitaria, dos rasgos estratégicos que identifica en formaciones relacionadas con el arte y el diseño: el aprendizaje en acción y la enseñanza tutorial. A partir de la definición de estos dispositivos propone la estructuración de un espacio didáctico-curricular donde concretarlos, esto es un *prácticum*, una "situación pensada y dispuesta para la tarea de aprender una práctica" (Schön, 1992, p.45). Dado que es propiciador para la nueva epistemología de la práctica, el autor denomina a este espacio *prácticum reflexivo*: lugar donde se ayuda a los estudiantes universitarios que se están formando en una profesión, a ser capaces de algún tipo de reflexión en la acción, a través de un diálogo entre docente-tutor y alumno. Amplía, más adelante, para destacar el tipo de aprendizaje en la práctica profesional que favorece: "denominaré un *practicum reflexivo*: unas prácticas que pretenden ayudar a los estudiantes a adquirir formas de arte que resultan esenciales para ser competente en las zonas indeterminadas de la práctica" (Schön, 1992, p.30). El *Taller* como estrategia didáctica puede ser considerado como *prácticum reflexivo,* en la medida que articule instancias de acción con otras de análisis sistemático sustentado en marcos teóricos pertinentes.

La articulación teoría-práctica que atraviesa la reflexión en la acción permite reconocer las diversas formas que adopta la enseñanza en el *prácticum reflexivo*; se constituyen así modelos que difieren según la estrategia general adoptada en función del contenido a enseñar, determinado, a su vez, por la profesión objeto de formación. La demostración y la descripción, junto al análisis de la práctica definen el modelo de enseñanza en las artes y el diseño; el análisis compartido de la práctica profesional desarrollada por el docente-tutor es un eje central del modelo desarrollado en otros campos en los que la práctica tiene fuerte componente personal, como la docencia, la gestión, el trabajo social o el psicoanálisis La experimentación sobre el marco conceptual a partir de la reflexión dialogada acerca de los componentes que definen la situación de práctica, caracterizan también la formación en estas profesiones así como en la abogacía y la medicina. Schön (1992) señala estas formas como predominantes de la tutorización en la formación en cada campo profesional, pero no absolutas ni excluyentes, dado que el tutor puede cambiar de forma y combinarlas según las necesidades que se manifiesten en la clase.

La articulación teoría-práctica en las Carreras Docentes de la Universidad de Buenos Aires

Interesa considerar esta dimensión desde los diversos ángulos en que se hace presente en las CD de la UBA, en la información proveniente tanto de los documentos curriculares como de la visión de los profesores y responsables de la conducción de esos Programas.

Al respecto se identificó en la estructura de los planes, espacios destinados a la realización de prácticas por parte de los cursantes, bajo el supuesto que es en estos espacios donde se pueden vehiculizar los aportes teóricos aprendidos. Si bien esta dimensión forma parte de la formación didáctica, se la ha considerado de manera separada ya que en los Planes de Estudio aparecen como espacios curriculares diferenciados.

Un primer ángulo de análisis lo constituye la carga horaria de los espacios dedicados explícitamente a la Práctica dentro de los Planes de Estudio. La mayor cantidad de horas destinadas a esta dimensión de la formación se observa en las Facultades de Agronomía –46% del tiempo total de formación– y Medicina –42%–. Los tiempos otorgados por las Facultades de Farmacia y Bioquímica –16%– y Odontología –19%– son casi coincidentes. Por su parte en la Carrera Docente de la Facultad de Derecho, los cursantes no realizan prácticas concretas en terreno.

En cuanto al espacio de la práctica docente, las cuatro carreras que la incluyen en su programación desarrollan propuestas distintas no sólo, como se anticipó, en cuanto a su duración, sino también en cuanto a su ubicación, a las características que asumen y su posible articulación con los restantes Seminarios o Módulos de la Carrera.

Si bien la Facultad de Medicina es la que mayor cantidad de horas, 200, destina para la Práctica Docente, esta se desarrolla en forma independiente del resto de los Seminarios, ya desde la definición del establecimiento donde se lleve a cabo. El lugar de la Práctica se decide según fuera la asignatura en la que trabaje el cursante: las del Ciclo biomédico se desarrollan principalmente en la sede académica y las del Ciclo Clínico en Unidades Docentes Hospitalarias –UDH–. Se lleva a cabo a lo largo de cinco cuatrimestres, sin que esta gradualidad y presencia continua en la formación signifique entenderla como eje articulador. Las actividades y su acreditación son responsabilidad del Jefe de cátedra o del servicio, sin ninguna intervención de los docentes de la carrera y sin preverse ninguna articulación explícita con los contenidos abordados en los otros cursos. Por su parte hay cursos donde se incluyen estrategias que implican instancias anticipatorias –o sustitutas– de la práctica profesional docente en contextos reales, como es la microenseñanza. Así, señala la docente de uno de los cursos:

Hay dos instancias [de práctica en la CD]: Organización y Práctica donde hacen microclases, dura 40 hs.; y la práctica que la acreditan en la propia UDH o servicio supervisados por los representantes de la UDH. (Docente de CD, Facultad de Medicina).

Por su parte Farmacia y Bioquímica es la que menor número de horas –42– reserva en su CD a la Práctica docente supervisada con tutoría, y esta se ubica al finalizar la cursada. Consiste en la realización un Proyecto anticipatorio de observación de clases, la planificación de una clase y su realización, actividades que son tutoreadas por los integrantes del Área Pedagógica, quienes analizan lo observado y realizan la devolución correspondiente. En este sentido y contrariamente a lo que podría suponerse por su ubicación, la práctica no es entendida como aplicación de lo teórico, sino que en sus distintas instancias anticipatorias, oficiaría como un eje transversal y graduado que atraviesa la Carrera Docente. Así expresa la Coordinadora de la CD:

Están las prácticas supervisadas (…) nosotros lo que hacemos es que después de cada materia tengan un módulo, esto está como derramado desde el comienzo, de análisis de prácticas ¿sí? Después de cada materia de cursada. Y el cierre hacen una práctica supervisada con tutoría, con un proyecto anticipatorio de ir a observar la clase (…) [es] como ir armando la práctica desde el comienzo (…) el trayecto de la práctica. (Coordinadora de CD, Facultad de Farmacia y Bioquímica).

Estas apreciaciones coinciden con lo afirmado por un docente entrevistado al decir:

Algo interesante que tiene el dispositivo de carrera docente es la práctica supervisada. La práctica supervisada implica que finalizada la cursada ellos van a tutorear una clase, van a traer la planificación de esa clase, van a pensar la planificación junto con el Área Pedagógica, se los observa en esa clase, se entrega una devolución, ellos tienen que hacer un análisis de la clase y en realidad con eso se reciben. (Docente de CD, Facultad de Farmacia y Bioquímica).

Desde este encuadre se afirma que en el desarrollo de los otros seminarios se trabajan herramientas destinadas a la elaboración de proyectos y también al análisis de sus propias prácticas. De esta manera lo manifiesta el docente entrevistado:

En nuestro caso de Tecnología Educativa –pero estamos tratando de que esto se vea reflejado en todas las materias–, nosotros hacemos una apuesta fuerte por mirar la práctica (…) puedan pensar un proyecto de mejora para la enseñanza (…) desde la clase les marcamos que tienen que enmarcar un problema o empezar a delimitar un problema, y a lo largo de las clases, y a través del desarrollo temático de la materia lo que van haciendo es abordar esos temas, [que] van enriqueciendo el problema y van avanzando en posibles soluciones. Y esas soluciones tienen que estar vinculadas con sus prácticas docentes. (Docente de CD, Facultad de Farmacia y Bioquímica).

La coordinadora insiste en presentar el desarrollo de un proceso dinámico en la construcción del conocimiento; esto permitiría entender que la CD estaría animada por la presencia de una relación dialéctica entre teoría y práctica orientadora de las distintas experiencias que desarrolla el participante. En este sentido la articulación se manifestaría, como vía principal, propiciadora de situaciones de aprendizajes genuinos y significativos por parte de los cursantes (Lucarelli, 2009). En el mismo, sentido la coordinadora expresa:

Hay un énfasis didáctico, un eje en trabajar, el corte con la ritualización de las prácticas cotidianas, en poder generar una caja de herramientas conceptual y metodológica para el aula. Conceptual pero para volver sobre las prácticas, generar innovaciones (…). Un gran bagaje teórico conceptual importante pero que vuelve sobre los trabajos, sobre cuestiones que revisan el programa, el currículum, las prácticas, los laboratorios: todo lo que es la práctica de la enseñanza en la facultad. Y poder darles como herramientas para que miren sus mismas prácticas ¿no? y puedan revisarla, puedan deconstruir un poco qué pasa (…) mirarla desde otro lugar. (Coordinadora de CD, Facultad de Farmacia y Bioquímica).

El Programa de la Facultad de Odontología ubica la Práctica Docente –de 48 horas de duración– en la mitad del desarrollo de la Carrera Docente, al finalizar el primer año de cursada. Así lo manifiesta una de las docentes consultadas:

> Al culminar el primer año y después de rendir el examen de nivel I hacen una práctica docente. Esa práctica docente les lleva entre tres y cuatro meses y al finalizar estos cuatro meses, empiezan el segundo año de módulos. (Docente de CD, Facultad de Odontología).

La ubicación de esta instancia en el medio del trayecto de formación permitiría suponer que en la CD se propicia la construcción de una perspectiva dialéctica en la articulación de los momentos teóricos y de práctica. En línea con esta afirmación la Coordinadora de la Carrera dice:

> Tienen un examen de nivel que supone la revisión de toda la bibliografía –evaluación, planeamiento, etc.–, así que ahí ya tenemos una suerte de, no sé si de integración pero sí de tener la seguridad de que más o menos se recorrieron todos los contenidos. Y después nos posicionamos sobre la práctica docente, sobre alguna temática más específica, donde avanzamos, profundizamos y también intentamos recuperar mucho el tema de la profundización bibliográfica. (Coordinadora de CD, Facultad de Odontología).

Consecuentemente, los módulos del primer período darían las herramientas teórico-conceptuales para que los participantes estuvieran en condiciones de realizar el análisis de la práctica docente, mientras que los módulos del segundo año seguramente permitirían considerar los problemas surgidos en el desarrollo de esa experiencia. De esta manera expresa ese proceso dinámico la Coordinadora de la Carrera:

> La carrera docente tiene dos niveles, entre los dos niveles tiene la práctica docente y ese es un espacio que vamos modificando todo el tiempo en virtud de las posibilidades de los alumnos y de que ese como compás de mirada un poco más reflexiva tenga posicionamientos diferentes. Para nosotros es un espacio de reflexión, es un espacio de "parate" e inclusive cambia la modalidad de cursada porque no es presencial sino tutorial. (Coordinadora de CD, Facultad de Odontología).

Coincide con el significado que adquiere la estructura de la carrera y la instancia de práctica, una de las profesoras de la Carrera:

> La práctica docente es un trabajo de análisis de su propia práctica, en alguna dimensión de su propia práctica. Por ejemplo, hubo años en que abordamos el tema de la evaluación. Hicimos una propuesta en donde desarrollaban como un dispositivo de observación de situaciones de evaluación y analizaban esas situaciones de evaluación dentro de sus propias prácticas. (Docente de CD, Facultad de Odontología).

La instancia de práctica docente es la culminación de un proceso graduado de estos aprendizajes complejos. En este sentido se desarrollan actividades preparatorias para tal fin. Una de ellas aborda la demostración didáctica, como estrategia de enseñanza apropiada para enseñar las prácticas clínicas; con este propósito se orienta a los participantes hacia la demostración *de prácticas relativas a actividades cotidianas*: en un tiempo acotado –15 minutos– los participantes deben enseñar al resto de sus compañeros un procedimiento propio de una actividad fuera del campo profesional, por ejemplo, una clase de cocina, de fabricación de muebles, de jardinería. Otra actividad es la realización de microclases, estrategias directamente asociadas con la práctica docente.

La evaluación de este espacio es responsabilidad de los docentes de la Carrera y el resto de los módulos brindan oportunidad de articular contenidos teóricos y prácticos sobre los temas que tratan, a través de la inclusión de casos, problemas, simulaciones, además de trabajos con imágenes y videos.

Por otro lado el examen, con el culmina el primer año, es congruente con el principio articulador dinámico descrito más arriba en este texto. Así lo dice la docente entrevistada:

> Tratamos de hacer un examen de tipo abierto, que no sea estructurado o muy cerrado, sino un examen donde ellos puedan realmente ver la aplicación con algún caso, con alguna situación, algunas preguntas que tengan que ver con dar cuenta de cómo aplicarían esos contenidos que vieron durante los módulos. (Docente de CD, Facultad de Odontología).

En el caso de la CD de Agronomía, se otorga un lugar importante a la Práctica Docente en términos de su duración –96 horas– y también en lo que a la propuesta global se refiere. El espacio de la Práctica Docente incluye la realización, por parte del cursante, de un amplio abanico de las tareas que desarrolla un docente universitario: dar clases, evaluar, preparar materiales, asistir y coordinar reuniones, asesorar y atender consultas de becarios. La actividad debe realizarse, por lo menos, a lo largo de dos años. La responsabilidad de la programación y evaluación de estas prácticas supervisadas es del profesor de la asignatura de pertenencia del cursante, si bien las actividades están organizadas en función de un *Dossier*. El *Dossier* es el recurso que diseñó la Asesoría Pedagógica que dirige la Carrera, en conjunto con los profesores disciplinares, de manera de orientar el análisis de la propia práctica por parte del participante. El cursante debe ir realizando cada una de las tareas pautadas en el documento, constituyéndose en una especie de portafolio.

El proceso mismo de elaboración este documento orientador, *Agropaideia* (2013), fue largo y complejo, pero permitió un trabajo colaborativo entre el equipo docente del Programa y los profesores, situación que –según la directora de la carrera– facilitó su implementación.

Esta modalidad de trabajo se sostiene en la actualidad a través de la realización de talleres y reuniones para facilitar la administración del dossier, dando lugar, a la vez, de esta manera, a un proceso de formación pedagógica de los profesores supervisores.

La lectura del Documento permite observar que *Agropaideia* está dirigido a los participantes de la carrera; es descrito como un "dossier de la práctica", es decir como

> un conjunto de documentos que reúne la producción intelectual de una persona y evidencia la marcha de su proceso de aprendizaje. Es un instrumento de autoevaluación y autoadministración que permite apreciar los propios avances –en este caso de la práctica docente– e incorpora diálogo con el profesor supervisor (…) así como los de sus colegas. (2013, p.4).

Después de la presentación de un formulario con el *Plan de Trabajo* previsto para cada uno de los dos años a completar por duplicado por el participante y aprobado por su profesor supervisor, el Documento se estructura en tres apartados; ellos son: *Notas*, con fragmentos de lecturas bibliográficas y producciones, que dan marco teórico y orientan las tareas a realizar; *Fichas*, instrumentos semiestructurados que el participante debe confeccionar y que pueden adaptarse a las distintas situaciones de prácticas –observaciones de reuniones y de clases; reflexiones sobre elaboración de instrumentos de clase y sobre el dictado de la propia clase; registro de los comentarios del observador–; *Informes*, de avance I y II, Plan de Trabajo realizado –al finalizar el primer y el segundo año–, Informe de desempeño de la práctica. Se especifica que tanto los Informes de avance, como el de desempeño de la práctica, deben ser firmados por el practicante y por el profesor supervisor. En palabras de la Directora de la carrera Docente: *el Dossier es el puente entre la teoría y la práctica.*

En cuanto a la articulación dialéctica entre teoría y práctica en los Seminarios, la misma Directora da cuenta de su presencia:

> Lo que hacemos es trabajar muchísimo con clínicas en donde tomamos casos, además de elementos teóricos por supuesto, lectura, etc. (…) trabajamos bastante con lo que es micro enseñanza (…). [Después de que los cursante dan una microclase] a partir de ahí empezamos a manejar categorías didácticas, de volver a verlo. Después, por supuesto lecturas. (Directora de CD, Facultad de Agronomía).

En relación con la articulación entre la teoría y la práctica en toda la CD la misma Directora enfatiza la centralidad de la práctica docente en la formación al afirmar que los seminarios:

> Son cursos satélites a lo que nosotros consideramos que es lo fundamental que es la práctica. (Directora de CD, Facultad de Agronomía).

En síntesis, el análisis de la dimensión articulación teoría-práctica en las Carreras Docentes de la Universidad de Buenos Aires, permite llegar a estas conclusiones interpretativas:

- En relación a cómo se hace presente la articulación teoría-práctica en la formación en el rol del docente universitario —es decir considerando su vía principal de manifestación— se pudo detectar la presencia de dos maneras de entender esa articulación:
  - Una visión donde los espacios curriculares se desarrollan en forma predominantemente independientes entre sí —como puede ser el caso de Medicina— o donde el lugar de la teoría abarca toda la propuesta, negando implícitamente la necesidad de ampliar o revisar la práctica —Derecho—; en ambos casos podemos referirnos a una perspectiva epistemológica de índole positivista donde el conocimiento se manifiesta dicotomizado en sus esferas : la práctica es sólo la aplicación de la teoría; o esta ocupa todo el territorio de la formación.
  - Una línea, detectada en las tres carreras restantes, que da cuenta de la presencia de una articulación dinámica, del orden de lo dialéctico entre teoría y práctica, donde el conocimiento se conforma en función de la alternancia de uno y otro momento.

Concordante con esto se ha encontrado, en las carreras que sostienen el espacio destinado a la Práctica Docente articulado con los Seminarios de índole teórica, el predominio de los rasgos de un *modelo favorable a la reflexión sobre la práctica*, en sus distintas vertientes: algunos donde predomina la concepción propia de una *nueva epistemología de la práctica*, como lo define Schön (1992) —casos de Farmacia y Bioquímica, y de Agronomía—, y otras como Odontología donde *la reflexión sobre la práctica* se combina y manifiesta un enfoque clínico —propio de la escuela francesa de Filloux (1996), Ferry (1997)— donde la preocupación se centra en la singularidad de las situaciones y de los sujetos fundamentándose en los procesos de autoformación con mediadores.

Las concepciones sobre formación docente

Para desarrollar esta temática es necesario conceptualizar el término *formación*. Beillerot (2006) señala que: "El eje de la formación privilegia la relación entre el formador y el formado donde el trabajo del formador consiste en establecer e implementar procedimientos que le permiten al alumno aprender" (p. 20).

Los aportes de Ferry (1997) para definir el concepto de formación nos ayudan a pensar el tema. El autor se plantea lo siguiente:

> Entonces, ¿qué es la formación? Es algo que tiene relación con la forma. Formarse es adquirir una cierta forma. Una forma para actuar, para reflexionar y perfeccionar esta forma. (…) Este desarrollo personal que es la formación consiste en encontrar formas para cumplir con ciertas tareas para ejercer un oficio, una profesión, un trabajo, por ejemplo. Cuando se habla de formación se habla de formación profesional, de ponerse en condiciones para ejercer prácticas profesionales. El sujeto se forma solo y por sus propios medios. (…) Uno se forma a sí mismo, pero uno se forma sólo por mediación. Las mediaciones son variadas, diversas. Los formadores son mediadores humanos, lo son también las lecturas, las circunstancias, los accidentes de la vida, la relación con los otros. (Ferry, 1997, pp.53-55).

El planteo de este autor diferencia *formación* de *enseñanza* y *aprendizaje*, aunque señala que éstos estos procesos pueden ser las bases de la formación. En este sentido, formarse es adquirir una forma para reflexionar, para actuar. Es en sí, un desarrollo personal que supone adquirir formas para el desempeño de diferentes tareas inherentes a una profesión. Es la dinámica de un desarrollo personal.

Siguiendo esta línea de pensamiento podemos afirmar que nadie puede formar a otro, la formación no se recibe. Cada uno se forma a sí mismo, cada quién encuentra su forma, pero sólo por mediación. Hay diversos mediadores: formadores –mediadores humanos–, dispositivos, información, etc. que operan como facilitadores, posibilitando la formación.

Para Filloux (1996), el trabajo de formación es un trabajo sobre sí mismo. Y para realizar este trabajo se necesitan condiciones especiales de tiempo, de lugar y de relación con la realidad. Parte del supuesto que no es posible el trabajo y la formación realizados en forma simultánea en los mismos ámbitos.

Se requiere un tiempo para el trabajo sobre sí mismo, un espacio diferenciado, separado de aquel donde se realiza la tarea profesional para lograr establecer la necesaria distancia con la realidad. Ferry

(1997) afirma que: "reflexionar es al mismo tiempo reflejar y tratar de comprender, y en ese momento sí hay formación" (p. 56).

Filloux (1996) plantea que este trabajo –que es a la vez externo e interno al sujeto, que transita entre el adentro y el afuera, entre una zona entre el mundo interno y el social– puede ser considerado como espacio transicional. Este espacio fue definido por Winnicott (1986) como un espacio y un tiempo creados especialmente para la reflexión en donde se facilitará el trabajo no con la realidad en forma directa sino con representaciones de ella. Este espacio fuera del tiempo y espacio en el cual uno representa y se representa el rol sobre el que se forma (Ferry, 1997).

En esta perspectiva no hay sujeto formado sin un retorno sobre sí. La formación es un diálogo entre personas que pueden realizar un retorno sobre sí. No se puede tomar conciencia de lo que se es sino por intermedio de lo que el otro devuelve.

Enriquez (2002) plantea que el trabajo de formación debe permitir trabajar y amar. Trabajar supone placer por el hecho de pensar. Amar, es hacer surgir en el otro deseo, es reconocer que sin el reconocimiento del otro no puedo existir. Para ello es necesario definir límites, encuadrar la situación de formación y también permitir identificaciones con el modo en que el formador concibe su tarea.

Por otro lado, Mastache (1993) alude al concepto de formación, relación formativa o proceso formativo, refiriéndose a la relación que se establece entre uno o varios sujetos en formación y un formador en un espacio, tiempo y contexto sociocultural determinado, en el que el primero se apropia de un contenido por mediación del segundo. Entre ellos se establece un vínculo doble de dimensión psicológica y técnica, material o funcional. Los vínculos psicológicos pueden ser conscientes –afectos– o inconscientes –identificaciones, transferencias, proyecciones–. La dimensión técnica incluye los objetivos, contenidos estrategias, tareas.

Barbier & Galatanu (2004) distinguen entre *enseñanza*, *formación* y *profesión*. Los autores señalan que en la enseñanza el objetivo es la transmisión de saberes para la apropiación por parte de los alumnos. En cambio, la formación se centra en el desarrollo de capacidades en el sujeto de formación, que luego serán transferibles a la vida laboral. En la profesión, por otra parte, lo central son las competencias que surgen en el trabajo, en los desempeños propios del contexto laboral.

Con respecto a los ámbitos de formación, estos autores señalan que se tratan de:

Contextos educativos que, a diferencia de los espacios de enseñanza, no se presentan como centrados sobre los saberes comunicados, sino sobre los sujetos aprendices. Todos estos espacios tienen un punto en común: poder ser analizados como espacios específicos caracterizados por una intención dominante de producción de nuevas capacidades o actitudes susceptibles de ser transferidas a otros espacios. En estos ámbitos, el "agente socializador" ya no es más designado como un enseñante o como un personaje caracterizado por su función de transmisión, sino como un formador o un educador del cual se dice antes que nada es un organizador de situaciones de aprendizaje. El público-objetivo no es ya más designado en términos privativos o acusando una posición de recepción, sino en términos valorizando su actividad de aprendizaje: aprendiz –que reemplaza el termino de enseñado, prácticamente abandonado por los didácticos–. (Barbier & Galatanu, 2004, p.15).

Resulta de interés especialmente en este apartado avanzar con una definición de "formación del profesorado universitario" y de "modelos de formación docente universitaria". En este sentido, la conceptualización desarrollada por Aramburuzabala, Hernández-Castilla y Ángel-Uribe (2013) permite tener una mirada más amplia[8]. Es así como definen a la formación del profesorado universitario como un proceso continuo, sistemático y organizado de adquisición, estructuración y reestructuración de conocimientos, habilidades y valores para el desempeño de la función docente, que abarca tanto la formación inicial como la permanente y que incide en la calidad de la formación de los estudiantes y, por tanto, en la calidad de la Educación Superior. (Aramburuzabala, Hernández-Castilla y Ángel-Uribe, 2013).

En cuanto a los modelos, tendencias y enfoques de la formación del profesorado universitario, estas autoras señalan que son configuraciones institucionalizadas históricamente que dirigen las prácticas de formación. Cada modelo teórico de formación docente parte de ciertas concepciones acerca de cuál es la función de la universidad y de qué es la educación, la enseñanza, el aprendizaje y la formación docente.

Acerca de la perspectiva o nivel de las acciones formativas, las experiencias de formación del profesorado universitario suelen agruparse en cuatro categorías (Blackmore *et al.*, 2004): centrada en el *profesor*, centrada en el *estudiante*, centrada en la propia *institución*, o centrada en el *sector*:

---

8   Cabe destacar que las autoras recuperan algunas conceptualizaciones de Perales, Sánchez y Chiva (2002, citado en Bausela, 2005) y Cáceres y colaboradores (2003).

a) *Formación centrada en el profesor*: Se trata del modelo más antiguo, que se difundió ampliamente en los años sesenta y setenta en Estados Unidos, Canadá, Gran Bretaña y Francia. En este enfoque "clásico" los dispositivos de formación del profesorado universitario intentaban mejorar las prácticas de cada profesor partiendo de una perspectiva netamente individual. Así, el objetivo final de las intervenciones casi siempre se refería a la mejora de las competencias docentes del profesor en diferentes contextos y los temas recurrentes eran, por ejemplo, la enseñanza en el aula, el trabajo con grupos grandes y pequeños, las tutorías, la gestión del laboratorio, la evaluación de los alumnos, etc. Según Cáceres (*et al.*, 2003) este modelo define un conjunto de rasgos deseables en lo profesional, por lo que algunos se refieren a él como "Modelo Teórico".

b) *Formación centrada en el alumno*: Este modelo tiene como fundamento las investigaciones "fenomenográficas" (sic) de los años ochenta y noventa que se ocuparon de la cuestión genérica de cómo aprenden los estudiantes. Con este trasfondo, a fines del siglo XX se aprecia cómo va variando la perspectiva de los investigadores y se mueve desde el interés inicial por "lo que hace el profesor" a las temáticas centradas en la cuestión de "cómo aprenden los estudiantes"; y se advierte una preocupación creciente por el análisis de las relaciones e interacciones entre profesores y alumnos.

c) *Formación centrada en la institución*: Este modelo va más allá de los anteriores, y tiene las siguientes características: (1) La unidad de análisis es la universidad en tanto organización y se fija en las implicaciones de la formación del profesorado universitario para la universidad en su conjunto; (2) Estudia los problemas "no de los individuos por separado" sino del "capital humano" –los profesores–. Así analiza los inputs –cualificación actual del profesorado, necesidades generales, carencias formativas, etc.– y los resultados u outputs formativos –por ejemplo, nuevas competencias adquiridas, repercusión de la formación recibida en la calidad docente e investigadora, etc.–; y (3) Entre esos outputs o resultados de la formación destacan la mejora de la calidad educativa, de la eficiencia y del clima laboral dentro de la misma universidad. Este modelo de formación, que busca conjugar la lógica de las necesidades individuales con la lógica de las necesidades institucionales (Mas, 2011; Valcárcel, 2004), implica una concepción amplia y abierta del desarrollo docente (Eirín, García y Montero, 2009) y se enriquece con otros enfoques:

- *Formación centrada en la colaboración* entre profesores y *formación centrada en la práctica reflexiva.*
- *Formación centrada en la colaboración entre profesores*: Tradicionalmente se ha considerado que la cultura profesional universitaria tiene un carácter individualista que ha limitado el desarrollo profesional en colaboración. Este enfoque asigna una especial importancia al factor humano en las organizaciones. Desde esta perspectiva adquieren relevancia las técnicas de colaboración y co-enseñanza, el clima en los colectivos de profesores y el papel del liderazgo en la creación de este clima.
- *Formación centrada en la práctica reflexiva*: Este modelo, también denominado "crítico-reflexivo", "indagativo" o "de investigación" (Cáceres *et al.*, 2003), parte de que la reflexión sobre la compleja práctica docente es un requisito esencial para autorregular la enseñanza e innovar, en la medida que favorece la construcción de nuevos conocimientos Por ello favorece la motivación y la innovación y promueve la auto-formación. La formación docente centrada en la práctica es contextualizada ya que nace del estudio de situaciones reales vividas por los profesores. La observación, el diálogo y la reflexión compartida son elementos fundamentales en este modelo, no sólo como objeto de la formación sino también como técnicas a través de las cuales se realiza dicha formación. Es decir que emplea la práctica reflexiva para desarrollar estas competencias docentes y evitar la mera reproducción de prácticas docentes, por lo que es especialmente relevante que exista coherencia entre lo que se dice y lo que se hace (Aramburuzabala y Vega, 2010).

d) *Formación centrada en el sector*: Junto a los enfoques anteriores se ha desarrollado un nuevo modelo de investigación y práctica profesional —en países anglosajones— que sitúa el nivel de análisis en las iniciativas que tienen lugar "a escala sectorial", es decir, en los programas interuniversitarios diseñados y gestionados por las grandes administraciones educativas, que abarcan todo el sistema de la enseñanza universitaria y cuentan con presupuestos considerables. En Europa, la supervisión de estas iniciativas corresponde a las agencias nacionales y regionales de control y supervisión de la calidad de la Educación Superior, una de cuyas metas es la evaluación de la "excelencia educativa" en las universidades, dentro del cual se incluye la excelencia en la formación del profesorado. La perspectiva más global y reciente es el diseño de acciones formativas "a nivel de sector", esto es, la elaboración de una Formación del Profesorado Universitario para todas las universidades y todo el sistema de enseñanza superior de una región, zona o país. Las características de esa formación global son: (1) Tomar en consideración a todo el sistema universitario; (2) Analizar las necesidades y tendencias globales, de tipo "macro"; (3) Considerar a la Enseñanza Superior como un sistema de sistemas, compuesto de numerosas redes interconectadas, el cual, a su vez, interacciona con otros sistemas generales. (Aramburuzabala, *et al.*, 2013, pp.347-351).

A nivel nacional Davini (2015) propone recuperar los enfoques en la concepción de las prácticas en la formación de los docentes. Para ello, retomando los aportes teóricos de Schön (1992) caracteriza dichos enfoques teniendo en cuenta las racionalidades que identifica a cada uno.

a) *Enfoque tecnicista de base aplicacionista*: La racionalidad técnica, una epistemología de la práctica derivada del positivismo, defiende la idea de que los profesionales de la práctica solucionan problemas instrumentales mediante la selección de los medios técnicos idóneos para determinados propósitos. Para la racionalidad reflexiva, el conocimiento de los profesionales, frecuentemente implícito, está en la acción y puede extraerse de la reflexión en la acción y sobre la acción. En el mundo real de la práctica, los problemas no se presentan al práctico como dados, deben ser construidos desde los materiales de las situaciones problemáticas que son complejas, perturbadoras e inciertas. El conocimiento práctico para la racionalidad técnica consiste en la aplicación de la regla "relación fines-medios" a la resolución de los problemas de la práctica profesional. La práctica se convierte en científica cuando los medios necesarios para solucionar los problemas en ella planteados proceden del conocimiento científico. La práctica profesional es, desde esta perspectiva, un proceso de solución de problemas, así como la racionalidad tecnológica depende del acuerdo acerca de los fines. Cuando los fines están fijados son claros, entonces, la decisión de actuar puede presentarse como un problema instrumental; pero cuando los fines son confusos, conflictivos, no existe todavía problema a resolver. Un conflicto de fines no puede ser resuelto por el uso de técnicas derivadas de la investigación aplicada. Es mediante un proceso no técnico de reconstrucción de la situación problemática que pueden organizarse y clarificarse los fines y los medios para conseguirlos. Por eso, desde este enfoque las prácticas docentes se entienden como campo de aplicación de conocimientos, métodos y técnicas para enseñar. Hay predominio de la racionalidad técnica.

b) *Enfoque práctico*: Las limitaciones de la racionalidad técnica conducen a Schön a caracterizar el conocimiento profesional como
un conocimiento en la acción. Para Schön (1992), no deja de ser
sorprendente que persista la inquietud acerca del conocimiento
profesional, aunque algunos prácticos demuestren ser competentes en aquellas *zonas indeterminadas de la práctica,* como en el
caso de la incertidumbre, la singularidad y el conflicto de valores,
que se escapan de los lineamientos de la racionalidad técnica. De
acuerdo a sus ideas: "cuando una situación problemática es incierta,
la solución técnica del problema depende de la construcción previa de un problema bien definido, lo que en sí mismo no es una
tarea técnica" (p. 20). La dificultad no reside en reconocer algunas
actuaciones profesionales como superiores a otras, sino en admitir
como conocimiento profesional la diferencia, al escaparse el tipo de
conocimiento implicado en ella de los estándares de la concepción
dominante del conocimiento profesional. Este tipo de situaciones
reafirma el dilema entre el rigor o la pertinencia. El problema, dice
Schön, hay que plantearlo al revés. Es decir, no se debería empezar
por preguntar cómo hacer un mejor uso del conocimiento científico
sino qué se puede aprender a partir de un detenido examen del arte
o, en otras palabras, qué se puede aprender de la competencia que
los prácticos manifiestan al manejar zonas indeterminadas de la
práctica. Por eso, este enfoque valora a la práctica como fuente de
experiencia y desarrollo. Otorga importancia a los intercambios
situados entre los sujetos, al papel del docente como constructor
de la experiencia; la diversidad de situaciones en las aulas y su
complejidad, así como en sus dimensiones implícitas; el papel de
la reflexión sobre las prácticas y la dimensión artística y singular
de la docencia, rechazando o cuestionando la dimensión técnica.
Hay predominio de la racionalidad práctica.

Como vertiente del enfoque práctico se ha desarrollado el *enfoque
del docente como investigador* y en particular la práctica docente como
ámbito de investigación (Stenhouse, 1984; Carr & Kemmis, 1988).
En este enfoque se incluyen múltiples dimensiones que atraviesan la
práctica: social, institucional, interpersonal, de los contenidos y de los
aspectos técnicos de la profesión.

Siguiendo esta línea, Davini (2015) señala que la noción de práctica docente con una visión restringida limita a la práctica con el
hacer. No obstante, esta limitación de la noción de práctica no reconoce que no hay hacer sin pensar, y que las prácticas son resultados
de los sujetos, que involucran pensamiento y valoración, así como

las diversas nociones o imágenes sobre el mundo. En síntesis: acción y pensamiento van de la mano, y en este proceso influyen ideas y valoraciones propias resultado de diversas experiencias anteriores, sociales y personales.

Interesa retomar los aportes de Bourdieu (1972, 1980; en Perrenoud, 2017), quien sostiene que las prácticas sociales son resultado, y al mismo tiempo, se originan en esquemas de pensamiento, percepción y acción, incorporados socialmente y compartidos por todos los miembros de un grupo o clase social. No se trata de los "contenidos" de esos pensamientos, percepciones o acciones, sino que ellos se soportan en esquemas mentales y culturales como sistema de relaciones. De esta manera, postula el concepto de *habitus* como sistema de disposiciones duraderas y transferibles, estructuras predispuestas para funcionar como estructurantes, es decir, como principios generadores y organizadores de las prácticas y representaciones, objetivamente reguladas y regulares, sin ser producto de la obediencia a reglas, y colectivamente orquestadas y compartidas. El mundo práctico se construye a partir de, y en relación con, el *habitus* como sistema de estructuras cognitivas y motivacionales, consideradas "naturales" debido a que están en el principio de los principios, es decir, como lo "impensable".

En relación con esto último, y considerando las contribuciones de Perrenoud (1995), la orquestación del *habitus* requiere realizar un trabajo reflexivo sobre sí mismo, negociando los compromisos y las relaciones con los demás, desarrollando una actitud reflexiva y facilitando los conocimientos y el saber hacer correspondientes. Por eso mismo, este autor sostiene que no todo oficio es una profesión, puesto que un profesional toma decisiones a partir de conocimientos previos, elaborando soluciones para las cuales tiene que disponer de datos basados en el saber especializado y en el saber experto.

Los espacios de decisión reflexiva en las prácticas son:

a) *Zonas indeterminadas:* son determinadas por el *habitus* y responsables de una serie de interacciones entre los miembros del grupo construidas de manera experiencial y transmitidas por las tradiciones prácticas. Schön (1992) trabajo al respecto las nociones de conocimiento en la acción y conocimientos tácitos.

b) *Zonas reguladas objetivamente*: refieren a aquellas dimensiones de las prácticas regladas en las instituciones a través de políticas, normas, documentos formales, división del trabajo y funciones, y que presentan una imposición a las decisiones individuales.

c) *Zonas conscientes*: son las que en sentido estricto permiten la reflexión, el análisis y la fundamentación, así como la toma de decisiones propias. Su existencia se justifica en el hecho de que las personas no son solo "ejecutoras" del *habitus* y de las regulaciones externas, sino que tienen un amplio espacio para la reflexión y las decisiones personales, en particular las profesionales. Estas pueden basarse en conocimientos sistemáticos o especializados, en la reflexión crítica sobre aquellos, en las necesidades de las prácticas y en el saber experiencial resultante de la reflexión y puesta en acción previas.

Aunque las decisiones que se tomen sean individuales, son resultado de un proceso social en el que inciden los intercambios con otros, la influencia de los más experimentados, el trabajo colectivo, el acceso a fuentes de información y conocimientos. Por lo tanto, en este último caso, cuando se habla de prácticas no se refiere exclusivamente al desarrollo de habilidades operativas, técnicas o para el hacer, sino a la capacidad de intervención y enseñanza en contextos reales complejos.

La enseñanza supone desde este marco transmitir un conocimiento o un saber, favorecer el desarrollo de una capacidad, corregir y apuntalar una actividad y guiar una práctica.

En el mismo sentido, Sanjurjo (2017) coincide con esta línea al plantear la existencia de un enfoque tradicional de la formación en las prácticas. En este enfoque incluye el enfoque tradicional propiamente dicho y el tecnocrático –considerado como aquel que supone que un futuro práctico, técnico o profesional debe aprender primero todos los conocimientos que fundamentan una práctica para después realizar el ejercicio supervisado de la misma–. Allí deberá demostrar la aplicación más o menos experta de los aprendizajes previos y luego podrá asumir un trabajo. Subyace a esta manera de entender la práctica la concepción de que la teoría informa a la práctica, que la formación en ésta se produce por simple inmersión y como aplicación de la teoría. Subyace también, una concepción de práctico como técnico u operario que debe saber usar los conocimientos producidos por los teóricos, que hay una sola manera de hacerlo y que la misma no está atravesada por la subjetividad de quien realiza las acciones. Además de la negación de la dimensión subjetiva, es decir del peso que tienen las creencias, valores, supuestos, este enfoque desconoce que las prácticas son siempre sociales y contextuadas. Es decir que están siempre atravesadas por cuestiones ideológicas y que los problemas que se les presentan a los prácticos son siempre complejos, diversos e inciertos, por lo que requieren de soluciones singulares y creativas, además de fundamentadas. Recién en las últimas tres décadas comienza un significativo desarrollo teórico y de programas de investigación los cuales, partiendo del reconocimiento que el práctico está implicado con las acciones que realiza, asume que es imposible actuar sin pensar. El movimiento teórico-práctico preocupado por los conocimientos, las creencias y los valores que sostienen los profesionales y que inciden en sus prácticas, abrió una nueva perspectiva para comprender las prácticas y, por ende, para orientar su formación. Tanto el enfoque práctico –o hermenéutico-reflexivo–, como el crítico y el de la complejidad surgen en oposición a la manera tradicional y tecnocrática de entender las prácticas y de orientar su aprendizaje. Desde el enfoque práctico se pone énfasis en la interpretación, en entender el significado que las acciones tienen para los sujetos que las llevan a cabo. Además, en la importancia de comprender esas acciones dentro de un contexto y tratar de percibir la estructura de inteligibilidad que poseen. La interpretación de las acciones ayuda a revelar el significado de las formas particulares de la vida social y, con ello, contribuye a la comprensión del sentido que las acciones tienen para los propios actores, quienes si se reconocen en esa interpretación podrán modificarlas. Desde la racionalidad práctica, la articulación teoría-práctica se va estructurando a partir de las construcciones que realizan los prácticos, en el proceso de confrontación entre la acción y sus marcos referenciales previos. Los prácticos construyen estructuras conceptuales, teorías prácticas o teorías de acción que les permiten ir resolviendo problemas prácticos y reconstruyendo sus esquemas teóricos. Las contribuciones de Schön (1998) han sido cruciales para el avance de investigaciones desde este enfoque, pues ha aportado una epistemología diferente de la práctica, que permitió superar las limitaciones de la racionalidad tecnocrática, reconociendo que: la práctica siempre es el resultado de la articulación de un entramado de condicionantes entre los cuales el conocimiento y la subjetividad del profesional juega un papel importante; los profesionales son producto de un largo proceso de formación y socialización, durante el cual los prácticos fueron integrando supuestos, creencias, teorías implícitas y científicas; y la actuación de los profesionales está dirigida por esos supuestos.

Los casos estudiados en esta investigación, se encuentran basados en lo que Aramburuzabala, Hernández-Castilla & Ángel-Uribe (2013) nombran como una formación centrada en la institución y específicamente, una "formación centrada en la práctica reflexiva". Como ya se señaló, la "formación centrada en la institución" va más allá de la "formación centrada en el profesor" y "en el alumno", y tiene las siguientes característisicas: (1) la unidad de análisis es la universidad en tanto que organización y se fija en las implicaciones de la formación del profesorado universitario para la universidad en su conjunto; (2) estudia los problemas no de los individuos por separado sino del "capital humano" –los profesores–, y así analiza los "insumos" o inputs –cualificación actual del profesorado, necesidades generales, carencias formativas, etc.– y de los resultados u outputs formativos –por ejemplo, nuevas competencias adquiridas a nivel general, repercusión de la formación recibida en la calidad docente e investigadora, etc.–; y (3) entre esos outputs o resultados de la formación del profesorado universitario destacan la mejora de la calidad educativa, de la eficiencia y del clima laboral dentro de la misma universidad.

Esta mirada de la institución como formadora se advierte en los casos estudiados en el siguiente testimonio de una docente de CD en la Facultad de Medicina:

> Nos gustaría que también fuera un docente que lograra integrarse más efectivamente con otros docentes, que tuviera un poco más de trabajo interdisciplinario. (Docente de CD, Facultad de Medicina).

Este modelo de formación, que busca conjugar la lógica de las necesidades individuales con la lógica de las necesidades institucionales (Mas, 2011; Valcárcel, 2004), implica una concepción amplia y abierta del desarrollo docente (Eirín, García & Montero, 2009) y se enriquece con otros enfoques como la formación centrada en la práctica reflexiva. Así se ilustra con los siguientes testimonios pertenecientes a distintas facultades:

> Esperamos que tengan más profesionalismo, que preparen una clase, que evalúen tomando criterios claros para ellos y para los propios alumnos. Que tengan reflexiones a partir de sus prácticas. Que puedan modificar conductas en el aula que no sean acordes al nivel de la Universidad de Buenos Aires. Que tengan claro cómo recurrir a otros colegas o al propio departamento, el Centro para el Desarrollo Docente, en caso de alguna situación que los exceda y no sepan cómo resolverla. Que sean mejores profesores básicamente, o sea que se formen en la docencia y que esto tenga un impacto en la calidad de la enseñanza. (Director de CD, Facultad de Derecho).
>
> La CD propone la reflexión sobre la práctica, pero ella está en función de la práctica profesional y la especialidad. Se trabaja con dispositivos que apuntan a la reflexión sobre las prácticas de enseñanza que realizan los cursantes. (Docente de CD, Facultad de Medicina).
>
> Nosotros estamos trabajando mucho en la reflexión acerca de la propia práctica, pero todavía nos falta dar un salto en cuanto a los equipos de trabajo. (Docente de CD, Facultad de Odontología).

La formación centrada en la práctica reflexiva aparece claramente en los casos estudiados, en tanto esta formación es contextualizada —es decir, nace del estudio de situaciones reales vividas por los profesores—. Como se dijo anteriormente, la observación, el diálogo y la reflexión compartida son elementos fundamentales en este modelo, no sólo como objeto de la formación sino también como técnicas a través de las cuales se realiza dicha formación. Esto es, que emplea la práctica reflexiva para desarrollar estas competencias docentes y evitar la mera reproducción de prácticas docentes, siendo especialmente relevante que exista coherencia entre lo que se dice y lo que se hace.

En relación con los enfoques sobre la formación en las prácticas profesionales, se ha observado que en la mayoría de los casos, las CD fundamentan sus propuestas formativas en lo que Sanjurjo (2016) caracteriza como enfoque hermenéutico-interpretativo cuyas principales características son: las prácticas están mediadas por los sujetos que las llevan a cabo, por sus creencias, valores, conocimientos, son construcciones subjetivas; el práctico construye teorías prácticas, teorías para la acción; la reflexión es el dispositivo que posibilita al práctico tomar conciencia de los supuestos que sostienen sus prácticas; el profesional es el mediador entre las teorías y los problemas de la realidad; y el docente es concebido como práctico reflexivo (Schön, 1992).

Los siguientes testimonios dan cuenta de esta concepción:

Los hacemos reflexionar sobre: qué obstáculos tuve en esta clase, qué cosas podría haber cambiado, qué cosas cambiaría y qué te dice tu supervisor. Es siempre esta cosa de co-construcción. (Directora de CD, Facultad de Agronomía).

En realidad, nosotros tenemos instalada la práctica durante toda la carrera docente. Para nosotros siempre la práctica docente es una mirada más de reflexión sobre la práctica que instalar una nueva práctica, o sea no tiene la mirada de la práctica que tiene la formación inicial o la formación de profesores porque todos nuestros alumnos realizan su práctica docente. Creo que ese es un punto de inflexión entre nuestra carrera docente y el resto de las carreras docentes. (Coordinadora de CD, Facultad de Odontología).

Así que bueno, ahí estamos como para darles por lo menos una mirada crítica (…) hay gente que cursó carrera y nunca más volvió, y otros que están constantemente generando movimiento. Cuando metemos las tecnologías, siempre eso hace otra vez tracción en la propuesta pedagógica y los hace pensar y vuelven sobre cuestiones que no están revisando y eso me parece reflexivo. (Coordinadora de CD, Facultad de Farmacia y Bioquímica).

Estoy también influido por esa experiencia, porque uno cree que con experiencia (…) y ya lo venís haciendo muchos años (…) y es importante tener gente que pueda uno a través de preguntas pensar otras cuestiones que permitan mejorar la formación docente en la universidad. (Director de CD, Facultad de Derecho).

Nos gustaría que también fuera un docente que lograra integrarse más efectivamente con otros docentes, que tuviera un poco más de trabajo interdisciplinario. Nosotros estamos trabajando mucho en la reflexión acerca de la propia práctica, pero todavía nos falta dar un salto en cuanto a los equipos de trabajo. (Docente de CD, Facultad de Odontología).

Los espacios curriculares de la carrera, como así también las estrategias de enseñanza y evaluación generalmente utilizadas buscan ubicar al docente en un rol de profesional reflexivo para generar así, un espacio que promueva una fuerte articulación entre teoría y práctica.

En síntesis, los datos aportados por la investigación indicarían el predominio de concepciones pedagógicas que identifican a la formación docente de sus profesores con modelos centrados en las necesidades institucionales más allá de los intereses individuales de los sujetos que participan en esos Programas; complementario de esto surge la presencia de enfoques centrados en la reflexión sobre las propias prácticas, ubicando a los docentes en un lugar protagónico.

Bibliografía

Agropaideia (2013). "Dossier de la Práctica". Carrera Docente. Facultad de Agronomía, Universidad de Buenos Aires. Buenos Aires: Material de cátedra.

Aramburuzabala, P. y Vega, M. (2010). "La necesidad de coherencia entre el modelo de formación del profesorado y el modelo didáctico que se practica". En González, I. (coord.), *El nuevo profesor de secundaria. La formación inicial docente en el marco del Espacio Europeo de Educación Superior*. Barcelona: Graó.

Aramburuzabala, P., Hernández-Castilla, R. y Ángel-Uribe, I. (2013). "Modelos y tendencias de la formación docente universitaria". En *Revista Profesorado: revista de currículum y formación del profesorado*, v.17, n.3, pp.345-357. URL: http://www.ugr.es/local/recfpro/rev173COL9.pdf.

Barbier, J. y Galanatu, O. (2004). "Saberes, capacidades, competencias, organización de los campos conceptuales". En *Les savoirs d´action: une mise en mot des compétences*. Paris: L'Harmattan. Trad. de Sibila Nuñez.

Beillerot, J. (2006). *La formación de formadores: entre la teoría y la práctica*. Buenos Aires: Ediciones Novedades Educativas y Facultad de Filosofía y Letras, Universidad de Buenos Aires.

Cáceres, M., Lara, L., Iglesias, C.M., García, R., Bravo, G., Cañedo, C. y Valdés, O. (2003). "La formación pedagógica de los profesores universitarios. Una propuesta en el proceso de profesionalización del docente". En *Revista Iberoamericana de Educación*, v.33, n.1, pp.1-14.

Carr, W. (1996). *Una teoría para la educación. Hacia una investigación crítica.* Madrid: Morata.

Carr, W. y Kemmis, S. (1988). *Teoría crítica de la enseñanza. La investigación acción en la formación del profesorado.* Madrid: Martínez Roca.

Da Cunha, M.I. (1997). "Aula universitaria: inovaçao e pesquisa". En Leite, Morosini y otros, *Universidades futurante.* Campinas, São Pablo: Papirus.

Da Cunha, M.I. (1998). *O professor universitario na transiçao de paradigmas.* São Pablo: J. M. Ed.

Da Cunha, M.I. (2008). "Os conceitos de espaço, lugar e território nos processos analíticos da formação dos docentes universitarios". En *EducaçãoUnisinos,* v.12, n.3, pp.182-186.

Davini, M.C. (2015). *La formación en la práctica docente.* Buenos Aires: Paidós.

Dewey, J. (1971). *Democracia y educación.* Buenos Aires: Losada.

Eirín, R., García, H.M. y Montero, L. (2009). "Desarrollo profesional y profesionalización docente". En *Perspectivas y problemas. Profesorado. Revista de Currículum y Formación del Profesorado,* v.3, n.2, pp.1-13.

Eisner, E. (1998). *Cognición y currículum. Una visión nueva.* Buenos Aires: Amorrortu.

Enriquez, E. (2002). *La institución y las organizaciones en la educación y la formación.* Buenos Aires: Novedades Educativas.

Fernández, L. (2004). "Institución e innovación: apuntes para un análisis". 3° Jornadas de Innovaciones Pedagógicas en el Aula Universitaria. Departamento de Humanidades de la Universidad Nacional del Sur. Publicado en cd isbn 987-98069-5-6.

Ferry, G. (1997). *Pedagogía de la formación.* Buenos Aires: Novedades Educativas.

Filloux, J.C. (1996). *Intersubjetividad y formación.* Colección Formación de Formadores, Tomo 3. Buenos Aires: Noveduc.

Heller, A. (1977). *Sociología de la vida cotidiana.* Barcelona: Península.

Kosik, K. (1967). *Dialéctica de lo concreto.* México: Grijalba.

Lucarelli, E. (2009). *Teoría y práctica en la universidad. La innovación en las aulas.* Buenos Aires: Miño y Dávila.

Mas, O. (2011). "El profesor universitario: sus competencias y formación". En *Profesorado. Revista de Curriculum y Formación del Profesorado,* v.15, n.3, pp.295-211.

Mastache, A.V. (1993). "Representaciones acerca de la formación. Literatura y mito". Colección Documentos de Trabajo 2. Buenos Aires: IICE. Facultad de Filosofía y Letras de la Universidad de Buenos Aires.

Nicastro, S. (2006). *Revisitar la mirada sobre la escuela. Exploraciones acerca de lo ya sabido.* Rosario: Homo Sapiens.

Perrenoud, P. (1995). *El trabajo sobre los "habitus" en la formación de los enseñantes. Análisis de las prácticas y toma de conciencia.* Ginebra: Faculté de psichologie et de sciences de l'education.

Perrenoud, P. (2017). *Desarrollar la práctica reflexiva en el oficio de enseñar: profesionalización y razón pedagógica.* Barcelona: Grao.

Sánchez Núñez, J. (2001). "El desarrollo profesional del docente universitario". En *Revista Universidades UDAL*, v.1, n.22.

Sanjurjo, L. (2016). "La práctica como eje articulador de las propuestas curriculares y didácticas de la formación profesional". En Insaurralde, M. (comp.), *La enseñanza en la educación superior: investigaciones, experiencias y desafíos*. Buenos Aires: Noveduc. Colección Universidad.

Sanjurjo, L. (2017). "La formación en las prácticas profesionales en debate". En *Revista del Cisen Tramas/Maepova*, v.5, n.2, pp.119-130. URL: http://ppct.caicyt.gov.ar/index.php/cisen/index.

Schön, D. (1992). *La formación de profesionales reflexivos*. Barcelona: Paidós.

Schön, D. (1998). *El profesional reflexivo. Cómo piensan los profesionales cuando actúan*. Barcelona: Paidós.

Souto, M. (2017). *Pliegues de la formación. Sentidos y herramientas para la formación docente*. Rosario: Homo Sapiens.

Stenhouse, L. (1984). *Investigación y desarrollo del currículum*. Madrid: Morata.

Valcárcel, M. (coord.) (2004). "Diseño y validación de actividades de formación para profesores y gestores en el proceso de armonización europea en Educación Superior. Estudio EA2004-0036". Programa de Estudios y Análisis de la Dirección General de Universidades del Ministerio de Educación, Cultura y Deporte.

Villalobos Clavería, A. y Melo Hermosilla, Y. (2008). "La formación del profesor universitario: Aportes para su discusión". En *Revista Universidades UDAL*, n.39, octubre, pp.3-20. México. URL: http://www.udual.org/.

Wachowitz, L. (1995). *O método dialético na didática*. Campinas: Papirus.

Documentos consultados

Resolución del Consejo Superior de la Universidad de Buenos Aires. Res. CS 1596/91 y CS 5243/01. Facultad de Farmacia y Bioquímica.

Resolución del Consejo Superior de la Universidad de Buenos Aires. Res. CS 216/83 y Res. CS. 6202/13. Facultad de Agronomía.

Resolución del Consejo Superior de la Universidad de Buenos Aires. Res. CS 2420/88. Facultad de Ciencias Veterinarias.

Resolución del Consejo Superior de la Universidad de Buenos Aires. Res. CS 27/86 y Res. CS 3510/07. Facultad de Ciencias Económicas.

Resolución del Consejo Superior de la Universidad de Buenos Aires. Res. CS 3230/88. Facultad de Medicina.

Resolución del Consejo Superior de la Universidad de Buenos Aires. Res. CS 469/80. Facultad de Derecho.

Resolución del Consejo Superior de la Universidad de Buenos Aires. Res. CS 732/82, Res. CS 228.024/94 y Res. CS 4044/08. Facultad de Arquitectura, Diseño y Urbanismo.

Resolución del Consejo Superior de la Universidad de Buenos Aires. Res. CS 776/85. Facultad de Odontología.

Capítulo II

Algo más acerca de la formación pedagógica de los docentes de la UBA: la situación didáctica y la profesionalización del docente

Claudia Finkelstein, Elisa Lucarelli, Gladys Calvo, Mercedes Lavalletto y Walter Viñas

En este capítulo se abordarán las dimensiones relativas a la situación didáctica y la profesionalización del docente universitario en el marco de la investigación desarrollada en la Universidad de Buenos Aires.

La situación didáctica y las prácticas de enseñanza

En los procesos de formación pedagógica de los docentes de este nivel, quienes operan como formadores –y de acuerdo al proyecto formativo explicitado a través del documento curricular– llevan a cabo procesos de enseñanza idiosincráticos. Se aborda esta temática apuntando a reconocer los elementos que determinan su singularidad y en este marco se encuadran las prácticas de enseñanza que realizan los docentes de los casos de estudio.

Se considera importante realizar en primer término algunas precisiones conceptuales. En primer lugar, desde la óptica de la enseñanza, se diferencia la *enseñanza* del *proceso de aprendizaje*, aunque mantiene con éste una relación ontológica (Contreras Domingo, 1994). Se la caracteriza como práctica humana y como práctica social. Como práctica social necesita atender a las estructuras sociales y su funcionamiento respondiendo a funciones y necesidades que van más allá de las intenciones de sus protagonistas e intenciones. Asimismo, responde a condiciones políticas, administrativas, económicas, culturales y condiciones materiales de existencia. Como práctica humana plantea la intencionalidad que se concreta en una función de intervención.

En este marco, se entiende a la Didáctica como teoría de la enseñanza cuya función es explicar, describir y transformar las prácticas de la enseñanza, una teoría para la acción (Camilloni, 2007). Su objeto es el análisis de la enseñanza.

Ubicados en el nivel superior, la didáctica centra su interés en el proceso de enseñanza que un docente o un equipo docente organiza en relación con los aprendizajes de los estudiantes y en función de un contenido científico, tecnológico o artístico, altamente especializado y orientado hacia la formación en una profesión (Lucarelli, 2001).

Asimismo, se entiende a la Didáctica desde una postura superadora de la racionalidad técnica ligada a una visión instrumental y ahistórica. Se opone a considerar a esta disciplina como un conjunto de conocimientos técnicos sobre el "cómo hacer" pedagógico, presentados de una forma universal.

Desde otra perspectiva, la didáctica fundamentada crítica (Candau, 1985) recupera el sentido de la hermenéutica como interpretación, es decir, una forma de revisión de sentidos y significados, en una perspectiva histórica. Entre sus fundamentos se asume la multidimensionalidad del proceso de enseñanza y aprendizaje articulando tres dimensiones, técnica, humana y política. En segundo lugar, la contextualización de las acciones relativas a la institución educativa y a la sociedad en que se desarrollan, a los sujetos que las realizan y el contenido. (Lucarelli, 2009). Asimismo, promueve la explicitación de los presupuestos que sustentan sus abordajes metodológicos analizando la visión de hombre, de sociedad, de conocimiento y de educación que sustentan. Sus otros fundamentos priorizan la elaboración de reflexiones sistemáticas que surgen del análisis de experiencias concretas del enseñar y el aprender, la búsqueda de la eficiencia como base del reconocimiento de las condiciones reales en que se desarrollan esos procesos y el propósito de ampliar y mejorar las metas educativas. Se la concibe como fundamentada en cuanto al saber fundamental acerca de la enseñanza y los fundamentos a partir de la reflexión sobre las prácticas.

Sus otros principios se vinculan con el papel protagónico del docente, a través de la elaboración de reflexiones sistemáticas producto del análisis de las prácticas de enseñar y aprender, el reconocimiento de las condiciones reales en que se llevan a cabo esas prácticas –con una explícita intención de mejora– y la articulación teoría-práctica.

Esta última –como eje que articula la Didáctica– supone vincular cada acción realizada por un docente en el aula con sus fundamentos y propósitos facilitando los procesos reflexivos de manera tal de conformar conocimientos sistemáticos. En este nivel se manifiesta específicamente a través de la configuración que asume la situación didáctica al propender al desarrollo de procesos genuinos de aprendizaje, como también al construir espacios destinados especialmente a la práctica profesional, en tanto reconoce a la profesión como uno de sus estructurantes (Lucarelli, 2001).

Litwin (1997) considera las *prácticas de enseñanza* como una totalidad que permite reconocer la visión ideológica que estructura los recortes epistemológicos y disciplinares particulares que cada docente realiza. Estas prácticas son llevadas a cabo en contextos determinados y se traducen en prácticas *"planificaciones, rutinas y actividades"* (p.95).

En este sentido, cada docente conforma una particular manera de configuración didáctica como un modo de favorecer los procesos de construcción del conocimiento. Es una construcción elaborada que lleva implícita los modos en que el docente aborda las temáticas de su campo disciplinar y que se expresa en el tratamiento que da a los contenidos, su ideología respecto al aprendizaje, las relaciones que establece con las prácticas profesionales, las formas de negociación del significado, las relaciones entre teoría y práctica y su relación con el saber. En esta construcción se expresan los componentes de la situación didáctica: objetivos, contenidos, estrategias de enseñanza, recursos didácticos, evaluación.

Desde estas recapitulaciones conceptuales se realiza la aproximación al análisis de la situación didáctica de los casos en estudio.

En primer lugar, resulta de interés revisar los objetivos explicitados en los diversos documentos curriculares acerca de la formación de los docentes que realizan los programas formativos.

Es necesario señalar que su tratamiento ha atravesado históricamente diversas perspectivas. El modelo tecnológico, ligado a la psicología conductista y a la pedagogía industrial se ha centrado en la idea de intervención. Con este propósito no se busca la explicación, descripción o la comprensión de los fenómenos, sino su conocimiento para facilitar la intervención eficaz. Desde este modelo se requiere especificar con precisión absoluta la meta a la que se aspira llegar y en qué condiciones se debe llegar a ella. De esta manera se *operativizan* los objetivos hasta convertirlos en conductas concretas y sobre todo *observables*. Considera fundamental a la evaluación, tanto del proceso −si se ha cumplido la secuencia establecida− como del producto −si se ha logrado la meta propuesta− y el grado de identidad o diferencia entre el logro o producto real y el esperado. Así definidos, los objetivos determinan las conductas a observar en los alumnos como resultado del proceso de enseñanza. Se plantean en términos de *conducta* referidos a un *contenido* específico.

Frabboni (1984), presenta una taxonomía de objetivos, en donde aborda, en un marco general, la organización de posibles comportamientos de los alumnos. Pretende proporcionar un instrumento para categorizar las oportunidades de aprendizaje que se ofrecen a los estudiantes. Presenta tres niveles en su taxonomía.

El primero refiere a los *aprendizajes elementales* centrados en el saber que apuntan a conocimientos de breve duración que se adquieren por reproducción. El alumno sabe recordar, reconocer y repetir un contenido –términos, hechos, conceptos, principios– de manera similar a la que le han sido presentados.

El segundo, de *aprendizajes intermedios*, centrado en el comprender. El aprendizaje como primera elaboración de información adquirida. El estudiante puede por un lado describir, es decir, interpretar, puede ejemplificar términos, describir hechos, ilustrar conceptos y extrapolar justificando las fases de un proceso, explicitar sus premisas, indicar consecuencias. Por otro lado, también puede aplicar, ejecutando técnicas, métodos, fórmulas, criterios y teorías de las disciplinas y puede responder a un interrogante cognitivo planteado utilizando diferentes métodos para resolverlo.

El tercer nivel centrado en *aprendizajes superiores* lo divide en aprendizajes superiores convergentes y divergentes.

Siempre según Frabboni, el primero permite realizar procesos de descomposición y recomposición: análisis y síntesis. El segundo implica procesos de descubrimiento de aspectos cognitivos inéditos, invención de diversas soluciones para un mismo problema. Refieren a la intuición, la invención y la creación artística. Ambos remiten a dos tipos de pensamiento: convergente o divergente. El pensamiento divergente es la capacidad de percibir lagunas, de usar caminos diferentes para la solución de problemas, implementar recursos propios. El pensamiento convergente es la falta de habilidad para percibir caminos diferentes. Se siguen líneas de acción ya delimitadas. Los sujetos no poseen en igual medida estos tipos de pensamiento. La posibilidad de desarrollar el pensamiento divergente es inherente al ser humano, pero en general la educación ha tendido a cercenar este tipo de pensamiento.

Por otro lado, no puede dejar de reconocerse que desde la década de los 90, el surgimiento de la perspectiva de las competencias y su inclusión en el nivel superior de enseñanza ha influido en la reformulación de los objetivos –tanto en los Planes de Estudio como en los programas de las asignaturas que los componen–. Sin entrar en consideraciones acerca de si las competencias constituyen verdaderas innovaciones o si producen transformaciones en las prácticas de enseñanza, es indudable que su implementación remite al análisis de tareas que se traduce en objetivos fragmentados de comportamientos y condiciones de ejecución que dan cuenta de concepciones tecnocráticas.

En este encuadre, las competencias genéricas, transversales o clave, que son aquellas que son comunes a todas las formaciones profesiones, se componen por competencias instrumentales, personales y sistémicas. Entre las instrumentales se destacan las que aluden a habilidades cognitivas que integran la arquitectura mental del sujeto y están conformadas por procesos –de diferentes niveles de complejidad– que tienen como fin la comprensión, evaluación y generación de información, la toma de decisiones y la solución de problemas y se observan a través de conductas de los sujetos. Generalmente se traducen en objetivos en términos de la formación y, en función de los niveles de complejidad de las habilidades cognoscitivas que se requieren, dan cuenta de una suerte de taxonomía (Sanz de Acedo Lizarraga, 2010).

El nivel más bajo lo constituye el pensamiento comprensivo que procesa e interpreta la información de forma reflexiva y precisa y ayuda al aprendizaje significativo.

Está compuesto por las herramientas básicas del pensamiento: adquirir, representar, transformar, almacenar y recuperar los contenidos; implica el uso de competencias tales como la relación, la comparación, la secuenciación, etc.

Le sigue en nivel de complejidad el pensamiento crítico, que tiene capacidad evaluativa, es dirigido, razonado y propositivo. Se centra en la comprensión, la formulación de inferencias, el cálculo de probabilidades y la evaluación del propio proceso.

El pensamiento creativo, con mayor nivel de complejidad, posibilita generar ideas novedosas, ingeniosas, originales, combinarlas de manera diferente y descubrir nuevas asociaciones entre ellas.

Finalmente, las habilidades cognoscitivas que suponen mayor complejidad son la toma de decisiones y la solución de problemas.

Articulados con los contenidos, representan una guía orientadora de las actividades del aula, más que estados fijos a los que hay que llegar.

En el análisis de la dimensión curricular de las CD, tomando como fuente las reglamentaciones y los planes de estudio, al considerar los objetivos de los casos en estudio –que se encuentran explicitados en las Resoluciones de Consejo Superior correspondientes a cada Unidad Académica– llama la atención en primer lugar que si bien todos ellos incluyen objetivos para las formaciones de los docentes, en algunos casos se trata de propósitos institucionales, en tanto no se plantean en términos de logros para los cursantes de los programas formativos.

Tal es el caso de la Facultad de Medicina que en la Res. CS 3918/08 explicita como objetivos de la CD:

* Propender al perfeccionamiento académico de la Facultad de Medicina.
* Institucionalizar la formación docente.
* Interrelacionar la institución con la individuación docente.
* Otorgar una metodología general de enseñanza a las Unidades Académicas de la facultad.

En este caso se trataría de propósitos a nivel macro institucional que se supone devendrán de la creación de la Carrera Docente, pero que no indican per se logros a desarrollar en los cursantes.

Lo mismo sucede en el Plan de Estudios de CD de la Facultad de Farmacia y Bioquímica (Res. CS 618/10) al plantear:

* Fortalecer las articulaciones entre la investigación, la docencia y la extensión.

Y en la Facultad de Derecho y Ciencias Sociales (Res. CS 469/80)

* Ordenar la colaboración de los docentes auxiliares en las actividades de la cátedra.

Al mismo tiempo, en otros casos, se enuncian objetivos de un alto nivel de generalidad. Por ejemplo:

* Conformar una actitud docente de investigación y educación médica permanente. Facultad de Medicina (Res. CS 3918/08).
* Capacitar y perfeccionar a los participantes en los métodos didácticos, técnico-pedagógicos y de investigación en el grupo de las disciplinas que ejercen o se proponen ejercer su actividad docente. Facultad de Odontología (Res. CS 1596/91).
* Capacitar científica y pedagógicamente a quienes tengan vocación por la enseñanza Facultad de Derecho y Ciencias Sociales (Res. CS 469/80).

En otras oportunidades aparecen declarativamente intenciones que, desde la perspectiva de Frabboni (1984), corresponderían a objetivos tendientes al desarrollo del nivel elemental de pensamiento y de pensamiento comprensivo. Por ejemplo:

* Reflexionar sobre las distintas misiones de la universidad actual y las formas que ellas revisten en el ámbito de la Facultad de Agronomía. Facultad de Agronomía (Res. CS6202/13).

También se formulan objetivos de nivel intermedio desde la perspectiva de Frabboni o de pensamiento crítico:

- Desarrollar una actitud rigurosa hacia la actividad docente y de pautas que permitan intervenir en situaciones educativas, siempre singulares y complejas, con acciones de remediación y con recursos conceptuales y metodológicos que hagan efectivo el aprendizaje en el aula universitaria. Facultad de Farmacia y Bioquímica (Res. CS 618/10).
- Caracterizar epistemológicamente los conocimientos, ciencias y tecnologías agropecuarias y ambientales y ambientales a fin de comprender los desafíos que plantea su enseñanza y la formulación de proyectos de investigación. Facultad de Agronomía (Res. CS6202/13).
- Desarrollar capacidades operativas en la organización técnico-administrativa-institucional de la universidad, facultades, departamentos, cátedras, etc. Facultad de Odontología (Res. CS 1596/91).

Finalmente, aparecen declarativamente intencionalidades vinculadas con el desarrollo de aprendizajes superiores, que –en términos de la lógica de las competencias– adscriben a los tipos de pensamiento creativo y evaluativo:

- Promover una actitud crítica y reflexiva para el mejoramiento y desarrollo de planes de estudio con estructuraciones específicas. Facultad de Farmacia y Bioquímica (Res. CS 618/10).
- Elaborar sistemas de evaluación –criterios, modalidades, instrumentos– de los aprendizajes y de la práctica docente. Facultad de Agronomía (Res. CS6202/13).
- Formular proyectos de investigación relativos a conocimientos, ciencias y tecnologías agropecuarias y ambientales. Facultad de Agronomía (Res. CS6202/13).
- Formular estrategias de enseñanza para los espacios curriculares de las carreras de la facultad, según los perfiles de los destinatarios, tipos de aprendizajes y de la práctica docente. Facultad de Agronomía (Res. CS6202/13).

En cuanto a los contenidos, entendemos que son el conjunto de saberes o elementos culturales que organizan las actividades de docentes y alumnos y cuya apropiación y aprehensión por parte del estudiante resulta relevante para su desarrollo profesional, social y personal (Coll, 1995).

Los tipos de contenidos desarrollados y los tiempos destinados a su tratamiento en los programas formativos, de los casos en estudio, son visualizados en el siguiente cuadro que hace foco en las áreas de formación con sus respectivas asignaturas y los tiempos asignados que conforman los programas de formación.

Cuadro 2: Las signaturas y carga horaria en cada área de formación

Facultad	Formación didáctica		Formación pedagógica		Formación académica	
	Denominación	Duración	Denominación	Duración	Denominación	Duración
Facultad de Agronomía	Didáctica Gral. Didáctica Esp.	32 hs. 32 hs. T:64 hs.	Pedagogía universitaria	16 hs.	----	----
Facultad de Derecho y Ciencias Sociales	Didáctica Gral. Didáctica Esp. Práctica de Enseñ.	20 hs. 20 hs. 20 hs. T:60 hs.	Pedagogía universitaria	20 hs.	----	----
Facultad de Farmacia y Bioquímica	Bases Didácticas Tecnología Educ. Taller optativo	36 hs. 36 hs. 18 hs. T:90 hs.	Evaluac. de la calidad educativa Política de Educ. Superior y acciones científico tecnológicas	36 hs. 24 hs. T: 60 hs.	En área de conocimiento específico	42 hs.
Facultad de Medicina	Didáctica Organización y práctica de la enseñ.	60 hs. 50 hs. T:110 hs.	Políticas en educación y salud	30 hs.	Módulo socio-humanístico	82 hs.
Facultad de Odontología	Metodología de la enseñanza: Planeamiento I y II Evaluación I y II Técnicas de enseñanza I y II Recursos didácticos I y II	136 hs.	Funcionamiento institucional de la facultad y la universidad Administración y organización de una cátedra	10 hs. 10 hs.	----	----

El énfasis obviamente está puesto en la formación específicamente didáctica seguida por la formación pedagógica más amplia. La primera se centra en todos los casos en contenidos referidos a temáticas sobre didáctica general –currículum, programación de la enseñanza, estrategias de enseñanza, evaluación de los aprendizajes de los estudiantes, recursos didácticos– y en algunos otros, incluyen las problemáticas didácticas particulares de sus campos disciplinares. Los siguientes fragmentos de entrevistas ilustran lo afirmado:

Y el módulo 3 es de Didáctica Especial de la Disciplina, sería como de didáctica específica (…), este año tenemos un programa muy centrado sobre las estrategias pero revisando algunos artículos críticos sobre cómo se enseña Derecho y algunos artículos interesantes de epistemología del Derecho. (Docente de CD, Facultad de Derecho).

Un segundo nivel donde tratamos de reversionar con otros contenidos las asignaturas que ya vieron. Por ejemplo, yo tengo a mi cargo esta materia que es Técnicas I y Técnicas II; en Técnicas I trabajo fuertemente todo lo que tenga que ver con las estrategias centradas en el docente y en Técnicas II, centradas en el estudiante –el tema de problematización, del método de estudio de casos– y en Técnicas I trabajo más la clase expositiva y la interrogación. En Planeamiento I trabajamos más la microprogramación y en Planeamiento II trabajamos más la macro; en Evaluación I trabajamos más criterios de evaluación y exámenes escritos y en Evaluación II trabajamos más el tema de instrumentos vinculados con la observación y trabajamos, siempre que podemos, con el ECEO que es el examen que ellos preparan en Evaluación II que inclusive lo llevamos a la práctica con un par de alumnos. O sea, volvemos sobre la misma temática didáctica pero sobre otros contenidos. (Docente de CD, Facultad de Odontología).

Cuestiones relativas al uso de TICs se observan explícitamente en las ofertas de las facultades de Farmacia y Bioquímica y Odontología. Al respecto los testimonios siguientes resultan pertinentes:

Un cambio muy importante fue haber incorporado la tecnología de la enseñanza dentro del programa (…) se ven específicamente recursos que puedan facilitar la enseñanza de la odontología, entonces se trabaja mucho con simulaciones, con imágenes, con videos, cuáles son muy buenos videos, cómo deben estar confeccionados, cuáles son las imágenes más potentes. (Docente de CD, Facultad de Odontología).

El tema de la tecnología, pero siempre desde un marco didáctico (…). Cuando metemos las tecnologías, siempre eso hace otra vez tracción en la propuesta pedagógica y los hace pensar y vuelven sobre cuestiones que no están revisando y eso me parece reflexivo. (Docente de CD, Facultad de Farmacia y Bioquímica).

[la materia] Tecnología Educativa hoy mira mucho más. Y desde el 2010 hicimos una redefinición completa de la materia. La idea de ser Diseñadores y poder generar un Proyecto que impacte en la Práctica para nosotros también es clave o sea (…) una vez que terminen la materia se vayan con un proyecto y que tenga una pata tecnológica y un enriquecimiento en la enseñanza. (Docente de CD, Facultad de Farmacia y Bioquímica).

Por otro lado, en cuanto al tipo de contenidos, es interesante destacar que la formación no sólo se centra en la enseñanza de contenidos conceptuales sino también apunta a los contenidos procedimentales:

Los pilares centrales son todo lo que tenga que ver con los contenidos procedimentales que es muy importante en esta carrera, lo que tiene que ver con la evaluación de las prácticas también es fundamental (…). Entonces lo que nosotros hacemos es tratar de facilitarles los contenidos como para que ellos puedan darse cuenta de qué otra manera los pueden enseñar. Por ejemplo, en Planeamiento que vamos mirando los contenidos y viendo si están planteados como contenidos conceptuales o procedimentales, si realmente se los voy a enseñar como un proceso (…) o por ejemplo, ¿"historia clínica" la voy a enseñar como un concepto o cómo confeccionar la historia clínica y todos los pasos que me requiere la confección de una historia clínica? Yo lo puedo plantear como conceptos y tratar de ayudarlos a ver cómo lo enseño: "¿Cómo te parece que es más potente enseñarlo: como un contenido conceptual o como un contenido procedimental? ¿Qué es lo esencial de ese contenido que le va a permitir al alumno, después, realizar otro tipo de prácticas en su profesión?", entonces desde el diálogo con el otro más o menos podemos ver de qué manera sería la más óptima. (Docente de CD, Facultad de Odontología).

Respecto a la formación pedagógica más amplia, se incluyen contenidos relativos a política educacional universitaria, legislación, tradiciones y modelos universitarios, historia y problemáticas actuales. En palabras de los entrevistados:

[En Pedagogía universitaria se realiza] una reflexión sobre la identidad del docente universitario que lo unimos con la reflexión sobre la institución universitaria. Y tenemos algunas cuestiones históricas: cómo surge la universidad, las tres funciones de la universidad, cómo la investigación aparece tardíamente en la universidad después del modelo de Humboldt y después algo sobre universidad argentina –la ley Avellaneda–, las distintas piezas legislativas, por supuesto también planteamos cuestiones sobre la reforma universitaria y después pasamos a la ley de educación superior: cuáles han sido los puntos neurálgicos de esta ley, por qué es Superior y no Universitario, o sea todas estas cuestiones. Y después planteamos incluso la creación de la CONEAU y las carreras de interés público porque nosotros tenemos una: Ingeniería. (Docente de CD, Facultad de Agronomía).

Mi módulo es el módulo 3 Didáctica Especial de la Disciplina. En el módulo 1 se trabajan leyes, normas, planes de estudio, se estudia la Reforma Universitaria, la historia de la universidad, que está bueno porque además ellos son abogados, entonces entrar por ahí a lo educativo para ellos es mucho más amigable. (Director de CD, Facultad de Derecho).

Por su parte, la oferta de la Facultad de Odontología incluye contenidos sobre cuestiones institucionales y grupales de la formación.

En relación con la formación más académica, es decir la específicamente disciplinar de base, es mínima la exigida por estos programas de formación. Solo las facultades de Farmacia y Bioquímica y Medicina la consideran necesaria.

Si tenemos en cuenta que las tres funciones básicas y tradicionales de la universidad refieren a la docencia, investigación y extensión, analizando los contenidos formativos encontramos que sólo la Carrera Docente de la Facultad de Odontología destina un espacio curricular a la formación en extensión, denominado Taller de Reflexión sobre Articulación Docente Asistencial, de 8 hs. de duración.

En cuanto a la formación en investigación, los énfasis son variables: la Facultad de Derecho y Ciencias Sociales no ofrece formación en investigación para los cursantes y Farmacia y Bioquímica, Odontología y Agronomía destinan porcentajes semejantes respecto a la duración total de sus carreras, seguido en orden decreciente por la Facultad de Medicina.

Cabe aclarar que, el análisis del material documental, en general procedente de las Resoluciones de Consejo Superior de las CD, permite advertir que la formación en esta área se concentra en cuestiones epistemológicas relativas a cada uno de los campos disciplinares de base, no siendo objeto de la formación centrarse en la investigación en la enseñanza referida a los campos disciplinares de base. El testimonio que sigue da cuenta de esto:

Ves que hay talleres de Metodología de la Investigación. Es en la disciplina. Tienen que tener acreditación en el conocimiento de la disciplina específica. (Docente de CD, Facultad de Farmacia y Bioquímica).

Otro aspecto interesante a analizar refiere a las modalidades de articulación teoría-práctica que fue analizado en otro apartado.

En cuanto a las estrategias de enseñanza y los recursos utilizados en la formación, se plantea en primer lugar que, desde una perspectiva crítica, la contextualización de cada situación de enseñanza se impone a la hora de la selección de las estrategias de intervención. Esto supone en primer lugar fundamentar desde dónde se seleccionan y organizan las estrategias apropiadas, y, desde allí, abordar cómo se articulan con el tipo de conocimiento que se está enseñando, o sea implican una articulación contenido-método.

Desde esta postura didáctica se retoma el concepto de construcción metodológica (Edelstein, 1996) que consiste en el diseño de actividades que propongan la puesta en práctica de los procesos cognitivos de diverso tipo para generar la construcción del conocimiento. El docente es quien diseña la propuesta de enseñanza articulando la lógica disciplinar con las posibilidades de apropiación de los sujetos y las situaciones y contextos particulares. Es una propuesta de acción que es base de la construcción metodológica sustentada en una visión ideológica y axiológica.

Desde la perspectiva de la Didáctica Fundamentada cada situación de enseñanza es irrepetible. Por lo tanto, el docente conscientemente hace una elección de la estrategia metodológica en función de una serie de variables: el contexto, el diseño curricular, el grupo de alumnos –y sus saberes previos–, el contenido y el docente –en función de la ideología de la enseñanza que sustente acerca de qué es enseñar, qué es aprender, que es ser buen docente, que es ser buen alumnos, etc.– (Ball, 1994).

Los entrevistados señalan que en las clases recurren al uso de la exposición dialogada. Osima Lopes (1995) la presenta como alternativa a la clase expositiva tradicional en donde se recurre al diálogo entre profesor y alumnos como una forma de intercambio de conocimientos y experiencias cuyo objetivo es la producción de saberes. Implica recurrir a la pregunta que supone eliminar la pasividad del estudiante y favorece la co-construcción del conocimiento estimulando una actitud científica en los alumnos.

Por otro lado, también se utilizan estrategias de enseñanza basadas en la problematización, como el método de casos, resolución de situaciones problemáticas y microenseñanza.

Estas refieren a los desarrollos llevados a cabo en el primer cuarto del siglo pasado por John Dewey –mencionado anteriormente en este trabajo– quien centró su análisis en las relaciones de la enseñanza teórica y la acción práctica y en los métodos de pensamiento y de investigación. Al respecto, los entrevistados sostienen:

Nosotros hacemos mucho hincapié en mostrar otras técnicas que tengan la vista en el rol más activo del alumno, entonces hacemos muchas prácticas.

Incluso en los módulos trabajan mucho con casos, con problemas, con otras metodologías que tengan que ver con salir de lo tradicional (…). Hacen micro-clases con otras propuestas de enseñanza que sean diferentes a las que están más instaladas en nuestras propias cátedras. Así que hacemos bastante hincapié en lo metodológico, o sea que puedan ver qué otras posibilidades de enseñar tienen que por ahí son más potentes para el aprendizaje del alumno, abordamos mucho sobre todo en Metodología la observación y la retroalimentación. (Coordinadora de CD, Facultad de Odontología).

Trabajamos con ateneos (…) en cuanto a los cursos lo que hacemos es traba-jar muchísimo con clínicas en donde tomamos casos, además de elementos teóricos por supuesto, lectura (…) trabajamos bastante, menos de lo que que-rríamos, con lo que es micro enseñanza (…) después, por supuesto lecturas de todo lo que haya. (Directora de CD, Facultad de Agronomía).

Tratamos de hacer una clase dinámica con resolución de casos, trabajos en pequeños grupos, mucho trabajo práctico. Analizan programas e instrumentos de evaluación, trabajan diferentes habilidades docentes, hay debate y discusión. Usamos la metodología de taller. Tienen muchas dificultades para incorporar la tecnología. (Docente de CD, Facultad de Medicina).

Un dispositivo innovador es el que propone la CD de la Facultad de Agronomía en el espacio curricular del Módulo de la práctica: la reali-zación de un dossier que contiene modalidades de trabajo independiente.

Un aspecto importante a destacar es la evaluación de los procesos de formación que realizan los cursantes de las CD. En términos gene-rales, cada espacio curricular es evaluado a su término con modali-dades que pueden incluir calificación numérica o aprobación o no del mismo, tal como se afirma a continuación:

Tienen que aprobar la práctica con sus informes, más los cursos, más el taller de investigación que por ahora se lo estamos dando por equivalencia (…) Pedagogía universitaria, la nota –que esto sí va con nota como si fuera una asignatura–, Didáctica especial; Práctica de la enseñanza, que decidimos no considerar nota, sino "aprobado" o "no aprobado" con el número de horas y la fecha; y el Módulo de didáctica general con su nota. (Directora de CD, Facultad de Agronomía.).

Los programas formativos de las facultades de Agronomía, Farma-cia y Bioquímica y Odontología llevan a cabo diferentes dispositivos que implementan en distintos momentos del proceso que dan cuenta de una evaluación integral de los cursantes.

La CD de la Facultad de Agronomía propone la realización de un dossier a lo largo de dos años que es evaluado como sigue:

Los participantes van armando su dossier y plantean dos informes: uno, anual del primer año; y otro, final de la práctica; el que da el "aprobado" de la práctica es el profesor. (Directora de CD, Facultad de Agronomía).

La CD de la Facultad de Farmacia y Bioquímica no plantea un examen final de la carrera, pero los cursantes deben realizar un trabajo en el marco de la Práctica Docente Supervisada que opera como requisito para culminar el proceso formativo. Se trata de una clase que debe ser planificada y llevada a cabo con alumnos reales. Los cursantes eligen cuando quieren ser observados y preparan la clase junto a los docentes de la CD.

Ellos desarrollan la clase con alumnos reales y nosotros vamos a ver la clase y hacemos una devolución sobre esa clase y ellos analizan su propia clase también en un informe final. En la cátedra en a que trabajan ellos. Y la verdad que es interesante porque, en general, ese es un buen termómetro para ver avances y ellos mismos hacen un análisis del recorrido de la Carrera. Ellos reconocen avances y eso para nosotros es clave. El hecho de poder transparentar decisiones, saber por qué están decidiendo lo que están decidiendo, porqué tomaron este camino y no otro, porqué deciden encarar la clase desde un lugar y no desde otro. (Docente de CD, Facultad de Farmacia y Bioquímica).

En la CD de la Facultad de Odontología se les propone a los cursantes la realización de un Trabajo Final que cambia todos los años. Es de carácter integrador. Se trata de la planificación de una unidad de la asignatura en la que están desarrollando su práctica docente. La Directora de la CD así se refiere al mismo:

Se hace con mucho trabajo de reflexión sobre lo que se hace y sobre por qué se quiere implementar lo que se quiere implementar (…) esa mirada integral que pienso: "Para estos contenidos, para estos objetivos: qué actividades, qué evaluación" es algo que les cuesta mucho y es algo que no lo hacen usualmente de manera integral porque quien es ayudante o JTP a lo mejor tiene los prácticos a su cargo y no tiene a su cargo la planificación y quien tiene la planificación a lo mejor no maneja toda la cuestión de los recursos y de la tecnología, entonces para ellos sí creo que es una experiencia inédita en términos de la integralidad, de pensar en el todo. Y además este año le introdujimos la idea de un tutor de la cátedra y, además, en el momento de la defensa viene el tutor de la cátedra a acompañarlos en la defensa, que me parece que eso es interesante para ellos porque toma una expansión más importante su trabajo y también para nosotros porque nos parece muy importante que la gente de las cátedras sepa qué se hace en la Carrera Docente. (Coordinadora de CD, Facultad de Odontología).

Este trabajo requiere la fundamentación teórica de sus objetivos, los contenidos, los recursos, las actividades y la evaluación y no está exento de dificultades:

La mayor dificultad va en poder comprender los textos pedagógicos, los contenidos y poder identificarlos en la propia práctica; por otra parte, vemos como una dificultad, la posibilidad de argumentar y de justificar lo que ellos hacen (…) les cuesta un poco más utilizar referencias teóricas para justificar un punto de vista personal o una reflexión personal o una propuesta que hacen y poder vincularla con alguno de los conceptos de autores que estamos viendo. Ese entramado entre la argumentación y la justificación lo vemos bastante frecuente en los docentes. (Docente de CD, Facultad de Odontología).

En síntesis: los programas formativos de las distintas Carreras Docentes de las facultades tomadas como casos plantean propósitos y objetivos tendientes al desarrollo del nivel elemental de pensamiento y de pensamiento comprensivo, objetivos de nivel intermedio o de pensamiento crítico y objetivos vinculados con el desarrollo de aprendizajes superiores o de pensamiento creativo y evaluativo.

En relación con los contenidos, se encuentran en primer lugar los referidos a la formación didáctica seguidos por la formación pedagógica más amplia. La formación específicamente disciplinar de base sólo se observa en los programas de dos facultades: la de Medicina y la de Farmacia y Bioquímica.

Como ya se ha señalado, los contenidos inherentes a la formación en investigación no abordan la investigación educativa, sino que se focalizan en temas de sus propios campos disciplinares y en un caso se encuentra totalmente ausente. La inclusión de la tecnología aplicada a la enseñanza de los diferentes campos disciplinares aparece como un elemento clave en algunos de los casos estudiados: las CD de la Facultad de Farmacia y Bioquímica y de la Facultad de Odontología.

En cuanto a las estrategias de enseñanza, se recurre a la exposición dialogada en todos los casos incluyéndose también estrategias basadas en la problematización, como los ateneos de presentación de casos, el método de casos, resolución de situaciones problemáticas y la microenseñanza.

Algunos programas de formación realizan una evaluación integral de los cursantes al término de su trayecto formativo y todos llevan a cabo evaluaciones parciales que permiten acreditar los diferentes elementos que componen los diseños curriculares.

Como puede observarse, cada Carrera Docente determina su encuadre didáctico que indudablemente refiere a su cultura institucional, sus tradiciones en términos formativos y a las necesidades de formación advertidas de sus destinatarios.

La profesionalización del docente universitario

Pensar en los sujetos de la formación en las CD comprende la consideración de los formadores como así también de los destinatarios de esta formación.

Se examinan en este apartado las características de estos últimos, así como las particularidades en torno a la constitución de los equipos docentes que desarrollan la formación y su grado de institucionalización. Se analizarán también los aportes de la CD en relación con la construcción de la identidad y la profesionalización docente de los destinatarios de estos programas; y se considerará la legitimación de la CD en el marco institucional.

Los destinatarios de la formación

En todos los casos examinados, los destinatarios de las Carreras Docentes son los docentes de esas unidades de referencia, tal como se evidencia en las entrevistas:

Toda esta gente ya está trabajando, son auxiliares de estos profesores, son todos graduados (…) tienen que estar nombrados y trabajando (…). Nosotros no solo tenemos la Ingeniería, tenemos docentes de las licenciaturas en Ciencias Ambientales. (Directora de CD, Facultad de Agronomía).

[Dentro de los requisitos se menciona] Ser docente de alguna cátedra, sea ayudante de segunda, de primera, pero estar en ejercicio de la docencia. En la facultad (…) lo que tenemos son docentes jóvenes que en general son docentes ad honorem, que combinan sus trabajos con los tiempos en la facultad y tienen que encontrar esto, el tiempo para hacer la cursada de la Carrera. (…) Para entrar a la Carrera Docente tienen que ser docentes. (Coordinadora de CD, Facultad de Farmacia y Bioquímica).

La Carrera Docente es solamente para los docentes de la facultad. Tenemos ayudantes de primera, de segunda, jefes de trabajos prácticos y adjuntos. (Coordinadora de CD, Facultad de Odontología).

Esta situación se justifica en la medida en que estas carreras tienen por objeto la mejora de los procesos de enseñanza que se desarrollan en la propia institución. La docencia universitaria es entendida por Soares & Da Cunha (2010) como:

una actividad compleja desde el punto de vista político, social, intelectual, psicológico y pedagógico, cuyos conocimientos y competencias imprescindibles para su ejercicio (…) la configuran como un campo específico de intervención profesional. (p.30).

A partir de este entendimiento las autoras señalan que, tal como acontece con las demás profesiones, no puede ser adquirida por imitación sino mediante una formación específica y sistemática.

Mediante la formación pedagógica de sus docentes, las instituciones universitarias esperan impulsar innovaciones pedagógicas y didácticas que se consideran necesarias para la enseñanza de las asignaturas de las carreras que se dictan en su ámbito. En tal sentido, Da Cunha (2018) afirma que el desempeño de los docentes puede tener impacto positivo en los aprendizajes de los estudiantes, que, a su vez, se reflejaría en la calidad de las instituciones de enseñanza superior. Así, alude a autores como Altbach (2003) y Taylor (2007) que se refieren a los docentes como "escultores" de la calidad de las instituciones, dado que su rendimiento contribuye de forma muy significativa para el éxito de los estudiantes.

Por otra parte, en la mayoría de los casos estudiados –cuatro de cinco–, estos destinatarios poseen diferentes profesiones de base en virtud de la/s carrera/s que ofrece cada Unidad Académica. Así, las Carreras Docentes generan un entorno formativo mediante el cual diferentes profesionales se especializan de manera conjunta, compartiendo escenarios de aprendizaje y áreas de conocimiento. Esto se manifestó en las entrevistas:

Hay también enfermeras y otros docentes de las carreras conexas. (Docente de CD, Facultad de Medicina).

Nosotros no solo tenemos la Ingeniería, tenemos docentes de las licenciaturas en Ciencias Ambientales. (Directora de CD, Facultad de Agronomía).

Según Perrenoud (2017), la formación profesional de base modela de forma durable la capacidad de aprender, de reflexionar sobre sus acciones y de transformarla. Soares & Da Cunha, (2010) afirman que los grupos de estudiantes con diferentes profesiones presentan al profesor un desafío al tener que comprender esa trama invisible que impacta en los procesos de enseñanza y de aprendizaje y de esta manera orientar al grupo de alumnos para comprender esas implicaciones, aprovechando determinados elementos relacionales que emergen como objetos de análisis y de aprendizaje sobre los valores y actitudes.

A estos elementos se pueden añadir otros factores específicos que operan en la formación de adultos. Por ejemplo, la relación formador-formado, o la particular relación con el saber que establece quien está en formación.

Como ya se ha señalado anteriormente, el trabajo de formación es un trabajo sobre sí mismo. Este *retorno sobre sí* (Filloux, 1996) implica ahondar en la relación de formación y trabajar sobre el deseo, la culpa, el miedo, la angustia y también con lo intelectual. Supone revisar si existe el deseo de ser formado o, si este deseo en realidad, no aparece en la percepción de quien va a formarse.

En este sentido, Perrenoud (2017) aporta otra mirada a esta problemática al plantear que

> a los adultos no les gusta confesar que no saben, especialmente cuando se les da a entender qué deberían saber. Además, les resulta difícil encontrar una relación adecuada con el formador. Algunos vuelven dócilmente al oficio de alumno mientras que otros rechazan la asimetría presente en la situación y quieren estar de igual a igual con el formador sin tener los medios. (Perrenoud, 2017, p.24).

Los siguientes fragmentos de entrevistas aluden a lo mencionado:

> En un momento la gente estaba obligada a hacer los cursos para ir ascendiendo de ayudante de segunda, de primera, hasta JTP. Teníamos mucha gente haciendo los cursos de los cuales teníamos los resistentes y los enojados porque como era obligatorio. (Docente de CD, Facultad de Derecho).

> Hay un momento donde esos profesores se van haciendo adjuntos, titulares, ni hablar si son jueces donde ya se creen que son (…). Es muy difícil a una persona tan afirmada en su conocimiento transmitirle otras opciones. (Director de CD, Facultad de Derecho).

> Lo que tenemos y sí es muy variable es el tipo de conformación grupal que es completamente aleatorio y que tenemos camadas de gente con la que podemos trabajar con mucha más flexibilidad y muchas más posibilidades de que se pregunten cosas, que se cuestionen, que se pongan a reflexionar y también tenemos otros grupos que son mucho más rígidos, menos cuestionadores, más estructurados y que vienen en búsqueda de arquetipos, recetas, respuestas únicas a problemas sumamente complejos. (Coordinadora de CD, Facultad de Odontología).

> Hay gente que cursó carrera y nunca más volvió, y otros que están constantemente generando movimiento. (Coordinadora de CD, Facultad de Farmacia y Bioquímica).

Les cuesta a veces salir del foco de mirar los problemas en el alumno a replantearse lo propio en el proceso de enseñanza. Siempre dicen "Bueno, pero el alumno viene poco motivado". Nosotros reconocemos este escenario, a veces los ayudamos a ver que ese escenario no es tan como ellos lo piensan sino que tiene otros aspectos u otras características e incluso otras potencialidades que ellos no están viendo, y que empiecen a pensar desde lo propio: ¿qué podría hacer yo para mejorar el proceso de enseñanza y aprendizaje en esta realidad? (Coordinadora de CD, Facultad de Odontología).

Otro aspecto a tener en cuenta en relación con los destinatarios de la formación es que la mayoría se encuentra ejerciendo la docencia con pocos años de experiencia, es decir que se trata de docentes noveles o principiantes –entre tres a siete años–.

Entonces lo que tenemos son docentes jóvenes que en general son docentes ad honorem, que combinan sus trabajos con los tiempos en la facultad y tienen que encontrar esto, el tiempo para hacer la cursada de la Carrera. (Docente de CD, Facultad de Farmacia y Bioquímica).

Soares y Da Cunha (2010) advierten que los profesores noveles en formación no deben ser considerados como sujetos pasivos, acríticos y carentes de conocimientos y creencias respecto de ese nivel de enseñanza:

Ellos construyeron una representación acerca de la docencia durante los años en que fueron estudiantes universitarios, sobre la base de la observación de la forma en que sus profesores enseñaron e involucraron o no a los estudiantes en el proceso de aprendizaje, en la participación en proyectos de investigación, en la experiencia como representante estudiantil en las actividades del departamento, etc. (p.34).

De esta forma, su trayectoria como estudiante universitario pasa a formar parte de su biografía escolar que puede ser entendida como el conjunto de experiencias sostenidas por una persona en el aula y en otros espacios de las instituciones educativas formadoras. Estas experiencias influyen sobre las prácticas que realizan los docentes principiantes y deben ser tenidas en cuenta en los procesos de formación del docente universitario, como se explicita más adelante.

Características de los equipos docentes

Según López Hernández (2007) un equipo docente se puede definir
como:

> un grupo de personas docentes con un mismo objetivo, con capacidad de
> autoorganización, que comparten el liderazgo, que tienen distribuidas sus
> tareas y el marco de toma de decisiones individuales y colectivas y cuya fun-
> ción es la planificación y la coordinación de actividades docentes relativas a
> un grupo de alumnos/as. (p.47).

En el caso particular de los equipos docentes de las CD estos equipos
se encuentran orientados por la figura de un coordinador o director.

No obstante, se podría afirmar junto con Zabalza (2009), que los
equipos docentes representan un marco de trabajo colaborativo, que
alteran la tradición del profesorado universitario basada en el trabajo
individual y en solitario. En la Argentina coexisten los dos modelos de
organización de los docentes en el grado: el de cátedra, equipos más
o menos numerosos con una estructura jerárquica, y el de docente
único que corresponde al modelo de tradición al que alude Zabalza.
Las facultades de la UBA se organizan académicamente en cátedras.
En las Carreras Docentes los docentes se organizan como un equipo
con la coordinación de un Director.

En los casos analizados se pudo observar, en la conformación de
estos equipos, una característica compartida: todos constituyen unidades docentes multiprofesionales:

> Entre todo ese equipo damos todas las materias obligatorias (…) cada uno
> asume más o menos la responsabilidad de la materia. Después tenemos por
> fuera del área una didáctica especial, Didáctica de las Ciencias de la Salud.
> (Coordinadora de CD, Facultad de Farmacia y Bioquímica).

> La mitad más o menos somos licenciados en educación o afines. Entre los que
> no son licenciados hay algunos que son abogados, (…) hay un muchacho que
> es antropólogo, hay una chica que es politóloga que está en el módulo 1 y hace
> un laburo buenísimo, hay gente que es de comunicación o de letras que venía
> haciendo escritura y que ahora hace esta cosa en el módulo 4, hay una chica
> que no me acuerdo cuál es su título universitario pero que es psicóloga social.
> (Docente de CD, Facultad de Derecho).

> [el equipo docente está formado] con todos docentes del área de Ciencias
> de la Educación, Letras, Filosofía, Sociología, Antropología. Abogados por
> supuesto. Unas 25 personas en promedio, que están a cargo de estos cuatro
> módulos. (Director de CD, Facultad de Derecho).

Hay 5 docentes del área pedagógica y 5 del área no pedagógica. (Docente de CD, Facultad de Medicina).

Yo doy la pedagogía y la didáctica especial, que es una didáctica orientada a la enseñanza de las ciencias y tecnologías agropecuarias y ambientales. Y ahí lo hacemos en un equipo en el cual está toda la visión ingenieril (…) en ese equipo también está L que es antropóloga con toda una visión muy interesante que aporta mucho y otra docente que ahora es secretaria académica, A, es ingeniera agrónoma. Toda esta gente tiene doctorados pero de lo propio. (Directora de CD, Facultad de Agronomía).

La verdad es que necesitamos que sea gente con formación en educación, pero tenemos módulos que los dan profesores de la casa (…) odontólogos (…). Y en términos de autoridades tenemos una comisión asesora que está conformada por algunos titulares de la facultad. (Coordinadora de CD, Facultad de Odontología).

Los equipos docentes multiprofesionales definen un espacio de interacción de especialidades que comparten un entorno de enseñanza para la formación en una profesión, en este caso, la docencia universitaria. Las unidades docentes multiprofesionales permiten aportar desde sus disciplinas de miradas diversas, encuadres epistemológicos pertinentes y posibles modelos de articulación entre esos campos.

En los casos observados los requisitos para formar parte del equipo docente son: tener como mínimo título de grado y experiencia en el nivel universitario. Particularizándose en cada una de las unidades, también son requeridos algunos aspectos tales como: la capacidad de adaptación a la institución, capacidad de trabajo en equipos, y en algún caso específico ser de Ciencias de la Educación, entre otros.

Tener título de grado. No hay una manera formal de ingreso. No hay una manera de un examen o de una entrevista o una convocatoria abierta o ese tipo de cosas (…). Tenés que tener formación en lo que es la docencia universitaria. (Docente de CD, Facultad de Derecho).

La gente que se integra a la Carrera Docente es gente joven. (…) Hay que hacerse carne de esta institución que tiene características diferentes a otras instituciones y a veces esto nos cuesta un poco. Cada uno que viene lo hace con su cultura institucional adentro de la mochila. (Coordinadora de CD, Facultad de Odontología).

[para el trayecto pedagógico] por lo menos estar recibidos de Licenciados en Ciencias de la Educación. Pero en general no es un requisito un posgrado. (Coordinadora de CD, Facultad de Farmacia y Bioquímica).

El requisito para formar parte del equipo es tener experiencia en docencia. En general se requiere ser docente (…) siempre tratamos de manejar a ver quién conoce a alguien que esté disponible y que tenga el perfil que requiere el área y que tenga la apertura de conocer unos docentes que tienen otra formación específica. Uno tiene más una apertura de escuchar a los docentes y ver por dónde pasan sus problemáticas. (Docente de CD, Facultad de Odontología).

En cuanto a la institucionalización de los equipos docentes responsables de la formación, los equipos docentes de las CD revisten un doble aspecto. Por una parte, presentan una relativa estabilidad laboral, de acuerdo a la realidad vivida por los actores involucrados y en función de períodos prolongados de permanencia en el cargo. Sin embargo, desde el aspecto "formal-administrativo", en estos casos la relación laboral no siempre supone la continuidad en el cargo que ocupan, como interinos o contratados.

La otra situación presente es el de las CD cuyos cargos docentes son concursados.

De las cinco CD estudiadas, en dos los cargos son concursados (facultades de Farmacia y Bioquímica, y Agronomía); mientras que las otras tres no lo son (facultades de Odontología, Medicina y Derecho y Ciencias Sociales). En estos últimos casos la estabilidad se sustenta en otras cuestiones que hacen a la lógica de la institución y la trayectoria de los equipos.

Los testimonios dan cuenta de estas dos situaciones institucionales. En la primera situación en que los cargos son concursados, se afirma:

[¿Y son estables estos equipos?] Sí, la verdad que sí, a lo largo de estos años han sido bastante estables. Tuvimos algunos cambios, pero en general sí. (Docente de CD, Facultad de Farmacia y Bioquímica).

Acabamos de concursar la planta (…) antes nosotros teníamos un grupo de docentes que tenían estos cargos, pero sin concurso (…) yo concursé más o menos en el 2011 como profesora adjunta, (…) se acaba de concursar un cargo de profesor adjunto. Hay una profesora que es de la facultad que daba la de Didáctica en Ciencias de la Salud que tenía un cargo anterior de su cátedra (…) entonces ahí tenés si querés tres profesores hoy. Después tengo un cargo de JTP (…). Son cargos semis y simples ¿eh? No tengo ninguna dedicación exclusiva. Y después tengo cuatro ayudantes, dos semis y dos simples que acaban de concursar. (Coordinadora de CD, Facultad de Farmacia y Bioquímica).

En la segunda situación definida por el carácter interino de los docentes, se señala:

No, no son estables. Son designaciones todas interinas. Lo que pasa es que en la práctica hay gente que ha mantenido la estabilidad porque es gente experta en formación docente y en didáctica. (…) Yo creo que la mayoría de los docentes son docentes que han estado desde hace mucho tiempo. Cuando yo llegué estaba la mayoría que sigue estando. (Docente de CD, Facultad de Derecho).

Las designaciones son anuales, todos nuestros cargos son interinos, no son estables. Hasta ahora no hemos tenido ningún tipo de cercenamiento ni de compulsión a tomar a alguien que no provenga de algún campo de formación afín a nosotros. (Coordinadora de CD, Facultad de Odontología).

Las designaciones son interinas pero de renovación automática y en general nos mantenemos (…). Desde el 2011 que yo estoy no hubo movimiento de docentes, recién ahora ingresa una persona y se fueron dos, pero es bastante estable (…). Son todas dedicaciones simples pero, al no ser por concurso, se pueden ir combinando en función de las necesidades del área y de la disponibilidad de las personas. (Docente de CD, Facultad de Odontología).

Construcción de la identidad y profesionalidad docente

En relación con el proceso de convertirse en profesor, Bullough (2000) parte de la idea que este es idiosincrático y que depende de los contextos de actuación y de las interacciones personales; es altamente contradictorio, centrado en la interacción en tanto los sujetos son configurados y a la vez configuran las comunidades en que se insertan (en Finkelstein, 2017, p.151). Por tanto en la formación profesional docente resulta necesaria la reflexión acerca su inserción en los sistemas sociales y de sus relaciones con los demás, en la medida en que cada uno forma parte de sistemas de acción colectiva (Perrenoud, 2017).

Estos autores también señalan que se llega al mundo de la enseñanza con creencias firmes acerca de ella y de la persona en su condición de docente. Tales creencias son producto de la permanencia en las aulas como alumnos y de la observación e interacción con sus profesores. En este proceso de formación, las creencias previas son fundamentales dado que funcionan como conocimiento tácito, teorías inválidas y pragmáticas que construyen la base de su práctica profesional. Estas creencias se constituyen sobre la base de las experiencias de la biografía escolar, entendida como la primera fase de la profesionalización docente, de gran importancia debido a su carácter perdurable y su impacto en el desempeño de la práctica docente, sobre todo al inicio de estas prácticas (Alliaud, 2003).

Los testimonios que siguen refieren a estos procesos:

Y en general de ¿dónde aprendieron a ser docentes? Lo aprendieron de haber visto a otros docentes, con lo cual, la Carrera Docente se constituye en un espacio donde ellos puedan mirar su práctica, analizar su práctica, repensar su práctica, ir más allá de ésta mirada y ésta construcción de "docente como pudieron" porque ya son docentes frente a alumnos. (Coordinadora de CD, Facultad de Farmacia y Bioquímica).

Lo que muy frecuentemente dicen los docentes es que le encuentran sentido teórico a lo que muchas veces hacen. En general estos docentes refieren que ellos enseñan como les enseñaron, que es lo que uno tiende a hacer y cuando en la Carrera Docente ponen en duda esa forma de enseñanza, ahí empiezan a ver las cosas de otra manera. (Coordinadora de CD, Facultad de Odontología).

Como resultado de complejas internalizaciones durante la vida escolar se va generando un *fondo de saber* (Davini, 1995) que regula las prácticas de enseñanza. Se suele considerar a las escuelas como los primeros espacios de socialización profesional. En tal sentido, se puede advertir el peso que tiene la biografía escolar en relación con el proceso de profesionalización del docente universitario, que supone no sólo una formación disciplinar sino también la formación pedagógica, totalmente diferente a la adquirida previamente por experiencia; esto implica la revisión y probablemente la reconversión de modelos docentes que han sido elaborados a lo largo de esa biografía.

La consideración de este factor en la formación de los docentes universitarios posibilita, como sostiene Feldman (1999): "interpretar acciones de los docentes como producto de las matrices internalizadas durante sus experiencias como alumno" (p.97), pues la recuperación de imágenes acerca de la formación, sus actores, sus prácticas habituales da lugar a desandar los caminos transitados y habilita la relectura de las marcas inscriptas en sus subjetividades –desde los planteos teóricos abordados– y contribuyen a fortalecer la capacidad de debatir acerca de cuestiones y problemas educativos.

Desde estos encuadres teóricos, se puede afirmar que las Carreras Docentes de las unidades académicas analizadas, representan hitos en ese proceso de construcción de identidad y de profesionalidad que se abonan con otras experiencias –itinerarios escolares, familiares, experiencias de vida–, y que necesitan ser tomadas como puntos de partida.

En tal sentido, la construcción de la identidad nunca finaliza y es permanentemente reformulada en función de acontecimientos, experiencias o encuentros (Perrenoud, 2017). Eso implica, para el docente universitario, la tarea de comprender críticamente su tarea formadora en particular y el contexto más amplio en el cual ella se inserta. Así lo expresa la Directora de la CD de la Facultad de Agronomía:

[comenzamos con] una introducción a la vida universitaria, al concepto de universidad, funciones de la universidad, leyes, etc. lo ubicamos en un curso que se llama "Pedagogía universitaria" (…) es un poco de habilitarles, a nuestros docentes inscriptos, una reflexión sobre la universidad, sobre las prácticas que están desarrollando dentro de qué es esta institución la universidad. Una reflexión sobre la identidad del docente universitario que lo unimos con la reflexión sobre la institución universitaria. (Directora de CD, Facultad de Agronomía).

Por otra parte, es importante retomar en este punto el hecho de que la mayoría de las CD analizadas –a excepción de Agronomía– tienen como destinatarios a sujetos que poseen una profesión liberal de base (Fernández Enguita, 1990, 1993). Da Cunha & Leite (1996) consideran a la Agronomía como profesión científica –académica– por el fuerte énfasis en la investigación.

Desde el enfoque tradicional de la sociología de las profesiones, las profesiones liberales combinan las siguientes características principales: conocimiento acreditado mediante títulos; autonomía en el desempeño; prestigio y reconocimiento social y el poder de asociación o colegiación (Tenti, 1995).

A diferencia de las profesiones liberales, la profesión del docente pertenece a las denominadas semiprofesiones. En los países anglosajones, por ejemplo, sólo algunos oficios se consideran profesiones de pleno derecho, y la enseñanza no forma parte de estos oficios. El oficio de enseñante se describe a menudo como una semiprofesión "caracterizada por una semiautonomía y una semirresponsabilidad" (Perrenoud, 2017, p.13).

Para Fernández Enguita (1993 y 1990, en Da Cunha, 2001) las semiprofesiones están constituidas generalmente por asalariados del sector público, y si bien reciben una formación parecida a la de las profesiones liberales, poseen una estructura epistemológica débil, ligada a las ciencias humanas y al trabajo femenino, tales como la pedagogía, el servicio social, enfermería, etc.

Si bien desde otras formas de comprender la profesión se ha criticado el enfoque tradicional, que supone un modelo de rasgos y que parte de una definición abstracta de la profesión, se puede advertir que en general estos modelos forman parte de las representaciones que poseen quienes se están formando como docentes. De este modo, uno de los docentes de la CD de la Facultad de Derecho expresa:

> Ellos sienten como una cosa jerárquica, "yo soy abogado", que por ahí tiene su peso (...) lo he vivido muchas veces y no dudo que por ahí a mis compañeras y mis compañeros más jovencitos les ocurra muchas veces y bueno, es como negociar instalar el conocimiento de la enseñanza o la profesionalidad de la enseñanza en paralelo con la profesionalidad que ellos tienen. (Docente de CD, Facultad de Derecho).

Esta situación implica la necesidad de que los que asisten a la CD realicen un proceso de reconfiguración de la identidad profesional agregando al ser docente como otra profesión, que al mismo tiempo es considerada una semiprofesión. Esto supone una contradicción si se piensa que, a diferencia de su profesión de base –salvo en el caso de los agrónomos–, según Da Cunha & Leite (1996), la segunda profesión para la que se forman se configura alrededor de la lucha por aumentar su autonomía, su capacidad adquisitiva, su poder y su prestigio.

Desde este punto de vista, el reto de la formación de profesores universitarios no consiste solamente en aumentar sus saberes y el saber hacer, sino también transformar su identidad, su relación con el saber, con el aprendizaje, su visión de la cooperación y de la autoridad y su sentido ético (Perrenoud, 2017). Es decir, dar lugar a la profesionalización docente. Sin embargo se observan, en alguno de los casos analizados, dificultades en esta construcción.

La contradicción inherente al proceso de reconfiguración de la identidad profesional origina tensiones que muchas veces se saldan otorgando prioridad a las demandas y exigencias de la profesión de base, lo que constituye una dificultad para la construcción de su profesionalidad docente. Ejemplos de estas situaciones se evidencian en los siguientes testimonios:

> ¿Qué ocurre con los auxiliares? (...) son investigadores que son profesionales, entonces por ahí o se van por el lado de la investigación con becas, etc., o gente que te dice: "Es muy linda la docencia, me encanta, pero me han ofrecido...". Y estos chicos son muy buscados. (Docente de CD, Facultad de Agronomía).

> Las dificultades: tiempo. Y, ellos en la lista de prioridades por más que estén contentos, por más que todo bien, qué sé yo, si tienen una audiencia, "es la audiencia". Si el titular los manda a dar clase, "es la clase". Si tienen un viaje, "es el viaje". (Docente de CD, Facultad de Derecho).

Otros obstáculos provienen de las representaciones previas acerca del rol docente y/o de los condicionamientos que establece el contexto en que realizan sus prácticas como docentes.

Así que bueno, ahí está un poco otro desafío, que el profesor tampoco se deje tentar por el aplauso fácil del alumno ni tampoco por la facilidad de dar menos tarea (…). Lamentablemente muchos docentes toman la docencia como eso, un lugar para darse importancia. Un lugar de vanidad. (Director de CD, Facultad de Derecho).

Las cátedras son como lugares un poco cerrados en Derecho, entonces hay pocas oportunidades donde uno puede hablar sobre cómo se enseña. (Director de CD, Facultad de Derecho).

Algunos seguramente incorporarán algo [en su práctica de aula] y no tenemos información o no vienen, otros no, lo toman como una experiencia aislada. Nosotros tratamos de apostar a eso de que, en algún momento, en alguna situación en particular, vean la oportunidad de aplicar algo diferente, por ejemplo, cuando cambia un titular o cuando se hacen cargo de alguna comisión o cuando tienen un grupo reducido. (Coordinadora de CD, Facultad de Odontología).

Ligado a lo anterior, se evidencia como dificultad para el desarrollo de la profesionalidad del docente los posicionamientos y disposiciones personales para su construcción.

Hay gente que cursó carrera y nunca más volvió, y otros que están constantemente generando movimiento. (Coordinadora de CD, Facultad de Farmacia y Bioquímica).

Lo que tenemos y sí es muy variable es el tipo de conformación grupal que es completamente aleatorio y que tenemos camadas de gente con la que podemos trabajar con mucha más flexibilidad y muchas más posibilidades de que se pregunten cosas, que se cuestionen, que se pongan a reflexionar y también tenemos otros grupos que son mucho más rígidos, menos cuestionadores, más estructurados y que vienen en búsqueda de arquetipos, recetas, respuestas únicas a problemas sumamente complejos. (Coordinadora de CD, Facultad de Odontología).

Depende de las especialidades de origen. Para algunos es un trámite, en general en las básicas, ellos están muy alejados de la pedagogía y la didáctica. Depende de en qué materia se ubican los alumnos. Por ejemplo los de cirugía y traumatología son muy duros, con poca posibilidad de reflexión. Otras tienen más posibilidades de diálogo enriquecedor, son más abiertos, sus modelos están vinculados con el tipo de práctica clínica, su preocupación por la enseñanza se vincula con su práctica profesional, por las especialidades que desarrollan, hay más flexibles, con procesos de reflexión más ricos. Por otro lado, hay médicos que se enamoran de la didáctica y hacen propuestas didácticas muy preocupantes. (Docente de CD, Facultad de Medicina).

Pero esto les digo como yo suelo decirles de entrada la primera clase: ninguna carrera de trayecto educativo formal te garantiza, por mejor que sea, un cambio o una mejora en que te conviertas en buen docente. Ahora, también es parte de cada uno en que ese pasaje revista un poco de movimiento. (Coordinadora de CD, Facultad de Farmacia y Bioquímica).

Al respecto, Perrenoud (2017) afirma que formar a estudiantes para una práctica reflexiva, mientras estos esperan respuestas categóricas, fórmulas y rutinas, es una empresa vana. Y expresa que:

Algunos estudiantes buscan en la formación para la enseñanza lo que ésta ya no ofrece —una ortodoxia y conocimientos prácticos— y al mismo tiempo pasan de largo lo que ésta les propone, especialmente la formación reflexiva. ¿Por qué? Seguramente porque han desarrollado una relación con el saber y con el oficio que no les invita a la reflexión, (…) [ni a] abandonar progresivamente sus imágenes estereotipadas del oficio y de la formación de los maestros. (p 17).

La relación que cada cursante de CD establece con la institución de origen aparece como un aspecto clave a destacar.

Para Soares & Da Cunha (2010), carece de sentido apelar a la formación pedagógica del docente sin que se alteren las condiciones organizacionales de su acción profesional —espacios, relación profesor-alumno, funcionamiento institucional, etc.—. Esta afirmación destaca que las instituciones de origen del cursante de la Carrera Docente representan un factor muy importante en relación con su proceso de profesionalización. Como parte de una cultura históricamente consolidada, continúa caracterizándose por equipos que sostienen, en su mayoría, una rígida organización vertical, y que desarrollan una estructura didáctico-curricular donde se privilegia la teoría sobre práctica, marcando a la vez la jerarquización de los docentes en función de esa estructura. Vinculado a esto, la mayoría de los testimonios recogidos se orientan a reconocer que las condiciones organizacionales de sus instituciones, suelen desalentar las propuestas aportadas por la formación en las CD:

En términos de los cambios, como los cambios no van de abajo para arriba sino de arriba para abajo, si no hay permeabilidad arriba es difícil que haya posibilidad de que la gente que ha hecho la Carrera Docente pueda formalizar algún cambio dentro de la carrera. Así que creo que no es un espacio del cual puedan apropiarse fácilmente —el de la innovación pedagógica— si no hay permeabilidad porque acá cada cátedra sí tiene como un régimen bastante piramidal, entonces si no hay permeabilidad arriba queda todo compactado abajo. (Coordinadora de CD, Facultad de Odontología).

El docente que cursa reproduce la estructura curricular de la facultad, su representación sobre el ser docente difiere de acuerdo a en qué ubicación curricular se encuentre su materia. Los del ciclo clínico –en UDH y residencia– reproducen el modelo. Depende de cada servicio lo que aprenden. Es más artesanal, sin reflexión pedagógica. Observan al docente, tienen clases teóricas de cada tema, no hay articulación. El formato pedagógico de reflexión sobre la práctica está ausente. Imitan al experto con mayor o menor posibilidad de participación según el servicio. (Docente de CD, Facultad de Medicina).

Hay toda una historia y tradición en la formación de las enfermeras, tienen más formación pedagógica pero con poca reflexión, hacen innovación sin reflexión. También influye su propia práctica profesional y su lugar en el campo profesional. (Docente de CD, Facultad de Medicina).

Pero si yo ahí me tuviera que referir a mis largos años en la facultad –no creo que todo sea la CD–, pero la facultad ha cambiado mucho. Una facultad que era sumamente jerárquica, digo, Derecho tiene como una estructura ahí muy fuerte, en donde por ejemplo los equipos docentes no se reunían casi nada. (Director de CD, Facultad de Derecho).

En contraposición con esto, Soares & Da Cunha (2010), sostienen que: "la estrecha relación entre desarrollo profesional y desarrollo organizacional, supone una gestión democrática y participativa, capaz de alterar la propia institución, los desempeños actuales y futuros de los profesores" (p.36). Por otra parte, inscriben al proceso de profesionalización –y consecuente a la construcción de una nueva identidad del docente– en el contexto más amplio de la lucha de la docencia universitaria por su afirmación como campo profesional, y su consecuente reconocimiento académico institucional, político, social y personal de los actuales y futuros profesores universitarios.

Es indudable que la legitimación institucional de las Carreras Docentes opera como un factor a tener en cuenta en los procesos de profesionalización del docente universitario. Tal como se señaló en los apartados anteriores, las CD están definidas en el Estatuto Universitario de la Universidad de Buenos Aires. Son aprobadas por el Consejo Superior pero se desarrollan en el marco de las la reglamentación de cada facultad. Otorgan en la mayoría de los casos el título de Docente Autorizado, cuya actividad es compatible con el dictado de cursos y con el desempeño de jefaturas de investigación o de trabajos prácticos.

Más allá de este *status* formal, las CD encuentran su legitimidad en la comunidad de los propios docentes de la Unidad Académica. En general es un trayecto formativo reconocido y valorado en las instituciones y la mayoría lleva varias décadas de funcionamiento.

Si bien no son de cursado obligatorio, suelen ser reconocidas y otorgar puntajes en los concursos docentes, aunque el valor académico de la certificación está circunscripto a la propia Unidad Académica, tal como lo evidencian los siguientes testimonios:

[La carrera otorga el título de] Docente Autorizado. Las cohortes se abren una vez al año. Ahora la demanda es muy alta y tenemos que abrir todos los Cuatrimestres (…). Les otorga puntaje en los concursos. (Docente de CD, Facultad de Farmacia y Bioquímica).

(…) pero la Carrera Docente está por estatuto y tiene un valor agregado en lo que es ser gratuito, tener los docentes de la facultad concursados, tener que eso esté dirigido a los docentes de la facultad que esté dentro de lo que es la Carrera Docente de la universidad (…). A eso también se sumó un contexto institucional donde se fueron abriendo los concursos y hoy es muy importante, se valora muchísimo el hecho tener Carrera Docente. (Docente de CD, Facultad de Farmacia y Bioquímica).

En un momento la gente estaba obligada a hacer los cursos para ir ascendiendo de ayudante de segunda, de primera, hasta JTP. Teníamos mucha gente haciendo los cursos de los cuales teníamos los resistentes y los enojados porque como era obligatorio (…) [luego] dejó de ser obligatorio y a cambio de esa obligatoriedad se le atribuyó un puntaje importante en el concurso. Que es un cambio, porque la gente por ahí podía obtener 20 puntos del concurso con eso, ese era el estímulo, pero no estaba asegurado, tenía que competir con gente de afuera. (Docente de CD, Facultad de Derecho).

Estamos logrando que a pesar de esa no obligatoriedad el docente también quiera tener una formación pedagógica. Eso cuesta mucho porque tiene que haber una oferta que de alguna lo atrape y además tiene que haber un prestigio institucional para que dentro de la cátedra o del departamento lo impulsen a que haga estos cursos. Hasta ahora no hemos tenido problemas pero no es sencillo tener un ciclo de formación que no otorga puntaje, no es un postgrado y tampoco es obligatorio. (Director de CD, Facultad de Derecho).

Con el título de docente autorizado puede ir a dar clases a otras facultades de la Universidad de Buenos Aires, pero no es un título que le sirva para dar clases en otra institución, sí es un título reconocido por la Universidad de Buenos Aires pero no es un título que le pueda dar puntaje, otorgarle una mejor ubicación en otra universidad. Es un título interno. (Docente de CD, Facultad de Odontología).

Y además este año le introdujimos la idea [en el trabajo final de Carrera Docente] de un tutor de la cátedra y, además, en el momento de la defensa viene el tutor de la cátedra a acompañarlos en la defensa; a los tutores les resultó sumamente sorprendente todo lo que saben hacer los que están haciendo la Carrera Docente, que me parece que para el que la está haciendo tiene un valor agregado porque los hace reconocidos con determinado grado de *expertise* que, si esto no se socializa, por ahí permanece desconocido. (Coordinadora de CD, Facultad de Odontología).

Para la UBA es posgrado, por eso nosotros incluso lo tenemos en la escuela para graduados y entonces lo que hacemos extender un certificado en el cual está: Taller de investigación, aprobado por equivalencia, Pedagogía universitaria, la nota –que esto sí va con nota como si fuera una asignatura–, Didáctica especial; Práctica de la enseñanza, que decidimos no considerar nota, sino "aprobado" o "no aprobado" con el número de horas y la fecha; y el Módulo de didáctica general con su nota. Entonces esto lo mandamos a la UBA que después expide la certificación. (Docente de CD, Facultad de Odontología).

Y lo que logramos es que en los concursos de auxiliares se tenga en cuenta con un puntaje especial, a igualdad de condiciones, al que tiene la Carrera Docente se le da un puntaje que ya está estipulado. (Directora de CD, Facultad de Agronomía).

Resulta significativo que las Carreras Docentes no sean un espacio de formación obligatorio. La literatura acerca de los procesos de aprendizaje en los adultos evidencia que esos procesos presuponen un compromiso consciente y voluntario por parte de estos sujetos, lo que significaría la necesidad de

comprender la finalidad de estudiar los contenidos presentados, entender su lógica y tener la posibilidad de negociar las formas propuestas por el profesor para trabajar esos contenidos y para evaluar el aprendizaje realizado. (Soares & Da Cunha, 2010, p.27).

Vale destacar que, según las autoras, el aprendizaje de los adultos

presupone además que se contemplen sus variadas experiencias, que los contenidos y objetos de enseñanza, tengan sentido para el aprendiz, que se explicite su papel social, que la enseñanza se base en la búsqueda de solución de situaciones problemas y en la aplicabilidad de los contenidos. En síntesis, la motivación para aprender se debe, principalmente, a factores internos, o sea a la compresión del sentido del qué y del cómo se enseña. (Soares & Da Cunha, 2010, p.27).

Las autoras afirman que el desarrollo del autoconcepto del adulto está marcado por el paso de la dependencia a la autonomía. El aprendizaje autónomo es, por lo tanto, uno de los aspectos fundamentales de la educación del adulto y se caracteriza por el desarrollo de la inteligencia crítica, del pensamiento independiente y del análisis reflexivo.

Indudablemente, las Carreras Docentes constituyen dispositivos de formación que propician el desarrollo de capacidades y competencias profesionales que serán transferidas al mundo del ejercicio profesional docente. El concepto de dispositivo es polisémico. En el marco de su línea de trabajo sobre la Formación de Formadores, Souto & Barbier (1999) afirman que dicho concepto adquiere diversos sentidos que históricamente conviven en él, en el que se incluye la idea de artefacto, la relación con una finalidad, un orden y una disposición para cumplir una determinada misión. Esto da lugar a pensar el dispositivo pedagógico como aquello que dispone componentes variados y diversos, en función de una intencionalidad pedagógica: facilitar aprendizaje y formación. En tal sentido, se puede afirmar que los diversos elementos que componen los dispositivos de cada una de las CD suponen concepciones relativamente comunes en torno a la formación, la docencia, las prácticas profesionales del docente universitario, etc.

Si bien en otro apartado se examinan específicamente las concepciones de formación que subyacen en las Carreras Docentes analizadas, vale destacar que lo dicho sobre el aprendizaje de los adultos, y lo recogido en los testimonios a los entrevistados, es coherente con una manera de entender la formación como proceso a la vez individual y mediado (Ferry, 1997). Asimismo, las actividades centradas en la práctica reflexiva, que se proponen en los espacios curriculares de las CD, las acercan a un modelo formador que busca conjugar la lógica de las necesidades individuales con la lógica de las necesidades institucionales.

Por otro lado, no puede desconocerse que las CD indefectiblemente realizan un aporte para la construcción de la profesionalización docente.

Según Soares & Da Cunha (2010), el desarrollo profesional se refiere a una determinada concepción de formación continua de los profesores en ejercicio, entendidos como profesionales de la docencia e implica considerar la perspectiva institucional y la personal del profesor.

Ubicado en una perspectiva personal de la profesionalización del docente, Perrenoud (2017) afirma que la capacidad de reflexionar en la acción y sobre la acción son las bases de la autonomía y la responsabilidad de un profesional. En esta línea se sitúan los aportes de la Carrera Docente en términos de la formación en una práctica reflexiva:

La Carrera Docente se constituye en un espacio donde ellos puedan mirar su práctica, analizar su práctica, repensar su práctica, ir más allá de ésta mirada y ésta construcción de "docente como pudieron" porque ya son docentes frente a alumnos. (Coordinadora de CD, Facultad de Farmacia y Bioquímica).

Empiezan a encontrar esos ruidos o esas contradicciones entre sus formas de enseñar y lo que ellos creen, que les hace repensar la práctica. (Coordinadora de CD, Facultad de Odontología).

Logramos en parte un docente reflexivo de su propia práctica. Que sea un docente reflexivo pero más como un docente. (Coordinadora de CD, Facultad de Odontología).

Yo al estar en módulo 3 también me he dado cuenta que pensar en clave didáctica es poder reflexionar sobre su objeto de estudio, cosa muy ausente en su profesionalidad ¿No? Me parece que una de las cosas que están interesantes es que ellos se pregunten, discutan, indaguen, a ver, si hay que enseñar lo que yo hago en Tribunales para que los pibes lo sepan, o posturas sobre el Derecho ¿No? Porque eso le da como otra perspectiva. Entonces ahí hay una cosa que me parece importante. (Docente de CD, Facultad de Derecho).

Es darle un inicio a la formación docente porque es muy autoreferenciado. Los hacemos reflexionar sobre: qué obstáculos tuve en esta clase, qué cosas podría haber cambiado, qué cosas cambiaría y qué te dice tu supervisor. (Directora de CD, Facultad de Agronomía).

Lo que muy frecuentemente dicen los docentes es que le encuentran sentido teórico a lo que muchas veces hacen. En general estos docentes refieren que ellos enseñan como les enseñaron, que es lo que uno tiende a hacer y cuando en la Carrera Docente ponen en duda esa forma de enseñanza, ahí empiezan a ver las cosas de otra manera. (Docente de CD, Facultad de Odontología).

Para Perrenoud (2017) la práctica reflexiva, tanto en la formación inicial como continua, es una de las claves de la profesionalización del oficio de enseñante señalando que se requieren dos tipos de dispositivos: unos centrados en el entrenamiento para la reflexión y el análisis y otros centrados en diferentes ámbitos de conocimientos y de competencias. Según este autor, la formación para una profesión debe insistir, por un lado, en el aprendizaje de las reglas y su respeto y, por el otro, en la construcción de la autonomía y del criterio profesional. Esta situación se refleja en los siguientes testimonios:

Me parece que ahí hay algo del orden de las habilidades, las competencias. El coordinar un grupo, sin todo lo que nosotros les damos de teoría, pero poder escuchar, escuchar preguntas, salir del libreto. Gestionar una actividad. Son cosas valiosas para ellos. (Director de CD, Facultad de Derecho).

Porque ellos critican, critican, critican mucho, son jóvenes ¿no? Entonces critican mucho su formación y las clases aburridas, y el profesor hablando todo el tiempo, y el que lleva la ficha que ya están amarillas o el que pone el PowerPoint porque lo lee, eso es como fácil, eso te lo sacan enseguida. Ahora, después tienen que construir otra manera. Y ahí es donde hay más (...). Se les pone como más complicado. (Docente de CD, Facultad de Derecho).

De este modo, la formación debe apuntar a formar a un profesional capaz de realizar un trayecto reflexivo, desarrollando habilidades y construyendo saberes nuevos a partir de lo que ha adquirido y de la experiencia. En este sentido, el aporte de las Carreras Docentes es su posibilidad de brindar herramientas y oportunidades para transformar las prácticas de los enseñantes, tendiendo puentes entre lo que ellos consuetudinariamente realizan y lo que se les propone.

Es darle un inicio a la formación docente porque es muy autoreferenciado. Los hacemos reflexionar sobre: qué obstáculos tuve en esta clase, qué cosas podría haber cambiado, qué cosas cambiaría y qué te dice tu supervisor. Es siempre esta cosa de co-construcción. (Directora de CD, Facultad de Agronomía).

La Carrera Docente propone la reflexión sobre la práctica, pero ella está en función de la práctica profesional y la especialidad. (Docente de CD, Facultad de Medicina).

Algunos seguramente incorporarán algo y no tenemos información o no vienen, otros no, lo toman como una experiencia aislada nosotros tratamos de apostar a eso de que, en algún momento, en alguna situación en particular, vean la oportunidad de aplicar algo diferente, por ejemplo, cuando cambia un titular o cuando se hacen cargo de alguna comisión o cuando tienen un grupo reducido. (Docente de CD, Facultad de Odontología).

Entonces lo que nosotros quisimos es que, formalmente, les permitieran estar como observadores observando reuniones y un poco seguir al profesor en todo lo que hace y lo mismo con la preparación de materiales. (Directora de CD, Facultad de Agronomía).

Por otro lado, la construcción del desarrollo profesional del profesor universitario puede dar lugar a distintos modelos. Según Villar Angulo (1992, en Soares & Da Cunha, 2010) se reconocen cuatro: modelo de proceso de perfeccionamiento individual; modelo de evaluación; modelo de indagación; y modelo organizacional.

El primer modelo consiste en ofrecer una serie de opciones para que el docente elija la que mejor atiende sus necesidades de autodesarrollo profesional.

El segundo modelo se basa en la evaluación del profesor universitario como el inicio de un proceso de formación que busca el compromiso voluntario y la cooperación de los profesores.

El modelo de indagación concibe al profesor universitario como un profesional que investiga su propia práctica y reflexiona sobre ella, por iniciativa propia o estimulado por las instituciones universitarias. Y el modelo organizacional supone ir más allá de los aspectos personales o didácticos, colocando el foco en los cambios estructurales y organizacionales de la universidad.

Sobre la base de los materiales analizados y los testimonios recogidos se podría afirmar que las Carreras Docentes presentan características que la inscribirían en una profesionalización ligada al modelo de indagación.

En síntesis, a partir del análisis de los casos se observa que los destinatarios de la formación, en todos los casos –al tratarse de programas cerrados– son los docentes de las propias unidades Académicas.

Todos los equipos docentes son multiprofesionales y en la mayoría de los casos, menos en la Facultad de Derecho y Ciencias Sociales, las Carreras Docentes son dirigidas por cientistas de la educación. Los requisitos para formar parte del equipo docente radican en tener experiencia docente en el nivel.

Todas la CD presentan diferente grado de institucionalización. Sólo dos equipos, los de las facultades de Farmacia y Bioquímica y de Agronomía, tienen cargos docentes concursados; el resto de los equipos, si bien mantienen estabilidad, poseen cargos interinos.

La legitimación institucional está dada por el otorgamiento del título de docente autorizado. Ninguna tiene carácter obligatorio pero en todos los casos –excepto la Facultad de Medicina– la propia comunidad académica le otorga reconocimiento a la hora de los concursos de auxiliares docentes.

Los aportes de la CD en los procesos de construcción de la identidad profesional docente es una cuestión importante a tener en cuenta. En tal sentido, representan hitos en esta construcción que puede en algunos casos verse reforzada o no por la propia biografía escolar de los cursantes. Es de destacar que salvo el caso de Agronomía, el resto de las unidades académicas forman para profesiones liberales. Ya se ha señalado la dificultad que puede generarse en la construcción de esta nueva identidad la consideración de la docencia como una semi-profesión Obviamente, este proceso es también influenciado por las características de cada Unidad Académica considerando la vinculación entre el desarrollo profesional y el desarrollo organizacional.

Finalmente, en cuanto a las contribuciones de las Carreras Docentes para la construcción de la profesionalización docente se advierte en todas ellas concepciones de formación ligadas a la reflexión sobre las propias prácticas docentes.

Algunos puntos clave que se entrecruzan en las dimensiones

A partir de las entrevistas en profundidad realizadas a los responsables de la formación, se reconocen que estas ofertas y su implementación no están exentas de dificultades. Al respecto se identificó que en gran parte esto reside en la no obligatoriedad de esos programas formativos. Esto intenta ser paliado a través del reconocimiento, más o menos formal, que tiene el título obtenido para los egresados de estos programas al momento de rendir el concurso de acceso a los cargos de Auxiliares Docentes. Tal es el caso de la Facultad de Derecho y Ciencias Sociales, de Farmacia y Bioquímica y de Odontología. Sin embargo los responsables de la formación de esta última afirman que el reconocimiento de la necesidad de la formación de los docentes no es unánime entre las cátedras ya que en algunos casos no se considera útil la CD y les exigen a sus docentes otras actividades formativas referidas a la formación disciplinar.

Otra de las dificultades encontradas se vincula con los grados de institucionalización alcanzados por estos programas formativos en sus respectivos ámbitos. Es el caso de la CD de la Facultad de Farmacia y Bioquímica –la de más reciente creación– que se encuentra en proceso de consolidación. Sin embargo, la Directora de la CD advierte que muchos docentes que hicieron este tramo de formación se encuentran hoy participando de espacios y comisiones de evaluación, autoevaluación, cambio curricular, etc.

Al respecto, la profesora entrevistada de la CD de la Facultad de Medicina sostiene que resulta significativo que la práctica pedagógica que realizan los cursantes de la CD se realice en el mismo lugar de desempeño profesional sin requerirse ningún tipo de acompañamiento por parte de los docentes de la CD. Por otro lado esta instancia se aprueba con el sólo cumplimiento de los requisitos formales sin que exista ningún criterio pedagógico en su evaluación. Es revelador que los docentes de la CD no formen parte de este espacio curricular ni tengan ninguna injerencia en este proceso formativo que aparece separado del resto de las actividades propuestas y con un carácter manifiestamente independiente de las mismas.

En el caso de esta CD, se agrega otra cuestión que da cuenta de las dificultades de orden institucional, ya que, en el momento de realizar las entrevistas, no existe una coordinación general; esto da por resultado dificultades administrativas específicas relacionadas con las acreditaciones de los cursantes, y, por otro lado, cada docente debe gestionarse sus aulas y recursos manejándose de manera autónoma desde la perspectiva pedagógica y didáctica.

Las entrevistas realizadas a los responsables de la formación de la CD de la Facultad de Odontología evidencian que no se presentan dificultades de orden institucional. Pero aluden a una particularidad que se ha presentado en los últimos años en la institución, que incide en la Carrera Docente y que refiere a la heterogeneidad de los grupos que se conforman. Esta situación se genera debido a que en esta facultad hay una generación de profesores entre los 50 y los 60 años que se encuentra ausente; esto trae aparejado que hay una gran cantidad de Profesores Titulares de las cátedras que tienen entre 40 y 50 años. Al mismo tiempo, muchos docentes de la facultad se encuentran en posiciones jerárquicas ocupando secretarías y subsecretarías de la facultad. En esa franja etaria, entonces, en la CD hay cursantes que se encuentran ocupando lugares de poder y otros cursantes que se desempeñan como Auxiliares Docentes. A menudo se produce un juego de poderes que resulta difícil de neutralizar en el cursado de las instancias formativas.

Asimismo, como ya se ha mencionado, el poco tiempo con que cuentan los cursantes para dedicarle a estos procesos formativos aparece también como un obstáculo. Los Directores de las CD de las facultades de Derecho y Ciencias Sociales y Farmacia y Bioquímica lo han señalado.

Otro aspecto interesante a destacar es el impacto que producen los programas formativos en términos de modificación de las prácticas de enseñanza desarrolladas con los alumnos de grado.

Al respecto, el Director de la CD de la Facultad de Derecho y Ciencias Sociales afirma que se evidencia una mejora en estas prácticas que se llevan a cabo en las cátedras de la facultad. Lo mismo sucede en la Facultad de Agronomía, cuya Directora de la CD sostiene que los profesores —desde su autopercepción— afirman que han mejorado sus prácticas de enseñanza, pero advierte al mismo tiempo que no hay sistematización de esta información.

El equipo docente que conforma la CD de la Facultad de Farmacia y Bioquímica menciona que los resultados son de carácter relativo. Algunos docentes mejoran sus prácticas de enseñanza y otros no, del mismo modo, algunos quedan vinculados con el área pedagógica y otros no lo hacen. Sin embargo, la Directora indica que en los espacios de práctica supervisada se observan avances.

Es interesante destacar lo que sucede en la Facultad de Medicina. La docente entrevistada sostiene que el docente que cursa esta carrera reproduce la estructura curricular de la facultad. Su representación sobre el ser docente difiere de acuerdo a la ubicación curricular de su materia. Cuando los docentes pertenecen a asignaturas ubicadas en el Ciclo Clínico, desarrollan prácticas de enseñanza tendientes a la trasmisión de la disciplina, centrándose prioritariamente en la exposición didáctica como estrategia de enseñanza y su posibilidad de reflexionar sobre ellas y de modificarlas, es limitada. En cambio, en general, los docentes a cargo de asignaturas del Ciclo Clínico pueden producir procesos reflexivos interesantes que a menudo los llevan a cuestionarse sus modos de ser docente. Es de interés señalar que estos docentes, que desarrollan sus prácticas en centros de salud, están en contacto directo con médicos recién egresados lo que les permite observar directamente los efectos de la formación de grado en estos graduados recientes e identificar los aspectos que debieran mejorarse en ese trayecto formativo. Sin embargo, estas apreciaciones –que derivan en reflexiones tendientes a modificar sus propias prácticas– están atravesadas por las especialidades a las que pertenecen. En este sentido, los especialistas ligados a la cirugía y a la traumatología serían los que portan modelos más rígidos de prácticas profesionales y por ende con menor posibilidad de mirar sus prácticas docentes y transformarlas. Es decir, que, en este caso, las prácticas profesionales de base operarían como facilitadoras u obstaculizadoras de los posibles impactos de la formación docente.

En el caso de la Facultad de Odontología, la Directora de la CD señala que hay modificaciones en las prácticas de enseñanza, pero que estas se dan lentamente y están ligadas al grado de permeabilidad que tenga la cátedra ante la innovación pedagógica. Asimismo, recalca que sería deseable lograr un perfil docente más reflexivo y problematizador de su propia práctica lo cual permitiría mayor interés en la búsqueda de prácticas innovadoras, el intercambio de experiencias e incluso el trabajo interdisciplinario.

Algunas reflexiones sobre la formación pedagógica del docente universitario en el marco de la Universidad de Buenos Aires

El profesor universitario es un profesional, especialista de alto nivel en su disciplina que se dedica a la enseñanza, a la investigación y a la extensión y es miembro de una comunidad académica. La experticia profesional, la especialidad en un campo de conocimientos, la experiencia en la profesión y en la docencia, y en especial los antecedentes en investigación vehiculizados a través de las publicaciones científicas, fueron tradicionalmente los requerimientos necesarios para acceder a la docencia universitaria.

A partir del reconocimiento de la importancia de las buenas prácticas de enseñanza como favorecedoras de los aprendizajes de los estudiantes, los programas de formación pedagógica de los docentes universitarios se han ido consolidando.

Este fenómeno no es privativo de la Argentina, tal cual lo evidencia la bibliografía de referencia. Al respecto Villalobos Clavería & Melo Hermosilla (2008) señalan que, entre los motivos que han suscitado este interés por la formación pedagógica del profesor universitario, se destacan:

a) Han ingresado al sistema superior universitario distintos sectores de la población y en distintas fases de la vida. Se tiende al aprendizaje permanente del profesional y se constata el ingreso masivo de estudiantes provenientes de diferentes sectores y, en ocasiones, con carencias culturales y con un déficit inicial para estudios universitarios.

b) La actual renovación curricular que está experimentando el nivel impone realizar profundos cambios en la docencia de grado.

c) Se requiere aumentar las condiciones de empleabilidad del egresado universitario en la cambiante sociedad del conocimiento.

d) Se debe organizar una respuesta institucional frente a los requerimientos de una mayor calidad de enseñanza, la ampliación de su cobertura y la diversificación de la demanda en distintos niveles formativos –pregrado, postgrado y postítulos–.

En términos generales la literatura referida al tema sugiere que, a diferencia de otros niveles del sistema educativo, la formación del docente universitario se centra en un profesor que ya ejerce la enseñanza y se encuentra en diferentes momentos de su trayecto como docente.

Sin embargo, en las universidades nacionales argentinas, en las que predomina la estructura por cátedras, el docente novel, ha pasado por instancias de formación al interior de la cátedra de origen, en un proceso que Ickowicz (2002) denomina modelo artesanal; este se caracteriza a grandes rasgos por la elección mutua entre el maestro y el discípulo, por prácticas de enseñanza que se adecuan a las dificultades que se van presentando, basado en la experiencia y donde enseñanza y aprendizaje se desarrollan en el propio ámbito de producción. Es decir, que las prácticas de enseñanza, se van configurando en un modelo que no difiere grandemente del status quo ya establecido y cuyas particularidades derivan de estilos personales. Esas prácticas se traducen en secretos del oficio que el aprendiz va adquiriendo al realizar determinadas tareas y estar cerca del maestro, que es quien garantiza el acceso al conocimiento y la continuidad de la tarea. El entramado entre trabajo –como docente– y formación va generando procesos fuertes de socialización, implicando modos de actuación que responden a lógicas de continuidad con modelos docentes preestablecidos, los cuales nos son sujetos a reflexión.

Esta lógica de formación constituye un desafío en sí misma al pensar en procesos formativos sistemáticos destinados a los docentes universitarios.

A partir del análisis realizado sobre los programas de formación ofrecidos por las diferentes Unidades Académicas de la UBA se advierte en primer término que, al no haber una normativa oficial que unifique los tiempos de formación, cada facultad lo resuelve de manera idiosincrática. Esto trae aparejado que los énfasis respecto a los contenidos de la formación obviamente sean disímiles.

Como ya se ha señalado en apartados anteriores, todas las CD de las diferentes facultades tienen una estructura curricular organizada en torno a cursos de distinta duración y que abordan contenidos pedagógicos y didácticos sumados a otros de orden disciplinar de base –Facultad de Medicina y Farmacia y Bioquímica–, o relacionados con temáticas de investigación –todas las CD excepto la de la Facultad de Derecho y Ciencias Sociales– y espacios de diferentes características para la realización de prácticas por parte de los cursantes.

Es dable señalar que los saberes pedagógicos y didácticos no son los habituales para los cursantes de estos espacios formativos.

El concepto de saber para Beillerot (2006) refiere a lo que para el sujeto es adquirido, construido y elaborado como resultado de una experiencia en el que se requiere alguna actividad de aprendizaje, actualizándose en situaciones y prácticas. El autor afirma que todo saber es individual y se inscribe en la historia psíquica individual. Se opone a la idea de saber como acumulación. Sólo hay saber si hay trabajo, no es en sí mismo un potencial ni una disponibilidad, sino que tiene lugar en la realización.

Este autor plantea que en la sociedad siempre los saberes se presentan como diversos, múltiples pero por sobre todo, como rivales. Están organizados en jerarquías que representan las jerarquías sociales de quienes los tienen y los ponen en práctica. Forman parte y contribuyen a los conflictos. Dan cuenta de relaciones de dominación en la medida que suponen intentos de imposición por parte de quienes ejercen posiciones dominantes a otros que lógicamente, se resisten. La consagración de su legitimidad se traslada en parte a las instituciones. Acceder a saberes es acceder a ciertos grupos sociales. El saber siempre instituye una relación de poder.

Esta perspectiva es retomada por Mosconi (1998) quien señala al respecto:

> La accesión al saber común, más que convertir al individuo en un miembro de una comunidad de saber, lo convierte en un eslabón de una jerarquía de posiciones de saberes. Lo que el individuo aprende en su relación con el objeto común "saber" es también una relación social, una relación con el saber que es una determinada posición en una jerarquía de los saberes sociales. (p.132).

En este sentido es interesante retomar la consideración que hace uno de los miembros del equipo docente de la Facultad de Odontología que manifiesta que uno de los obstáculos más fuertes que encuentran en los destinatarios de la CD es la dificultad que les produce el acercamiento a textos y teorías del campo social y la resistencia a la lectura que ellos presentan.

Efectivamente, las jerarquías de los saberes aludidas por Beillerot operan fuertemente en este caso:

> Durante la cursada, la mayor dificultad que se identifica está centrada en poder comprender los textos pedagógicos, los contenidos y poder identificarlos en la propia práctica; por otra parte, también aparece la dificultad de argumentar y de justificar lo que hacen. (Coordinadora de CD, Facultad de Odontología).

Otra posible explicación a esta cuestión aporta Tardif (*et al.*, 1991), que advierte sobre la relación de exterioridad que establecen los docentes en procesos de formación pedagógica con este tipo de saberes ya que éstos no provienen de la práctica profesional docente. Los saberes que les sirven de base para la enseñanza, no se circunscriben al conocimiento especializado, sino que comprenden una diversidad de objetos, de cuestiones, de problemas que están relacionados con esas prácticas. Son saberes diversos, heterogéneos, bastante diversificados y de naturaleza diferente (Tardif, 2001a).

Desde otra perspectiva Perrenoud (1995) avanza en el tratamiento del concepto de *habitus* del enseñante, planteando que las acciones desarrolladas por los sujetos son consideradas "naturales" en tanto no hay una profunda reflexión acerca de sus causas y del por qué actuamos de determinada manera.

Retoma los desarrollos de Piaget (1973) quien afirma que se trata de la operación de un "inconsciente práctico" y considera que los hábitos y automatismos no conciernen solamente a gestos, o a actos concretos observables sino que abarca también percepciones, emociones y funcionamientos mentales.

Utiliza el concepto de esquemas de acción para designar aquello que en una acción es transportable/transferible, generalizable o diferenciable de una situación a la siguiente, es decir, lo que hay de común en las diversas repeticiones o aplicaciones de la misma acción (Piaget, 1973).

Considera que el curriculum visible u oculto en toda institución educativa, por su funcionamiento mismo forma y transforma el *habitus* a través del ejercicio del rol de alumno o de estudiante (Perrenoud, 1994) y la individualización de los recorridos de formación (Perrenoud, 1995). El *habitus* se forma. El autor pretende mostrar que una parte importante de la acción pedagógica apela a un *habitus* personal o profesional más que a saberes. Este accionar se funda sobre las rutinas o sobre una improvisación reglada. Una parte de los gestos del oficio son rutinas que sin escaparse completamente a la conciencia del sujeto, suponen la puesta explícita de saberes y de reglas.

En la gestión de la urgencia, la improvisación se regula por medio de esquemas de percepción, de decisión y de acción que movilizan débilmente el pensamiento racional y los saberes explícitos del actor.

La acción deliberada, en cambio, está fuertemente impresa de saberes y de racionalidad. El autor afirma que las competencias de los enseñantes se basan tanto en la "razón pedagógica" como en el *habitus* y realiza una diferenciación respecto al accionar del docente experimentado que actúa de manera diferenciada ante las mismas situaciones que un enseñante novato. Frente a los imprevistos el docente novel reacciona en función de un *habitus* a veces poco adecuado en situaciones áulicas, transfiriendo a esta situación los esquemas construidos en interacciones diferentes y en general, menos complejas. A medida que va obteniendo experiencia el docente construirá otros esquemas mejor adaptados.

Este autor realiza una interesante contribución a la hora de intentar comprender las reales transformaciones de quienes realizan estos programas formativos en términos de la mejora de la enseñanza de grado en sus respectivas unidades académicas. Si bien todos los entrevistados coinciden en que se visibilizan avances y mejoras, también se señala la lentitud con que esto se produce. La fuerza del *habitus* probablemente se impone por sobre los saberes de índole pedagógico que se van incorporando en los trayectos formativos.

En esta línea, Bullough (2000), aporta otra mirada. Para este autor, los sujetos que aprenden a ser profesores, en general, mantienen sus creencias en tanto la formación no las cuestione, no las examine. Sostiene que raramente se es consciente de estas concepciones que regulan el accionar. Plantea que los futuros enseñantes llegan al mundo de la enseñanza con creencias firmes acerca de la enseñanza y de su persona en su condición de docente. Estas creencias son producto de la permanencia en las aulas como alumnos y observando e interactuando con sus profesores.

En este proceso de formación las creencias previas son fundamentales dado que funcionan como conocimiento tácito, teorías inválidas y pragmáticas que construyen la base de su práctica profesional. Una vez convertido en profesor estas creencias se refuerzan y se manifiestan en un estilo de enseñanza relativamente estable.

El autor finaliza planteando que en la formación pedagógica se deberá incluir la reflexión acerca del contenido y de las concepciones que se tienen acerca de él, de las metodologías que como teorías implícitas y privadas operan a la hora de enseñar.

Es interesante destacar que todas las CD operan en esta línea planteando como concepción de formación la reflexión sobre las prácticas de los cursantes de estos programas. En todos los casos se ha observado la implementación de dispositivos que tienden a favorecer estos procesos.

Se puede afirmar que las unidades académicas que llevan adelante estos programas de formación pedagógica de sus docentes la consideran un factor clave para la mejora de la formación profesional de sus estudiantes de grado. Asumen la importancia de llevar adelante innovaciones que favorezcan "las buenas prácticas" (Litwin, 2008) en la enseñanza y reconocen las necesidades de formación de sus docentes en función de las características que asumen los contextos institucionales y las particularidades de los contenidos disciplinares de cada campo.

Finalmente, estos programas de formación se constituyen en verdaderos territorios (Da Cunha, 2008) ya que, como se advierte en los testimonios recogidos, se registran las relaciones de poder presentes en el transcurso de estos trayectos y en todos ellos se reconoce su institucionalización sostenida en el aporte legal que implica el otorgamiento del título de docente autorizado, al tiempo que destinatarios y miembros de la comunidad académica dan cuenta de los cambios personales e institucionales derivados de estos procesos formativos.

Bibliografía

Alliaud, A. (2003). "La biografía escolar en el desempeño profesional de los docentes noveles", v.1. Tesis doctoral. Buenos Aires: Facultad de Filosofía y Letras de la Universidad de Buenos Aires. URL: file:///C:/Users/walter/Downloads/uba_ffyl_t_2003_49848_v1.pdf.

Altbach, P. (2003). *The decline of the Guru: The academic profession in the third world*. New York: Palgrave Macmillan.

Ball, S. (1994). *La micropolítica de la escuela. Hacia una teoría de la organización escolar*. Buenos Aires: Paidós.

Beillerot, J. (2006). *La formación de formadores: entre la teoría y la práctica*. Buenos Aires: Ediciones Novedades Educativas y Facultad de Filosofía y Letras, Universidad de Buenos Aires.

Bullough, R. (2000). "Convertirse en profesor: la persona y la localización social de la formación del profesorado". En Biddle, B., Good, T. y Goodson, I., *La enseñanza y los profesores I* (99-165). Madrid: Morata.

Camilloni, A. (2007). *El saber didáctico*. Buenos Aires: Paidós.

Candau, V.M. (1985). *Hacia una nueva didáctica*. Río de Janeiro: Vozes.

Coll, C. (1995). *Los contenidos en la Reforma*. Madrid: Santillana.

Contreras Domingo, J. (1994). *Enseñanza, currículum y profesorado*. Madrid: Akal.

Da Cunha, M.I. (2001). "La profesión y su incidencia en el currículum universitario". Trad. Claudia Finkelstein. En Lucarelli, E., *Didáctica del nivel superior*. Buenos Aires: OPFyL.

Da Cunha, M.I. (2008). "Os conceitos de espaço, lugar e território nos processos analíticos da formação dos docentes universitarios". En *EducaçãoUnisinos*, v.12, n.3, pp.182-186.

Da Cunha, M.I. (2018). "Docência na Educação Superior: a professoralidade em construção". En *Revista Educação*, v.41, n.1, pp.6-11. Porto Alegre. URL http://revistaseletronicas.pucrs.br/ojs/index.php/faced/article/view/29725.

Da Cunha, M.I. y Leite, D. (1996). *Decisôes pedagógicas e estruturas de poder na Universidade*. Campinas: Papirus Editora.

Davini, M.C. (1995). *La formación docente en cuestión. Políticas y pedagogías*. Buenos Aires: Paidós.

Edelstein, G. (1996). "Un capítulo pendiente: el método en el debate didáctico contemporáneo". En Camilloni, *Corrientes didácticas contemporáneas*. Buenos Aires: Paidós.

Feldman, D. (1999). *Ayudar a enseñar*. Buenos Aires: Aique.

Fernández Enguita, M. (1990). "Reprodução, contradição, estrutura social e atividade humana na educação". En *Teoría & Educação*, v.1, n.1, pp. 108-33. Porto Alegre.

Fernández Enguita, M. (1993). *La profesión docente y la comunidad escolar: crónica de un desencuentro*. Madrid: Morata.

Ferry, G. (1997). *Pedagogía de la formación*. Buenos Aires: Novedades Educativas.

Filloux, J.C. (1996). *Intersubjetividad y formación*. Colección Formación de Formadores, Tomo 3. Buenos Aires: Noveduc.

Finkelstein, C. (2017). "¿Cómo se forman los Docentes Universitarios? Configurando Redes en el MERCOSUR. Integración y Conocimiento". En *Revista del Núcleo de Estudios e Investigaciones en Educación Superior del MERCOSUR*, v.6, n.1, pp.148-163. URL: https://webcache.googleusercontent.com/search?q=cache:iyb1TBWt8VwJ:https://revistas.unc.edu.ar/index.php/integracionyconocimiento/article/view/17138+&cd=18&hl=es&ct=clnk&gl=ar.

Frabboni, F. (1984). *La scuola de base tempo lungo*. Nápoles: Liguori.

Ickowicz, M. (2002). "Los trayectos de formación para la enseñanza de los profesores universitarios sin formación docente de grado". Tesis de Maestría. Buenos Aires: Facultad de Filosofía y Letras de la Universidad de Buenos Aires.

Litwin, E. (1997). *Las configuraciones didácticas. Una nueva agenda para la enseñanza superior*. Buenos Aires: Paidós.

Litwin, E. (2008). *El oficio de enseñar. Condiciones y contextos*. Buenos Aires: Paidós.

López Hernández, A. (2007). *14 ideas clave: el trabajo en equipo del profesorado*. Barcelona: Graó.

Lucarelli, E. (2001). *La didáctica de nivel superior*. Buenos Aires: OPFyL.

Lucarelli, E. (2009). *Teoría y práctica en la universidad. La innovación en las aulas*. Buenos Aires: Miño y Dávila.

Mosconi, N. (1998). *Diferencia de sexos y relación con el saber*. Buenos Aires: Novedades Educativas.

Osima Lopes, A. (1995). "Aula expositiva: superando o tradicional". En *Técnicas de ensino: Por que não?* Ilma Pasos (org.). São Pablo: Papirus.

Perrenoud, P. (1995). *El trabajo sobre los "habitus" en la formación de los enseñantes. Análisis de las prácticas y toma de conciencia*. Ginebra: Faculté de psichologie et de sciencies de l'education.

Perrenoud, P. (1994). *Prácticas pedagógicas, profesión docente y formación: perspectivas sociológicas*. Lisboa: Dom Quixote.

Perrenoud, P. (2017). *Desarrollar la práctica reflexiva en el oficio de enseñar: profesionalización y razón pedagógica*. Barcelona: Grao de Irif.

Piaget, J. y colabs. (1973). *La representación del mundo en el niño*. Madrid: Morata.

Sanz de Acedo Lizarraga, M.L. (2010). *Competencias Cognitivas en Educación Superior*. Madrid: Narcea.

Soares, S.R. y Da Cunha, M.I. (2010). *Formação do professor. A docência universitária em busca de legitimidade*. Salvador: EDUFBA.

Souto, M. y Barbier, J.M. (1999). *Grupos y dispositivos de formación. Tutorías y función tutorial, algunas vías de análisis*. Buenos Aires: Novedades Educativas.

Tardif, M., Lessard, C. y Lahye, L. (1991). "Os professores face ao saber. Esboço de uma problemática do saber docente". En *Teoria e Educação*, n.4, pp.215-233. Porto Alegre.

Tardif, M. (2001). "As concepções do saber dos professores de acordo com diferentes tradições teóricas e intelectuais. Seminário Avançado ministrado no Programa de Pós Graduação em Educação da Unisinos". São Leopoldo, junho.

Taylor, J. (2007). "Strategic enrollment management: improving student satisfaction and sucess in Portugal". En *Higth Education Manegement and Policy*, v.20, n.1, pp.120-137.

Tenti, E. (1995). "Una carrera con obstáculos. La profesionalización docente". En *Revista del IICE*, n.7. Buenos Aires: Universidad de Buenos Aires.

Villalobos Clavería, A. y Melo Hermosilla, Y. (2008). "La formación del profesor universitario: Aportes para su discusión". En *Revista Universidades UDAL*, n.39, octubre, pp.3-20. México. URL: http://www.udual.org/.

Villar Angulo, L.M. (1992). "Teorías implícitas de los profesores sobre el cambio educativo". Ponencia presentada en VII Congreso de AIRPE. Facultad de Pedagogía. Universidad de Salamanca.

Zabalza, M. (2009). "Ser profesor universitario hoy". En *La Cuestión Universitaria*, n.5, pp.68-80. URL: http://polired.upm.es/index.php/lacuestionuniversitaria/article/view/3338.

Documentos consultados

Resolución del Consejo Superior de la Universidad de Buenos Aires. Res. CS 1596/91 y CS 5243/01. Facultad de Farmacia y Bioquímica.

Resolución del Consejo Superior de la Universidad de Buenos Aires. Res. CS 216/83 y Res. CS. 6202/13. Facultad de Agronomía.

Resolución del Consejo Superior de la Universidad de Buenos Aires. Res. CS 2420/88. Facultad de Ciencias Veterinarias.

Resolución del Consejo Superior de la Universidad de Buenos Aires. Res. CS 27/86 y Res. CS 3510/07. Facultad de Ciencias Económicas.

Resolución del Consejo Superior de la Universidad de Buenos Aires. Res. CS 3230/88. Facultad de Medicina.

Resolución del Consejo Superior de la Universidad de Buenos Aires. Res. CS 469/80. Facultad de Derecho.

Resolución del Consejo Superior de la Universidad de Buenos Aires. Res. CS 732/82. Res. CS 228.024/94 y Res. CS 4044/08. Facultad de Arquitectura, Diseño y Urbanismo.

Resolución del Consejo Superior de la Universidad de Buenos Aires. Res. CS 776/85. Facultad de Odontología.

La formación pedagógica en la UNT: un *detrás de escena* o hacia la reivindicación del asesor pedagógico universitario

Alicia Villagra

I. A manera de introducción

En el marco del Proyecto NEIES-MERCOSUR de referencia, el aporte del presente capítulo se orienta a esclarecer el *sentido y alcance* otorgado a la formación pedagógica de docentes universitarios en la Universidad Nacional de Tucumán (UNT).

A tal fin, la investigación desarrollada se sitúa en el *detrás de escena* de dicha formación con el propósito de poner en cuestión sus modos de implementación, los fundamentos que los sustentan y quien/quiénes los llevan a cabo.

En acuerdo con la fundamentación del proyecto interinstitucional convocante que reconoce la relevancia del Asesor Pedagógico Universitario (APU) en esta tarea erigiéndolo "como promotor del mejoramiento de la calidad educativa en el nivel" por la multiplicidad de encuadres que pone en práctica para enriquecerla, el estudio que llevamos a cabo se orienta a reivindicar su presencia en el abordaje de dicha labor en el contexto de la UNT y a promover su legitimación institucional.

La investigación que expondremos tomó como referencia dos proyectos realizados por nuestro equipo; uno, ya finalizado, *Intensificación del trabajo docente y enseñanza universitaria: encuentros y desencuentros entre tiempos y espacios personales-profesionales* (CIUNT 24 H/444, 2008-2012) y otro, en curso: *El Asesor Pedagógico en la Universidad Nacional de Tucumán (UNT): hacia la búsqueda de su identidad y legitimación* (PIUNT 26/H 548, 2013-2017), ambos aprobados por la Secretaría de Ciencia y Técnica de la UNT y radicados en el Instituto Coordinador de Programas de Capacitación (ICPC) de la Facultad de Filosofía y Letras de esta universidad.

El primero, por sus inquietantes conclusiones en tanto alertan respecto a que las políticas académicas vigentes en Argentina han afectado la calidad de la enseñanza universitaria por otorgar prioridad a la investigación sobre la docencia y, concomitantemente, han acentuado la resistencia a las innovaciones didácticas por la *intensificación del trabajo* atribuida a la actual figura del *Docente-Investigador.*

El segundo, porque al permitir articular acciones conjuntas por la pertinencia de su cometido y de sus objetivos, posibilitó compartir una inquietante problemática relacionada con la institucionalización del Asesor Pedagógico Universitario (APU): la emergencia en el ámbito académico de indicios que refieren a un cierto desplazamiento y/o desdibujamiento de su ineludible protagonismo en la formación pedagógica de docentes universitarios, con repercusiones en el lugar que le compete por su inherente formación en la materia.

Como visible manifestación de la complejidad identitaria inherente a este rol, pensamos que **las acepciones de las palabras** desplazamiento y/o desdibujamiento refieren al objeto de nuestra preocupación, tal es la constatación de *algo/alguien que se desplaza, que se traslada de un lugar a otro, o es sustituido en el cargo, puesto o lugar que ocupa,* según el sentido de la primera o bien con un *contorno o perfil difuso, impreciso, borroso o indefinido,* por el alcance semántico de la segunda.

Cabe aclarar que el instituto sede del proyecto, emblemático en la materia y con treinta y cuatro años de existencia (surge en 1984 como Centro de Pedagogía Universitaria-CPU), es reconocido como el primer organismo de esta universidad creado exclusivamente para el asesoramiento y la formación pedagógica de los docentes.

Así, en la intencionalidad de inaugurales lineamientos políticos que surgieron a instancias de la recuperación democrática de nuestro país, los *considerandos* de su creación (Res. Nº13/85-UNT) expresan que

(...) es propósito de este Rectorado crear un Centro de Pedagogía que tendrá a su cargo el análisis y asesoramiento a los distintos organismos de esta Universidad en lo relacionado a currícula, metodología de Estudios, formación y actualización docente (...).

por lo que se le asigna prioritariamente la finalidad de

Contribuir a la formación y/o capacitación pedagógica de docentes universitarios, a los efectos de mejorar el rendimiento cualitativo de la UNT.

Como mandato fundacional, entonces, la figura del APU surge en la UNT con el propósito indisoluble de centralizar su acción en torno a esta formación para reivindicar, según el texto de la resolución antedicha, la

> (…) desvalorización del proceso pedagógico y de la propia formación docente (…).

en el nivel superior universitario.

II. Una breve caracterización del proyecto

Tal como consignamos, el proyecto de investigación se denominó *La Formación Pedagógica en la UNT: El detrás de escena*.

Metafóricamente, la asignación de este título responde a la aspiración de indagar *lo previo* a la salida al escenario o de la puesta en acto de las acciones de formación, no siempre directamente perceptible, y que supone un conjunto de decisiones configurantes del guión o argumento actuado por sus protagonistas. Implica *un ver el otro lado* de aquello que acontece, un situarse desde una posición que intenta visibilizar, asimismo, el ajuste o distanciamiento de lo actuado con el texto que lo sustenta.

Se relaciona o cobra un sentido cercano a expresiones tales como *tras las bambalinas, entre bambalinas* o *detrás de bambalinas*, frases que tienen su origen en los hechos que suceden en un escenario y que los espectadores no pueden ver en tanto refieren a acontecimientos que se concretan hacia un adentro tornándose secretos u ocultos para el afuera.

Se trata de una investigación inscripta en el campo de la Pedagogía y de la Didáctica Universitarias, de carácter interdisciplinaria y enmarcada dentro de una lógica cualitativa, llevada a cabo con la colaboración de pedagogas y psicólogas que integran como Asesoras Pedagógicas Universitarias el Instituto Coordinador de Programas de Capacitación (ICPC) de la Facultad de Filosofía y Letras de la UNT.

Frente al Proyecto NEIES-MERCOSUR y para definir la consonancia de nuestro aporte a su intencionalidad, decidimos reactualizar nuestras historias como formadores y desandar el camino recorrido en la búsqueda de avatares o nudos dilemáticos que nos desafiaran desde su inconmovible persistencia. Su identificación dejó al descubierto un *viejo* hallazgo, tal es la obstinada hegemonía de enfoques tecnocráticos en las ofertas de formación pedagógica. En esta oportunidad, sin embargo, optamos por encararlo desde una *nueva* óptica: permitirnos *recrear* su abordaje e indagar el/los porqué de esta persistencia pero jerarquizando muy especialmente un intrigante planteo: ¿Qué lugar otorgan a la formación pedagógica de los *formadores* propuestas legitimadas, institucionalmente orientadas a propiciarla para mejorar la calidad de la Educación superior, y quiénes las asumen?

Puede advertirse que fundó nuestro proyecto la sospecha de un despliegue de propuestas formativas *consagradas* que, revestidas de un ropaje discursivo alternativo, continúan habitando casi impunemente las escenas formativas.

A partir de este punto de partida, punzantes interrogantes despuntaron el proceso investigativo, entre ellos:

* ¿Qué concepciones/lógicas de Formación Pedagógica priorizan las propuestas implementadas?
* ¿Quiénes diseñan y/o coordinan las estrategias de formación pedagógica?
* ¿Los formatos que las conforman incluyen o desestiman acciones destinadas al análisis de su impacto en la calidad de la enseñanza superior?
* ¿Se registran políticas académicas que refieran a la necesidad de la formación pedagógica de los docentes universitarios o sólo se instalan normativas transitorias?
* ¿Los fundamentos y formatos de formación pedagógica potencian la configuración de las Didácticas Universitarias Específicas?
* ¿Los contenidos objeto de tratamiento se focalizan en inquietudes académicas puntuales o se fundan en una visión holística de la problemática universitaria?
* ¿La ausencia o inestabilidad de políticas académicas sobre la formación pedagógica incide en la institucionalización del rol del Asesor Pedagógico Universitario o se trata de un juego circular de efectos recíprocos?

Respecto a los escenarios, y a los efectos de *dibujar* un paneo general de las estrategias de formación pedagógica que se despliegan en la UNT, el estudio se focalizó en facultades de la UNT seleccionadas a partir de la presencia-ausencia de Asesorías Pedagógicas: las que las registran actualmente, aquéllas que las incorporaron pero ya no cuentan con ellas, y unidades académicas con profesionales que asumen acciones de asesoramiento en forma asistemática.

El abordaje metodológico adoptado se basó en técnicas pertinentes a una investigación cualitativa, a saber: entrevistas semiestructuradas y en profundidad a docentes, autoridades y asesores de distintas facultades, análisis documental (formatos de formación pedagógica, reglamentos, resoluciones, disposiciones, circulares, convocatorias académicas, propuestas ministeriales, memorias institucionales y organigramas) y Grupos Focales (*Focus Group*) con Asesores Pedagógicos para la deconstrucción de temáticas que cobraron especial significatividad en el curso de las entrevistas y en el material documental.

Al respecto, remarcamos el invalorable aporte de la información brindada por actuales y ex Asesores Pedagógicos Universitarios de las Facultades de Arquitectura y Urbanismo, Artes, Ciencias Económicas, Medicina, Ciencias Exactas y Tecnología, Filosofía y Letras, Odontología, Psicología de la UNT.

Ahora bien, planteado sintéticamente el proyecto sobre el que versa este capítulo, consideramos que se impone inicialmente, y a manera de encuadre, compartir reflexiones acerca de los rasgos distintivos que confieren un especial entramado al campo de la formación pedagógica en este nivel y fundamentar por qué pensamos que la actual reconfiguración identitaria del docente universitario lo torna aún más complejo. Seguidamente, expondremos una cartografía del estado de situación de las instancias formativas instaladas en la UNT para interpelar luego a sus notas recurrentes. Concluiremos con punzantes interrogantes que desafían un inaugural abordaje de la formación pedagógica de los docentes universitarios, en tanto urge movilizar a la enseñanza de la inquietante *zona de riesgo* en la que hoy se sitúa, lo que supone una impostergable reivindicación institucional de quienes cuentan con una formación especializada habilitante para asumir este reto: los APU.

III. La Formación pedagógica del docente universitario: un mundo de paradojas

III. a) Paradoja I: la formación pedagógica. ¿Valorada pero innecesaria?

Optamos por centrarnos en la problemática de la formación pedagógica de los docentes, en tanto consideramos que en la actualidad ésta cobra una inusual relevancia frente al compromiso de orden ético, pedagógico y sociopolítico de potenciar la cuestionada calidad de la enseñanza universitaria argentina a través de impostergables transformaciones didáctico-curriculares. La revitalización cualitativa de la misma —de presencia ineludible en el discurso educativo imperante en el país— otorga visibilidad a un conjunto de tensiones tan irresueltas como pospuestas que comprometen y ponen en cuestión a las políticas académicas universitarias.

Actualmente, la escena universitaria está atravesada por altos porcentajes de deserción y de repitencia de estudiantes, con sus resultantes de desgranamiento y de reducido y tardío egreso en relación a un considerable número de ingresantes —masivo en algunas carreras— configurando así síntomas de un desafiante panorama que da cuenta de un fracaso de carácter *endémico* en los estudios universitarios que moviliza preocupaciones y conjeturas de distinta naturaleza, invitando a replanteos impostergables a quienes nos dedicamos a la Pedagogía Universitaria.

Sin desestimar el interjuego de múltiples determinaciones o condicionamientos de orden sociopolítico, institucional, disciplinar, sociocultural, psicológico y pedagógico-curricular que subyacen a la problemática del ingreso y la permanencia en la universidad, se adjudicó habitualmente la responsabilidad al alumnado (*los alumnos no estudian*) o a la *falta de preparación* en los otros niveles del sistema educativo atribuida principalmente a la ausencia del tratamiento de ciertas temáticas (*contenidos ausentes*). Se generó así una cadena de responsabilidades entre estos niveles —aún no superada— que se proyecta en cascada de los superiores hacia los inferiores, naturalizándose creencias de que el fracaso radica en alguna de estas causas o en ambas, seguramente implicadas.

Ante esta movilizante y pública cuestión, sin embargo, podía advertirse que gran parte de los análisis acerca de la calidad de la enseñanza universitaria solapaban ciertos interrogantes, tales como: ¿Qué tipo de vínculo se generaría entre la calidad de los procesos de enseñanza en la universidad y la formación pedagógica de sus protagonistas, es decir los docentes universitarios? ¿La presencia-ausencia de esta formación estaría incidiendo en el deterioro del rendimiento planteado? Y en ese caso, ¿se identifican en los procesos formativos aspectos que obturarían o lentificarían la superación de las falencias constatables en los procesos de enseñanza y de aprendizaje?

En los últimos años, sin embargo, la formación pedagógica de los docentes universitarios ha cobrado un creciente interés a partir del reconocimiento de su impacto en la calidad de los aprendizajes de los estudiantes. Acordamos, tal como se expresa en el Proyecto NEIES-MERCOSUR, que entre los motivos que la potenciaron pueden consignarse, según Villalobos Clavería y Melo Hermosilla (2008), los siguientes:

a) Han ingresado al sistema superior universitario distintos sectores de la población y en distintas fases de la vida. Se tiende al aprendizaje permanente del profesional y se constata el ingreso masivo de estudiantes de diferentes sectores y, en ocasiones, con carencias culturales y con un déficit inicial para estudios universitarios.

b) La actual renovación curricular que está experimentando el nivel impone realizar profundos cambios en la docencia de grado.

c) Se requiere aumentar las condiciones de empleabilidad del egresado universitario en la cambiante sociedad del conocimiento.

d) Se debe organizar una respuesta institucional frente a los requerimientos de una mayor calidad de enseñanza, la ampliación de su cobertura y la diversificación de la demanda en distintos niveles formativos (pregrado, postgrado y postítulos).

A pesar del avance que supuso este reconocimiento, no tuvo resonancias suficientes para la instalación formal de esta formación en el ámbito académico y menos aún para su transformación en un requisito *sine qua non* para ejercer la docencia en el nivel superior universitario.

La ineludible percepción de juegos paradojales, la presencia de inexplicables "versus" conducen inexorablemente a interpelar al sentido otorgado institucionalmente a la formación pedagógica del docente universitario. Recuperemos algunas voces sobre esta cuestión:

(…) cuando se plantea la actividad docente como una actuación profesional estamos considerando al mismo nivel el ejercicio de la docencia (que posee sus propios conocimientos y condiciones) y el dominio científico de la propia especialidad. Como actuación especializada la docencia posee su propio ámbito de conocimientos. Requiere una preparación específica para su ejercicio. Como en cualquier otro ámbito de actuación profesional, los profesionales de la docencia deben acreditar los conocimientos y habilidades exigidos para poder desempeñar adecuadamente las funciones vinculadas al puesto que deben ejercer. (Zabalza, 2002, p.112).

(…) la profesión docente del siglo XXI poco tendrá que ver con la imagen clásica del profesor subido a la tarima e impartiendo su clase frente a un grupo de alumnos. Pero todavía hay un largo trayecto por recorrer y, en este trayecto, la formación se hace cada vez más necesaria. (Romaña y Gros, 2003, pp.25-26).

Parafraseando la cita antedicha, si se sostiene que *la formación se hace cada vez más necesaria*, entonces: ¿Por qué la universidad argentina, institución cuyo mandato social específico es hacerse cargo de procesos de formación de profesionales de diversas disciplinas y de docentes para distintos niveles y modalidades del sistema educativo, no ha institucionalizado desde sus políticas la profesionalización de la docencia para quienes enseñan en ella? O, dicho de otro modo, ¿por qué la formación pedagógica no es obligatoria para quienes enseñan en sus aulas? ¿Su opcionalidad podría *leerse* como innecesidad?

III. b) *Paradoja II: la formación pedagógica ¿Importante pero opcional?*

Numerosos autores sostienen que la no obligatoriedad de la formación pedagógica supone una especie de certificación explícita de una ya histórica y subyacente desvalorización del conocimiento pedagógico en el nivel universitario. Para un reconocido especialista argentino:

> El tema de la formación pedagógica es, de por sí, tan genérico que se ha vuelto cuasi-oceánico. En el orden de la enseñanza superior, la universidad se ha pasado siglos sin preocuparse mucho por eso que hoy damos en llamar pedagogía universitaria. Sus docentes poco caso han hecho, hasta tiempos recientes, de esa formación pedagógica que para algunos expertos en el tema ha pasado a ser una cuestión de capital importancia, mientras que para otros no pasa de ser una cuestión meramente aleatoria; más bien secundaria. (Menín, 2012, p.14).

He aquí el nudo de la cuestión: esta ambigua posición –*importante o aleatoria*– es representativa de la irresuelta tensión entre la necesidad e innecesidad de su presencia. Esta posición aún no superada parece transversalizar las políticas académicas vigentes, condicionando o determinando posturas antagónicas y hasta paradojales. Por un lado la propician, la valorizan pero, a la vez, *no se hacen cargo* formalmente de su consolidación.

Esta manifiesta ambigüedad, tal como lo corroboramos, no es inocua. Potencia y/o reproduce una subestimación hacia esta formación en los propios integrantes de los equipos de cátedra. La representativa voz de una docente testimonia tal situación:

> (…) somos profesoras universitarias regulares porque nos presentamos a un concurso de antecedentes y oposición (…) como lo ganamos, estamos habilitadas para enseñar y punto. Entonces me pregunto ¿para qué formarse pedagógicamente? Si nuestra propia universidad no la considera imprescindible –prueba que no es obligatoria– con la cantidad de años que estamos en esta cátedra ¿Qué nos puede enseñar ese tipo de formación? (…).

Es indudable que esta subvaloración contribuyó a consolidar representaciones de la docencia universitaria como una práctica de base empírica, intuitiva o de sentido común, amarradas sobre todo a la creencia fortalecida por el academicismo de que sólo se requería una sólida formación en las disciplinas troncales del propio campo de conocimientos, sintetizada en la expresión *basta saber una asignatura como garantía para saber enseñarla*, postura aún no superada totalmente en el ámbito universitario. Así se afirma que:

> Enseñar en las universidades parecía hasta no hace mucho tiempo una práctica sin requerimientos de formación específica. Asociada a procesos de transmisión en sentido reproductivo, con el recaudo de cierta fidelidad epistemológica a las disciplinas y sus campos de conocimientos de pertenencia, sólo suponía el dominio de los contenidos pertinentes. Las habilidades para su transmisión dependían de tal dominio, por lo que resultaba impensable que fuera necesario en su despliegue imaginar formas alternativas a las consagradas y establecidas como el canon científico legitimado epocalmente por la academia, garante de calidad en términos teóricos y metodológicos. (Edelstein, 2013, p.30).

Este *hasta no hace mucho tiempo* alude indudablemente a su irrupción en el ámbito universitario nacional en las últimas décadas.

Sin pretender hacer generalizaciones, en Argentina la formación pedagógica cobra fuerza especialmente en dos momentos: alrededor de 1984, con la recuperación democrática del país, lo que favorece la creación de Direcciones de Pedagogía Universitaria o espacios de Asesorías Pedagógicas como organismos centrales o a nivel de facultades en diversas universidades estatales y a partir de los años noventa, cuando su presencia se torna indisociable del discurso oficial de las políticas regulatorias e hiperevaluativas, obsesionadas por el mejoramiento de la calidad de la enseñanza superior, potenciando el surgimiento de una numerosa y variada oferta formativa de posgrado, sobre todo de Maestrías y Especializaciones en Docencia Superior Universitaria.

Móviles casi antagónicos, aunque no excluyentes, orientaron su cometido: en el primer momento, brindar apoyo a autoridades y docentes esperanzados y comprometidos con la recuperación de la libertad y el diálogo en las aulas y en las culturas institucionales; en el segundo, el ser funcional al logro de prefijados estándares de acreditación. Sobre el particular, es habitual la exigencia de esta formación a los docente por parte de la gestión política de las facultades para dar cumplimiento a señalamientos apuntados en los Informes Finales de las evaluaciones institucionales externas realizadas por la CONEAU (Comisión Nacional de Evaluación y Acreditación Universitaria) que, con harta frecuencia, refieren a la escasa formación pedagógica de los docentes y/o a la falta de transferencia a la enseñanza de aquellos que ya poseen esta formación.

Sin embargo, en ninguno de los casos las políticas académicas avanzaron hacia decisiones instituyentes tendientes a otorgar estabilidad a líneas y programas de acción de formación pedagógica. De allí que la reiteración de esta postura devele otra consecuencia: reconocimiento de su importancia para el logro de propósitos definidos pero *opcionalidad* de esta formación respecto a su elección por parte de los docentes. Nuevamente la ambivalencia como síntoma.

Esta contradictoria posición se advierte ostensiblemente en los discursos oficiales: la sobreestimación del potencial de los docentes como protagonistas de las transformaciones pedagógicas superadoras del actual deterioro de la enseñanza coexiste con una despreocupación institucional por avanzar "(...) en dirección de una profesionalización genuina, no meramente retórica del trabajo docente (...)", dado que:

> (...) es importante advertir el papel de la cultura institucional, así como de quienes ocupan lugares de gestión, en cuanto a posibilitar la reflexión crítica sobre el trabajo docente y las prácticas de enseñanza como uno de sus cometidos principales. Ello sólo sería factible en el marco de políticas que otorguen a la enseñanza y a la formación de docentes la centralidad que les cabe. Significa, como consecuencia, el fortalecimiento de la posición de los docentes a partir de restituirles una posición pública autorizada. (Edelstein, 2013, p.32).

A esta altura, lejos de adoptar una visión sobredimensionada, ingenua o reduccionista que otorgaría a las estrategias de formación pedagógica el poder de mejorar por sí mismas la enseñanza, disociándola de la modificación de condiciones contextuales, sociopolíticas, institucionales y laborales, convendría interpelar a las políticas universitarias acerca de si la formación pedagógica puede permanecer ajena e indiferente a problemáticas estructurales que surcan la cotidianeidad de la vida universitaria.

Así, por ejemplo, el fenómeno de la masificación convive con equipos de cátedra que deben sostenerla con un reducido e inconmovible número de integrantes; la diversidad cultural y social del estudiantado satura de heterogeneidad las aulas aunque sigue sometida a propuestas de enseñanza que tienden a homogeneizarla; los inconmensurables cambios en la producción y circulación de la información se enfrentan con contenidos imperturbables a estos cambios y a estos tiempos; el fracaso, la deserción y el desgranamiento *in crescendo* diluyen aspiraciones de políticas inclusivas de retención; los planes de estudios continúan siendo reescritos por comisiones curriculares pero el repertorio de carreras y el abordaje de las prácticas profesionales no se revitalizan, para citar sólo algunas de ellas. Entonces ¿Por qué negar que la formación pedagógica, *no sólo ella pero también ella*, tiene mucho que ver y decir sobre estas cuestiones? ¿No podría conjeturarse que, detrás de estas escenas, la fragilización de la enseñanza constituye una parte vital del argumento? Estas *muestras* simbolizan síntomas de una calidad educativa afectada y creemos que los docentes, sobre todo los que se comprometen a profundizar lo pedagógico, estarían habilitados para contribuir a su superación.

Sin embargo, y lo recalcamos, a nivel de la gestión política se registran iniciativas de carácter *espasmódico* cuya inherente transitoriedad obtura la posibilidad de que se transformen en lineamientos estables capaces de potenciar líneas de actuación sistemáticas y continuas en la materia. Responden a *impulsos* o decisiones de ciertas autoridades, comisiones especiales, Consejos Directivos de Facultades o programas ministeriales circunscriptos a inquietudes académicas puntuales, referidas prioritariamente a problemáticas didácticas-curriculares tendientes a la retención estudiantil en ciertas áreas disciplinarias y en los primeros años de cursado.

Enfatizando la responsabilidad de las universidades en potenciar programas estables, especialistas en la materia sostienen que:

> (…) en términos generales las acciones de formación pedagógica se encuentran aisladas y poco articuladas. Muchas de ellas se orientan a resolver problemas específicos detectados de diversas maneras, por tanto, su carácter suele ser asistencial. Este tipo de estrategia tiende a solucionar situaciones inmediatas, sin que impliquen necesariamente un plan de acción articulado institucionalmente. De este modo la oferta que más se presenta la constituyen los espacios de reflexión, los cursos y otras modalidades (…) que en algunos casos se repiten a lo largo del tiempo. Sin embargo los mismos podrían constituirse en la primera etapa que podría ser complementada con una capacitación sistemática ofrecida por programas formales (…). Se requiere que las universidades desarrollen programas estables, rigurosos, sistemáticos de formación pertinentes a las necesidades reales de los docentes y del contexto sociocultural en el que se insertan. (Lucarelli, Finkelstein y Solberg, 2015, pp.49-50).

En suma, el carácter opcional de la formación pedagógica de los docentes universitarios en complicidad con la ambivalencia valorativa de las políticas académicas respecto a su aporte y la discontinuidad *normativa* de su legitimación y obligatoriedad institucional reactualizan una sustantiva pregunta: ¿Se puede mejorar la calidad de la enseñanza universitaria con docentes que no cuentan con formación pedagógica?

IV. La formación pedagógica como desafío: condicionantes contextuales

La inquietud planteada al cierre del apartado anterior se torna más compleja si a la falta de obligatoriedad de esta formación pedagógica la enmarcamos dentro de las desafiantes condiciones contextuales que impactan en la Educación Superior Universitaria en general y en el docente, su protagonista, en particular.

Los vertiginosos e inconmensurables cambios en la producción, circulación y apropiación de la información y de los conocimientos con fuertes resonancias en los modos de acceso, recepción y utilización de los saberes requeridos para el desempeño laboral, el ingreso masivo de una población estudiantil sumamente heterogénea tanto social como culturalmente, las demandas de un mercado laboral selectivo, cambiante e imprevisible, "(…) la traslación de modelos foráneos a nuestras realidades y su implementación sin un análisis crítico de los diferentes factores que inciden en la formación en el ámbito de la universidad" (Finkelstein, 2016, p.34), para citar sólo algunas notas, desafían la urgencia de plasmar diseños curriculares inaugurales y radicales transformaciones en las estructuras organizativas-administrativas y de gobierno de las universidades.

Esta breve caracterización unida a los relevantes problemas de rendimiento y de retención del alumnado, ya aludidos en un apartado anterior, instan a una recreación de las prácticas académicas y, consecuentemente, del desempeño y de la formación del profesorado. Más aun, es imposible soslayar el *plus* que supone la irrupción en el ámbito educativo de una tendencia que postula la indiscutida necesidad de un nuevo perfil docente que lo imagina como creador de contextos para el aprendizaje crítico y creativo actuando como *orientador, guía, facilitador* o *tutor* de los procesos de aprendizajes, es decir, que le adjudica la autoría de transformaciones profundas en el ejercicio de la docencia. Pretensión loable y pedagógicamente correcta pero que a esta altura nos lleva a preguntarnos ¿esta aspiración se compatibiliza con la actual reconfiguración del trabajo docente?

A tal fin, y basándonos en las conclusiones del ya citado proyecto *Intensificación del trabajo docente y enseñanza universitaria: encuentros y desencuentros entre tiempos y espacios personales-profesionales* (CIUNT 24 H/444), haremos una breve referencia a la particular situación laboral del docente.

En nuestro país la implantación de políticas académicas vigentes desde los años noventa, tendientes al control de la productividad académica y sustentadas en lógicas empresariales, instauró un clima hiperevaluativo en el que todo se evalúa: instituciones, carreras, programas, proyectos y sujetos y, muy especialmente, el docente universitario "(…) uno de los pilares en los que la reforma modernizadora tiene su punto de anclaje y su virtual éxito" (Araujo, 2002, p.232).

El Programa de Incentivos a Docentes Investigadores (Decreto 2427/93), al instaurar la figura del *Docente-Investigador*, originó una profunda reconfiguración identitaria del docente afectando no sólo su profesionalidad sino su subjetividad y su ámbito colectivo de trabajo, la cátedra.

Al promover el desarrollo integrado de la carrera académica implementó un enfoque basado en la articulación entre *docencia, investigación, extensión y gestión* que introdujo una transformación sustancial en su tarea: la *intensificación* del trabajo docente, esto es, según "(…) los conceptos de la ciencia económica, la producción de más unidades de trabajo en la misma unidad de tiempo" (Davini, 1995, p.62).

Las avances investigativos constataron que el incremento de tareas devino en un agobiante *estado de endeudamiento crónico* por pendientes acumulados y no saldados, que avanzó hacia la vivencia real o simbólica de una *colonización espacio-temporal* del territorio privado o *de trastienda* del trabajo docente, concepto de colonización que inserto en la dimensión sociopolítica del tiempo cobra especial relevancia en el mundo de la docencia universitaria. Recalcamos un hallazgo singular: una queja generalizada se deriva y la vez entrama a esta tríada (intensificación, endeudamiento y colonización): *la falta de tiempo,* expresión identitaria del actual discurso docente a la que, por su obstinada reiteración, optamos por designar como *megaqueja* o *megapretexto.*

Esta fuerte reestructuración subjetiva y objetiva obedece, sin duda alguna, a la movilización que supone el acatamiento de las exigencias prescriptas por el Decreto 2427/93. El pago adicional de un incentivo económico impone al docente la obligación de participar en proyectos de investigación y obtener una *categoría como investigador,* lo que supone rendir cuentas de su desempeño profesional ante la *Grilla para evaluación de antecedentes para categorización en el programa de incentivos,* dispositivo que asigna puntajes diferenciados a los componentes que conforman cada una de las cuatro funciones universitarias, adjudicando los más altos a los vinculados con la investigación. El valor de esta función se sobreestima muy ostensiblemente sobre las restantes. He aquí la cuestión.

Un determinante e indisimulado mensaje propio de la *cultura de la auditoría* se deja oír y debe ser escuchado, así: "(...) La grilla de evaluación se convierte en la 'guía' que permite evaluar 'lo que aún falta' para, de ese modo, decidir (forzadamente) el camino a seguir" (Yuni y Catoggio, 2009, p.31).

El rumbo del *forzado camino a seguir* está claro, demarcado, entendido, pero *falta tiempo*: como las acciones académicas valen —suman y restan— se han ido naturalizando la evitación de actividades *invisibilizadas* por los puntajes y la priorización de las que concentran los más altos, es decir, las que legitiman la hegemonía de la investigación. De allí que la megaqueja se apropia del sentido *de lo que pertrecha, de lo que protege* ante el atosigamiento de demandas del sistema por los miedos e inseguridades de no satisfacerlas, erigiéndose para el docente en un objeto de proyección de aquello que "no se puede", que "no se intenta" o que "no satisface", sin descartar que su *uso y abuso* encubriría en muchos casos cierta victimización y/o justificación de insuficiente o nula producción (Villagra, 2015).

En este escenario se percibe con nitidez la complicidad de dos lógicas: la de *accountability* o rendición de cuentas en alianza con la de rentabilidad (inversión que otorga beneficios). Su coalición impuso nuevas lógicas de distribución y consumo de tiempos, espacios y esfuerzos y hasta la activación de estrategias de acomodación y/o resistencia para contrarrestar sensaciones de impotencia y/o incompetencia para acceder al *ser* por vía del *parecer* Docente-Investigador.

Estas notas impactaron en la cultura de cátedra instalando nuevos modos de pensar, sentir y actuar, introduciendo cambios en los estilos de convivencia entre colegas y en el microclima de trabajo impregnados por una acentuación del individualismo y la competitividad (Villagra y Ferrero, 2013).

En suma, la implementación del Programa de Incentivos impactó sensiblemente en la revitalización de la enseñanza, situándola en una *zona de riesgo*. La asignación de puntajes otorgados por la Grilla de Categorización para los rubros Docencia y Actividad y Producción en Docencia *se des-centran* de las acciones cotidianas de aula y se *centran* en los tipos de cargos docentes, publicaciones, actuación en carreras de posgrado, integración de tribunales de concursos y/o tesis de posgrado, dirección de trabajos finales y de pasantes e integración de comisiones evaluadoras. Entonces ¿para qué o por qué invertir energías en recrear los procesos de enseñanza y de aprendizaje si se tornan imperceptibles y negados en su reconocimiento cuantitativo?

Como síntoma de esta situación pudimos comprobar la indisimulada resistencia de los docentes a las *innovaciones* didácticas, la *disminución y/o ausencia* de las mismas y la manifiesta *reducción de demandas* de asesoramiento pedagógico referidas a problemáticas vinculadas con los procesos de enseñanza y de aprendizaje, advirtiéndose una acentuación o mantenimiento de formas ritualizadas de enseñanza.

En suma, como ante lo expuesto resulta imposible eludir insinuantes alertas, rescatamos uno de ellos, condensador a nuestro parecer, de otros tantos. ¿Esta reconfiguración del trabajo del docente universitario no estaría afectando la disponibilidad requerida por una formación pedagógica sistemática y procesual y, por ello, obstaculizando la gestación del nuevo perfil que concibe al docente como *orientador, guía, facilitador* o *tutor* de procesos de aprendizajes críticos y creativos frente al cual una formación pedagógica de calidad se torna irrenunciable?

V. Formación pedagógica y APU: resignificando un vínculo fundacional

En este punto haremos foco en el polémico vínculo entre la formación pedagógica y los APU, convencidos de que esta formación constituye una vía privilegiada para el *encuentro* entre éstos, los docentes y sus cátedras.

El provocativo cuadro de situación hasta aquí expuesto y el reconocimiento de que con dicha formación las prácticas docentes pueden reinventarse o permanecer inconmovibles desafían la mirada especializada e idónea de los Asesores Pedagógicos Universitarios, en tanto nos asumimos "(…) como uno de los protagonistas centrales en la construcción de la Pedagogía y la Didáctica universitarias" (Lucarelli y Finkelstein, 2012, p.10).

Sustentamos esta afirmación por cuanto la formación pedagógica no está exenta de un particular riesgo: a través de ella los procesos de enseñanza y de aprendizaje universitarios pueden revitalizarse —innovándose— o permanecer imperturbables y encapsulados en tradiciones y rutinas que aún hoy, obstinadamente, habitan las aulas y las instituciones universitarias.

Dicho de otro modo, la calidad de su *apuesta* puede, indistintamente, jugar al cambio o a la permanencia, a la criticidad o a la acriticidad, a la ruptura o a la continuidad de las prácticas docentes, de allí que cobren una especial relevancia las concepciones o lógicas que fundamentan las propuestas desarrolladas y, muy especialmente, el quiénes las diseñan y las coordinan.

Enmarcada en la ausencia de políticas académicas que se responsabilicen de su formal, permanente y *vigilante* implementación, en la opcionalidad concedida a los docentes para prescindir o formarse en esta línea y en la siempre retórica valoración de sus aportes —texto infaltable en los discursos de autoridades y en la *letra* de propuestas innovadoras— nos interesa detenernos en torno a una preocupante y provocativa cuestión: ¿Qué lugar otorgan a la *formación pedagógica de los formadores* propuestas promovidas institucionalmente destinadas al mejoramiento de la calidad de la Educación Superior? ¿Se la considera aleatoria o imprescindible? ¿Pueden asumir el lugar de formadores profesionales que no se han apropiado de ella?

Tal como planteamos en la introducción, abordamos este tópico por la emergencia en el ámbito académico de la UNT de indicios que transparentan un cierto desplazamiento y/o desdibujamiento del ineludible protagonismo del APU en la formación pedagógica de docentes universitarios.

De allí que esta sospecha se enmarque como un síntoma visible de la deslegitimación del APU, en tanto afecta el reconocimiento de una tarea que le compete ineludiblemente por la especificidad de su formación.

Como consignamos oportunamente, en esta búsqueda de los posibles por qué, nuestra investigación se articuló con los avances del Proyecto *El Asesor Pedagógico en la Universidad Nacional de Tucumán (UNT): Hacia la búsqueda de su identidad y legitimación* (PIUNT 26 H/5349) focalizado en estudiar la imprecisa delimitación del rol del APU en la UNT a través del análisis del *contenido y de la forma* que revisten las diversas prácticas de esta función aislando, en este caso, lo aportado respecto a una de sus prácticas sustantivas: la formación pedagógica de docentes.

Vale recalcar que la *adjetivamos* como sustantiva dado que en la mayoría de las universidades estatales argentinas se ha aludido a idéntico motivo para justificar la creación de organismos de Pedagogía Universitaria o para proceder al nombramiento de los APU. Cabe remarcar, en la Introducción ya lo apuntábamos, que en nuestra universidad la figura del APU surge con el propósito indisoluble de centralizar su tarea en torno a esta formación para reivindicar, según el texto de la resolución de su creación, la "desvalorización del proceso pedagógico y de la propia formación docente" en el nivel superior universitario.

En pertinencia con lo expresado y haciéndolo extensivo al Grupo del Plata, una reconocida especialista argentina afirma que:

> Desde los momentos fundacionales de la incorporación del APU en las universidades argentinas y uruguayas la formación pedagógica de los docentes ha sido objeto de demandas institucionales desde la gestión, entendiéndola como una estrategia apropiada para concretar en las aulas las políticas de transformación de la enseñanza. (Lucarelli, 1916, p.17).

En síntesis, inscriptos en la línea de este posicionamiento nos interesaba sobremanera dilucidar la ruptura o fragilización de este vínculo fundacional y, por ende, los motivos generadores del reemplazo o sustitución del APU en estas acciones formativas por *otros autorizados.*

Esta preocupación obedecía al conocimiento del desafío teórico-metodológico, actitudinal, ético y político que supone la aventura de la formación pedagógica. Quienes nos dedicamos a ella como Asesores Pedagógicos y nos hemos sumergido en su intrincada y desafiante complejidad apostamos a sus posibilidades pero sin desestimar el reconocimiento de sus limitaciones.

Pensamos contundentemente, tal como lo planteamos, que puede contribuir a la transformación y mejora de las problemáticas universitarias siempre que reconozcamos sus fisuras, sus fragilidades, sus inconsistencias y nos hagamos cargo de ellas. Coincidimos por ello en que:

> (…) No se trata de un toque de varita mágica, tampoco se trata de hechizos que se deben deshacer. La formación es un asunto serio, y lo primero para revisar son sus posibilidades y también sus límites. De todos modos, si algo sabemos es que la formación docente es cada vez más necesaria y cada vez más insuficiente. (Birgin, 2012, p.19).

Efectivamente, *si algo sabemos* es que dejarnos hechizar por su poder transformador podría fanatizarnos por su cometido *mesiánico* o confianza desmedida en su potencialidad, enrolándonos en la ingenuidad de convertirla en una varita tecnocrática y descontextualizada que todo lo puede, en tanto no sólo sería necesaria sino también *suficiente* para superar dolencias pedagógicas que aquejan a la actual universidad argentina.

Convencidos de que se trata de un asunto *muy serio*, exige mantenerse en un irrenunciable estado de alerta sobre su insuficiencia, sus posibilidades y sobre la solvencia de los responsables de su implementación.

En la clave de esta postura, no podemos desconocer que algunas ofertas de formación desarrolladas en este nivel muestran bajo impacto *–low impact enterprise–* en la modificación de las prácticas docentes al *uso* sin resolver la tensión entre el deseo de instaurar cambios en la enseñanza superior y la factibilidad de lograrlos, aún en docentes formados pedagógicamente. Como sosteníamos: no están exentas de un particular riesgo.

Ya no se trata de ausencia de formación pedagógica sino de una presencia estéril, irrelevante. De allí que esta inmodificabilidad de las prácticas despunte una pluralidad de miradas y lecturas que invitan a ser develadas por investigaciones e imponen una revisión exhaustiva y crítica de las propuestas tendientes a transparentar sus puntos de clivaje, es decir, sus posibles escisiones y rupturas. He aquí el gran desafío.

En esta instancia se torna impostergable recuperar notas que caracterizaron las propuestas de formación de profesores en la universidad argentina hace ya varios años, a los fines de ensayar imaginariamente un juego entre el pasado y el presente que consista en re-ubicarlas temporalmente. Sin duda, se tornaría complicado o al menos impreciso y poco esperanzador. Nos referimos a las siguientes:

- La escisión entre la formación en disciplinas propias del campo específico de conocimientos y las referidas al campo pedagógico-didáctico.
- El reduccionismo con que se significa, en muchos casos, la formación pedagógica.
- La falta de articulación teoría-práctica y el rol que se asigna a esta última como instancia de aplicación de la normativa y prescripciones planteadas desde la teoría.
- El corte, en general netamente deductivo, que caracteriza la organización de los contenidos en las propuestas de formación.
- La presentación fragmentada de diferentes disciplinas del campo pedagógico, sin las necesarias relaciones que permitan analizar el complejo de variables puestas en juego en los procesos de enseñar y aprender.
- La inclusión de encuadres teóricos y metodológicos que, al no ser explicitados, al solaparse, dificultan su recuperación para el aná-

lisis de las diferentes dimensiones del objeto de estudio que se presenta en cada acaso.

• La teoría desvinculada de la práctica no es trabajada como soporte que posibilite la comprensión de los procesos cotidianos, tampoco como receptora de problemáticas que señalen nuevos núcleos de cuestionamiento e indagación (Edelstein, 1999).

Es indudable que el intento simbólico de *jugar el juego* operó como inspirador para adoptar una mirada más escrutadora, a manera de *zoom*, en la deconstrucción de las propuestas objeto de nuestra investigación: así identificamos notas muy resistentes a abandonar el escenario formativo, así nos convencimos del anclaje ciertamente atemporal de muchas de ellas.

VI. Instancias formativas en la UNT: un *paneo* ineludible

A los fines de despuntar un análisis *situado* de la problemática objeto de interpelación a partir de la información aportada e interpretada a través de las técnicas seleccionadas, optamos por bosquejar una cartografía del estado de situación de la UNT en lo que respecta a las propuestas formativas instaladas en la misma.

Nos centramos en identificar sus fundamentos, caracterizar sus formatos, constatar en ellas la presencia o ausencia del APU y analizar el o los porqué de quién o quiénes la/s asignan y la/s asumen.

Otorgamos una particular relevancia a la deconstrucción de sus formatos, entendiendo por *formatos de formación pedagógica* modos alternativos de organización del tiempo, del espacio y de contenidos que estructuran formas de trabajar lo didáctico-curricular entre formador/es-sujeto/s en formación, orientados hacia la innovación o hacia la permanencia de las prácticas docentes *al uso*.

Sin pretender agotar sus notas distintivas, el metafórico *paneo* llevado a cabo permitió dibujar un complejo y heterogéneo escenario (Villagra, 2017) que presentamos sintéticamente:

Instituto Coordinador de Programas de Capacitación (ICPC): Organismo creado en 1984 y que actualmente funciona en la Facultad de Filosofía y Letras. Está conformado por APU (pedagogos y psicólogos) distribuidos en las Áreas Sociopolítica, Psicopedagógica y Didáctico-curricular. Inicia su cometido con Talleres Presenciales de Reflexión Pedagógica (20 a 40 horas) en todas las facultades de la UNT y de otras universidades del NOA (Noroeste Argentino) para docentes de una misma unidad académica. Amplía su cobertura con el Curso de Postgrado "Formación Pedagógica a Distancia" (260 horas-dos cuatrimestres) destinado a docentes en ejercicio de todas las carreras y categorías y consolida el proceso de profesionalización de la función docente con la creación de la Maestría en Docencia Superior Universitaria, primera carrera de posgrado en Educación del NOA que se desarrolló como carrera a término. Actualmente ofrece el "Trayecto de Posgrado de Capacitación Pedagógica Universitaria", propuesta semipresencial que aborda tres problemáticas: I) El aula como escenario de la enseñanza y del aprendizaje en la universidad; II) La práctica docente y los procesos de cambio curricular en la institución universitaria; III) Prácticas profesionales, enseñanza y curriculum universitario.

Espacios de Asesorías en Facultades: conformadas por pedagogos y/o psicólogos (número *in crescendo*) no todos con trayectoria como APU e incluso integrados por profesionales de otras disciplinas que trabajan en forma unipersonal o en parejas. La mayoría data de los 90, excepto los de Medicina y Odontología, de anterior surgimiento. Ofrecen preferentemente formatos convencionales (cursos, seminarios o talleres) sobre temáticas puntuales −prioritariamente de carácter didáctico− demandadas por la gestión de turno para la implementación de proyectos o directivas ministeriales y, en menor medida, requerida por los docentes. Estas instancias formativas, de 30 a 40 horas, están a cargo de los integrantes de estas Asesorías Pedagógicas y /o de profesionales invitados de otras facultades locales o universidades nacionales. En una de estas unidades académicas esta formación asume el carácter de una materia electiva: *Introducción a la práctica docente en la Educación Superior*. Asimismo, se registra el funcionamiento de la Especialización en Docencia Universitaria en Ciencias de la Salud (Orientación Medicina o Enfermería) y de la Maestría en Educación Médica, ambas radicadas en la Facultad de Medicina.

Programa de Calidad Universitaria de la Secretaría de Políticas Universitarias: Facultades con carreras de grado que atravesaron el proceso de acreditación ante la Comisión Nacional de Evaluación y Acreditación Universitaria (CONEAU) y adheridas al eje de Mejora de la Enseñanza ofrecen instancias formativas con profesionales que no siempre fueron APU ni pedagogos especializados en el nivel superior universitario. Se trata de una oferta de talleres o cursos (20 a 40 horas) circunscriptos a temas acotados tales como, y literalmente, *Evaluación y Pruebas Objetivas, Estrategias metodológicas, Evalua-*

ción en el aula universitaria, Etapas del cambio curricular, Revisión de programas de estudio y los procesos de enseñanza, Nuevas Generaciones de Estudiantes, Nuevos Desafíos para la Enseñanza Universitaria, para citar sólo algunos.

Programa Sistema de Tutorías Universitarias: a cargo de docentes en ejercicio y/o pares estudiantes destinado a alumnos ingresantes o ya cursantes. Se lleva a cabo en la mayoría de las unidades académicas con el propósito de implementar distintas estrategias de acompañamiento para contener y orientar al estudiante, con el fin de facilitar la inserción y la adaptación a la universidad, favoreciendo la permanencia y el egreso. Sus *considerandos* no aluden a la necesidad de que sus tutores cuenten con una formación pedagógica sistemática ni requiere de APU para *apoyar* el desempeño de este rol. Más aún, reconociendo el ejercicio de tareas de *atención, contención, asesoría y orientación* deja librado a cada unidad académica la interpretación del desarrollo del Programa especificando, en forma indistinta, que pueden ser llevadas a cabo por *un profesor, un estudiante, un asesor pedagógico, un psicólogo.*

Programa de Capacitación de Iniciación a la Docencia de la Facultad de Filosofía y Letras: vigente desde el 2012, propone la actualización de conocimientos disciplinares, metodológicos y didácticos para egresados de la UNT y/o de otra universidad nacional que aspiren iniciarse en la docencia universitaria. La duración prevista es de un año, pudiéndose solicitar una prórroga por otro. A tal fin, las cátedras adheridas pueden optar por uno a tres postulantes durante un año lectivo, especificándose que los aspirantes sólo podrán acceder a una cátedra. No contempla como requisito la exigencia de la formación pedagógica del equipo docente al que se incorpora el postulante, con el que se acuerda el tipo de actividades y modalidad de trabajo a cumplimentar. Su diseño e implementación no requiere de APU.

VII. *Detrás de la escena* del estado de situación: de replanteos y deudas

Aclarando que no se consideran las carreras de posgrado —analizadas por otro equipo del proyecto interinstitucional— lejos de intentar generalizaciones y en función de la identificación de rasgos recurrentes, en una primera aproximación la *mayoría* de las propuestas:

- Carecen de una fundamentación sociopolítica, psicopedagógica y/o ético-antropológica que explicite el posicionamiento que las sustenta. Por lo general plantean consabidos objetivos o propósitos "pedagógicamente correctos" y los contenidos objeto de tratamiento e informan sobre los requisitos de cursado y de obtención de la certificación correspondiente.

- Constituyen instancias aisladas y discontinuas, con cargas horarias y contenidos que delatan fragmentación, en tanto no conforman programas integrales y de mayor permanencia. Por lo general, tematizan contenidos más centrados en al microespacio del aula que en una mirada holística entramada con lo institucional, lo macroeducativo y lo macrosocial.

- No especifican la previsión de *acciones sistemáticas de seguimiento,* desestimándose la vigilancia del impacto de la formación en la calidad de la enseñanza. Los Trabajos Finales exigidos no necesariamente son compartidos en su posible puesta en acto. Imaginariamente pareciera operar una pseudoconvicción: el cierre de la instancia formativa como clausura del proceso de formación, lo que invalida evaluar la transferencia de lo aprendido durante el cursado.

- Presentan formatos similares para destinatarios con perfiles diferentes, sin ofertas de formación destinadas a equipos de cátedra completos. Suelen ser similares para grupos docentes heterogéneos u homogéneos en relación a su procedencia disciplinaria, pertenencia de unidad académica o carrera, con formación pedagógica previa o sin ella, entre otras alternativas.

- Responden más a iniciativas nacionales o de gestión política local que a propuestas de los APU ofertadas y / o diseñadas en respuesta a demandas *situadas* en función de diagnósticos compartidos con docentes y autoridades sobre puntos de fragilidad didáctico-curricular que requieren ser superados o reajustados institucionalmente.

- Adoptan formatos convencionales y presenciales –cursos, seminarios, talleres– excepto el ICPC. Puede advertirse, además, que las diversas denominaciones no responden estrictamente a configuraciones de trabajo diferenciadas, por lo que se trataría de rotulaciones que encubren acciones más bien homogeneizadas en sus modalidades de abordaje.

- Anulan o posponen la presencia de los APU en el diseño e implementación de las acciones formativas y en la ayuda u orientación que pueden brindar a quien/es les son delegadas. El desplazamiento preocupa porque lo que esencialmente se desplaza, más allá de las personas, tiene que ver con una sustitución que des-jerarquiza la formación especializada como condición para asumirlas.

Detrás de la escena de estos formatos pudimos escuchar voces que confirman obvias presunciones: en la llamativa heterogeneidad de sus diseños y en la diversidad de los profesionales que las implementan se solapan resabios de posturas tecnicistas que imprimen marcas homogeneizadoras que obturan la ruptura de lo instituido, invitando a los docentes a una transmisión reproductiva, segura y descontextualizada del conocimiento a través acciones similares para todo tiempo, lugar y disciplina, es decir, que se aproximan a

> (…) formar a alguien que, a partir de una visión recetarista, sobre la base de una *aggiornada* racionalidad tecnocrática, logre con el tiempo "dominar los trucos del oficio"; alcanzar las competencias específicas que le permitan, principalmente, resolver metodológicamente las trasmisión de ciertos contenidos y dar respuesta a lo relativo al microespacio del aula y al desarrollo de clases en diferentes grupos. (Edelstein, 2013, p.31).

Lejos de una interpretación determinista que, de hecho, sería errónea, desde nuestra mirada especializada *releímos* el estado de situación resultante, tratando de identificar posibles nudos dilemáticos que pusieran bajo sospecha la presencia de la racionalidad aludida. De los muchos que se entrecruzaron, algunos más difusos, otros más definidos, cobraron una particular nitidez algunos de ellos que aislamos para un debate compartido:

- El sentido y el alcance de la formación pedagógica se reviste de un fuerte carácter polisémico que se acentúa por la opcionalidad de esta formación. Como un punto extremo, comprobamos que muchos de los formadores no la poseen necesariamente. A condición no requerida ¿formación sobreentendida?
- Los modos de implementación registrados muchas veces simulan, disimulan, o asumen indisimuladamente acciones formativas no precisamente cercanas al supuesto fundante de nuestras investigaciones: "(…) [la] formación no se recibe, que nadie puede formar a otro (…)" y que "(…) formarse no puede ser más que un trabajo sobre sí mismo, libremente imaginado, deseado, perseguido (…) realizado a través de medios que se ofrecen o que uno mismo procura" (Ferry, 1991, p.43).

Entrevistas a docentes y asesores transparentaron que este apuntalar el *formarse*, este actuar como mediador en el trabajo que cada docente encara *de sí mismo y sobre sí mismo,* sigue contaminado con la fantasía del modelaje, con el "fantasma de Pigmalión".

- Las formas predominantes de organización del tiempo y del espacio de los formatos se distancian sensiblemente de la formación entendida como un proceso complejo, gradual y sistemático. La oferta, conformada prioritariamente por un sinnúmero de instancias formativas breves y cerradas, desconectadas y espaciadas entre sí, da cuenta de ello.

Se trata, sin duda, de esta apuesta institucional habitual, casi naturalizada. Sin embargo, aún reconociendo en el mapeo realizado implementaciones cualitativamente muy diversas, consideramos a esta modalidad como altamente riesgosa. Amparadas en el poco tiempo disponible como principal pretexto autojustificador, los diseños se permiten no sólo desconocer los saberes y conocimientos pedagógicos de los participantes (en el caso de que los tuvieran) sino eludir la previsión de acciones complementarias a futuro y reeditar estilos de coordinación directivos, a pesar de que los fundamentos de no pocas propuestas remarcan su inscripción a un enfoque de trabajo focalizado en el *análisis reflexivo de la propia práctica docente.*

- Advertimos, asimismo, una borrosa distinción entre *prácticas de la enseñanza* y *prácticas docentes* o, más precisamente, una desarticulación entre ambas hasta el punto de su disociación.
La aparente inocuidad de esta nota, no obstante, afecta la intencionalidad de las propuestas formativas. Entre otros aspectos, tiene una notoria incidencia en selección de los ejes y de los contenidos temáticos y en el interjuego vincular con los destinatarios de la formación, a saber:

a) En los que respecta a los temarios, se constata el olvido o la subvaloración de la institución y del contexto sociohistórico como objetos de tratamiento, lo que inclina, aún sin proponérselo, a concebir el aula como un espacio descontaminado del *afuera* lo que empobrece, seguramente, la visión de enseñanza como práctica social, política y enmarcada históricamente "(…) que responde a necesidades y determinaciones que están más allá de las intenciones y previsiones individuales de sus agentes directos" (Edelstein, 2011, p.105).

b) En lo que se refiere a la dinámica vincular inherente a la tríada formador-contenido-sujeto/s de formación, la comprensión y reconocimiento de la práctica de la enseñanza como parte de la práctica docente potencian la probabilidad de poner en acto acciones formativas orientadas a una genuina profesionalización del trabajo docente para que más allá de resolver metodológicamente las trasmisión de ciertos contenidos y dar respuesta a lo relativo al microespacio del aula, el docente pueda asumir un posicionamiento crítico, autónomo, creativo, reflexivo y comprometido social y políticamente.

- Renglón aparte para el desdibujamiento de la articulación teoría-práctica, casi un slogan de todo discurso didáctico-pedagógico y que se presenta como un infaltable tópico en toda propuesta de formación que se autodesigne como tal. Según pudo inferirse de las entrevistas a docentes, muchas de las estrategias llevadas a cabo dejan un mensaje que se inclina más a entender la práctica como aplicación de la teoría que a la relación dialéctica entre ambas.

No podemos cerrar este apartado sin remarcar que en el cuadro de situación descripto un dato resalta *per se*: el ICPC se distingue llamativamente del resto de las instancias formativas de la UNT por la particularidad de sus rasgos estructurales y dinámica de funcionamiento.

En correspondencia con las áreas que lo conforman, los formatos que sustentan las acciones de sus Asesores Pedagógicos Universitarios se fundan en un enfoque holístico en tanto abordan la problemática universitaria contextualizándola desde una perspectiva sociohistórica, institucional y áulica a los fines de promover un compromiso social, ético y político con la universidad.

En consonancia, puede advertirse que los diseños temporo-espaciales de sus estrategias dan cuenta de un posicionamiento teórico-metodológico que responde a la acepción de la formación como un *proceso* que por su complejidad impone la previsión de un elevado número de horas de trabajo y la indagación abierta de plurales espacios de la laberíntica vida universitaria. Las heterogéneas y lúdicas actividades propiciadas, individuales y/o grupales, opcionales y/u obligatorias, distribuidas a su vez en períodos presenciales y semipresenciales, ponen en contacto a quienes participan de sus programas no sólo con la propia experiencia y saberes sino con pares, con alumnos, con autoridades y con sujetos del ámbito académico y social, incluyendo también el contacto con problemáticas contextuales de actualidad que atraviesan la Educación Superior Universitaria. El ICPC se presenta así como un espacio que tomaría distancia de los nudos dilemáticos ya aludidos, reparándolos, enriqueciéndolos.

No es casual, entonces, que la formación pedagógica de los docentes de todas las carreras de la UNT siga recayendo fundamentalmente en este organismo. A pesar de funcionar en la Facultad de Filosofía y Letras incuestionablemente mantiene su centralidad (surge en el Rectorado) y autoridad indiscutible en la materia. La información recabada atestigua que, respondiendo a iniciativas personales o por derivación desde las distintas facultades, opera como núcleo convocante de los docentes en ejercicio de todas las facultades, carreras y categorías de la UNT, dado que la oferta formativa de las unidades académicas se circunscribe preferentemente a quienes integran el *staff* de las carreras que se cursan en las mismas.

Pero nuevamente irrumpe en escena un hecho paradojal, esta vez referido a las asesorías pedagógicas y expresado en el *versus* permanencia-inestabilidad.

A pesar del público reconocimiento de la labor del ICPC por parte del colectivo docente de la UNT, el entretejido de su propia historia volverá a patentizarlo. Desde el año pasado y como avance de su disolución, sus miembros deben concursar materias de la Carrera de Ciencias de la Educación (sólo una versa sobre la problemática universitaria propiamente dicha) para legitimar a través de una inespecífica e inusual figura administrativa *–por atención de funciones–* su pertenencia complementaria o *extendida* a dicho organismo de asesoramiento.

VIII. La reivindicación del APU en la formación pedagógica: un cierre *abierto*

En tanto asesoras resulta imposible resistirse a la provocación que supone el corroborar que acciones formativas, más allá de lo imaginable y tal como expresamos oportunamente, *anulan o posponen* la *presencia de los APU en el diseño e implementación y/o en la ayuda u orientación que pueden brindar a quien/es les son delegadas*. Indudablemente, esta comprobación moviliza a repensarnos y/o replantear a las autoridades qué acontece con la valoración del rol del APU. Algunas preguntas reclaman ensayar prontas respuestas y desplegar conjeturas:

- ¿En qué se funda la *colonización o* invasión por *otros* de los límites que demarcan el espacio del APU?
- ¿Su formación es objeto de una preparación interdisciplinaria específica e institucional o responde a intencionalidades profesionales individuales?
- ¿En dónde radica la resistencia que impide legalizar su situación laboral e incorporación en las estructuras organizativas de las unidades académicas?

- ¿La especificidad de la formación interdisciplinaria de los APU puede ser reemplazada por pedagogos y /o psicólogos u otros profesionales no especializados en la complejidad inherente a este nivel?
- ¿Las carreras de Ciencias de la Educación de la UNT y de universidades nacionales reconocen esta práctica profesional en sus *perfiles* o la sobreentienden?
- ¿La coordinación de propuestas de formación pedagógica por quienes no la poseen o no se dedican a la Pedagogía Universitaria potenciaría su desvalorización?
- ¿El trabajo unipersonal de asesoramiento estaría conspirando contra el carácter interdisciplinario y grupal de las Asesorías?
- ¿Estilos del propio desempeño de los APU condicionarían su sustitución o desplazamiento?
- ¿Por qué tanta resistencia a habilitar a los graduados de carreras de posgrado en Docencia Universitaria, portadores de una rigurosa formación pedagógica, a implementar propuestas en la materia?

Estos interrogantes podrían multiplicarse o transformarse en objetos de investigación en tanto denotan áreas de vacancia que, desplegadas, aportarían interesantes tópicos a la Pedagogía Universitaria.

Una pregunta encerrada en un doble juego de circularidad pareciera contrariar todo intento de ser respondida, devolviéndonos en un movimiento de eterno retorno a una cuestión inicial: ¿La ausencia de políticas académicas estables sobre la formación pedagógica en la UNT estaría obturando la institucionalización del rol del APU, favoreciendo así su desdibujamiento y/o la falta de legitimación de esta función potenciaría la postergada institucionalización de dicha formación?

Reconociendo a la especificidad de la formación pedagógica del docente universitario como tarea identitaria del asesor de este nivel educativo y como mandato fundacional en la UNT no intentamos con estos cuestionamientos una reivindicación *per se* del APU, en tanto no coincidimos con ciertas formas apresuradas o poco rigurosas de construcción o asunción de esta *función de ayuda*.

Contrariamente, lo que no avalamos es que se convierta en una tarea improvisada y transitoria que pueda ser asumida por quienes profesionalmente no se dedican a lo universitario como objeto de estudio, con el agravante de que esta opción es potenciada por autoridades que demandan coyunturalmente asesores y/o profesionales vinculados a la educación y campos afines (no siempre con formación pedagógica) para dar cumplimiento a lineamientos de programas y proyectos externos. Expresado de otro modo, los asesores son requeridos cada vez más como *ejecutores* que como *generadores/autores* de propuestas y de transformaciones didáctico-curriculares construidas conjuntamente con docentes, alumnos y autoridades.

Pensamos que la calidad de los programas de formación pedagógica está afectada por esta pérdida de *autoría* del APU la que, a su vez, facilita la emergencia de *sustitutos* que devalúan y tornan aun más *impreciso* su perfil, interpretación que no lo exime de una autocrítica de su propia formación y protagonismo institucional y de saldar las deudas contraídas con los formatos de formación pedagógica.

A nuestro parecer, lo reiteramos, la formación pedagógica de los docentes universitarios cobra hoy una inusual relevancia frente al compromiso de orden ético y sociopolítico de potenciar la cuestionada calidad de la enseñanza universitaria de nuestro país a través de impostergables transformaciones pedagógicas, hecho que debe preocuparnos y ocuparnos.

Como un cierre, entonces, valgan estos punzantes interrogantes: si la actual reconfiguración identitaria del docente pone en *situación de riesgo* a la enseñanza ¿Esta reconversión no estaría reclamando *por* y *para* el Docente-Investigador, la reinvención de una formación pedagógica más provocativa, convocante, revitalizadora y contextualizada a este escenario? ¿Sería posible la construcción de un nuevo perfil docente capaz de reactivar cualitativamente la calidad de la enseñanza universitaria con docentes que no cuentan con formación pedagógica sistemática? ¿Una formación pedagógica optativa, individual y fragmentada tendría la fuerza suficiente para superar la ausencia o resistencia a las innovaciones didácticas-curriculares transparentada por la mayoría de los equipos docentes, a*premiados* por sobreexigencias ajenas a la enseñanza? ¿Pueden desarrollarse propuestas rigurosas de formación pedagógica si quienes las implementan no cuentan con dicha formación? Entre otras...

Estas inquietudes suponen un reto, el desafío queda *abierto*. Esperan definiciones de las gestiones y políticas académicas. Reclaman con urgencia, y a cargo de profesionales solventes, una formación que, más allá de las *buenas* intenciones, funde sus acciones en una ética de las consecuencias para que quienes asuman la responsabilidad de formular su propuesta tengan

> (...) el valor de promover una mirada sobre la incidencia que tiene la propia posición en los avatares de los efectos que se producen (...) considerar en el guión de trabajo los alcances que se habrán de producir como efecto del proceso de formación, pero a condición de incluir también lo incalculable de las respuestas que se habrán de obtener. (Zelmanovich, 2012, p.88).

Bibliografía

Araujo, S. (2002). "Evaluación, incentivos a la actividad investigadora y trabajo académico. Algunas conclusiones en el estudio de un caso en la Argentina". En Krotsch, P. (organizador), *La universidad cautiva: Legados, marcas y horizontes*. Buenos Aires, Argentina: Al Margen, pp.231-251.

Birgin, A. (2012). "Introducción: La formación, ¿una varita mágica?". En Birgin, A. (compiladora), *Más allá de la capacitación. Debates acerca de la formación de los docentes en ejercicio*. Buenos Aires, Argentina: Paidós, pp.13-28.

Davini, M. C. (1995). "Poder, control y autonomía en el trabajo docente". En Davini, M. C., *La formación docente en cuestión: Política y pedagogía*. Buenos Aires, Argentina: Paidós, pp.51-76.

Edelstein, G. (1999). *Fragmentos recuperados de una polifacética experiencia en respuesta a una pregunta desafiante*. I Symposium Iberoamericano de Didáctica Universitaria. Calidad de la docencia en la universidad. Santiago de Compostela, España: Universidad de Santiago de Compostela.

Edelstein, G. (2011). "El valor de la interdisciplina en el estudio de las prácticas de la enseñanza". En Edelstein, G., *Formar y formarse en la enseñanza*. Buenos Aires, Argentina: Paidós, pp.89-129.

Edelstein, G. (2013). "¿Qué docente hoy en y para las universidades?". *Intercambios. Dilemas y Transiciones de la Educación Superior*, v.1, n.1. Montevideo, Uruguay: UdelaR, pp.29-35.

Ferry, G. (1991). "La tarea de formarse". En Ferry, G., *El trayecto de formación: Los enseñantes entre la teoría y la práctica*. Buenos Aires, Argentina: Paidós, pp.43-73.

Finkelstein, C. (2016). "Evaluando las prácticas profesionales durante la formación". *Intercambios. Dilemas y Transiciones de la Educación Superior*, v.3, n.1. Montevideo, Uruguay: UdelaR, pp.33-39.

Lucarelli, E. y Finkelstein, C. (2012). "Presentación". En Lucarelli, E. y Finkelstein, C., *El asesor pedagógico en la universidad: Entre la formación y la intervención*. Buenos Aires, Argentina: Miño y Dávila, pp.9-15.

Lucarelli, E., Finkelstein, C. y Solberg, V. (2015). "Una mirada actual del asesor pedagógico universitario: Escenarios y trayectos". En Lucarelli, E., *Universidad y asesoramiento pedagógico*. Buenos Aires, Argentina: Miño y Dávila, pp.21-63.

Lucarelli, E. (2016). "Una mirada regional sobre el asesoramiento pedagógico universitario y la formación del docente universitario: identidad y diversidad". *Intercambios. Dilemas y Transiciones de la Educación Superior*, v.3, n.2. Montevideo, Uruguay: UdelaR, pp.13-25.

Menín, O. (2012). "Algunas ideas sobre formación docente universitaria". *Praxis*, v.XV, n.15. La Pampa, Argentina: UNLPam, pp.14-18.

Ministerio de Educación (1993). Secretaría de Políticas Universitarias. *Programa de Incentivos a Docentes Investigadores*. Decreto N° 2427. Buenos Aires, Argentina.

Romaña, T. y Gros, B. (2003). "La profesión del docente universitario en el siglo XXI: ¿Cambios superficiales o profundos?". *Revista de Enseñanza Universitaria*, n.21. Sevilla, España: Editorial Universidad de Sevilla, pp.7-35.

Universidad Nacional de Tucumán (1990). *Compilación histórica. Tomo III-Reglamentos Administrativos*, v.4/3. San Miguel de Tucumán: Imprenta UNT.

Villagra, A. y Ferrero, L. (2013). *La actual reconfiguración del trabajo docente universitario: sus resonancias en la cultura de cátedra*. XI Jornadas Regionales de Investigación en Humanidades y Ciencias Sociales. San Salvador de Jujuy, Argentina: Universidad Nacional de Jujuy.

Villagra, M. A. (julio-setiembre, 2015). "El actual trabajo docente univesitario en Argentina: alertas para repensar". *Educar em Revista. Dossie-Pegagogía Universitaria: Debates Internacionais Contemporáneos*, n.57. Curitiba, Brasil: UFPR, pp.115-129.

Villagra, M. A. (mayo, 2017). *El Asesor Pedagógico en la Universidad Nacional de Tucumán: avatares de su aporte a la enseñanza desde la formación pedagógica de docentes*. VIII Encuentro Nacional y V Latinoamericano *La universidad como objeto de investigación*. Santa Fe, Argentina: Universidad Nacional del Litoral.

Villalobos Clavería, A. y Melo Hermosilla, Y. (2008). "La formación del profesor universitario: Aportes para su discusión". *Revista Universidades UDUAL*, n.39. Distrito Federal, México, pp.3-20. Recuperado de http://www.udual.org/.

Yuni, J. y Catoggio, M. M. (2009). "La cultura de la auditoría como praxis disruptiva de las prácticas universitrias". *Praxis*, v. n.13. La Pampa, Argentina: UNLPam, pp.25-33.

Zabalza, M. A. (2002). "El profesorado universitario". En Zabalza, M. A., *La enseñanza universitaria: El escenario y sus protagonistas*. Madrid, España: Narcea, pp.107-142.

Zelmanovich, P. (2012). "Docentes y formadores: Arquitectura de una relación". En Birgin, A. (compiladora), *Más allá de la capacitación: Debates acerca de la formación de los docentes en ejercicio*. Buenos Aires, Argentina: Paidós, pp.85-107.

Capítulo IV

Docência na universidade: novas configurações e possíveis alternativas

Maria Isabel da Cunha

A formação de professores universitários tem sido objeto de estudos e indica a necessidade de análises constantes sobre sua configuração e práticas. A formação não é um constructo arbitrário pois sua proposta decorre de uma concepção de educação e do trabalho que cabe ao docente realizar. Perguntas como "formação para que?" "com que sentido?" são balizadoras da compreensão dos processos formativos. Sem um esforço para respondê-las, corre-se o risco de tratar as questões da formação de forma naturalizada, como se não se tivesse atuando num campo minado de ideologias e valores.

Estevão (2201), entende "a formação como uma prática social específica e como uma verdadeira instituição que cumpre certas funções sociais relacionadas com a reprodução, regulação e legitimação do sistema social". Lembra que "a formação, ao mesmo tempo, celebra determinados valores, por vezes contraditórios, ligados quer ao mundo empresarial e gerencialista, quer ao mundo cívico e da cidadania" (p.185).

Se a concepção de formação não é neutra, característica de todo ato humano, é preciso analisá-la numa perspectiva que se afaste da concepção meramente técnica. Inclusive, é importante lembrar, que a pesquisa sobre formação de professores pressupõe a não neutralidade. Gauthier (1999) lembra, com propriedade, que

> cada dispositivo do olhar e da observação modifica o objeto de estudo (…) por isso, nunca estudamos um objeto neutro, mas sempre um objeto implicado, caracterizado pela teoria e pelo dispositivo que permite vê-lo, observá-lo e conhecê-lo. (p.24).

Nessa perspectiva é importante fazer uma reflexão mais rigorosa da formação do professor universitário.

A pedagogia universitária e a formação de professores

Diferentemente dos outros graus de ensino, esse professor se constituiu, historicamente, tendo como base a profissão paralela que exerce ou exercia no mundo do trabalho. A idéia de que *quem sabe fazer sabe ensinar* deu sustentação, em grande parte, à lógica do recrutamento dos docentes da educação superior. Além disso a universidade, pela sua condição de legitimadora do conhecimento profissional, tornou-se tributária de um poder com raízes nas macro-estruturas sociais do campo do trabalho, dominadas, fundamentalmente, pelas corporações. A ordem "natural" das coisas encaminhou para a compreensão de que são os médicos que podem definir currículos de medicina, assim como os economistas o farão para os cursos de economia, os arquitetos para a arquitetura e etc. O pedagogo, quando chamado a atuar nesses campos, é um mero co-adjuvante, "um estrangeiro em territórios acadêmicos de outras profissões", como caracteriza Lucarelli (2000, p.23). Muitas vezes, assume apenas a função de dar forma discursiva ao decidido nas corporações, para que os documentos (planos curriculares, projetos pedagógicos, processos avaliativos e etc.) transitem nos órgãos oficiais. O pensamento de Larrosa (1990) é elucidador, quando afirma que o

> discurso pedagógico, com a profissionalização e institucionalização que são lhe são correlatas, está acompanhado de certas operações encaminhadas a estabelecer alguma homogeneidade na produção e transmissão do saber (uma certa normatização), assim como certas barreiras cognitivas (metodológicas, lingüísticas, teóricas etc), tanto com respeito às formas de conhecimento não profissionalizadas, como com respeito a outras coletividades já institucionalizadas, entre as quais se tentará construir e legitimar um espaço próprio. (p.25).

O fundamental, nesses casos, é dominar códigos de um saber pedagógico que vem do campo profissional e da tradição com que os próprios atores foram formados, ainda que se façam presentes novas energias advindas das políticas que circundam o tempo e o espaço em que se situam as decisões.

Também cabe destacar que a docência universitária recebeu forte influência da concepção epistemológica dominante, própria da *ciência moderna*[1], especialmente inspiradora das chamadas ciências exatas e da natureza, que possuía a condição definidora do conhecimento

---

1   *Ciência Moderna*: presididas pela racionalidade técnica, onde só há duas formas de conhecimento: as disciplinas formais da lógica e da matemática e as ciências empíricas segundo a modelo mecanicista de ciências naturais (Santos, 1987, p.18).

socialmente legitimado. Nesse pressuposto o conteúdo específico assumia um valor significativamente maior do que o conhecimento pedagógico e das humanidades, na formação de professores.

A concepção da docência como dom carrega um desprestígio da sua condição acadêmica, relegando os conhecimentos pedagógicos a um segundo plano e desvalorizando esse campo na formação do docente de todos os níveis, mas, principalmente, o universitário. Nessa perspectiva, como afirma Kessler (2002), a formação específica para a docência era compreendida como desnecessária. Para a autora, essa trajetória acabava constituindo um *habitus*[2] para o professor que contemplava o *conservadorismo*, ou seja, "o comprometimento com a ordem estabelecida, levando ao cumprimento de ordens sem questionamento (...)" e *ao autoritarismo* que, em geral, "se traduzia em relações hierarquizadas e a concepção positivista de rigor" (p.119).

Em outro estudo, tendo como base as contribuições teóricas de Bernstein (1990), afirmamos que as decisões pedagógicas não são autônomas; são, antes, dependentes historicamente das relações da educação com a produção (Cunha & Leite, 1996). Assim, dos docentes universitários costuma-se esperar um conhecimento do campo científico de sua área, alicerçado nos rigores da ciência e um exercício profissional que legitime esse saber no espaço da prática. Contando com a maturidade dos alunos do ensino superior para responder às exigências da aprendizagem nesse nível e, tendo como pressuposto o paradigma tradicional de transmissão do conhecimento, não se registra, historicamente, uma preocupação significativa com os conhecimentos pedagógicos.

Vale ressaltar, também, que, por sua vez, os conhecimentos pedagógicos se constituíram distantes do espaço universitário e só tardiamente alcançaram uma certa legitimação científica. Em geral o foco principal da pedagogia foi a criança, honrando a origem da palavra grega que a constituiu e construindo uma imagem social muitas vezes distorcida da sua amplitude e complexidade.

Outro aspecto da desqualificação da pedagogia universitária refere-se a sua condição instrumental e não raras vezes entendida como um conjunto de normas e prescrições que, na perspectiva da racionalidade técnica, teria um efeito messiânico na resolução de problemas. Não se leva em conta a perspectiva, tão bem caracterizada por Lucarelli (2000), de que a pedagogia universitária é um espaço

---

2   *Habitus*: conceito utilizado por Bourdieu (1994) para designar uma matriz de princípios que predispõe o indivíduo a agir de determinadas formas; é um *modus operandi*, uma disposição estável para operar em determinado sentido.

de conexão de "conhecimentos, subjetividades e cultura, exigindo um conteúdo científico, tecnológico ou artístico altamente especializado e orientado para a formação de uma profissão" (p.36).

Tudo indica que há uma inter-relação entre os fatores mencionados, que se materializam numa prática social objetiva e facilmente identificável. Nela a carreira universitária se estabelece na perspectiva de que a formação do professor requer esforços apenas na dimensão científica do docente, materializada pela pós-graduação *striuctu-sensu*, nos níveis de mestrado e doutorado. Explicita um valor revelador de que, para ser professor universitário, o importante é o domínio do conhecimento de sua especialidade e das formas acadêmicas de sua produção.

Como afirma Cortesão (2000),

> a universidade, com a sua preocupação de universalidade, se constitui como que o bastião da uniformidade de ordenação da transmissão e globalização dos conteúdos e processos que se revelam, algumas vezes, pouco adequados ao quadro atual em que se insere. Os docentes universitários ensinam geralmente como foram ensinados, garantindo, pela sua prática, uma transmissão mais ou menos eficiente de saberes e uma socialização idêntica àquela de que eles próprios foram objeto. (p.40).

Essa perspectiva da autora confirma o sentido da docência como *habitus*, explorado por Kessler (2002). Nela, como já explicitado, se estabelece um processo de imersão dos sujeitos na cultura, produzindo um cotidiano revelador de práticas que sucedem e se corporificam, naturalizando formas de ser e de pensar. O professor repete processos e estratégias de ensino e reproduz valores que estão fortemente presentes na sua trajetória, perpetuando, muitas vezes, um ciclo de reprodução. A idéia de *habitus* remete à compreensão de uma ação nem sempre reflexiva, mas profundamente enraizada no modo de vida cotidiana dos sujeitos.

O que é um professor de sucesso na universidade?

A pouca valorização do conhecimento pedagógico na formação do professor universitário contradiz o discurso acadêmico que defende essa formação especifica para os outros níveis de ensino. Vive-se uma ambigüidade sobre o que representa valor para a profissionalidade docente. Como a pedagogia universitária é um campo epistemológico inicial e ainda frágil, estabelece-se um certo vácuo que favorece o impacto que as políticas públicas têm tido na definição dos conhecimentos legitimados que o professor universitário deve alcançar para ser reconhecido profissionalmente, com fortes repercussões sobre sua carreira profissional. A reflexão desses condicionantes e as possibilidades de novas alternativas vêm se configurando como um importante campo de produção do conhecimento e dos saberes docentes.

Os conhecimentos legitimados para a docência universitária, como já analisado nesse estudo, têm raízes históricas e vinculam-se aos valores do campo científico e as estruturas de poder da organização coorporativa do trabalho. Entretanto, as políticas públicas também são definidoras de seus contornos. Essas políticas acompanham os processos que configuram o papel do Estado na confluência de energias e movimentos vinculados a projetos sociais e econômicos que, em tensão permanente, definem os rumos a serem tomados.

Profundas modificações, nas últimas décadas, vêm, progressivamente, instalando-se no relacionamento entre o Estado, a universidade e a sociedade. De acordo com Neave e van Vught (1991), esta transformação tem sido descrita pelos especialistas como a passagem do modelo de controle para o modelo de supervisão estatal. Na medida em que o setor privado assumiu a condição de ser o maior empregador dos egressos das universidades e que se pontuavam as dificuldades para assegurar o financiamento que atendesse as demandas da educação, o Estado considerou-se ineficiente para dar conta da gestão dos processos educativos, procurando, na retórica da autonomia, liberdade e auto-regulação, transferir sua responsabilidade social para a livre iniciativa. O mercado surgiu, então, como personagem principal do discurso político oficial, quer em nível do Estado, quer das Instituições, bem ao gosto das teorias neo-liberais, que tanto afagam a idéia da ineficiência dos setor público como algo incontornável.

Na formulação das relações, típicas do Estado-Nação, a expectativa social para a universidade instalava-se, principalmente, sob o pilar da emancipação, onde as relações se construíam no binômio sujeito-sujeito, procurando alcançar a solidariedade (Santos, 2000). O Estado-Avaliador, entretanto, vem reforçando o pilar da regulação, reinstituindo o processo de relações colonialistas na relação sujeito-objeto. Essa perspectiva foi particularmente enfatizada e resignificada pela chamada globalização, dentro da tendência neo-liberal, que fortemente vem impondo-se como se fosse a única alternativa de desenvolvimento, especialmente para os países dependentes.

Mesmo que este processo, que inclui a avaliação, possa trazer, num espaço de contradição, alguns resultados positivos para a qualidade educativa, representa um perigo ao tornar-se o padrão único que provém de um *ethos* externo, anulando as configurações de autoria das universidades de um projeto político-pedagógico próprio. A relação sujeito-objeto se fortalece e a universidade, que tanto foi zelosa de sua autonomia e da sua condição de geradora de um pensamento independente, se atrela ao processo produtivo, aceitando que forças externas imponham o patamar de uma qualidade que ela não escolheu. Além disso, como as estratégias governamentais são ardilosas e fortemente acompanhadas de um convencimento da opinião pública veiculadas pela mídia, a sensação de desconfiança que inicialmente se percebia nas Instituições, vem passando por um processo de acomodação aos novos padrões. Para tal condição muito contribui o sentimento de impotência dos sujeitos acadêmicos frente ao modelo avaliativo, que se legitima em legislações que impõem obrigatoriedades e punições aos que dele se afastam. A sensação de que não há alternativas ao modelo proposto favorece a absorção de seus pressupostos.

Nesse marco, as grandes discussões acadêmicas sobre a vocação da universidade, especialmente nos países em desenvolvimento, vão se perdendo e, em seu lugar, são colocadas energias para dar conta da qualidade imposta pelos processos avaliativos externos. O mais grave, entretanto, é reconhecer que estes processos não são analisados nas suas relações mais amplas ou seja, articulados com o conceito de Estado.

A compreensão das circunstâncias políticas que vêm definindo as condições objetivas do trabalho na universidade precisa ser referenciada em perspectivas mais largas. A rapidez com que são implementadas as novas diretrizes destoam do ritmo natural da reflexão acadêmica que, em geral, é mais lento e está acostumado a um certo distanciamento dos fatos para empreender a sua interpretação.

Analisando os processos de avaliação externa, vigentes para a universidade brasileira, identificam-se os elementos que estão constituindo os indicadores de sucesso da docência universitária. Esses padrões têm similaridade internacional, pois procuram legitimação no cenário globalizado. Percebe-se, nesse perfil, duas vertentes principais: o *componente da investigação* e o *componente da docência*. Ambos constituídos por estruturantes, alguns de alto prestígio e outros de baixa valoração acadêmica e social. O quadro a seguir procura explicitar melhor essa perspectiva.

O componente da investigação representa a concepção de que o professor é, especialmente, um produtor de conhecimento e que a universidade, para dar conta do seu perfil acadêmico precisa estar alicerçada numa forte tradição investigativa.

Já o componente da docência, deposita nos professores a tradicional tarefa da educação escolarizada, que expressa-se pela socialização e distribuição do conhecimento.

COMPONENTES DA AÇÃO DOCENTE E DIMENSÕES DE PRESTÍGIO

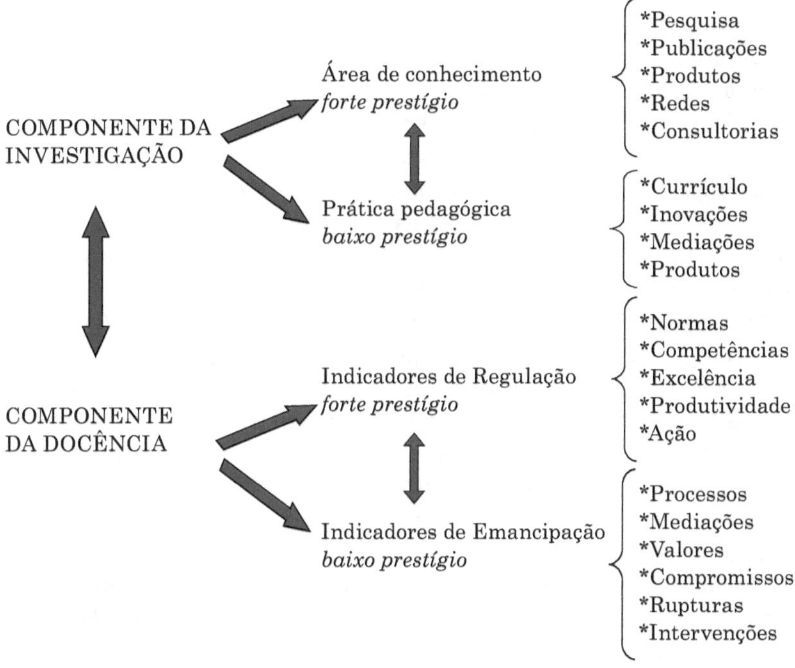

Ao comparar as duas vertentes, no âmbito da avaliação, identifica-se o *componente da investigação* como de maior prestígio, especialmente no espaço da pós-graduação, adentrando, pouco a pouco, a graduação. Entretanto, no seu interior há um estruturante que carrega maior importância do que o outro e refere-se à pesquisa pura ou aplicada, que toma a área de conhecimento específico como objeto. Essa dimensão assume maior prestígio do que a investigação dos processos pedagógicos que o professor, também profissionalmente, desenvolve na universidade. No primeiro caso os produtos são dimensionados pelas publicações, projetos investigativos financiados, patentes registradas, coordenação e/ou participação em redes investigativas e prestação de consultorias a órgãos públicos ou privados, no âmbito de sua especialidade. Há uma visibilidade material mais intensa do processo produtivo do professor.

No segundo caso, com menor prestígio está a pesquisa que acompanha reformas curriculares, inovações pedagógicas, mediações culturais e afetivas com estudantes e comunidades, materiais pedagógicos e instrucionais. As evidências dessa dimensão são mais fluídas e centram-se mais em processos do que em produtos, atingindo a subjetividade dos atores. Não são aspectos contabilizados numericamente nem a quantificação linear os qualifica. A sistemática de avaliação adotada não os capta e, numa visão pragmática, deslegitima sua condição acadêmica. Nesse sentido, o espaço da pedagogia na universidade, é sempre visto como um saber menor, ligado à base empírica da construção dos saberes, não merecendo uma legitimada interlocução acadêmica. Exemplifica essa condição a política que não reconhece, para fins de avaliação dos Cursos de Graduação, os títulos que os docentes universitários das diversas áreas do conhecimento obtém nos mestrados e doutorados em educação.

O *componente da docência* contém dois tipos de estruturantes que acompanham sua condição e prática: *a regulação e emancipação*. Essas concepções, inspiradas nos estudos de Santos (1998), são os pilares fundamentais da modernidade e estão presentes no horizonte da construção do conceito de Estado, desde a sua emergência a partir do século XVI, com fortes impactos sobre as formas de conhecimento.

Para o autor, tal como foram criados teoricamente, os dois pilares vinculados garantiriam "o desenvolvimento harmonioso de valores tendencialmente contraditórios, da justiça e da autonomia, da solidariedade e da identidade, da emancipação e da subjetividade, da igualdade e da liberdade" (p.71). Santos, porém, logo aponta o equívoco que considerou "a possibilidade desses princípios e lógicas virem humildemente a dissolver-se num projeto global de racionalização da vida social prática e cotidiana" (p.72) pois, ao longo dos períodos históricos do capitalismo, o pilar da regulação foi tomando proporções muito mais fortes do que o da emancipação, com profundo impacto para as políticas sociais, inclusive as da educação.

As ações humanas, sistematizadas em torno de processos instituídos, como é o caso da educação escolarizada, sendo tributárias da concepção de Estado, são, portanto, portadoras tanto de forças regulatórias como emancipatórias. O equilíbrio entre elas seria desejável para que, garantindo a necessária sistematização, a regulação não fosse empecilho às energias emancipatórias. Entretanto, tal como ocorre nos espaços políticos e sociais da macro-estrutura, o pilar do conhecimento regulação se sobrepõe ao pilar do conhecimento emancipação.

> Estamos tão habituados a conceber o conhecimento como um princípio de
> ordem sobre as coisas e sobre os outros que é difícil imaginar uma forma de
> conhecimento que funcione como princípio de solidariedade (...) e esse é um
> desafio a ser enfrentado. (Santos, 2000, p.30).

Tomando a educação como campo social percebe-se que, entre os *estruturantes regulatórios* estão as normas legais que regem a ação educativa, assim como a cultura instituída que define padrões e condutas. De uma certa forma trata-se, nesse sentido, do *habitus* bourdiniano anteriormente mencionado. O rol de competências que se espera dos atores e o padrão de excelência definido a priori, constituem-se no *ethos* regulador que define as práticas educativas e o padrão de qualidade. O mais alto padrão identifica-se como valor, indicando o grau de produtividade dos sujeitos. No caso dos professores universitários, a expectativa é de que alcancem padrões de excelência em ações que exteriorizem sua competência acadêmica. Os resultados são quase sempre quantificáveis, obedecendo a indicadores pragmáticos de inserção em padrões generalizáveis. O sucesso da docência pode ser dimensionado a partir do grau de alcance dos parâmetros propostos pelo *ethos* regulatório.

Já a *vertente da emancipação* vincula-se muito mais a processos do que a produtos, identificando-se com as mediações, os valores e os compromissos que o docente expressa na sua prática pedagógica. Atitudes emancipatórias também exigem conhecimentos acadêmicos e competências técnicas e sociais que configurem um saber fazer que extrapole os processos de reprodução. Entretanto, não se estabelecem sobre um ethos regulatório geral. Ao contrário, como afirma Santos (2000), sua característica é de não ser indiferente à diferença (p.30). Isso significa que a competência situa-se, justamente em agir diferenciadamente para cada situação, a partir da leitura da cultura e das condições de produção do conhecimento que se estabelece entre o professor e seus estudantes.

Os processos de emancipações são estimuladores de intervenções compromissadas com as rupturas que atuam no sentido da mudança. Não são medidos pelo tamanho e abrangência, mas sim pela profundidade e significado que têm para os sujeitos envolvidos. São difíceis de dimensionar objetivamente pois atuam nos espaços de subjetividade e necessitam um tempo de maturação para poder produzir efeitos, que podem ser múltiplos e heterogêneos.

Na conjuntura atual, onde o Estado neoliberal vem definindo políticas educativas identificadas com a base econômica de produção, é fácil observar como o pilar da regulação assume muito mais alto prestígio do que o da emancipação. São eles os definidores de prêmios objetivos e simbólicos que valorizam a docência universitária e reconfiguram a profissionalidade dos professores, definindo o que é um professor de sucesso.

O termo profissionalidade tem sido introduzido nas últimas reflexões sobre a formação profissional e se traduz na idéia de ser a profissão em ação, em processo, em movimento. Gimeno Sacristan fala da profissionalidade "como a expressão da especificidade da atuação dos professores na prática, isto é, o conjunto de atuações, destrezas, conhecimentos, atitudes e valores ligados a elas que constituem o específico de ser professor" (1993, p.54). Talvez, para o caso do trabalho docente, a concepção de profissionalidade seja mais adequada do que a de profissão. Isto porque o exercício da docência nunca é estático e permanente; é sempre processo, é mudança, é movimento, é arte; são novas caras, novas experiências, novo contexto, novo tempo, novo lugar, novas informações, novos sentimentos, novas interações.

Essa concepção, porém, contraria a histórica premissa construída para o trabalho do professor, materializada na idéia de que a função docente resume-se em ensinar um corpo de conhecimentos estabelecidos e legitimados pela a ciência e cultura, especialmente pelo valor intrínseco que os mesmos representam. Para esta perspectiva a erudição seria a qualidade mais reconhecida no docente que representaria um depositário do saber cuja palavra estaria pré-ungida de legitimação. O elemento fundamental do ensino, nesta perspectiva, é a lógica organizacional do conteúdo a ser ensinado, suas partes e pré-requisitos, sem maiores preocupações com os sujeitos da aprendizagem e o contexto em que essa deveria acontecer. O conhecimento, tido como puro reflexo dos objetos, se organiza sem a mediação dos sujeitos. Para tal profissionalidade, as características do trabalho docente, também são tributárias da lógica e da neutralidade: segurança, erudição, metodologia da demonstração, parâmetros únicos de avaliação, disciplina silenciadora dos estudantes etc. O silêncio, de acordo com Santos (2000), junto com a diferença, é a expressão de uma sociologia das ausências, uma construção que se afirma como sintoma de um bloqueio, de uma potencialidade que não pode ser desenvolvida (p.30). Enfim, um intenso processo regulatório no sentido da garantia da permanência de práticas pedagógicas consolidadas tradicionalmente, que incluem os conceito de controle e poder.

Bernstein (1998) diferencia essas duas dimensões explicitando que "o controle estabelece formas de comunicação legitimas e o poder, as relações legítimas entre categorias" (p.37). Assim o poder vincula-se às relações que se instituem na prática pedagógica e o controle refere-se aos dispositivos do discurso pedagógico que regula as mesmas. Como é fácil perceber, para o autor (1990), "a prática pedagógica pode ser entendida como um dispositivo transmissor, um transmissor cultural. Um dispositivo unicamente humano, tanto para a reprodução como para a produção da cultura" (p.68). Suas reflexões, aliadas às contribuições de Santos, servem para que se compreenda que o sentido da profissionalidade não é arbitrário, pois sempre revela e contém formas de controle e poder ou, dito de outra forma, de regulação. No caso da educação essas formas se materializam na prática pedagógica.

Entretanto, como possibilidade potencial, a contradição se estabelece nos espaços caracterizados pelas ações humanas. Ainda que seja comum identificar-se a presença dos processos regulatórios oriundos das políticas e práticas tradicionais, o professor, conscientemente ou não, junto com seus alunos, resiste a se tornar apenas objeto da ação que desenvolve. Nessa perspectiva dialética é que vale a pena apostar. Uma das formas de faze-lo, é analisar como se constroem as práticas alternativas e os saberes docentes.

Regulação da docência: crise, contradições e possibilidades

O arcabouço histórico conceitual do entendimento da docência e da mudança paradigmática, que vem afetando a concepção de conhecimento e incluindo novas racionalidades, tem tido importante influência no campo da formação de professores, conforme mencionado nesse texto.

Em Maurice Tardif e seu grupo de pesquisa, coordenado, atualmente, a partir da Universidade de Montreal, encontramos uma possibilidade de diálogo privilegiado. Num dos primeiros textos dessa equipe, publicado no Brasil, denominado *Os professores face ao saber: esboço de uma problemática do saber docente* (Tardif, Lessard e Lahye, 1991), os autores chamavam a atenção para a importância de considerar que os professores são produtores de saberes e que estes são plurais na sua constituição e natureza. Apontavam três tipos de saberes como constituintes da docência: saberes das disciplinas, saberes curriculares e saberes da experiência.

Entre outros, alguns foram os méritos dessas reflexões no campo da formação de educadores no Brasil. Ampliou o delineamento dos saberes numa similaridade com os estudos de Nóvoa (1989, 1992), que vinham impactando o campo das pesquisas educacionais no país, analisando a constituição genealógica da docência. Além disso, mostrou que os saberes requeridos para o professor são definidos na relação histórica do papel da escola e da educação nas sociedades contemporâneas. Nesse sentido estão matriciados numa relação de poder macro-estrutural. Sendo assim, os saberes variam no tempo e no espaço, dando contornos ao papel docente, orientando estudos e políticas necessárias para sua formação, quase sempre de uma forma externa ao seu fazer cotidiano.

Em contribuições mais recentes (2001, 2002) Tardif e sua equipe ampliaram, através de suas pesquisas, o estudo dos saberes dos professores, no intuito de compreender melhor a profissão docente. Acompanhando a tendência contemporânea das pesquisas qualitativas de inspiração etnográfica, eles concluem

> que os saberes que servem de base para o ensino, tais como são vistos pelos professores, não se limitam a conteúdos bem circunscritos que dependeriam de um conhecimento especializado. Eles abrangem uma diversidade de objetos, de questões, de problemas que estão relacionados com seu trabalho. [Nesse sentido] os saberes profissionais são plurais, compostos e heterogêneos (...) bastante diversificados, provenientes de fontes variadas, provavelmente de natureza diferente. (2001a, p.213).

Aponta, também, o autor para as dimensões da crise que assola a profissão docente. Menciona, em primeiro lugar,

> que a crise do profissionalismo é sobretudo, uma crise da perícia profissional, ou seja, dos conhecimentos, estratégias e técnicas por meio das quais certos profissionais procuram solucionar situações problemáticas. A perícia profissional perdeu progressivamente sua aura de ciência aplicada para aproximar-se de um saber muito mais ambíguo, de um saber socialmente situado e construído localmente. (p.251).

Mais do que conhecimentos advindos da racionalidade técnica, a profissão docente está imersa em dimensões éticas, tais como valores, senso comum, saberes cotidianos, julgamento prático, interesses sociais, etc. "Essas mudanças na visão da perícia profissional suscitaram controvérsias a respeito do valor dos fundamentos epistemológicos das práticas profissionais de um repertório de saberes estável, codificado, consensual e portadora de imputabilidade" (p.251), alicerçadas no pilar da regulação, explorado por Santos (2000).

O segundo estruturante do problema, para Tardif (2000), refere-se ao impacto da crise da perícia nas atividades formação profissional.

"Na maioria das profissões, esse impacto se manifesta por meio de uma grande insatisfação e de críticas muitas vezes ferrenhas contra as formações universitárias oferecidas nas faculdades ou nos institutos profissionais" (p.252).

Sem defender uma competência generalizada às instituições formadoras, uma posição mais reflexiva aponta para a relatividade dessa condição, pois ela assume um poder de generalização, sem fazer as distinções necessárias, além de atribuir um poder à formação inicial que não parece procedente.

A terceira evidência da crise do profissionalismo "remete também à crise do poder profissional e à confiança que o público e os clientes depositam nele (...) entendendo o termo 'poder' aqui tanto no sentido político quanto no sentido de capacidade ou competência" (p.253). A complexidade da existência humana e o reconhecimento dos múltiplos fatores que a determinam, faz fugir das mãos de um único profissional a condição de arbitragem da verdade e da certeza.

Por fim, lembra o autor a *crise da ética profissional*, isto é, dos valores que deveriam guiar os profissionais.

> Nos últimos trinta anos, nota-se que a maioria dos setores sociais onde atuam profissionais têm sido permeados por conflitos de valores para os quais tem-se tornado cada vez mais difícil encontrar ou inventar princípios reguladores e consensuais. Esses conflitos de valores parecem ainda mais graves nas profissões cujos "objetos de trabalho" são seres humanos, como ocorre com o magistério. (p.252).

Os saberes do docente do ensino superior também são atingidos pelas crises que compõem esse cenário. Abalados os conhecimentos que dão sustentação a um ensino prescritivo e legitimado pelo conhecimento científico, o professor vê-se numa emergência de construção de novos saberes. As questões principais que enfrenta na prática cotidiana dizem respeito processos que geram perguntas tais como: Em que medida consigo atender as expectativas de meus alunos? Como compatibilizá-las com as exigências institucionais? Como motivar meus alunos para as aprendizagens que extrapolam o utilitarismo pragmático que está em seus imaginários? Como trabalhar com turmas heterogêneas e respeitar as diferenças? Que alternativas há para compatibilizar as novas tecnologias com a reflexão ética? De que maneira alio ensino e pesquisa? Que competências preciso ter para interpretar os fatos cotidianos e articulá-los com meu conteúdo? Como enfrento o desafio da interdisciplinariedade? Continuo preocupado com o cumprimento do programa de ensino mesmo que os alunos não demonstrem interesse/prontidão para o mesmo? Como, em contrapartida, garanto conhecimentos que lhes permitam percorrer a trajetória prevista pelo currículo? Tem sentido colocar energias em novas alternativas de ensinar e aprender? Como fugir de avaliações prescritivas e classificatórias e, ao mesmo tempo, manter o rigor no meu trabalho?

A convivência com professores universitários indica que muitas outras questões poderiam ser arroladas nessa direção. Fácil é perceber que elas requerem respostas de natureza cultural e pedagógica. Os impasses que os professores enfrentam cada vez menos dizem respeito ao domínio do conteúdo de suas matérias de ensino, ainda que reconheçam nele uma condição fundamental. Os desafios atuais da docência universitária parecem estar requerendo saberes que até então representam baixo prestígio acadêmico no cenário das políticas globalizadas, porque extrapolam a possibilidade de quantificar produtos.

No fundo aparece com clareza uma questão de poder. Poder de quem está conseguindo definir o que é e o que dá prestígio. Se fossem os alunos, provavelmente, os saberes que constituem uma prática pedagógica significativa seriam valorizados e o processo de solidariedade estaria dando suporte a construções partilhadas de conhecimentos. Muitos professores também se sentiriam mais prestigiados com o reconhecimento de seus estudantes. Há dados de pesquisas que informam que quando perguntados pelo sentido da docência nas suas vidas, os professores recorrem a argumentos que estão no plano da subjetividade, assinalando o prazer que sentem ao se sentir socialmente úteis na aprendizagem e crescimento de seus alunos. Entretanto, o afã do Estado-Regulador tem conseguido, explorando a tradição cultural do ensino superior, fazer valer uma visão pragmática, onde têm prestígio aquilo que representa o resultado da produtividade competitiva entre os sujeitos. Essa lógica privilegia os produtos sobre os processos e, assumindo parâmetros universais, desconsidera as diferenças e, certamente, provoca silêncios, muitas vezes potencialmente portadores do germe alternativo da inovação.

A literatura têm caracterizado o professor, que se submete obrigatoriamente à lógica neoliberal, de *professor investidor*. Sua principal função não é dedicar-se a produzir um conhecimento que responda as questões emergentes e significativas para ele e seus alunos. Ao contrário, é, especialmente, estar alerta aos prazos e condições das agências de fomento que acabam estimulando, muitas vezes, uma corrida individualizada às melhores oportunidades de sucesso. E sucesso, nessa dimensão, é visto como quantidade e exteriorização das publicações, participação em eventos nacionais e internacionais, presença em comitês científicos, projetos financiados etc. Sempre que esses produtos têm trânsito internacional, acrecenta-se pontos no seu prestígio. Ainda que se reconheça que esses produtos façam parte da agenda do docente universitário, identifica-se, atualmente, uma concessão exorbitante de valor a essas dimensões. O professor se vê envolvido, cada vez mais, num processo de intensificação de seu trabalho que, com as tecnologias da informática, extrapolam os tempos acadêmicos e invadem os espaços privados de convivência social. Todos reconhecem que os sábados, domingos e feriados são os melhores dias para produção intelectual, submetendo a sí próprios e às suas famílias, a um processo estressante de *corrida acadêmica,* à procura do troféu da produtividade.

Exacerba-se o individualismo, nessa perspectiva. O docente é valorizado pelo que produz individualmente ou com seus orientandos, que, muitas vezes, disponibilizam produções próprias para aumentar a autoria do orientador. A relação social no espaço acadêmico, antes reconhecida como um elo estabelecido entre os professores e entre esses e seus alunos, cada vez mais é substituída pela relação do professor com seu grupo de pesquisa, na melhor das hipóteses. Em muitas ocasiões o que se estabelece é apenas a relação do professor com seus próprios livros e ou computador.

A crítica ao modelo de docência a que estamos submetidos, não quer ser entendida como anuladora da importância dos produtos, especialmente quando eles possuem a qualidade que decorre de processos rigorosamente científicos e pedagógicos. Antes disso, quer prestigiar os resultados que podem contribuir com a educação e com uma condição positiva de vida social, no sentido de *um conhecimento prudente para uma vida decente,* como defende Santos (1998). A crítica, que quer contribuir para uma reflexão rigorosa sobre a condição da docência universitária atual, tem o sentido de chamar a atenção para a possibilidade eminente de reconfiguração dos saberes que constituem campos de prestígio e que, atingindo a subjetividade dos atores envolvidos, se naturalizem como a expressão inquestionável de qualidade.

Acreditamos que o imaginário de sucesso presente na sociedade, nos alunos, nas instituições e nos próprios docentes é indicador da direção que o professor dá à construção de seus saberes. Na atual conjuntura, temos a preocupação de que os processos avaliativos externos, propostos pelos organismos internacionais e incorporados pelas políticas públicas brasileiras, tenham um importante papel regulador na concepção de docência. E esse processos, como é de conhecimento público, tomam produtos definidos a partir de uma arbitrário que são aplicados como parâmetro de qualidade de forma universal, desconsiderando a possibilidade da diferença e desestimulando processos emancipatórios. Certamente terão impacto significativo no comportamento dos docentes, em especial, como pontuou Tardif, daqueles que estão em fase inicial de suas carreiras.

Esse é um dos aspectos mais interessantes das suas contribuições (2000), pois aborda a dimensão temporal dos saberes que se constroem na carreira docente. Para o autor, a carreira "consiste em uma seqüência de fases de integração em uma ocupação e de socialização na subcultura que a caracteriza" (p.225). Chamam atenção, ainda, para o caráter coletivo da dimensão da carreira, já que a identidade dos atores está referida naqueles que os precederam, que instituíram ou reforçaram normas, atitudes e comportamentos estabelecidos pela tradição ocupacional e por sua cultura. Com significativo impacto para os estudos sobre a docência, ressaltam que "os saberes dos professores comportam uma forte dimensão temporal, remetendo a processos através dos quais são adquiridos no âmbito da carreira do magistério" (*op. cit.*, p.226), numa dinâmica de socialização profissional.

Levar em conta esses pressupostos é reconhecer que os professores universitários iniciantes recebem com maior intensidade o impacto das influências culturais de seu tempo. Certamente são influenciados pelos modelos culturais presentes nas suas trajetórias estudantis. Mas identificam as primeiras experiências de trabalho como fundantes dos saberes que constroem.

Em um estudo (Cunha, Zanchet, Neumann, Fischer, Pinto, Mallmann, 2001) entrevistamos professores universitários e percebemos que eles reconhecem que a experiência de início de carreira, foi uma das principais fontes dos seus saberes profissionais. Segundo eles, essa é uma fase crítica, marcada pelos erros, pelas tentativas de acertar e a necessidade de ser aceito pelo círculo profissional. Segundo o depoimento dos entrevistados, os saberes de início de carreira se constroem através da prática, *tateando e descobrindo*. Em suma, se aprende no exercício da própria docência.

Com o tempo e com a prática, os professores reconhecem que aprenderam *a lidar com certas situações*, e aprenderam

> a lidar com as pessoas. Depois de um certo tempo de trabalho você já montou o seu esquema, você já se organizou um pouco. Então fica mais fácil dar aulas (…) vou modificando minhas atitudes em aula quando percebo que meus alunos ficam desinteressados (…) Isso aprendi com o tempo [revela um professor].

O depoimento dos professores confirma a importância da fase inicial de trabalho na construção de seus saberes. É um momento de socialização cultural, onde as energias valorativas do campo simbólico de atuação dos professores interferem na construção do seu modo de atuação.

O grande desafio que se põe é, no enfrentamento das contingências das políticas dominantes defensoras de padrões hegemônicos, tornar possível uma formação de professores que os ajude a construir saberes para uma docência emancipatória. Nessa perspectiva vale perguntar sobre a importância da contribuição da ciência pedagógica para tal intento e como os profissionais da pedagogia poderiam interagir com os demais docentes, numa relação epistemológica que fosse dialógica e quebrasse as relações de poder existentes entre os diferentes campos científicos. Não crendo em soluções messiânicas, parece que o caminho da mudança poderá se dar pelas margens, como afirma Sousa Santos (1998), na criação de um novo senso comum, "onde a nova cidadania se constitui na obrigação política horizontal entre os cidadãos. Com isto, revaloriza-se o princípio da comunidade e, com ele, a idéia da igualdade sem mesmidade, a idéia da autonomia e a idéia da solidariedade" (p.239).

Começar pelas margens significa que todos nós somos responsáveis pelos processos de mudança em nosso campo de atuação. A universidade, por sua condição, representa um elemento catalisador de possibilidades e expectativas e não pode se omitir de suas responsabilidades. E, nesse contexto, o professor é um elemento-chave.

São evidentes os desafios que tal proposta traz, especialmente numa circunstância em que as políticas que orientam os mais fortes Estados ocidentais caminham em direção oposta. Vale acreditar, porém, nos sinais de esgotamento da ordem capitalista desenfreada e apostar na capacidade humana de crer que um novo mundo seja possível.

Bibliografía

Bernstein, Basil (1990). *On pedagogic discourse*, v.IV, Class, codes and control. Londres: Routledge.

—— (1990ª). *Poder, educacion y conciencia: sociologia de la transmission cultural*. Barcelona: El Roure Editorial.

—— (1996). *A estruturação do discurso pedagógico. Classe, códigos e controle*. Petrópolis: Editora Vozes.

—— (1998). *Pedagogia, control simbólico e identidad*. Madrid: Editora Morata/ Paideia.

Bourdieu, Pierre (1994). "O campo científico". In Ortiz, Renato (org.), *Pierre Bourdieu. Sociologia*. São Paulo: Editora Ática.

Cortesão, Luisa (2000). *Ser professor: um ofício em risco de extinção?* Porto: Editora Afrontamento.

Cunha, Maria Isabel da. y Leite, Denise (1996). *Decisões pedagógicas e estruturas de poder na universidade.* Campinas: Papirus.

Cunha, Maria Isabel da (1999). "Trabalho docente e ensino superior". In Rays, Oswaldo, *Trabalho pedagógico: realidades e perspectivas.* Porto Alegre: Editora Sulina.

Cunha, Maria Isabel da., Zanchet, Beatriz, Neumann, Laurício, Fischer, Maria Cecilia, Pinto, Maria das Graças G. y Malmann, Marly (s/d). "Fontes do Conhecimento e Saberes na construção da Profissão Docente: um estudo empírico à luz da contribuição de Maurice Tardif". *Educação Unisinos*, v.6, n.9, pp.58-69.

Estevão, Carlos (2001). "Formação, gestão, trabalho e cidadania. Contributos para uma sociologia crítica da formação". *Educação e Sociedade*, a.XXII, n.77, dezembro, pp.18-32.

Gauthier, Jacques (1999). "O que é pesquisar – Entre Deleuze-Guattari e o candomblé, pensando mito, ciência, arte e culturas de resistência". *Educação e Sociedade*, a.XX, n.69, dezembro, pp.47-61.

Gimeno Scristán, José (1993). "Conciencia y acción sobre la práctica como liberación profesional". In Ibernon, F. (coord.), *La formación permanente del profesorado en los países de la CEE.* Barcelona: ICE/Universitat de Barcelona – Horsori.

Kessler, Maria Cristina (2002). "Problematizando a produção da exclusão por conhecimento: o caso da matemática". *Projeto de Tese de Doutorado.* São Leopoldo: UNISINOS.

Larrosa, Jorge (1990). *El trabajo epistemológico en Pedagogía.* Barcelona: Editora PPU.

Lucarelli, Elisa (comp.) (2000). *El asesor pedagógico em la universidad. De la teoria pedagógica a la práctica en la formación.* Buenos Aires: Editorial Piados.

Neave, Guy y Van Vugt, Frans (1991). *Prometheus Bound: The Changing Relationships Between Govern,ent and Higher and Higher Education in Western Europe Relationships.* London: Pergamon Press.

Nóvoa, António (1992). *Os professores e sua formação.* Lisboa: Editora Dom Quixote.

Pimenta, Selma y Anastasiou, Lea (2002). *Docência no Ensino Superior*, v.1. São Paulo: Cortez Editora.

Rays, Oswaldo Alonso (1999). *Trabalho pedagógico: realidades e perspectivas.* Porto Alegre: Editora Sulina.

Sousa Santos, Boaventura de (1986). *Um discurso sobre a ciência.* Porto: Editora Afrontamento.

—— (1998). *Pela mão de Alice: O social e o político na pós-modernidade.* Porto: Editora Afrontamento.

—— (2000). *A crítica da razão indolente. Contra o desperdício da experiência.* São Paulo: Cortez Editora.

Silva, Circe (2000). "A Faculdade de Filosofia Ciências e Letras da USP e a formação do professor de matemática". *21 Reunião Anual da Anped*. Caxambu: CDRom.

Tardif, Maurice, Lessard, Claude y Lahye, Louise (1991). "Os professores face ao saber. Esboço de uma problemática do saber docente". *Teoria e Educação*, n.4, pp.215-233.

Tardif, Maurice y Raymond, Danielle (2000). "Saberes, tempo e aprendizagem do trabalho no magistério". *Educação e Sociedade*, a.XXI, n.73, dezembro, pp.121-147.

—— (2002). *Saberes Docentes e Formação Profissional*. Petrópolis: Editora Vozes.

Capítulo V

Apoio pedagógico aos professores universitários iniciantes: espaços e possibilidade

Beatriz Maria Boéssio Atrib Zanchet, Maria Isabel da Cunha,
Nadiane Feldkercher y Gabriela Machado Ribeiro

No Brasil, a constituição de programas voltados à ampliação do acesso ao ensino superior, à reestruturação das universidades federais brasileiras e à criação/implantação de novas universidades se estabeleceu como alternativa para alcançar resultados positivos quanto ao aumento do número de estudantes nesse nível de ensino. As políticas de ampliação do número de vagas fizeram parte do rol de ações do governo federal para a educação desde o final do século passado, movido, principalmente por influências internacionais. Esse movimento, constituiu uma das metas do *Plano Nacional de Educação* de 2001-2010 que, além de visar a expansão, vislumbrava potencializar o desenvolvimento científico e tecnológico do país. A efetivação dessas proposições se deu pela implantação de diversos programas que integraram o Plano de Desenvolvimento da Educação (PDE). O Programa de Apoio a Planos de Reestruturação e Expansão das Universidades Federais (Reuni), instituído em abril de 2007, compôs o conjunto dessas ações. Tal Programa apresenta como objetivo "criar condições para a ampliação do acesso e permanência na Educação Superior, no nível de graduação, pelo melhor aproveitamento da estrutura física e de recursos humanos existentes nas universidades federais" (Brasil, 2007, p.10).

As universidades que aderiram ao Programa, para estarem aptas a receber os repasses financeiros, assumiram o compromisso de viabilizar e concretizar um conjunto de metas em um período de cinco anos, a contar do início de cada plano e ter sua proposta coerente com o documento elaborado pelo Ministério da Educação que o estruturou em seis dimensões, a saber:

- ampliação da oferta de educação superior pública promovendo o aumento de vagas de ingresso, especialmente, no período noturno, redução das taxas de evasão e ocupação de vagas ociosas;
- reestruturação acadêmico-curricular que consiste na revisão da estrutura acadêmica buscando a constante elevação da qualidade, reorganização dos cursos de graduação, diversificação das modalidades de graduação, preferencialmente com superação da profissionalização precoce e especializada, implantação de regimes curriculares e sistemas de títulos que possibilitem a construção de itinerários formativos e previsão de modelos de transição, quando for o caso;
- renovação pedagógica da educação superior fundamentada na articulação da educação superior com a educação básica, profissional e tecnológica, na atualização de metodologias (e tecnologias) de ensino e aprendizagem e na previsão de programas de capacitação pedagógica, especialmente quando for o caso de implementação de um novo modelo;
- mobilidade intra e interinstitucional pautada na promoção da ampla mobilidade estudantil mediante o aproveitamento de créditos e a circulação de estudantes entre cursos e programas e entre instituições de educação superior;
- compromisso social da instituição que prevê a formulação de políticas de inclusão, programas de assistência estudantil e políticas de extensão universitária;
- suporte da pós-graduação ao desenvolvimento e aperfeiçoamento qualitativo dos cursos de graduação que diz respeito à articulação da graduação com a pós-graduação: expansão quali-quantitativa da pós-graduação orientada para a renovação pedagógica da educação superior.

A implantação do Reuni, conforme o relatório da comissão responsável pelo acompanhamento da consolidação do programa de expansão das universidades federais desencadeou um expressivo crescimento não somente das universidades federais, mas também no número de campus no interior do país.

Com a expansão intensificada a partir da instituição desse Programa houve um considerável aumento quantitativo de professores que ingressaram na carreira docente. Em geral, são professores recém-doutores, que possuem a titulação requerida para o ingresso na carreira e apresentam significativa produção científica em sua especialidade. No entanto, quando assumem a docência precisam processar a passagem entre uma formação que privilegia a pesquisa para uma prática significativamente exigente de docência.

O professor, ao iniciar a carreira docente, é impactado por inúmeras exigências, precisando inserir-se na cultura do seu ambiente de trabalho e relacionar-se com seus colegas e alunos. Necessita, também, responder a questões burocráticas da ação docente bem como dos encaminhamentos de projeto de pesquisa, de ensino e de extensão, dentre outras tantas tarefas.

Segundo Marcelo Garcia (1999, p.249), ao ingressar na docência superior, o professor precisa se ambientar "(...) a uma nova cultura, normas, rituais, símbolos etc., que devem ser conhecidos (ou reconhecidos) por qualquer professor que nela pretenda sobreviver". As universidades possuem uma cultura material inserida no espaço e no tempo e o período de iniciação à profissão docente é onde se inicia a inserção na cultura docente, dos conhecimentos, valores e símbolos da profissão, assim como o desenvolvimento de processos que possibilitem ao professor iniciante conhecer criticamente o entorno social onde se situa.

A etapa inicial da carreira docente apresenta peculiaridades que se destacam pelos dilemas e dificuldades vividas pelo professor iniciante. Vários autores salientam esse período caracterizando-o como uma fase de 'sobrevivência' e da 'descoberta' (Huberman, 2000), como um momento de socialização (Marcelo Garcia, 1999) ou como um choque com a realidade (Veenman, 1988).

Nos estudos de Feixas (2002) sobre os professores no contexto universitário, a autora explica que, em muitos casos, o local de trabalho não é o que imaginaram e "(...) muitos professores iniciantes se sentem pouco preparados para enfrentar os problemas e suportar a pressão institucional (...)"[1] (Feixas, 2002, p.1). Em alguns casos, a situação de despreparo para o exercício da docência pode ser uma das razões que os leva a desistir da profissão. O que se percebe é que experiências negativas e frustrantes vividas no contexto do trabalho, tanto em relação ao desenvolvimento da disciplina como na convivência com os alunos e colegas, podem ser definidoras para a continuidade ou não na docência.

Os primeiros anos de docência são vividos com muitas dúvidas e confrontos de toda a ordem, pois os docentes universitários, em geral, possuem um consolidado conhecimento de sua área específica, mas

---

1 "Muchos profesores noveles se encuentran con pocos recursos para hacer frente a los problemas y soportar la presión institucional (...)".

como não tiveram formação para a docência, pouco ou nada conhecem sobre as questões ligadas ao ensino. É preciso considerar que esse processo de se converter em professor não é tarefa simples, pois exige saberes e conhecimentos que não foram aprendidos na sua formação.

De acordo com Papi e Martins (2010), a fase de iniciação na carreira é um tempo privilegiado para a constituição da docência. Explicam as autoras que

> (...) os primeiros anos de exercício profissional são basilares para a configuração das ações profissionais futuras e para a própria permanência na profissão. Podem tornar-se um período mais fácil ou mais difícil, dependendo das condições encontradas pelos professores no local de trabalho, das relações mais ou menos favoráveis que estabelecem com outros colegas, bem como da formação que vivenciam e do apoio que recebem nessa etapa do desenvolvimento profissional. (Papi & Martins, 2010, p.43).

O que se percebe é que as experiências vividas nos primeiros anos da carreira são as que mais impactam a vida profissional de um professor. Ao mesmo tempo são elas que os ajudam a desenvolver percepções sobre o ensino, sobre os alunos, sobre o entorno onde atuam e sobre seu fazer docente. Com essa compreensão, Marcelo Garcia (2009a) defende que o início da docência, além de ser um período marcado por tensões e aprendizagens intensas, é considerado basilar para o desenvolvimento da carreira docente.

Os docentes iniciantes, ao serem solicitados a participar do planejamento pedagógico do curso, a elaborar o plano de ensino de disciplina, a articular a teoria com a prática, a contextualizar o conteúdo ensinado, trabalhar interdisciplinarmente, e ainda manter uma produção acadêmica considerável para ter reconhecimento entre os pares, assumem atribuições que outrora não tinham tanta ênfase na atividade docente nesse nível de ensino.

Tal panorama nos remete à importância que a promoção de programas/processos formativos para a docência na Educação Superior assume no universo institucional. A repercussão de iniciativas voltadas para a formação docente está intimamente relacionada aos pressupostos organizacionais, teóricos e metodológicos que norteiam os Projetos Institucionais.

Feixas (2004) considera que ações institucionais capazes de promover a colaboração entre pares, o apoio departamental e as atividades de formação são substanciais para que os professores possam modificar e transcender a compreensão de ensino como mera transmissão de informação e passem a entendê-lo como um processo que supõe auxiliar o estudante a desenvolver e transformar suas próprias ideias a respeito da disciplina em questão e da relação dessas com o conhecimento, o campo profissional e a sociedade.

Além da criação de programas de formação para a docência, a instituição pode optar por desenvolver outras estratégias de assessoramento pedagógico. Conforme explica Mayor Ruiz (2007, p.35), no âmbito do assessoramento, "quando falamos de estratégia estamos nos referindo a um acordo sobre aqueles princípios que ordenam os intercâmbios entre os participantes nesse processo: professores e assessor". A autora assinala que para ter impacto na prática, as estratégias formativas valorizam aspectos como a cooperação e colaboração; capacidade de experimentação e de aceitar riscos; incorporação da investigação e da teoria; implicação dos participantes; tempo; liderança e apoio; incentivos; atenção à aprendizagem adulta; integração de metas individuais com as institucionais.

No que se refere ao Ensino Superior, Mayor Ruiz (2009, p.195) salienta que se espera de uma assessoria pedagógica: assessoramento curricular e acadêmico; assessoramento interdepartamental; assessoramento ao departamento; possibilidade de consulta pedagógica que beneficie o trabalho interdisciplinar e a busca de uma aprendizagem significativa; soluções previstas para problemas detectados; desenvolvimento de um trabalho conjunto com os docentes para a abordagem pedagógica; orientações teórico-práticas sobre situações pontuais.

Lucarelli (2000) ressalta que a assessoria pedagógica universitária indica a necessidade de articulação entre dimensões ao assinalar que a instituição espera que os assessores respondam demandas institucionais, sejam nexos entre projetos institucionais, projetos curriculares e o interesse dos alunos e possam colaborar com orientação de professores acerca da aprendizagem e avaliação. O assessoramento na coordenação de materiais, programas, recursos didáticos que contribuam através de sua tarefa com o fortalecimento da relação escola-comunidade.

Considerando a importância da fase inicial da carreira docente universitária e da implementação de estratégias que se dediquem a dar suporte pedagógico aos professores, desenvolvemos uma pesquisa[2] que tentou apreender as compreensões de docentes universitários iniciantes sobre espaços para discussões pedagógicas como possibilidade de apoio para o desenvolvimento de suas práticas.

---

2   Entre 2016 e 2019.

Desenvolvimento profissional docente: aspectos teóricos

O conceito de desenvolvimento profissional docente, para Marcelo Garcia (2009b) tem-se alterado com o passar dos anos. Em seus estudos o autor afirma que, em geral, ele é "(...) um processo, que pode ser individual ou coletivo, mas que deve se contextualizar no local de trabalho do docente (...)", cujo objetivo é contribuir "(...) para o desenvolvimento das suas competências profissionais através de experiências de diferente índole, tanto formais quanto informais" (Marcelo Garcia, 2009b, p.10). Explica o autor que

> (...) o professor é visto como um prático reflexivo, alguém que é detentor de conhecimento prévio quando acede à profissão e que vai adquirindo mais conhecimentos a partir de uma reflexão acerca da sua experiência. Assim sendo, as atividades de desenvolvimento profissional consistem em ajudar os professores a construir novas teorias e novas práticas pedagógicas. (Marcelo Garcia, 2009b, p.11).

Soares e Cunha (2010) consideram que o "desenvolvimento profissional se refere a uma determinada concepção de formação continuada dos professores em exercício, entendidos como profissionais da docência" (Soares & Cunha, 2010, p.35).

Uma das perspectivas do desenvolvimento profissional, segundo as autoras, é a institucional que "pode ser entendida como um conjunto de ações sistemáticas que visam alterar a prática, as crenças e os conhecimentos profissionais dos professores, portanto, vai além do aspecto informativo" (Soares & Cunha, 2010, p.35).

No âmbito institucional, as autoras explicam que as ações para o desenvolvimento profissional "são assumidas não apenas individualmente, elas envolvem todos os profissionais que atuam de forma integrada na instituição", estreitando, dessa maneira, a "ligação entre desenvolvimento profissional e desenvolvimento organizacional". Essa relação "pressupõe uma gestão democrática e participativa, capaz de alterar a própria organização, os papéis atuais e futuros dos professores, com base em reflexões críticas e propositivas do grupo" e, como consequência, "garantir, aos estudantes, aprendizagens significativas e crescimento pessoal" (Soares & Cunha, 2010, p.35).

As iniciativas institucionais podem ser estruturadas na forma de estratégias de apoio e de acompanhamento aos professores novatos na perspectiva do desenvolvimento profissional. Marcelo Garcia (2009b, p.19) destaca a necessidade de que os professores possuam um conhecimento pedagógico geral, relacionado com "o ensino e seus princípios gerais, com a aprendizagem e com os alunos, assim como o tempo acadêmico de aprendizagem, o tempo de espera, o ensino em pequenos grupos, a gestão de turma". Também destaca a necessidade do conhecimento por parte do professor

> (…) sobre técnicas didáticas, estruturas das turmas, planificação do ensino, teorias do desenvolvimento humano, processos de planificação curricular, avaliação, cultura e influência do contexto no ensino, história e filosofia da educação e aspectos legais da educação. (Marcelo Garcia, 2009b, p.19).

Nesse sentido, o apoio pedagógico institucional pode ser uma estratégia que possibilite a formação e o desenvolvimento profissional dos professores.

Considerar o desenvolvimento profissional mais além das práticas da formação e vinculá-lo a fatores não formativos e sim profissionais supõe uma redefinição importante, já que a formação não é analisada apenas como o domínio das disciplinas nem se baseia nas características pessoais do professor, como explica Imbernón (2000).

Os estudos de Ramalho, Gauthier e Nuñez (2004) mostram ainda que o desenvolvimento é compreendido como a capacidade de autonomia profissional compartilhada e de gestão educativa dos professores no contexto das mudanças, baseado na reflexão, na pesquisa e na crítica dentre os grupos de trabalho profissional. Elucidam que o desenvolvimento profissional pode ser considerado como um sistema complexo em andamento, sistema que integra o individual, o coletivo local, o grupo profissional, assim como todos os processos que promovem um maior *status* social, político, ético da categoria profissional.

O desenvolvimento profissional é favorecido quando os professores têm oportunidades de refletir, pesquisar de forma crítica, com seus pares, sobre as práticas educativas; explicitar suas crenças e preocupações, analisar os contextos e a partir dessas informações experimentarem novas formas para suas práticas educativas. Esse processo possibilita a autonomia compartilhada e uma forma de articular teoria e prática, na qual os professores constroem saberes, competências, no contexto da busca de um aperfeiçoamento da prática educativa e, consequentemente, o desenvolvimento curricular atrelado aos projetos e políticas de desenvolvimento global da profissão.

Diante do rol de fatores que configuram a docência universitária e compreendendo que o desenvolvimento de estratégias institucionais voltadas para a formação do docente universitário é fundamental para que esse qualifique sua prática pedagógica e avance no seu desenvolvimento profissional, nossa investigação procurou olhar para professores iniciantes a fim de apreender suas compreensões sobre espaços para discussões pedagógicas como possibilidade de apoio para o desenvolvimento de suas práticas.

Nos caminhos da pesquisa: feitas as escolhas

A pesquisa foi realizada em quatro universidades federais localizadas no sul do país, devido à possibilidade de melhor acesso aos dados investigativos e devido à essas instituições, de alguma forma, mostrarem em suas ações, estratégias de apoio pedagógico aos seus professores.

Em três delas existe um programa de caráter institucional de inserção/formação pedagógica ofertado aos professores. Participar desses programas é obrigatório para os professores iniciantes durante o estágio probatório. Na quarta universidade existe preocupação em receber os professores que ingressam dando-lhes informações a respeito do plano de carreira e de aspectos institucionais e burocráticos.

Após contato inicial, por e-mail, com vários professores das quatro universidades, que possuíam até 5 anos na docência e que tinham sua formação em cursos de bacharelado, definimos uma amostra de 28 docentes, com formação inicial nos cursos de Medicina, Odontologia, Artes Cênicas, Física, Engenharias (Ambiental, Civil, Elétrica, Cartográfica, Florestal, Agrícola, da Computação, Industrial Madeireira e de Minas), Oceanografia, Enfermagem, Agronomia, Meteorologia, Música, Farmácia, Zootecnia e Terapia Ocupacional.

As entrevistas semiestruturadas foram realizadas no local de trabalho dos professores. As questões focaram as experiências iniciais na profissão docente; as percepções dos docentes sobre as formas de apoio da instituição; as suas impressões sobre os momentos/espaços destinados à discussão da prática docente e a concepção sobre as formas de integração na cultura universitária.

Os dados de natureza qualitativa compuseram o corpo das informações utilizadas na análise, desenvolvida à luz de alguns estudos sobre a pedagogia universitária, o ensino universitário, os docentes iniciantes e o desenvolvimento profissional. Para tal, foram utilizados os princípios da análise de conteúdo (Bardin, 1979).

Como o presente trabalho é fruto do desenvolvimento de uma pesquisa mais abrangente, buscamos sintetizar os principais resultados da mesma. Dessa forma, na extensão deste texto optamos por desenvolver uma análise que considerou o grupo de professores iniciantes como um todo e priorizou aqueles dados que tiveram uma maior incidência na fala dos entrevistados. Os resultados são apresentados de maneira geral em dois blocos de análises: um referente aos desafios e dificuldades do início da carreira e outro referente aos espaços de discussão pedagógica para os professores universitários iniciantes.

O ingresso na carreira: desafios e dificuldades dos professores

O início em uma profissão inclui o reconhecimento de sua cultura, do seu estatuto, do lugar que ocupa no *ranking* social e de trabalho e das peculiaridades sociopolíticas que a caracterizam. Nesse sentido, o período de iniciação à profissão docente representa o tempo em que deve acontecer a transmissão e/ou problematização da cultura docente, dos conhecimentos, valores e símbolos da profissão, assim como a adaptação do professor iniciante ao entorno social onde desenvolve sua atividade. É um período no qual ocorre a transição de ter sido aluno a professor, através de um processo de interação entre a cultura institucional e o conjunto de crenças e concepções sobre o ensino que o professor construiu através das inúmeras experiências vividas enquanto estudante. Nesse período, acontece também, para muitos dos professores, a transição da vida profissional externa à universidade para a docência.

Como já mencionado, entendemos que o exercício da docência compreende atividades de ensino, pesquisa e extensão. Tendo em vista que, em nossa investigação, voltamos nosso olhar para os espaços de discussão pedagógica como propulsores para o desenvolvimento das práticas de ensino desenvolvidas pelos professores iniciantes, os dados coletados e as análises apresentadas priorizam a atividade de ensino desses docentes.

No diálogo com nossos interlocutores, percebemos que no processo de transição por eles vivido estão presentes desafios, dúvidas e dificuldades de distintas naturezas. Ao explicá-lo, os professores mencionaram desde situações enfrentadas na aula até as dificuldades para lidarem com questões extra-classe.

Entre os dados apontados pelos entrevistados sobre a aula, apareceram questões sobre como solucionar situações da ordem do relacionamento com os alunos incluindo as dificuldades para lidar com os diferentes perfis sociais e de personalidade. Também mencionaram as dificuldades relacionadas à seleção de conteúdos e adaptação dos mesmos ao tempo da aula, incluindo dúvidas sobre métodos para desenvolver conteúdos, sobre avaliação, sobre procedimentos para reverter o quadro de desinteresse dos alunos e a sua própria desmotivação docente diante desses obstáculos. Algumas das expressões dos entrevistados em relação às dificuldades de sala de aula foram:

A dificuldade no começo é selecionar o conteúdo para ministrar em curto período de tempo e depois é como transmitir essa informação; Dificuldades posso dizer que tive em montar as disciplinas.

Talvez, as dificuldades relativas à seleção de conteúdos estejam atreladas ou são decorrentes da especialização/aprofundamento que os professores possuem em uma área do conhecimento, perdendo, assim, a visão mais global do assunto que é necessária para o ensino em cursos de graduação.

Vaillant e Marcelo Garcia (2012) ressaltam que muitos dos problemas mencionados pelos docentes principiantes têm relação com assuntos que outros docentes com maior experiência também enfrentam, tais como gestão da aula, motivação dos estudantes, organização do trabalho pedagógico, insuficiência de material, entre outros. Segundo esses autores, a diferença é que

(...) os professores principiantes experimentam os problemas com maiores doses de incerteza e estresse, devido ao fato de que eles têm menores referências e mecanismos para enfrentar essas situações. (Vaillant & Marcelo Garcia, 2012, p.123).

Ou ainda, por terem menores referências, as incertezas se manifestam para os iniciantes, com o caráter de estresse e não como geradora de novas buscas.

Quando indagados sobre situações da prática pedagógica, muitos respondentes afirmaram que ter o domínio aprofundado do conteúdo é condição fundamental para assumir a aula, no entanto, alguns reconhecem que isso não os torna professor. Afirmaram que

(...) a prática de sala de aula é muito diferente. Uma coisa é tu saber para ti, outra é tu transmitires para os alunos. Me questiono todos os dias: será que a minha pedagogia está correta?

eu tive quatro disciplinas que eu só vi na graduação, então eu tive que estudar e preparar aula ao mesmo tempo. Então eu chegava para dar as primeiras aulas e não tinha confiança e pleno domínio sobre aquilo que eu estava ensinando. Eu não me sentia 100% segura e até no início eu me culpava muito por isso.

Nesses depoimentos observamos que é bastante presente entre os docentes entrevistados a concepção epistemológica assentada nas certezas que fundamentam seu pensar/fazer docente, que é tão comum entre os professores. Em que pese, compreendamos que seja imprescindível ter conhecimento acerca do conteúdo a ser ensinado, a que se considerar que, em alguns casos, a insegurança advém do fato dos docentes serem designados a trabalhar com disciplinas que não estavam no escopo do concurso que prestaram. Muitas vezes, além de assumirem aquelas para as quais foram contratados, assumem outras que nenhum outro professor se dispôs.

Outro entrevistado disse que

> (...) a primeira vez de cada disciplina é um pouco mais difícil, pois mesmo que tu tenhas muito, muito material, o fato de prepará-lo para passar e adequar o conteúdo pela primeira vez para apresentar em aula, não é fácil e, geralmente, a gente acaba passando vários semestres arrumando.

Percebemos que o conteúdo específico não gera dificuldades para os professores, pois eles o conhecem sobremaneira, entretanto, quando precisam ensiná-lo necessitam de outro tipo de conhecimento que ainda lhes é desconhecido.

Interessante recorrer a Zabalza (2004, p.11) quando diz que compreender a docência como uma profissão é admitir que "(...) conhecer bem a própria disciplina é uma condição fundamental, mas não é o suficiente". O autor complementa explicando que o trabalho docente envolve vários tipos conhecimentos e competências que necessitam de uma preparação específica.

Vaillant e Marcelo Garcia (2012, p.125) argumentam que o período inicial da carreira docente é um dos momentos de formação esquecidos pelas instituições que os absorvem em seus quadros. Afirmam os autores que esse período se constitui de "(...) uma etapa na qual as dúvidas, as inseguranças, a ansiedade por ingressar na prática acumulam-se e convivem sem boa vizinhança". Os autores ratificam ainda que a construção dos conhecimentos e competências profissionais, nesta etapa inicial da carreira, apesar de importantíssimo para sua profissionalização, de forma geral, dá-se com os docentes imersos em uma grande solidão. Essas concepções de Vaillant e Marcelo Garcia (2012) sustentam grande parte das dúvidas e angústias relatadas por nossos entrevistados, apresentadas na sequência.

Para alguns respondentes, a estrutura física de alguns cursos, nos aspectos que dizem respeito à limitação de recursos ou à conservação do espaço, interfere no seu desempenho, afetando-o, na medida em que não permite que se estabeleça um ambiente propício à aprendizagem dos estudantes. Expressou um professor:

(...) a maior dificuldade que eu encontrei aqui dentro refere-se à parte mais estrutural. Questão de sala de aula com péssima qualidade, as salas são sujas, às vezes tu tens uma aula prática, vais utilizar a sala de aula, chegas lá e a sala está uma bagunça.

Alguns relataram também, que o envolvimento com a gestão administrativa lhes impede de cumprir suas atribuições docentes com o mesmo empenho, em razão de ocuparem significativamente suas rotinas com questões ligadas ao cargo que exercem. Essa situação é típica das universidades novas ou dos cursos novos que ainda contam com um número reduzido de docentes que, na sua maioria, são professores ingressantes. Relatou um professor:

(...) eu estou na gestão e como a universidade é nova, tem pouca gente que trabalha na gestão, então, tem que se ter esse que papel também. São questões de papeladas, questões das mais diversas ordens da gestão que tem de organizar.

Questões burocráticas foram citadas como dificuldades, como manifestaram alguns respondentes:

Muitas coisas eu gostaria de saber e a gente não teve essa informação. Por exemplo, tem um relatório de atividade docente que precisa ser preenchido e eu não sei como funciona.

Foram apontados, também, nas respostas, aspectos que envolvem problemas com carga horária excessiva e dificuldades em lidar com o afastamento familiar, por estarem atuando em cidades distantes de onde residem suas famílias. Disseram-nos que

(...) para mim foi um grande desafio, principalmente, porque eu nunca tinha lecionado e, de repente, eu me vi com cinco disciplinas para lecionar de uma vez. A gente chega com uma carga horária imensa. E não tinha experiência docente, e precisava preparar as aulas.

foi um desafio enorme na minha vida, sair da minha cidade, vim para cá, estou sozinho, minha esposa está lá e eu estou aqui. (...) Todo o fim de tarde tu pensas que podia estar ali junto, tomando um chimarrão, conversando depois do trabalho.

Apesar das dificuldades iniciais, observamos que os professores querem melhorar seu fazer docente e, também, buscar novas soluções e materiais para enriquecimento das aulas. Compreendem que a docência é um exercício que pode ser aprimorado e remeteram à aula e ao convívio com os alunos a possibilidade de aprender a 'dar aulas'. Percebemos que eles pouco compreendem que a docência requer conhecimentos teóricos específicos e que a prática não se constitui como a única possibilidade para construir conhecimentos para ser professor. Muitos entrevistados alegaram que tiveram alguma experiência docente durante a pós-graduação ajudando os orientadores no preparo de aulas, seminários, apresentações, assumindo, algumas vezes, o desenvolvimento de aulas e, essa condição, os ajudou no enfrentamento dos desafios iniciais. No entanto, reconheceram que ela não foi suficiente para subsidiar suas práticas nos aspectos pedagógicos presentes em sala de aula.

Outros relatos trouxeram, ainda, percepções sobre o momento de ingresso, mencionando as diferenças de contexto existentes entre um professor que inicia sua carreira em um curso melhor estruturado e aquele que inicia sua trajetória em cursos mais novos na instituição. Também foram citadas situações de docentes que ingressam na carreira atuando nos seus cursos de origem de formação acadêmica, tendo como pares seus antigos mestres, o que, segundo eles, auxilia no momento de inserção. Uma professora explicou que

> (…) como eu já era da casa e já me conheciam [o ingresso] foi mais fácil, mas eu acredito que para uma pessoa que não conhece bem é muito complicado.

Outra professora expressou que seu ingresso teve:

> (…) dois lados, um lado muito bom e um lado difícil. O lado muito bom é que aqui foi minha casa desde 2007, o meu orientador que foi o mesmo do estágio, mestrado e doutorado e hoje em dia é meu colega de trabalho, ele me deu muito apoio. O lado difícil refere-se ao desafio, pois tem amigos da graduação que são alunos ainda e meus amigos até hoje. A relação que eu passei de amiga para professora, a relação com os alunos que ainda não se formaram e estão aqui.

Os relatos de nossos entrevistados explicitam vários tipos de experiências de inserção no espaço profissional. Vaillant e Marcelo Garcia (2012) apresentam quatro modelos, por eles percebidos em suas pesquisas, que são: o modelo 'nadar ou afundar-se', que é o que mais prevalece nas instituições educativas, o qual outorga ao professor iniciante a responsabilidade de inserir-se no seu contexto de trabalho isentando a instituição da responsabilidade para tal. É responsabilidade do professor encontrar a maneira mais apropriada para se ajustar à realidade. Há também o modelo 'colegial', onde os docentes iniciantes pedem ajuda a pares mais experientes, os quais se transformam em tutores informais. O novo professor é acompanhado por um de seus pares, mesmo que informalmente. O modelo de 'competência atributiva' acontece quando alguém experiente se ocupa e assume-se como mentor do professor novato. Nesse modelo há uma relação hierárquica com um mentor que tem a missão de ajudar a desenvolver certas competências estabelecidas de antemão; e, por fim, o modelo do 'desenvolvimento profissional' onde a inserção deve ser um processo coerente e organizado pela instituição e que vá mais além de atividades espontâneas e pontuais (Vaillant & Marcelo Garcia, 2012). Não entendemos que seja possível enquadrar os colaboradores da nossa pesquisa nestes ou naqueles modelos, porém são constatações que nos permitem refletir sobre os muitos movimentos de inserção no espaço profissional docente.

A perspectiva do desenvolvimento profissional é a proposta desejável, porém, como afirmam os autores, encontra-se praticamente ausente nas instituições. Nela

> (...) a inserção deve ser percebida como um processo compreensivo, coerente e sustentado, organizado pela autoridade educativa. Os programas de inserção são programas intencionados, que vão muito além de atividades pontuais. (Vaillant & Marcelo Garcia, 2012, p.126).

Diante das dificuldades para a atuação docente e dos desafios apontados pelos interlocutores, entendemos que é fundamental que as instituições de ensino se preocupem com a formação de professores novos, como possibilidade para a melhoria da qualidade do ensino.

O que falam os professores sobre a possibilidade de apoio em *espaços* de discussões pedagógicas?

Os professores entrevistados possuem formação na área específica da qual fazem parte, contudo, nem sempre investem na apropriação e construção dos conteúdos pedagógicos. Nesse sentido, é importante conhecer a percepção dos entrevistados sobre espaços e tempos para a discussão da prática pedagógica. Ao nos debruçarmos sobre suas respostas, observamos que fica explícita, para muitos professores, a necessidade que sentem de momentos para tal discussão. No entanto, há divergências sobre a forma como isso deveria ocorrer: alguns defendem que poderia ser uma iniciativa institucional ampla —nível macro— isto é, para todos os professores da universidade ao mesmo tempo. Outros dizem que deveriam existir estratégias no nível do micro espaço de trabalho —cursos, departamentos, faculdades—. Defendem que uma boa alternativa seria a realização de discussões orientadas em seus espaços de trabalho, por entenderem que há diferenças do ponto de vista pedagógico entre as áreas das ciências exatas e ciências humanas, por exemplo. Um professor disse que

> aqui, sendo um departamento, eu me sinto tão mais à vontade para discutir os assuntos intrínsecos da disciplina, o funcionamento das coisas, do que nos outros lugares. Quer dizer, o pessoal leciona as mesmas disciplinas, entendem as dificuldades que passam durante o ensino de, na relação com os alunos.

No mesmo sentido, outro respondente expressou

> no nosso núcleo se fala muito, se apoia muito (…). Isso eu tive, esse aconchego quase que afetivo, eu tive com os meus colegas de trabalho aqui.

Compreendemos que estas iniciativas, mesmo que em alguns casos pareça descontextualizada, podem constituir-se em primeiros esforços para a efetivação de uma cultura colaborativa. Como diz Feixas (2004, p.41):

> Para que os esforços de desenvolvimento profissional individual tenham repercussão, precisam de apoio de uma cultura institucional que os favoreça e esta tem que caracterizar-se por favorecer oportunidades para trabalhar e aprender uns com os outros, umas relações igualitárias de poder e autoridade na tomada de decisões, assim como a possibilidade de autonomia individual no exercício do trabalho e tarefas.

São feitas reuniões, afirmaram os docentes, mas muitas vezes elas não atendem à expectativa pedagógica dos professores, sendo as discussões direcionadas para aspectos administrativos e burocráticos. Por exemplo, foi manifestado que:

> (…) oficialmente a gente não tem espaços para discussão. Nos colegiados de curso e do departamento a gente conversa, mas tem ainda uma barreira (…).

Existem dúvidas sobre como viabilizar esses espaços de discussão, tendo em vista a falta de 'tempo' dos docentes para que possam se dedicar a essas questões com maior frequência, dadas as cargas horárias. Soma-se a isso o fato de, nas rotinas de alguns cursos, haver problemas de ordem administrativa com demandas de urgência que impedem que os professores possam ter esses momentos de discussão pedagógica, que acabam ficando em segundo plano.

Os entrevistados destacaram a necessidade de reflexão pedagógica compartilhada e enfatizaram

> [quando] se fala em espaços de discussões, é espaço de discutir problemas, mas também de refletir a própria construção como docente, pois determinadas leituras que eu posso fazer podem ter uma visão completamente diferente da

que um colega possa ter. É a discussão com ele que vai contribuir para que eu consiga perceber e ver outro prisma.

(...) não existe nada voltado para metodologia ou didática dentro de uma sala de aula são coisas que poderiam ser oferecidas em uma semana ou em uma tarde.

Alguns professores expressaram a ideia de uma iniciativa institucional que proporcionasse discussões de cunho pedagógico, pois entendem que, mesmo que tenham prestado uma prova didática do concurso, podem não estar preparados para enfrentar o cotidiano da sala de aula. Disse-nos um entrevistado:

Eu acho que deveria ter alguma coisa específica na universidade no momento de nos receber para dar algumas instruções, pedagógicas, inclusive. Eu acho extremamente relevante,que, logo ao entrar, os professores novatos possam ter esse contato com pessoas especializadas em cada área.

No mesmo sentido, outros interlocutores disseram

(...) acho que é importante que se tenha uma iniciativa, porque a gente chega em estágios diferentes de experiência de docentes. Eu acho que seria muito bom um núcleo de apoio pedagógico estruturado para ajudar a pessoa. Eu, pessoalmente, acho que teria que ter espaços para discutir mudanças, mas isso nunca foi tocado. Acho que para a maioria das atividades tem bastante discussão que são, frequentemente, aperfeiçoadas ou mudadas, mas tem algumas como as aulas expositivas que caberia haver mais discussão.

Ambos os relatos revelam que os professores universitários ingressantes, muitas vezes, não estão preparados para assumir a docência e, ao ingressarem em uma instituição de ensino, chegam com a expectativa de serem acolhidos com uma formação voltada aos processos educativos. Além de reconhecerem a limitação de suas formações quanto aos aspectos pedagógicos, percebemos que os professores reconhecem a dinamicidade da docência, que exige um constante repensar sobre as práticas e sobre suas possibilidades de inovação. Espaços de apoio pedagógico são vistos pelos professores iniciantes como uma possibilidade de aprimoramento de seus fazeres pedagógicos.

Entendemos que os professores iniciantes, na maioria das vezes, estão em melhores condições de empreender e protagonizar mudanças, de renovar aspectos pedagógicos da instituição, pois chegam com ideias novas e não tem ainda um estilo profissional definido. Eles têm grande disposição de empreender projetos inovadores e dizem que o período no qual se encontram é 'bonito' repleto de oportunidades, possibilitando o investimento na docência. Expressou o professor

No começo ele é um período em que a pessoa está mais fragilizada eu acho porque está se descobrindo, mas também de um período bonito, pelo que eu vejo da universidade, é um dos períodos queos professores estão mais dispostos a ir atrás de conhecimento, se aperfeiçoar, dialogar com os alunos.

Por outro lado, disseram que é um período "delicado" que se constitui em uma fase de construção de conhecimentos de toda ordem e da sedimentação dos mesmos.

Assim, entendemos que se no ambiente de trabalho forem fomentadas discussões e reflexões sobre a prática que empreendem, for dedicado tempo na orientação, na acolhida, no apoio e formação do docente universitário, muitos avanços poderão ser feitos rumo às mudanças que almejamos para a universidade.

Nossos interlocutores mencionaram que quando a acolhida ocorre no espaço macro, geralmente, se dá através de palestras e conversas que tratam da progressão, plano de carreira e familiarização com o sistema utilizado pelas instituições no referente à inserção de notas, projetos de pesquisa, ensino e extensão. No entanto, raros foram os professores que mencionaram serem acolhidos com a apresentação do projeto da instituição da qual passaram a integrar, da identidade dessa instituição e dos princípios que regem suas ações.

Percebemos que as instâncias superiores das universidades demonstram preocupação em discutir questões referentes à pedagogia e à didática universitária. As respostas dos entrevistados indicaram que muitas instituições já estão assumindo a discussão e reflexão das questões pedagógicas, no sentido de dar apoio aos professores, principalmente, aos iniciantes.

Muitos professores mencionaram que as atividades de apoio, sobretudo, as que se realizam no espaço macro, poderiam contemplar temas mais específicos e voltados para os problemas da aula. Quanto ao programa que a sua universidade oferta, um deles afirmou que

> (...) é um programa de formação, capacitação, formação continuada, mas os temas que são abordados aí, às vezes, não são direcionados à vivência na sala de aula. Eu acho que são temas muito periféricos, que não atende a nossa necessidade imediata. Então, às vezes, aquela dinâmica do professor com o aluno. (...) Então esse tipo de coisa falta, uma coisa mais imediatista, coisas que acontecem na sala de aula.

Nesta mesma direção, outro professor disse que

> (...) a parte pedagógica mesmo, relacionamento professor-aluno, isso não existe, você tem que resolver.

Entendemos que por não terem tido nenhuma formação para a docência, muitas das expectativas dos professores universitários iniciantes pautam-se no "como" desenvolver seus processos de ensino em aula, na relação com os alunos. Por estarem em processos de aprendizagem da docência, observamos que suas maiores angústias estão no "fazer as aulas". Sabemos da importância da discussão de questões mais amplas voltadas à educação e das implicações dessas questões sobre o processo constitutivo da docência. Porém, o momento específico da carreira docente no qual se encontram esses professores universitários iniciantes, requer um tipo de formação específica, pontual às necessidades momentâneas desses sujeitos.

Parece importante que os conteúdos dos programas de formação sejam elaborados a partir das necessidades formativas dos professores e que nas discussões sejam contemplados temas e conteúdos que os professores precisam apropriar-se no seu processo de profissionalização.

Ao comprometer-se com a formação dos professores que ingressam nas universidades, a própria instituição assume a ideia de que a formação para a docência é permanente e pode ocorrer concomitantemente com a atuação. Cabe, neste caso, citarmos os estudos de Marcelo Garcia (1999, p.9) para o qual o desenvolvimento profissional "(...) tem uma conotação de evolução e continuidade que, em nosso entender, supera a tradicional justaposição entre formação inicial e formação contínua dos professores".

Certamente, definir estratégias de formação para professores iniciantes, que estão em diferentes estágios do seu desenvolvimento profissional, é um grande desafio para as universidades. Entretanto, essa é uma tarefa necessária e que ganha destaque para melhorar a qualidade do ensino de graduação.

As atividades de acolhimento e apoio aos professores podem tornar-se espaços férteis para repensar, discutir e refletir sobre conceitos e ideias que auxiliem os docentes na construção de diferentes metodologias e atendam variadas situações que os professores iniciantes irão enfrentar. Percebemos, através das respostas, que existem nas quatro instituições pesquisadas a proposição de espaços para o apoio, acolhimento e formação e, muitas iniciativas são desenvolvidas a partir desses espaços, mas é no processo de articulação dos objetivos dessas propostas com as demandas docentes que estes momentos podem, de fato, constituir-se em possibilidades de apoio e acolhimento.

Sob a ótica da proposta de programas de inserção eficientes para docentes iniciantes, Vaillant e Marcelo Garcia (2012, p.140) organizam o seguinte quadro com as características dos programas de inserção eficiente:

Quadro 01: Características dos programas de inserção eficiente

Metas claramente articuladas	Reuniões regulares e sistematizadas entre os professores principiantes e seus mentores.
Recursos financeiros	Tempo para que os docentes principiantes observem aqueles mais experientes.
Apoio do diretor da escola	Constante interação entre docentes principiantes e experientes.
Mentores experientes	Oficinas para os docentes principiantes antes e ao longo do ano.
Formação de professores mentores	Orientação que inclui cursos sobre temas de interesse.
Redução de carga horária para docentes principiantes e mentores	Duração do programa de ao menos um ou dois anos.

Fonte: Vaillant e Marcelo Garcia (2012).

A proposta de inserção defendida pelos autores está baseada na concepção de tutoria −ou de *mentoria*, conforme designado por eles−. É um tipo de inserção que parece abarcar as muitas preocupações descritas por nossos entrevistados, como: a necessidade de tempo para refletir sobre a prática; um volume menor de trabalho que lhes possibilite a construção dos conhecimentos iniciais da carreira; a importância de ter o apoio institucional tanto no campo pedagógico como no administrativo. Enfim, é necessário que os espaços e tempos de discussão não se deem, apenas, por movimentos voluntários, mas através de um projeto institucional de formação docente.

Considerações finais

Com o desenvolvimento da pesquisa, percebemos um interesse significativo dos professores iniciantes em discutir suas práticas, dividir dificuldades e diferenças, compartilhar frustrações e sucessos. Este parece ser um período em que os docentes estão buscando o seu estilo profissional, período em que estabelecem os valores que vão se constituindo em uma marcante cultura. Percebemos que os docentes que estão no início da carreira vivem uma situação ambígua. Por um lado, são responsabilizados pelo sucesso ou fracasso da aprendizagem de seus alunos. Por outro, a preparação que tiveram não responde às exigências da docência e não foram, de fato, para ela preparados. É importante ressaltar que a formação do docente universitário não passa ao largo do paradigma da racionalidade técnica, ao contrário, também foi e é regida por ele, produzindo nesses professores a ideia de que uma disciplina pedagógica ou a transposição de teorias para os professores, seria capaz de deixá-los aptos a 'dar uma boa aula'.

Advogamos que tanto a formação pedagógica quanto o desenvolvimento profissional dos professores universitários requerem uma política global da universidade que dignifique e valorize as funções docentes como fundamentais para qualificar o ensino.

Cabe pontuar que o novo panorama resultante do REUNI desencadeou mudanças estruturais tão profundas que as universidades também estão tendo que se reinventar para atender as novas demandas. Neste contexto, todos os desafios relacionados a condição de docente principiante são intensificados por esse processo de transição, que tem se mostrado desestabilizador/desafiador para toda comunidade acadêmica.

Talvez, seja possível supor que, se houvesse a geração de um clima de significativa qualificação da docência, haveria melhores indicadores da qualidade do ensino, sobrepondo-se aos resultados concretos de pesquisas ou aos investimentos em aparatos e em infraestrutura. Poder-se-ia, para isso estimular nos docentes a autorreflexão sobre a tarefa docente e a inserção dos professores da educação superior nos programas de formação pedagógica.

Acreditamos, por fim, que os docentes iniciantes poderiam dedicar-se, nos primeiros anos da carreira, a aprender o exercício da docência, entendendo-a como uma profissão de conhecimentos específicos e que exige sustentação epistemológica. Caso contrário, há um grande risco de que fiquem fortemente limitados à reprodução, perdendo a oportunidade de atuarem como sujeitos protagonistas de outro tipo de educação.

Bibliografía

Bardin, L. (1979). *Análise do discurso*. Lisboa, Portugal: Edições 70.

Brasil (2018). *Plano Nacional de Educação: Lei n° 10.172/2001*. Recuperado em 08 abril de http://www.planalto.gov.br/ccivil _03/leis/leis_2001/l10172.htm.

Feixas, M. (2002). "El profesorado novel: Estudio de su problemática en la Universitat Autónoma de Barcelona". *Revista de Docencia Universitaria*, 2, (1), p.1.

Feixas, M. (2004). "La influencia de factores personales, institucionales y contextuales en la trayectoria y el desarrollo docente de los profesores universitarios". *Educar*, 33, pp.31-58.

Huberman, M. (2000). "O ciclo de vida profissional dos professores". In Nóvoa, A. (org.), *Vida de professores*. Porto, Portugal: Porto Editora, pp.31-51.

Imbernón, F. (2000). *Formação docente e profissional: formar-se para a mudança e a incerteza*. São Paulo, SP: Cortez.

Marcelo Garcia, C. (1999). *Formação de professores. Para uma mudança educativa*. Porto, Portugal: Porto Editora.

Marcelo Garcia, C. (2009a). *El profesorado principiante: inserción a la docencia*. Barcelona, Espanha: Octaedro.

Marcelo Garcia, C. (2009b). "Desenvolvimento Profissional Docente: passado e futuro". *Sísifo. Revista de Ciências da Educação*, 8, pp.7-22.

Papi, S. O. y Martins, P. L. (2010). "As pesquisas sobre professores iniciantes: algumas aproximações". *Educação em Revista*, 26, (3), pp.39-56.

Ramalho, B., Gauthier, C. y Nuñez, I. B. (2004). *Formar o professor profissionalizar o ensino: perspectivas e desafios*. 2. ed. Porto Alegre, RS: Sulina.

Soares, S. R. y Cunha, M. I. (2010). *Formação do professor: a docência universitária em busca de legitimidade*. Salvador, BA: EDUFBA.

Vaillant, D. y Marcelo Garcia, C. (2012). *Ensinando a ensinar: as quatro etapas de uma aprendizagem*. Curitiba, PR: Ed. UTFPR.

Veenman, S. (1988). "Perceived problems of beginning teachers". *Review of Education Research*, 54, (2), pp.143-178.

Zabalza, M. Á. (2004). *O ensino universitário: seu cenário e seus protagonistas*. Porto Alegre, RS: Artmed.

Capítulo VI

Escenarios de formación pedagógica para los docentes universitarios: trayectos y modalidades en las universidades públicas costarricenses

Nora Cascante Flores y Patricia Marín Sánchez

Notas introductorias

La formación pedagógica del profesorado universitario es una categoría temática que, progresivamente, se desarrolla en las agendas de las instituciones de educación superior; en particular, hay un marcado interés por su aporte a la calidad de la educación. Este fenómeno mundial no es ajeno a las universidades costarricenses y, en ese sentido, interesa explorar los abordajes y propuestas emprendidas por las cinco universidades estatales con respecto a la temática.

Esta investigación permitió caracterizar los escenarios de formación pedagógica para los docentes universitarios, desde las diferentes motivaciones, formatos y significados, con el fin de explicitar las bases epistemológicas que sostienen las diferentes experiencias y reconocer los esfuerzos de este tipo de formación en la educación superior costarricense.

A partir de lo anterior, se plantea la consecución de los siguientes objetivos: primero, identificar las iniciativas o escenarios institucionales de formación pedagógica para docentes universitarios; segundo, determinar la organización y estructuras de las acciones formativas que se llevan a cabo en las diferentes instituciones universitarias públicas costarricenses; tercero, analizar los niveles y modalidades en que se sitúan las acciones formativas, y, por último, valorar los aportes, límites y retos de la formación pedagógica que se ofrece en las universidades estatales.

En los siguientes apartados, se presentan, mediante una síntesis descriptiva, los resultados de este estudio.

Aspectos conceptuales de la formación pedagógica del docente universitario

En este apartado, se sitúan los argumentos teóricos desde los que se fundamentó el desarrollo investigativo; específicamente, se centra la mirada en aquellos que permiten establecer un marco conceptual pertinente con los procesos formativos relacionados en el ámbito pedagógico de los docentes universitarios.

Si bien es cierto, la formación pedagógica del profesorado de las universidades se torna como uno de los ejes centrales de discusión en los contextos universitarios, ya que los formatos o modalidades varían de acuerdo con la naturaleza de las instituciones, así como con los intereses de los protagonistas que participan de los procesos formativos; en ese sentido, Langevin *et al.* (2007) señalan que las iniciativas formativas son diversas y que estas no pueden constituirse como propuestas cerradas, sino que se conciben como oportunidades para favorecer las prácticas educativas en el contexto universitario.

A partir de lo anterior, se reconoce que no es posible configurar una perspectiva de formación única o generalizable que garantice la mejora de la calidad de la educación superior, dado que la pedagogía universitaria es una actividad compleja, en la que se entretejen saberes, conocimientos profesionales, procesos de comunicación e interacciones humanas, circunscritos dentro de una cultura de formación y producción de conocimientos que no puede reducirse a enfoques simples y limitados que solamente brindan información.

Al respecto, Cascante (2015, p.12) señala que la formación, necesariamente, supone un proceso complejo de interacciones, intercambios, acuerdos, desacuerdos y transformaciones del sujeto que trasciende en su proceso formativo; además, implica la intersección de múltiples aspectos como el ámbito personal, histórico, cultural, reflexivo y comunicativo, que le permiten al docente universitario acceder a las problemáticas que se le presentan y, en ese trayecto formativo, desarrolla acciones para dar respuesta y fortalecer su quehacer docente.

En coherencia con lo anterior, Ferry (2008, p.55) señala que la formación no se limita a un polo activo que forma y a otro pasivo que es formado, pues este es un proceso personal, en el que, al transitar por una experiencia formativa, los sujetos se forman a sí mismos, gracias a las mediaciones que implican las interacciones con otros, las circunstancias, los recursos y medios que posibilitan la formación. Destaca, también, que solo hay formación cuando se trabaja para sí mismo, situación que implica encontrar los medios y los espacios para volver la mirada a las acciones que los sujetos realizan y hacer un recuento reflexivo, de modo que, al retomar de nuevo lo hecho, le permita una mejor comprensión.

Según se ha venido señalando, es oportuno reconocer las particularidades que influencian el devenir de los procesos formativos que se desarrollan en conjunto con los docentes universitarios, lo cual implica, desde nuestra perspectiva, reconocer la presencia y articulación de, al menos, los siguientes aspectos representados en la Figura 1 (los cuales, también, se abordarán uno por uno).

Figura 1: Aspectos conceptuales de la formación pedagógica del docente universitario

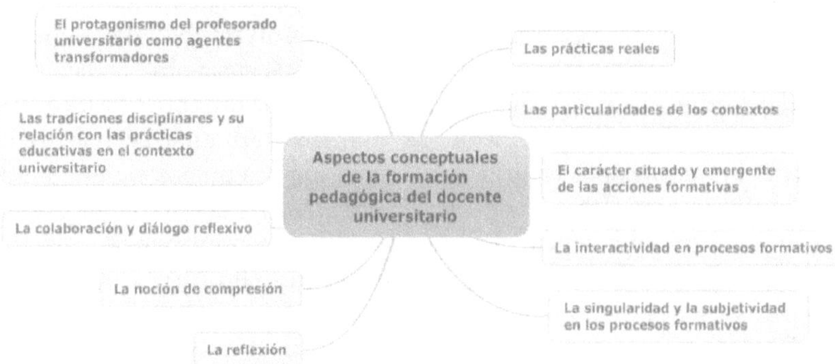

Nota: Elaboración propia (2019).

Las prácticas reales: si se piensa en transformar o fortalecer las prácticas pedagógicas en los contextos universitarios, es necesario abordar, en la formación, las prácticas reales del profesorado universitario, es decir, en el contexto del trabajo de los docentes, considerando las adversidades propias del ejercicio, sus recursos, sus aciertos, así como la experiencia del campo profesional del docente, que sirve de apoyo para el desarrollo de la pedagogía universitaria. Al respecto, señala Cascante (2015, p.255) que este tipo de abordaje formativo no se limita a visiones prescriptivas y técnicas para orientar el estudio y la comprensión de las prácticas, en su lugar, se reconoce el papel protagónico de los actores del proceso formativo, las relaciones y procesos constructivos derivados de los espacios de interacción pedagógica que se suscitan en las prácticas educativas.

La particularidad de los contextos: dado que la práctica educativa es amplia, compleja y diversa, no es posible limitarla al uso de técnicas o procedimientos preestablecidos que los docentes universitarios puedan utilizar independientemente de los contextos; Ferry (2008) advierte que la noción centrada en la adquisición de información está distanciada de la situación real sobre la cual se aplican los conocimientos, con una visión inmutable de la realidad, fomentando la reproducción y la dependencia sin cuestionamiento alguno. El reconocimiento de la función del contexto físico y cultural se considera determinante, ya que hace posible las situaciones, pues la acción formativa no puede ser concebida fuera de un contexto particular, sino que debe entenderse como parte fundamental de la actividad humana que se gesta en y a partir de la interacción continua del sujeto con la situación en la que se encuentra inmerso (Lave, 2001).

El carácter situado y emergente de las acciones formativas: es pertinente reconocer el carácter particular, situado, emergente y contextualizado de las acciones educativas en la universidad, dado que la formación es compleja y no puede limitarse a un espacio informacional; se circunscribe en un sistema emergente *in situ* de dinámicas e interacciones pedagógicas caracterizadas por una serie de transformaciones, a la luz de las situaciones emergentes, lo cual implica un posicionamiento diferente con respecto a las perspectivas clásicas del acto educativo, permitiendo una participación y comprensión más profunda del mismo.

La interactividad en el proceso formativo: un proceso formativo se caracteriza por ser un sistema relacional en el que la interacción entre las personas, mediante espacios abiertos de comunicación, la proximidad e intercambio de ideas, permite la construcción de conocimiento. El reconocimiento de las dinámicas e interacciones humanas, en los procesos formativos del profesorado universitario, necesariamente, suponen lo emergente, lo cambiante y espontáneo, no admiten, por tanto, una relación lineal o papeles rígidos de actuación que imposibiliten acciones pertinentes o transformadoras por parte de quienes participan en ellos (Cherradi, 1990, p.22).

La singularidad y la subjetividad en los procesos formativos: es pertinente considerar los marcos de referencia del profesorado y, por tanto, la subjetividad con la que interpreta la realidad de las acciones educativas, destacando el trayecto personal en el proceso formativo y la vinculación de su contexto histórico, ya que los conocimientos construidos no son repetibles o trasladables de un sujeto a otro, respetando el límite de la singularidad. De acuerdo con Bourassa *et al.* (2012), el conocimiento que se construye en el proceso formativo no admite las generalizaciones o superposiciones directas a otros contextos, ya que este se sostiene en una realidad que no existe fuera de sus actores, es decir, el conocimiento producido es útil y situacional, no pretende la universalización.

La reflexión: se destaca la reflexión como componente esencial para la formación pedagógica del profesorado universitario, pero no desde una postura que se limita a un nivel operativo o técnico; en su lugar, se procura una reflexión crítica en la que se puedan plantear problemas sustantivos, que se suscitan en el desarrollo de las interacciones dentro del contexto educativo y que permita develar las subjetividades que orientan las prácticas educativas desarrolladas, motivando a rupturas epistemológicas (Lucarrelli, 2009); asimismo, estas prácticas reflexivas permiten interpretar y comprender las situaciones por medio de lo que el profesorado sabe de ellas, de modo que fortalezca su capacidad de aceptar, cuestionar o rechazar su cultura disciplinar, sus vivencias, sus experiencias y se someta a la crítica, a la evaluación y a la confrontación de sus fundamentos teóricos, llevándolo a plantearse una reconfiguración y transformación de su práctica.

La noción de comprensión: se reconoce, como otro elemento fundamental del proceso formativo, la noción de comprensión del ejercicio por parte del docente, la cual implica un acercamiento dialógico que les permite el reconocimiento de las particularidades, intenciones y decisiones de su actuación profesional en el campo educativo, haciendo visibles sus fortalezas y contradicciones internas, las que pueden constituirse como fuente o motor de cambio, de innovación o de desarrollo, para proponer nuevos abordajes profesionales de la enseñanza en el contexto universitario; es decir, se genera una nueva comprensión del hecho educativo. Al respecto, Cascante (2015, p.252) señala que comprender no se limita a un camino reproductivo, sino productivo, en el cual se entienden y se accede a las situaciones con una mirada diferente; a su vez, es transformar, ya que permite imaginar nuevas posibilidades y construir opciones para fortalecer la actividad educativa, de acuerdo con las particularidades de cada contexto situacional.

La colaboración y diálogo reflexivo: tradicionalmente, la práctica educativa universitaria es un proceso enraizado en acciones individualizadas, en las que el docente, en pocas ocasiones, tiene espacios para debatir o dialogar con otros colegas. Esta característica suele reiterarse en muchas de las iniciativas de formación pedagógica que se limitan a brindar información y no contemplan espacios colaborativos para ampliar y debatir desde los diferentes puntos de vista. Un marco colaborativo de formación permite un trabajo analítico y progresivo para el intercambio entre pares o expertos, que se enriquecen con la perspectiva del otro, ya sea para comparar, descartar, apoyar o enriquecer el tópico en cuestión. Este tipo de mediaciones pedagógicas requieren de diálogos continuos y abiertos, que implican la interacción entre las personas y admite la reformulación de significados; específicamente, Brockbank y McGill (2007, p.76) se refieren el diálogo reflexivo como un proceso en el que, a partir de las etapas de descripción, confrontación y reconstrucción de la acción, se estimula el desarrollo de la capacidad de observarse a sí mismo y de emprender un diálogo crítico e interrogarse sobre sus pensamientos y acciones.

Las tradiciones disciplinares y su relación con las prácticas educativas en el contexto universitario: existe una fuerte relación entre las tradiciones disciplinares y las formas en cómo los profesores universitarios desarrollan su ejercicio docente. Este reconocimiento permite una aproximación a los escenarios más auténticos desde los cuales desarrollan los procesos formativos. Al respecto, Becher (2001) afirma que las culturas de cada disciplina imponen sus pautas para el desarrollo de las actividades académicas y la docencia no está exenta de esta característica; por esa razón, la formación pedagógica debe considerar esta apertura, para ofrecer espacios formativos pertinentes a las particularidades disciplinares.

El protagonismo del profesorado universitario como agentes transformadores: una de las temáticas planteadas, con frecuencia, en la formación pedagógica del profesorado universitario, es la transformación e innovación que busca el fortalecimiento de la educación superior. Desde nuestra perspectiva, esto es posible si se logra la participación colectiva de cambio, la cual supone, según Noulin (2010, p.26), el análisis de las situaciones, propuestas, soluciones y la valoración de las opciones elegidas y reajustables, pero, sobre todo, requiere la participación de los actores, ya que solo ellos pueden dar sentido y explicar cómo viven una situación particular, validar y experimentar las ideas pertinentes de cambio, lo cual determina la efectividad de los procesos de transformación. Ahora bien, estos argumentos, permiten situar al profesorado universitario como protagonista en las transformaciones educativas, ya que no son receptores de información, sino constructores de nuevos sistemas de actuación profesional que se configuran gracias a la vinculación profunda con su actividad de enseñar, la cual está ligada a sus vivencias personales, laborales y profesionales.

Cabe destacar, que los principios anteriormente indicados deben entenderse bajo una articulación flexible, con el fin de plantear una perspectiva de formación pedagógica que supere una dimensión limitada al plano operativo y, en su lugar, se promueve una noción constructiva en la que se reconocen procesos de decisión, a la luz de las contingencias y de las experiencias, generando procesos de transformación.

Consideraciones metodológicas

El abordaje investigativo se desarrolló bajo una perspectiva cualitativa, lo cual permitió realizar una caracterización particularizada y muy cercana a los agentes que promueven la formación pedagógica del profesorado universitario en las cinco universidades públicas costarricenses. Para abordar el objeto de estudio, se realizó un análisis documental sobre las instancias responsables de formación pedagógica; además, se efectuaron entrevistas a profundidad con las personas asesoras, coordinadoras o directoras de las instancias en cuestión.

A partir del proceso anterior, se logró consolidar un corpus de datos que permitió realizar un proceso de análisis temático, mediante el cual se profundizó en la interpretación y se lograron los primeros hallazgos para la comprensión del estudio. Este tipo de análisis consistió en proceder, sistemáticamente, en la identificación, reagrupamiento y, subsidiariamente, al examen discursivo de los temas abordados en el corpus, que pudo ser una entrevista textual, un documento organizacional o notas de observación (Paillé y Mucchielli, 2006).

El proceso de tematización permitió establecer las primeras unidades de significado, representadas en el árbol temático que ilustra los temas principales y subsidiarios, dispuestos en la Figura 2. A partir de dicho árbol, se realizó un proceso de descripción interpretativa, para dilucidar las visiones y procesos desarrollados, en cuanto a la formación pedagógica del docente universitario, construyendo vías para la comprensión del objeto de estudio.

Figura 2: Árbol temático: Escenarios de formación pedagógica para los docentes universitarios

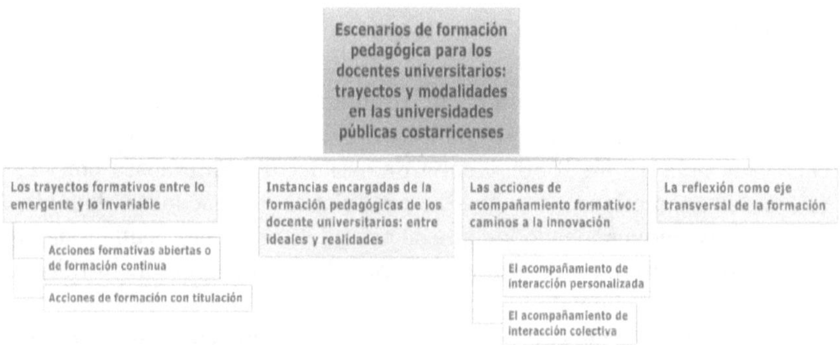

Nota: Elaboración propia (2019).

Las instancias encargadas de la formación pedagógica de los docentes universitarios, entre ideales y realidades

Como se mencionó en los apartados precedentes, existe una tendencia, a nivel mundial, de instituir, como uno de los temas de mayor importancia en las agendas universitarias, la formación pedagógica de los docentes, estableciéndose una fuerte relación de esta con la calidad y la pertinencia de la formación de los profesionales. El escenario para las universidades estatales costarricenses es coherente con esta tendencia; las cinco instituciones de educación superior han destinado esfuerzos importantes a la creación, consolidación y desarrollo de instancias encargadas de las acciones de formación pedagógica para los docentes.

En Costa Rica, existen cinco universidades estatales: la Universidad de Costa Rica (UCR), la Universidad Nacional (UNA), el Instituto Tecnológico de Costa Rica (TEC), la Universidad Estatal a Distancia (UNED) y la Universidad Técnica Nacional (UTN), las cuales cuentan con una instancia, oficialmente, constituida y encargada de la formación pedagógica a nivel universitario. Algunas de ellas tienen más de 40 años de experiencia, otras más noveles cuentan con menos de 5 años de existencia.

La experiencia desarrollada por estas instancias está, directamente, relacionada tanto con el tipo de organización como con la estructura universitaria, y obedece a los intereses, a las características y a los recursos de cada una de estas instituciones. Seguidamente, se contextualizan cada de ellas.

Departamento de Docencia Universitaria (DEDUN) de la Universidad de Costa Rica

La Universidad de Costa Rica, fundada en el año 1940, mediante la ley n°. 362, es la heredera de la Universidad de Santo Tomás, la cual cerró sus puertas en 1888. Tiene una estructura compuesta por seis áreas de conocimiento, integradas por facultades, escuelas, departamentos y secciones, desde las que se atiende una oferta académica de más de trescientos cincuenta programas de formación en las diferentes áreas, entre el grado y el posgrado.

La instancia encargada de la formación pedagógica en esta universidad es el **Departamento de Docencia Universitaria (DEDUN),** el cual surge en el año 1975. Administrativamente, este Departamento forma parte de la Escuela de Formación Docente, de la Facultad de Educación y realiza acciones en los ámbitos de la docencia, la investigación y la acción social.

Esta división académica, especializada en la formación pedagógica de docentes universitarios, está integrada por un equipo interdisciplinario de académicos. De esta manera, se desarrollan espacios de acompañamiento, actualización y reflexión, desde una lógica constructiva, que busca cimentar saberes, para fundamentar y fortalecer el quehacer docente y, por tanto, las acciones formativas en la universidad.

Centro de Desarrollo Académico (CEDA) del Instituto Tecnológico de Costa Rica

El Instituto Tecnológico de Costa Rica (ITCR) fue creado el 10 de junio de 1971, mediante ley n°. 4477, como institución nacional autónoma de educación superior universitaria, dedicada a la docencia, la investigación y la extensión de la tecnología y ciencias conexas. Se orientó a la modernización y mejoramiento del sector productivo nacional y a la transferencia de tecnología para la transformación de la sociedad costarricense.

Esta universidad cuenta con el **Centro de Desarrollo Académico (CEDA)**, el cual está adscrito a la Vicerrectoría de Docencia desde hace 25 años y está constituido por un equipo interdisciplinario de 12 profesionales. Su objetivo es contribuir con la formulación de programas de formación pedagógica y con los procesos de capacitación orientados al ámbito de las metodologías y la tecnología educativa. Además, asiste los procesos de mejoramiento curricular, autoevaluación y acreditación de las carreras, ejecuta procesos de investigación educativa —en miras al mejoramiento de la calidad de la enseñanza y aprendizaje—, fortalece el desarrollo curricular en la institución y produce programas y materiales educativos necesarios para incrementar la calidad de los servicios académicos, de acuerdo con las necesidades de la comunidad institucional.

Sistema de Desarrollo Profesional (SDP) de la Universidad Nacional

La Universidad Nacional fue creada el 12 de febrero de 1973, mediante la ley n°. 5182. Esta universidad está inspirada en la Escuela Normal de Costa Rica (1914), dedicada a la formación de maestros y en la Escuela Normal Superior (1968), que tenía a su cargo la formación de profesores de enseñanza media, así que de ambas instituciones heredó, no solo la infraestructura, sino también una cultura pedagógica que repercutiría, luego, en su vocación educativo-docente y humanística.

La instancia responsable de la formación pedagógica es el **Sistema de Desarrollo profesional (SDP),** que está adscrito a la Dirección de Docencia y Vicerrectoría Académica y su responsabilidad es el diseño, la ejecución y la evaluación sistemática de la actividad de los agentes de la docencia, así como la generación de los procesos y estrategias de formación y actualización profesional, para el mejoramiento de la actividad docente, de conformidad con el ideario pedagógico de la universidad.

Desde esta instancia, se diseñan e implementan procesos y estrategias para la formación, capacitación y actualización del personal docente; a la vez, se implementan acciones para la incorporación crítica, reflexiva y creativa de las tecnologías de la información y la comunicación (TIC) en la actividad docente. Respecto a su conformación, dicha instancia está constituida por un equipo interdisciplinario de 10 profesionales.

Centro de Capacitación en Educación a Distancia (CECED) de la Universidad Estatal a Distancia

La Universidad Estatal a Distancia (UNED) fue creada en el año 1977 mediante ley n°. 6044, como una institución de educación superior especializada en enseñanza a través de los medios de comunicación social. Tiene una modalidad a distancia, con el fin de llevar la educación superior a todo el país.

El **Centro de Capacitación en Educación a Distancia (CECED)** se creó en el año 2000 y es la instancia encargada de la formación pedagógica, la cual se encuentra adscrita a la Vicerrectoría Académica. Dentro de sus funciones está promover en el docente la reflexión crítica sobre sus experiencias en el campo de la didáctica y de las metodologías de la enseñanza a distancia, con el fin de mejorar las habilidades, principalmente, en lo referente a la planificación, ejecución y evaluación del proceso de enseñanza y aprendizaje.

Tiene un equipo conformado por 11 profesionales, quienes apoyan las diferentes actividades de capacitación que se ofrecen a los docentes universitarios.

Centro de Formación Pedagógica-Programa de Capacitación y Actualización Académica (CFPTE) de la Universidad Técnica Nacional

La Universidad Técnica Nacional (UTN) fue creada en el año 2008 mediante la ley n°. 8638. Su naturaleza es de carácter técnico en la formación de profesionales para el desempeño laboral efectivo. Surge a partir de la necesidad que tenía el país de un modelo de educación creativa, que integrara los niveles y etapas de la educación técnica.

La instancia responsable de la formación pedagógica es el **Centro de Formación Pedagógica y Tecnología Educativa (CFPTE)**, el cual realiza actividades de capacitación y actualización en temas relacionados con el quehacer docente, con el fin de mejorar los procesos educativos de la universidad y así consolidar una comunidad universitaria con compromiso académico de alto nivel.

Esta instancia promueve el conocimiento, la comprensión y la aplicación del modelo pedagógico de la universidad, así como el acompañamiento a la comunidad docente universitaria, con el fin de dar respuesta a las demandas en capacitación, que se plantean desde las vicerrectorías, decanaturas y direcciones de carrera, acordes con las necesidades de la comunidad académica.

Tabla 1: Conformación de las instancias de formación pedagógica de las universidades estatales costarricenses

Instancia de formación	Dependencia administrativa	Conformación del equipo de asesores	Número de asesores pedagógicos
DEDUN	Facultad de Educación, Escuela de Formación Docente, UCR	Equipo interdisciplinario	13
SDP	Vicerrectoría de Docencia, UNA	Equipo interdisciplinario	10
CEDA	Vicerrectoría de Docencia, TEC	Equipo interdisciplinario	12
CECED	Vicerrectoría de Docencia, UNED	Equipo interdisciplinario	11
CFPTE	Vicerrectoría de Docencia, UTN	Equipo interdisciplinario	9

Nota: Elaboración propia (2019).

Como puede observarse en la Tabla 1, cuatro de las instancias de formación tienen su ámbito de dependencia, directamente relacionado con las Vicerrectorías de Docencia de su respectiva universidad, es decir, están centralizadas y dependen, de manera directa, de los mandatos institucionales; solo en el caso del DEDUN, la instancia está inserta en la Escuela de Formación Docente de la Facultad de Educación.

Este tipo de organización jerárquica tiene repercusiones en el accionar de las instancias y en la promoción de las actividades de formación para el profesorado. Como ejemplo de ello, las instancias que dependen, directamente, de la Vicerrectoría se ven influenciadas por el cambio de autoridades universitarias, quedando sujetas a las iniciativas, directrices y expectativas que emanan de las políticas de la administración vigente, con respecto a la formación y la docencia universitaria.

Este escenario demanda, de las instancias de formación, un posicionamiento estratégico que les permita gestionar y llegar a acuerdos con las autoridades universitarias en ejercicio, lo cual es pertinente, ya que el éxito del desarrollo pedagógico en la universidad no se circunscribe a los límites de la instancia de formación, sino que transciende a toda la universidad y requiere, por tanto, de una organización global que permita dar continuidad a la formación.

De acuerdo con la conformación de los equipos de asesores pedagógicos, en la Tabla 1 se evidencia la integración interdisciplinar de los profesionales que desarrollan las acciones formativas; en todos los casos estudiados, se evidencia la presencia de pedagogos. Esta conformación permite orientar no solo los abordajes pedagógicos generales, sino también ahondar en las particularidades pedagógicas de los distintos campos disciplinares, además del reconocimiento de la especificidad epistemológica y la pertinencia del trabajo pedagógico.

En ese sentido, los equipos pedagógicos consultados indican que el trabajo interdisciplinario les reta a superar una visión lineal o uniforme, pues, en su lugar, se promueve el desarrollo de procesos formativos con dinámicas dialógicas, en donde afloran tensiones, resistencias, negación de significados y toma decisiones para construir conocimientos conjuntamente con los docentes universitarios.

Un eje común del quehacer de las cinco instancias de formación es el desarrollo de procesos formativos para todas las facultades o unidades académicas que integran las universidades, así como las sedes regionales en todo el país. De acuerdo con lo indicado por los asesores pedagógicos, los procesos formativos se gestan a partir de diagnósticos o necesidades que dichas unidades manifiestan, en relación con las temáticas pedagógicas y, a partir de este primer acercamiento, se realiza un esfuerzo para ajustar la formación a las particularidades disciplinares y realidades histórico-contextuales, así como a los requerimientos socio-políticos educativos. Este tipo de acercamiento fomenta desarrollos pedagógicos universitarios ideales para las realidades disciplinarias en las que se promueven las didácticas específicas, cuestión pendiente que requiere mayor atención en el contexto universitario.

Como se evidenció en el párrafo anterior, el alcance de procesos formativos se moviliza a diferentes regiones del país, donde cada una de las universidades tienen sus sedes; este aspecto es de particular atención, ya que, como se observa la Tabla 1, el número de asesores pedagógicos por instancia no supera más de 13 personas, lo cual evidencia esfuerzos importantes para dar respuesta a las constantes demandas de formación que, en la última década, viene en franco crecimiento.

El crecimiento de la demanda en formación pedagógica para los docentes universitarios tiene una fuerte vinculación con los procesos de acreditación de las carreras y los requerimientos emanados de estos. En ese sentido, los procesos de autoevaluación y evaluación evidencian temas sensibles de fortalecimiento para el desarrollo de las carreras desde los cuales surgen temas específicos de formación para el profesorado; además, en estos procesos, se solicitan evidencias del fortalecimiento de las actividades en la docencia, particularmente, aquellas vinculadas con la participación del profesorado en cursos, seminarios o talleres, en temas pedagógicos y didácticos que puedan ser vinculados con mejoras en la calidad docente.

Este escenario muestra una tensión entre la celeridad de las demandas formativas y el tipo de formación que se requiere; es decir, las instancias se enfrentan al dilema de una capacidad limitada de recursos para dar respuesta a las solicitudes emergentes, sin apelar a una formación instrumental, restringida, generalmente, a un repertorio de técnicas didácticas o acciones informativas, lo cual se contrapone a los abordajes pedagógicos más profundos que buscan procesos de compresión y transformación de las prácticas en la universidad.

Si bien, los centros de formación tienen claridad de la visión pedagógica que quieren fomentar en los procesos formativos universitarios, la cual se encuentra constreñida a las realidades institucionales, tanto por la limitación de recursos como por aspectos operativos que exigen, a estas instancias, resultados inmediatos, sin considerar que se requieren procesos más desarrollados en el tiempo, que permitan la profundidad de progresos pedagógicos acordes a la realidad educativa.

En este contexto, estratégicamente, los centros de formación promueven de acciones formativas de corto alcance como charlas, talleres, coloquios o cursos cortos, etc., en procura de responder a la inmediatez emergente, pero se reconoce, en este tipo de oferta, la posibilidad de un primer acercamiento o una puerta de entrada a un proceso de formación más profundo. A su vez, se fomentan procesos más amplios que conllevan a desarrollos de mayor incidencia en las transformaciones pedagógicas, que impliquen la comprensión de las dimensiones pedagógicas subyacentes a la labor docente en los contextos universitarios, aspectos que se detallan en los apartados siguientes.

Como parte de los esfuerzos por consolidar las instancias de formación pedagógica de las cinco universidades, en el año 2015 se conformó la Red para la Formación y la Capacitación de Académicos Universitarios (RED-FOCAU), que tiene como propósito articular esfuerzos, potenciar los recursos interuniversitarios, compartir experiencias y fortalecer las capacidades de los equipos académicos que conforman estas instancias. Anualmente, mediante el trabajo en red, se desarrollan actividades, de forma conjunta, para el estudio de temáticas de interés común, referentes a la didáctica, a la pedagogía y a la formación universitaria.

Los trayectos formativos entre lo emergente y lo invariable

Para la formación de los docentes universitarios, las universidades estatales costarricenses presentan una variedad de ofertas que están vinculadas, directamente, con la naturaleza misma de la universidad, con los intereses y las demandas del contexto actual y con la configuración de las instancias de formación. La caracterización realizada permite distinguir dos grandes tendencias: las acciones formativas abiertas o de formación continua y las ofertas formativas con titulación, las cuales se detallan a continuación.

Acciones formativas abiertas o de formación continua

En esta dimensión, se describen las estrategias de formación docente abierta o continua que las universidades desarrollan de manera flexible, para responder a los emergentes que se suscitan a partir de las necesidades o intereses específicos en el campo pedagógico, así como aquellas situaciones que surgen de los diferentes escenarios de actuación profesional donde se desarrolla el proceso formativo.

De la misma forma, en las iniciativas de formación abierta o continua, hay una articulación de las lógicas organizacionales con los intereses pedagógicos, tanto grupales como personales, fomentando un ambiente formativo que permite espacios de actualización, innovación y reflexión sobre el quehacer docente, ofreciendo una variedad de opciones que van desde cursos cortos de actualización, programas estructurados, certificaciones, charlas, coloquios o jornadas de intercambio académico, hasta procesos de acompañamiento individualizados del profesorado.

Figura 3: Conformación de las acciones de Formación Continua de las instancias

Nota: Elaboración propia (2019).

Como se observa en la Figura 3, dentro de la formación continua, se hallaron dos escenarios de mayor relevancia en la formación pedagógica de los docentes universitarios; el primero de ellos, se articula bajo temáticas de un **núcleo pedagógico** y este se ofrece con el propósito de que los docentes transiten por una serie de tópicos que pueden orientar y fortalecer su quehacer educativo, permitiéndoles situarse en sus escenarios formativos y, a la vez, la búsqueda de resolución de problemas pedagógicos que se suscitan en el aula. Entre los cursos comunes de este núcleo de formación encontramos la planificación didáctica, las estrategias didácticas, los contenidos didácticos, la mediación pedagógica, la evaluación de los aprendizajes, la comunicación e interacción en los espacios formativos, los contextos y escenarios de aprendizajes, el uso de tecnologías en los procesos educativos, entre otros.

Esta acción formativa, más estructurada, se caracteriza, también, por estar determinada por un espacio temporal de duración, que va entre las 100 y las 150 horas. Las instancias de formación, de alguna manera, reconocen al profesorado el cumplimiento de este proceso, ya sea mediante un certificado o por medio de una nota, en la que se indica la aprobación del mismo. Particularmente, en el caso del SDP, del DEDUN y del CFPTE, el trayecto por estos cursos se certifica como parte de la culminación de un programa que los profesores deben desarrollar dentro de su carrera académica.

Además de los programas estructurados, existen otros espacios de educación continua que proponen un trayecto formativo con temas transversales que son pertinentes a la formación en los contextos universitarios, por su carácter globalizante, como lo son: género, la inclusividad, la accesibilidad, el lenguaje inclusivo, la igualdad, la ética y el compromiso social, la investigación, la creatividad, la escritura académica, la inter y transdisciplinariedad, la virtualización de la pedagogía, el diseño universal de aprendizaje, la cultura de calidad de la educación superior, la internacionalización de la docencia, el compromiso y la sostenibilidad ambiental, la vida universitaria, entre otras temáticas.

El desarrollo de estos temas se operativiza por medio de cursos cortos, talleres, seminarios y conferencias en los que la comunidad docente participa de manera voluntaria. La temática puede variar e incluir nuevos ejes, de acuerdo con intereses, necesidades o políticas institucionales, ya que estos constituyen un soporte para la academia, tanto en la formación de los estudiantes como para la comunidad universitaria en general.

Por su parte, los docentes participan en estas ofertas formativas movilizados por dos intencionalidades; en primer lugar, se encuentran aquellos profesores que muestran un interés genuino de mejorar su desempeño docente en el aula, independiente de algún tipo de reconocimiento; en segundo lugar, se destacan aquellos docentes que asisten a los cursos motivados por la asignación de puntos para su promoción o ascenso en su carrera docente. Este último grupo predominó en el caso del SDP y del CEFPTE.

La modalidad para el desarrollo de la oferta formativa combina escenarios en los que se articulan espacios presenciales, virtuales y semipresenciales, generando oportunidades formativas que articulan el trabajo colaborativo con el individual, desde una perspectiva de crítica y valorativa de su realidad docente, en una articulación de los fundamentos teóricos con su práctica docente.

En el contexto del trabajo colaborativo de las instancias de formación, se destacan, además, las actividades que se realizan en el marco de la RED-FOCAU, en las que, al menos, dos veces al año se desarrollan actividades como conferencias, charlas, talleres, cursos, seminarios, entre otras, que tienen como propósito el intercambio, la actualización y abordajes sobre la formación pedagógica de los docentes universitarios. Este espacio colectivo de estudio tiene como público meta los equipos de asesores pedagógicos de las universidades estatales, para permitirles ampliar los repertorios pedagógicos desde los cuales se realiza el acompañamiento formativo.

Como se evidencia en la caracterización anterior, las acciones formativas abiertas o de formación continua son la opción más desarrollada en las cinco universidades y la flexibilidad que estas permiten facilita el acceso a los docentes universitarios, de modo que pueden combinar sus compromisos académicos con espacios formativos referentes a temáticas pedagógicas que son representativas para la cotidianidad universitaria.

De acuerdo con los asesores de las instancias, estos espacios de formación continua tienen una huella positiva en el desarrollo de las capacidades pedagógicas del profesorado universitario, dado que les permiten tomar conciencia acerca de las necesidades de su docencia, a partir del reconocimiento de las rutinas, enfoques y decisiones con respecto a la enseñanza y el aprendizaje, lo que conlleva a una comprensión más profunda de los escenarios educativos universitarios.

Las participaciones, en estos escenarios formativos, también, posibilitan otras opciones para que los docentes se inserten en procesos de estudio y profundización de las temáticas pedagógicas que les son pertinentes a su quehacer; en algunos casos, los participantes optan por inscribirse en los programas con titulación para consolidar su formación pedagógica como docentes universitarios.

Acciones de formación con titulación

Dentro de las acciones destacadas para la formación pedagógica de los docentes universitarios, se encuentran las denominadas con titulación, las cuales se desarrollan por medio de programas académicos que acreditan a los participantes con un título universitario luego de varios ciclos de aprovechamiento.

De acuerdo con los resultados obtenidos, se pueden distinguir dos niveles de formación con titulación ofertadas por las universidades estatales: los programas con titulación en grado de licenciatura y los programas con titulación en posgrado de maestría. En el primer nivel, los programas tienen una duración que oscila entre dos y tres años, según lo establecido en el Convenio de Nomenclatura de Grados y Títulos de la Educación Superior de Costa Rica (2017). Estos programas buscan nuevas formas de comprensión de la docencia; en ellos se articulan actividades de investigación y de práctica profesional, bajo una metodología con escenarios académicos flexibles, donde se combina la presencialidad con grados de virtualidad.

En relación con los programas del grado de Licenciatura en Docencia que ofrece la Universidad Estatal a Distancia y la Licenciatura en Mediación Pedagógica de la Universidad Técnica Nacional, estos brindan una formación en docencia a nivel general y, en ambos casos, los participantes pueden optar por una temática relacionada con la docencia universitaria, como parte de su trabajo final de graduación.

Respecto a estos dos programas, los mismos admiten participantes que estén interesados en las temáticas educativas, sin ser programas exclusivos para docentes universitarios. En ninguno de los dos casos antes mencionados la organización y desarrollo de los mismos están vinculados, directamente, con las instancias de formación, ya que están insertos en una unidad académica de la universidad respectiva.

Por su parte, en la Universidad de Costa Rica, se ofrece el programa de Licenciatura en Docencia Universitaria y, a diferencia de los programas antes mencionados, este procura una formación pedagógica específica para escenarios educativos universitarios. En este caso, el perfil de los participantes está orientado a docentes universitarios en ejercicio y se busca el fortalecimiento del quehacer pedagógico en ese nivel formativo. De esta manera, la organización y desarrollo del programa son responsabilidad de la instancia de formación pedagógica de esta universidad (el Departamento de Docencia Universitaria).

Respecto a los niveles de posgrado, específicamente, en maestrías asociadas a la formación pedagógica de docentes universitarios, se encontraron dos modalidades: la maestría profesional y la maestría académica, las cuales tienen una duración aproximada de dos años.

En el caso de la Universidad Nacional, se desarrolla el programa de Maestría Profesional en Educación con un énfasis en Docencia Universitaria, en donde se busca profundizar y actualizar el conocimiento y sintetizar, transmitir y solucionar problemas en el área de especialidad, los cuales se sistematizan a partir de los aportes de las investigaciones realizadas en el marco del trabajo final de graduación.

Administrativamente, este programa no está vinculado a la instancia de formación pedagógica (SDP) de esta universidad, más bien, se encuentra adscrito al Centro de Investigación y Docencia (CIDE); sin embargo, existe un interés institucional porque este se articule con las necesidades del personal académico de la UNA, de forma que permita fortalecer las prácticas docentes, a partir de los conocimientos construidos en el programa.

Por su parte, la Universidad de Costa Rica ofrece el Programa de Maestría Académica en Educación con énfasis en Docencia Universitaria, en donde la investigación se convierte en el núcleo generador que permite profundizar y actualizar conocimientos en el tema de especialización. Este programa se propone que los participantes tengan un mejor desempeño académico y profesional en la educación superior, mediante el desarrollo de procesos formativos que articulan la investigación y el ejercicio reflexivo y compresivo en la búsqueda de soluciones a los dilemas que se presenta en el contexto de la práctica educativa.

Este énfasis está adscrito a la instancia de formación pedagógica (DEDUN), donde el equipo académico lidera su desarrollo, lo cual permite el acercamiento a las particularidades de la docencia en las diferentes áreas de conocimiento; por ejemplo, se han realizado promociones de la maestría para un grupo de docentes de un área de conocimiento específica de esta universidad, lo cual se traduce en aportaciones didácticas y abordajes pedagógicos pertinentes a los campos disciplinarios.

Ambos niveles de formación de grado y posgrado promueven aportes en el ámbito de la docencia universitaria, desde los procesos investigativos que desarrollan, tanto los participantes como el personal académico que dirigen los programas, los cuales nutren los abordajes desde los que se realiza la formación pedagógica, así como las particularidades de las áreas disciplinarias.

A su vez, estas titulaciones permiten a los docentes universitarios, que participan en ellas, fortalecer su desarrollo profesional, al ampliar y profundizar en la dimensión pedagógica, gracias a los procesos reflexivos que conducen al cuestionamiento de las prácticas cotidianas, reconfigurándolas a partir de nuevos escenarios teórico-prácticos.

En síntesis, estas opciones de formación con titulación, que se ofrecen en las universidades costarricenses, transitan entre las prescripciones explícitas en los programas y una interacción que articula los conocimientos teóricos con la práctica en diferentes escenarios: el salón de clases y los acercamientos al campo docentes profesional y disciplinar, ampliando, de esta forma, el abordaje prescriptivo, al considerar las particularidades de los participantes, experiencias precedentes, perspectivas de enseñanza y del aprendizaje, contextualizando las posibles aportaciones pedagógicas que se concretan a partir de los programas de formación antes indicados.

Las acciones de acompañamiento formativo: caminos a la innovación

En esta dimensión de análisis, se describen las formas de acompañamiento que los equipos de asesores pedagógicos de las universidades estatales desarrollan como parte de los procesos formativos para el profesorado universitario. La información obtenida permite evidenciar dos tipos de acompañamiento: el de interacción personalizada y el de interacción colectiva.

El acompañamiento de interacción personalizada

En primer término, se encuentran aquellas acciones de acompañamiento pensadas bajo la lógica de interacción personalizada, denominación que alude a espacios formativos que tienen como característica la flexibilidad, de modo que, desde la singularidad, se puedan atender los emergentes que se suscitan en las acciones educativas, propias de cada disciplina universitaria. De esta manera, se busca el fortalecimiento de las relaciones intersubjetivas, en las que, desde una perspectiva compartida (asesor pedagógico y docentes universitarios), se orienta la formación para el análisis, la reflexión y la construcción de alternativas en las que los participantes tienen un papel activo.

Generalmente, los procesos se inician por el interés personal de un docente o grupo pequeño de docentes de un área disciplinar, donde se busca la construcción de alternativas pedagógicas y didácticas, contextualizadas desde los emergentes de su quehacer educativo. Las acciones formativas conllevan la identificación de una problemática, inquietud o necesidad formativa, a partir de la reflexión conjunta entre los docentes solicitantes y el asesor pedagógico.

A partir de lo anterior, se diseña un plan de trabajo específico, que busca el fortalecimiento de la actividad educativa; a lo largo del proceso, se realiza una evaluación conjunta, con el fin de ajustar y enriquecer el plan desarrollado. Entre las denominaciones más señaladas en el estudio, para las acciones de este tipo de acompañamiento, se encuentran:

- la tutoría individualizada,
- espacios de aprendizaje autogestionado,
- la consulta pedagógica,
- la evaluación individual formativa y
- las observaciones de clases.

La naturaleza de las interacciones individualizadas demanda, de los equipos pedagógicos, flexibilidad en la gestión y contar con un amplio repertorio pedagógico, para atender las necesidades y temas emergentes, propuestos por los docentes universitarios, ya que el centro de interés del proceso está orientado a potenciar el protagonismo del docente en la construcción de alternativas pedagógicas mediadas por espacios de cuestionamiento y reflexión.

Dentro de las ventajas encontradas en este tipo de acompañamiento, se destacan la motivación y el compromiso de los docentes, ya que la participación, en la resolución de problemas, puede ayudar a encontrar rutas más pertinentes a los contextos de actuación del profesorado universitario. Las configuraciones de estos espacios personalizados permiten considerar los avances de la formación, desde una perspectiva de proceso, adecuándose al ritmo de los participantes, según sus posibilidades de tiempo, recursos e intereses.

El acompañamiento de interacción colectiva

Se considera la interacción colectiva como el acompañamiento pedagógico que comprende acciones de formación que permiten potenciar las construcciones colectivas de conocimientos, en las que se recuperan los aciertos, desaciertos y la socialización de las experiencias docentes en el contexto universitario; lo anterior supone espacios de aprendizaje, en los que la colaboración y el intercambio de experiencias potencian rutas para la innovación y la transformación de las prácticas educativas. Desde esta perspectiva, se aborda la complejidad y diversidad disciplinar de las comunidades académicas que coexisten en la universidad, mediante espacios de aprendizaje que entrecruzan lo personal, lo grupal, lo didáctico, lo institucional y lo social en la construcción de conocimiento pedagógico.

A partir de la información recolectada, se evidenció que las opciones de acompañamiento, socialización y difusión del conocimiento pedagógico combinan acciones de corta duración con otras que son más extendidas temporalmente. Dichas acciones de acompañamiento son destacadas por los asesores, ya que le permite al profesorado universitario, en formación, los siguientes aspectos:

* Reconocer que las situaciones y preocupaciones de orden pedagógico y didáctico, que afrontan los docentes universitarios, comparten la misma naturaleza, independiente del área disciplinar a la que pertenecen.
* Escuchar y aprender de otros docentes que tienen experiencias de prácticas reconocidas y que están dispuestos a compartir, apoyar y orientar a otros.
* Analizar las soluciones propuestas por los otros docentes, así como los resultados obtenidos.

Las acciones de formación son diversas y articulan actividades que permiten compartir buenas o reconocidas prácticas docentes, lo cual posibilita la difusión y movilización del conocimiento e innovaciones en el campo educativo. Desde esta perspectiva, se encuentran los siguientes ejemplos:

* Grupos de discusión.
* Metodologías talleres.
* Ateneos docentes, discusión de análisis de un caso.
* Círculos de discusión colectiva.
* Círculos de reflexión.
* Pasantías.
* Comunidades de aprendizaje.
* Seminarios.
* Estrategias de difusión de información, difusión, boletines, web con recursos pedagógicos, centros de recursos de información.
* Ferias, encuentros, coloquios de prácticas e innovaciones docentes.

De acuerdo con los asesores pedagógicos entrevistados, estas acciones suponen procesos sistemáticos de reflexión crítica sobre los problemas que los docentes universitarios enfrentan de manera cotidiana en el aula, permitiendo construir conocimiento colectivo. Hay un marcado interés por el fortalecimiento de las prácticas formativas colectivas, por sobre las individualizadas; sin embargo, es esencial contar con apoyo institucional que brinde los recursos y los soportes para que, desde las políticas, se estimule la participación del profesorado en la conformación de colectivos de aprendizaje sobre la pedagogía universitaria.

La reflexión como eje articulador de la formación

En párrafos preliminares, se señaló la importancia de la reflexión como un aspecto esencial que debía permear la formación, a fin de que el profesorado universitario pudiera explicitar, develar y cuestionar la cultura disciplinar y las prácticas cotidianas, de modo que puedan acceder a una nueva lectura de esa realidad. En las distintas iniciativas de formación analizadas, la noción de reflexión aparece en reiteradas ocasiones, constituyéndose como un eje transversal del proceso formativo.

Las evidencias muestran que la noción de reflexión está presente, tanto a nivel documental, como a nivel discursivo y se desarrolla desde diferentes niveles, que van desde lo técnico hasta una postura transformativa. Al respecto, desde las opiniones de los asesores pedagógicos, quedaron en evidencia prácticas reflexivas que aluden al cumplimiento de aspectos normativos del quehacer docente, como por ejemplo el estudio de los componentes del programa de curso, las normas de evaluación, los tiempos y los modos para el desarrollo de las clases, es decir, en este nivel, la preocupación se orienta más a la verificación de las prescripciones esperadas, limitando la reflexión a un carácter técnico. Particularmente, este tipo de reflexión se concreta en cursos cortos, en los que el profesorado universitario participa, esporádicamente, y no hay estrategias de seguimiento que permitan profundizar el proceso.

En consonancia con lo anterior, se evidenciaron prácticas reflexivas más asociadas con las descripciones o vivencias del profesorado universitario, articuladas con la actuación profesional. Este acercamiento reflexivo se desarrolla en las acciones de formación continua y, con mayor énfasis, en los programas con titulación, tanto en el nivel de grado como en el de posgrado, particularmente, en los espacios destinados a las prácticas didácticas y en el contexto de los trabajos finales de graduación.

Complementario al nivel anterior, se pudo caracterizar prácticas reflexivas propositivas, en las que el profesorado universitario, mediante trayectos reflexivos, logra explicitar y develar, con mayor detalle, las problemáticas presentes en el ejercicio docente. Mediante el proceso reflexivo, identifica los vacíos o aspectos para fortalecer la práctica cotidiana, los cuales se constituyen en objetivos o metas y el docente, de manera sistemática, imagina, propone y construye alternativas pertinentes para dar respuesta a la problemática planteada. En algunas ocasiones, estas propuestas son llevadas a la práctica y valoradas desde un marco reflexivo para posteriores implementaciones, constituyéndose como innovaciones o transformaciones de las prácticas educativas, sustentadas en decisiones pedagógicas.

Este tipo de reflexión propositiva se evidenció en las acciones de formación que requieren un espacio temporal más amplio, por ejemplo, las titulaciones de nivel grado y posgrado, así como en las ofertas de educación continua más estructuradas y vinculadas al núcleo pedagógico.

Reflexiones finales

Al término de este recorrido descriptivo e interpretativo, se reconoce que se han desarrollado acciones relevantes para la formación pedagógica del profesorado universitario; de esta manera, a modo de síntesis, se subrayan algunas de ellas.

Primeramente, se evidenció la pluralidad de las ofertas formativas que se promueven desde las universidades públicas costarricenses. Estas obedecen a las particularidades, necesidades, intereses y recursos de cada institución, sin que se establezca un principio de generalización, potenciando así los trayectos formativos particularizados, tendientes a dar respuesta a los abordajes pedagógicos que se despliegan en cada institución. Esto concuerda con los aportes señalados por Ketele (2003), que indica que una verdadera formación se consolida al armonizar las lógicas institucionales con las demandas y necesidades del profesorado, por lo que es fundamental dicha integración.

De la misma forma, la caracterización realizada permite evidenciar el interés de las universidades estatales por contribuir a la formación pedagógica del docente universitario, al disponer, en cada una de ellas, de una instancia de formación que lidera o articula los procesos formativos, tendientes al fortalecimiento de la calidad de la educación superior.

En adición, dichas instancias desarrollan acciones de acompañamiento que favorecen la actualización y el desempeño profesional pedagógico del profesorado, promoviendo la construcción de alternativas pedagógicas y didácticas, desde las vivencias y las experiencias de la práctica docente. Considerando la complejidad de la docencia, se ofrece un abanico de posibilidades formativas con diferentes abordajes como la capacitación, el acompañamiento y la difusión de conocimientos, mediante cursos, talleres, seminarios, conferencias, etc.

Si bien existe una pluralidad de ofertas para la formación pedagógica del profesorado universitario, los centros de formación comparten una visión pedagógica que procura armonizar los trayectos formativos de modelos informacionales a modelo constructivos y de transformación pedagógica; al respecto, Saroyan y Frenay (2010) señalan que la formación debe procurar el desarrollo de capacidades pedagógicas en los docentes universitarios que les permitan evolucionar del paradigma informacional hacia otro más constructivo, que implica generar cambios importantes en los papeles tradicionales del profesorado como del estudiantado.

Por su parte, las acciones de acompañamiento pedagógico (personalizado o colectivo), caracterizadas en la investigación, permiten el acercamiento a los contextos y las culturas académicas disciplinarias, lo cual conlleva a repensar la práctica docente, desde los escenarios reales en lo que se desarrolla el acto educativo en la universidad, brindando, de esta manera, oportunidades para que el docente universitario se cuestione sobre lo que ve, lo que sabe y lo que hace en su accionar pedagógico. Estos abordajes son coherentes con las proposiciones de Biggs (2008), cuando señala la necesidad de integrar, en las culturas académicas, el significado de profesionalidad docente como un valor que debe ser reconocido y estimulado.

De la misma manera, se pudo evidenciar la coexistencia de acciones formativas informacionales de corto alcance y procesos formativos más amplios para el desarrollo de capacidades pedagógicas, las cuales pueden fomentar transformaciones en los contextos universitarios. Estas últimas acciones son privilegiadas a nivel discursivo y documental, aunque se reconoce que no siempre se cuenta con los recursos, los tiempos y los apoyos institucionales para centrarse solo en ellas, por lo que, estratégicamente, se recurre a las primeras, como una vía para promover, en el profesorado, la participación en acciones formativas más robustas.

Otro de los aportes evidenciados es la promoción de las acciones formativas que privilegian lo colectivo sobre las individuales, lo cual supone el reconocimiento de un marco colaborativo de formación que conlleva a una mirada compartida, que se enriquece con la perspectiva del otro, fomentando el desarrollo profesional del cuerpo docente, al contribuir al logro de un saber individual implícito y a un saber explícito compartido, en el seno de una comunidad de prácticas, basándose en el conocimiento, tanto de la experiencia como de la investigación (Rege Colet y Berthiaume, 2009).

Coherente con las demandas contemporáneas de formación del profesorado universitario, en las acciones formativas estudiadas está presente la dimensión reflexiva, desde la cual se pretende una postura crítica por parte del profesorado, que le permita cuestionar la cotidianidad de las prácticas educativas e identificar los problemas relevantes, para proponer rutas y acciones para su abordaje.

Del anterior devenir reflexivo y crítico en los procesos formativos, se configuran propuestas y acciones que se asocian con posibles innovaciones en la práctica docente, las cuales se conciben, como señala Lucarelli (2009), como la construcción de estrategias pedagógicas sustentadas en decisiones profesionales y con intenciones de mejoramiento y la transformación las prácticas educativas.

A partir de la interpretación realizada, también, fue posible explicitar algunas limitaciones con respecto a las acciones de formación pedagógica estudiadas. La primera tensión identificada alude a la naturaleza de la organización administrativa de las dependencias que promueven la formación pedagógica. Las instancias de formación, pertenecientes a las vicerrectorías académicas o de docencia, están condicionadas a las políticas institucionales de la administración universitaria de turno, es decir, ante cada cambio de autoridades, hay repercusiones en cuanto al seguimiento y consolidación de programas o iniciativas de formación; asimismo, en cuanto a las instancias adscritas a una unidad académica o facultad, tienen como limitación un presupuesto reducido, que repercute en las posibilidades de crecimiento para brindar mayor cobertura en las acciones formativas que se ofertan en las instituciones.

Como se evidenció en los párrafos anteriores, si bien, los centros de formación tienen claridad de la visión pedagógica que quieren fomentar en los procesos formativos universitarios, estos se encuentran constreñidos a las realidades institucionales que, en ocasiones, demandan resultados inmediatos y generalizables, tensiones que, en muchas ocasiones, afloran por la necesidad de responder a los requisitos emanados de las instancias acreditadoras, en detrimento de la preocupación por lo pedagógico (Ketele, 2003).

De esta manera, la transformación de las prácticas educativas universitarias requiere de procesos más amplios y extendidos en el tiempo, de modo que permitan a los docentes apropiarse de un enfoque menos superficial sobre la docencia y el aprendizaje, mediante la instauración de capacidades reflexivas en y sobre la propia enseñanza y el fortalecimiento de habilidades que conduzcan al profesor a estar, continuamente, interpretando y analizando (Cascante, 2015).

Además, este análisis permitió evidenciar retos para el fortalecimiento de la formación pedagógica del profesorado universitario de las universidades públicas costarricenses; asimismo, se evidenció un importante desarrollo de acciones formativas para el fortalecimiento de las capacidades pedagógicas del profesorado universitario, el cual debe robustecerse al ampliar espacios de investigación, en conjunto con los docentes universitarios, que permitan avanzar en el desarrollo teórico y metodológico de la pedagogía universitaria y de didácticas específicas pertinentes a los contextos disciplinarios.

A su vez, se destaca, como aspecto positivo, el esfuerzo de trabajo colaborativo iniciado en la Red de Formación y Capacitación RED-FOCAU, para dar continuidad y fortalecimiento a esta iniciativa, de tal manera que es necesario trabajar en conjunto en la investigación y la sistematización de experiencias de las instancias, de modo que esto permita consolidar aspectos teóricos y metodológicos en el campo de la pedagogía universitaria y en la formación pedagógica de los docentes a nivel nacional.

Finalmente, las instancias de formación pedagógica coexisten con las demandas sociales de transformación de la universidad, hecho que permea, de manera directa, la formación de los docentes universitarios. En ese sentido, si lo que se busca es la transformación pedagógica en el contexto universitario, se requiere de una comprensión compartida, de la incorporación armoniosa de niveles interinstitucionales y del escenario particular de cotidianidad de los docentes en su ejercicio.

Bibliografía

Becher, Tony (2001). *Tribus y territorios académicos: La indagación intelectual y las culturas de las disciplinas*. Editorial Gedisa.

Biggs, John (2008). *Calidad del aprendizaje Universitario*. Narcea, S.A de Ediciones.

Bourassa, B., Leclerc, C. y Fournier, G. (2012). *Les démarches collaboratives en sciences humaines et sociales : enjeux, modalités et limites*. Québec: Presses de l'Université Laval, Collection Pratiques d'accompagnement professionnel.

Brockbank, A. y McGill, I. (2007). *Facilitating Reflective Learning in Higher Education*. McGraw-Hill.

Cascante Flores, N. (2015). *El análisis de la actividad de enseñanza en contexto real de trabajo: un dispositivo de formación pedagógica para docentes universitarios*. [Tesis de doctorado]. Universidad de Montreal.

Cherradi, S. (1990). *Le travail interactif : construction d'un objet théorique*. [Mémoire de maîtrise]. Université de Montréal.

Noulin, M. (2010). *Ergonomía. La Guía de la Sorbona*. (1ra ed.). Moduis Laborandi.

Ferry, G. (2008). *Pedagogía de la formación*. Ediciones Novedades Educativas.

Ketele, J. M. (2003). "La formación didáctica y pedagógica de los profesores universitarios: luces y sombras". *Revista de Educación* (331), pp.143-169.

Langevin, L., Bilodeau, H., Boisclair, M. y Bracco, M. (2007). *Formation et soutien à l'enseignement universitaire: Des constats et des exemples pour inspirer l'action*. Sainte-Foy Presses de l'université du Québec.

Lave, J. (2001). "La práctica del aprendizaje. El problema del contexto". En Chaiklin, S. y Lave, J. (eds.), *Estudiar las prácticas Perspectivas sobre actividad y contexto*. Amorrortu editores.

Lucarelli, E. (2009). *Teoría y práctica en la universidad*. Miño y Dávila.

Noulin, M. (2010). *Ergonomía. La Guía de la Sorbona* (1ra ed.). Moduis Laborandi.

Paillé, P. y Mucchielli, A. (2008). *L'analyse qualitative en Sciencies Humaines et Sociales*. Armand Colin.

Segunda Parte

Universidad Nacional del Sur
Ana María Malet
Andrea Montano

Universidad de la República
Mercedes Collazo
Sylvia De Bellis
Virginia Fachinetti
Nancy Peré
Vanesa Sanguinetti

Universidad del Estado de Bahía
Sandra Regina Soares
Liége Maria Queiroz Sitja
Mariana Soledade Barreiro

Trayectos singulares en la formación de grado de docentes universitarios

Ana María Malet y Andrea Montano

Investigar la problemática de la formación del docente universitario en el marco de la Universidad Nacional del Sur nos enfrenta, en primera instancia, a la necesidad de asumir que existe en esta universidad como tal y en las diferentes unidades académicas que la componen, escasos espacios institucionales sistemáticos de formación del cuerpo docente. En este marco, nos interesó abordar como caso de estudio, la asignatura *Didáctica y Práctica Docente del Nivel Superior*, en la formación de grado.

Presentación y contextualización del caso

Inicialmente para los Profesorados en Historia (2002), Química (2005), Letras (2006), Filosofía (2006), más tarde, para los Profesorados en Economía (2012) y en Educación Secundaria y Superior en Ciencias de la Administración (2013) y, actualmente, como materia electiva de la Licenciatura en Ciencias de la Educación, el Área de Ciencias de la Educación del Departamento de Humanidades de la Universidad Nacional del Sur dicta desde el año 2003, *Didáctica y Práctica Docente del Nivel Superior* junto a dos seminarios, *Perspectivas Pedagógicas de la Educación Superior y Política y Legislación del Nivel Superior*. Los tres espacios curriculares conforman un bloque de asignaturas en los planes de estudio[1] que habilita a los egresados de los profesorados referidos a desempeñarse en el nivel superior:

---

1 En el caso de los Profesorados en Química, Economía y Ciencias de la Administración los estudiantes pueden optar entre hacer el profesorado para la educación secundaria (8 cuatrimestres) o hacer el profesorado para el nivel superior (10 cuatrimestres).

universidades e institutos superiores de formación docente, técnica y artística.

Desde su denominación, la materia implica una instancia de práctica en el nivel superior de educación y, al momento de su diseño e implementación, eran escasas las experiencias previas a las que remitirse, con lo cual se realiza un rastreo de antecedentes y de búsqueda de alternativas para la configuración de dicho espacio.

Se fueron desarrollando distintas propuestas con algunas variaciones año a año, en las que la práctica asumió en un primer momento la forma de pasantía, luego de práctica docente supervisada para, a partir del año 2010, conformarse como Práctica Docente Situada (PDS), entendiéndola como un proceso que involucra la actividad, el contexto y la cultura en las que los/las alumnos/as se desarrollan con el objetivo de tener un contacto anticipado y supervisado con la práctica profesional durante su formación. Inicialmente, la PDS se realizaba en comisiones conformadas por dos o tres alumnos/as hasta que, en el primer cuatrimestre de 2015, los estudiantes eligieron la materia, carrera y la institución en la que les interesaba realizar su PDS y, por primera vez desde el origen de la materia, la propuesta de práctica comienza a aproximarse a una residencia: realizaron la inserción institucional y prácticas de forma individual, se incorporaron anticipadamente al aula con posibilidades de realizar más intervenciones a la vez de elaborar un diagnóstico inicial del grupo y de la institución elegidos.

¿En qué consiste la PDS? Quienes cursan esta materia, realizan una Práctica Docente Situada (PDS) en diversos Institutos Superiores de la ciudad, tanto de Formación Docente como Técnica y Artística, entre ellos, la Escuela de Danza Clásica, la Escuela de Teatro, el Conservatorio de Música, el ISFD N°3, ISFD N°86, el ISFT N°191, la Escuela de Artes Visuales, el Instituto Superior Juan XXIII, el Instituto María Auxiliadora y la Escuela Normal Superior dependiente de la Universidad Nacional del Sur.

Concretamente la PDS implica un recorrido desde lo macro a lo micro en la toma de decisiones que un docente hace en relación con sus propuestas de enseñanza. En este sentido, un primer paso consiste en la elaboración de un diagnóstico institucional y del análisis del plan de estudios del espacio curricular elegido para la PDS. En esta primera instancia, se busca sistematizar el conocimiento que brinda la institución a través de la observación directa de su vida cotidiana, del análisis de documentos y de la realización de entrevistas individuales y/o grupales de consulta a directivos, docentes, personal administrativo, estudiantes.

Si bien el análisis institucional es una tarea compleja y, en este caso, el trabajo está temporalmente acotado, esta inserción institucional tiene como propósito utilizar la observación como un dispositivo analizador de las instituciones educativas. Una estudiante expresa que

> (…) [en] estos primeros acercamientos a las prácticas docentes en el nivel superior (…) nos llenamos de interrogantes: ¿Lo estoy haciendo bien, comprenden lo que explico? ¿Los alumnos están aprendiendo? (…) ¿Qué actividades son adecuadas para este grupo? ¿Qué puedo mejorar? Algunas de estas preguntas comienzan antes de la acción, se perpetúan en la misma y las llevamos a nuestra casa para seguirlas pensando.
>
> Esta práctica reflexiva es muy relevante y debe superar ampliamente esta primera etapa en la docencia: no sólo el que se inicia debe ser reflexivo, considero que es una práctica inherente a la misma docencia, forma parte de la identidad profesional de los docentes. (E. Noelia).

Seguidamente, se involucran en el trabajo áulico para la realización de prácticas docentes propiamente dichas. Los/las alumnos/as hacen una observación participante, reparando en lo cotidiano, la relación con y entre los alumnos, el conocimiento y su tratamiento, entre otras cuestiones, y toman a su cargo al menos dos clases.

Asimismo, se solicita a los/las alumnos/as que lleven un cuaderno de campo en el que registran sus observaciones, informaciones, impresiones personales, entre otras, de modo que el relato permita reconstruir sus experiencias durante la PDS. Con el soporte de esta herramienta, los/las alumnos/as plasman sus reflexiones sobre la propia experiencia de Práctica Docente Situada (PDS) y su impacto en la formación profesional. Esto se ve reflejado en palabras de un estudiante quien sostiene que

> la necesidad de replantear propuestas (…) debido al interés que mostraron los estudiantes (…) como consecuencia del límite que presenta la carga horaria de una clase, (…) hicieron necesario un esfuerzo de planificación in situ (…). A partir de esto creo haber confirmado que la práctica reflexiva (…) es el momento y la herramienta fundamental para la formación y construcción de saberes profesionales del profesorado. (E.[2] Lucio).

Desde la propuesta de *Didáctica y Práctica Docente del Nivel Superior* se buscaría propiciar un espacio de trabajo orientado por los pro-

---

2 La "E" da cuenta del testimonio de los estudiantes.

cesos de análisis, interpretación y producción reflexiva, que permita esclarecer las distintas perspectivas desde las que se puede abordar la enseñanza, la evaluación y el currículum, y sus relaciones, en el nivel superior de educación, así como también favorecer la adquisición de ciertas herramientas que faciliten la articulación y la búsqueda de coherencia entre las construcciones teóricas y las prácticas en el aula.

La principal finalidad es favorecer la reflexión sobre la práctica y así poder también apreciar su incidencia en la transformación de los sujetos y sus propias prácticas. Se problematiza la idea de reflexión sobre la práctica intentando develar su sentido, los alcances y procesos que abarca para que se constituya en un *"habitus"* reflexivo.

Dadas sus diferentes trayectorias previas, los estudiantes que cursan la materia conforman un grupo heterogéneo, pero con una demanda común: la ausente −o a veces diluida− aproximación temprana a su futuro campo laboral, demandando a las "materias pedagógicas" la inserción progresiva en las instituciones y en las aulas.

En este sentido, todas las clases de la materia son plenarias y de carácter teórico-práctico. La propuesta de trabajo para la formación docente contempla la implementación de distintas estrategias de enseñanza como componentes de una construcción metodológica singular. Es así que tienen lugar diversas actividades que combinan el trabajo grupal con instancias de producción individual; entre ellas:

- sondeo de expectativas y de conocimientos previos para articular las demandas de los alumnos con las finalidades y objetivos de la materia;
- diseño, implementación y análisis de microclases;
- análisis de casos (registros de clases, informes de observaciones y prácticas, diseños curriculares, planes de estudios, entre otros) y resolución de problemas;
- trayecto de práctica en el nivel superior de educación: aproximación a un diagnóstico institucional, análisis de planes de estudio, diseño e implementación de clases con énfasis en la construcción colectiva de saberes;
- elaboración de diversas producciones escritas que abordan la escritura académica como contenido: ponencias, informes de lectura, análisis e interpretación de las prácticas docentes en educación superior a partir de los criterios didácticos construidos en el desarrollo de la materia.

A lo largo del cuatrimestre se busca sostener un trabajo de articulación entre la práctica que desarrollan los/las alumnos/as, el tratamiento de los contenidos en las clases y la evaluación. Es así que las unidades didácticas del programa se corresponden con las instancias de práctica que atraviesan los estudiantes. De este modo, la Unidad 1: "El nivel superior de educación como problema" se aborda junto con la inserción institucional de los practicantes; en el marco de los contenidos de la Unidad 2: "El currículum, campo de tensiones en la educación superior", se trabaja en la revisión de los planes de estudios correspondientes al espacio de práctica elegido y, finalmente, en el desarrollo de la Unidad 3: "La práctica docente en situación", los/las alumnos/as se incorporan a las aulas, desarrollan tareas docentes y ejercitan la reflexión sobre la práctica.

Tanto en la organización como en los contenidos del programa de la materia, así como en las diferentes instancias de la PDS, se buscaría la articulación entre el abordaje de marcos teóricos y el desarrollo de ciertas habilidades complejas en contexto.

Un graduado lo expresa de la siguiente manera

> Didáctica y Práctica Docente en Nivel Superior fue la materia del profesorado que más incidió e incide en mi formación profesional, no solamente porque trabajo en ese nivel sino porque el planteo de la materia tiene un carácter integral, en el cual los contenidos teóricos y las estrategias de intervención operan dialécticamente y con una mirada crítica, constituyendo una verdadera experiencia de iniciación en la docencia en nivel superior. (Graduado 1).

Entendemos dichas habilidades complejas como estructurantes de la práctica profesional del docente del nivel superior y al respecto interesa destacar: el trabajo colaborativo, la reflexión sobre las propias prácticas, la investigación acerca de problemáticas de la enseñanza en el nivel superior, la escritura académica y la participación en eventos científicos, la mediación tecnológica en la enseñanza, la *evaluación productiva*, la autoevaluación, el análisis y revisión de planes de estudios, entre otras.

En los poco más de 10 años de dictado de la materia, encontramos diversidad de experiencias a través de las cuales se promovió y promueve la formación de los docentes universitarios.

Del *dispositivo* al *trayecto* de formación y reflexión sobre la práctica

Desde el origen de la cátedra se trabajó en el diseño de un dispositivo para la formación docente desde el convencimiento de que para provocar cambios reales en las prácticas docentes es necesario revisar las concepciones que están en la base de la cultura escolar y de la propia biografía escolar. Estas concepciones instituidas determinan en gran medida el accionar de los futuros y actuales docentes, porque las más de las veces informan y orientan las prácticas, y promueven su reproducción inercial y acrítica. Al respecto, una estudiante señala:

> Dando clases en superior, siendo todavía alumna, frente a situaciones nuevas que todavía no se manejar del todo, mi primera reacción es actuar como mis profesores universitarios (…) hay que volar otra vez sobre la misma situación para reflexionar sobre las decisiones tomadas, los conceptos naturalizados y pensar nuevamente para generar alternativas. (E. Gisele).

De esta manera, la creación de un dispositivo pedagógico para la formación permitiría promover el desarrollo profesional[3] de los futuros docentes, contemplando sus demandas, los lineamientos de las políticas educativas, diferentes enfoques pedagógico-didácticos y los escenarios singulares en los que se definirán sus prácticas docentes.

En la invención de un dispositivo tienen lugar distintas acciones vinculadas fundamentalmente al relevamiento y análisis de la demanda. Los alumnos de la materia reclaman el acercamiento a las diversas situaciones de enseñanza en educación superior (instituciones de formación artística, de formación docente, de formación técnica) en tanto que en ello se juega la posibilidad de contrastar dicha realidad con los marcos teóricos, interpelarla, problematizarla, en definitiva, sostener ese continuo proceso de ida y vuelta entre la teoría y la práctica:

> (…) las clases de Historia, se ven muchas veces cercadas por una gran cantidad de datos y contenidos conceptuales, descuidando el para qué de esos aprendizajes en el contexto de una formación profesional y la existencia de distintos enfoques (…) la idea de que 'nadie tiene nada que decirme en este terreno que yo no sepa'. Esta afirmación, expresada o sostenida desde el silencio por algunos docentes, refiere directa y principalmente a contenidos disciplinares, desconociendo otras capacidades necesarias de la tarea docente como la posibilidad de generar el diálogo, la observación y dirección de grupos, la actitud reflexiva sobre el qué y el para qué de los momentos de enseñanza. (E. Daniel).

Asimismo, y en relación con la demanda de los alumnos, este dispositivo pedagógico pensado en relación con la formación para el tra-

---

3   Se entiende el trabajo profesional en sentido amplio, es decir, no se hace referencia sólo ni principalmente a las prácticas de enseñanza sino a las demandas de la práctica docente en general.

bajo, ofrecería la posibilidad de delinear una práctica pre-profesional en tanto alterna momentos en el lugar de formación y momentos en los lugares de ejercicio profesional. Se trata de una anticipación del trabajo profesional, a través de la puesta en acto de competencias[4], la transferencia de capacidades y de saberes, en una situación real pero preparada y supervisada a los fines de la formación (Souto, 2007).

Entendemos que, además de pensar esta propuesta formativa desde la invención de un dispositivo pedagógico, político e instrumental para la formación docente es interesante también reconocer la noción de *trayecto* como potenciadora de esas posibilidades.

Definimos *trayecto* considerando los aportes de Terigi (2010) respecto de la distinción entre *trayectorias teóricas y reales*. Consideramos que desde la propuesta de *Didáctica y Práctica Docente de Nivel Superior* se invita a los estudiantes a iniciar un recorrido que supone, a su vez, diversidad de caminos posibles y la construcción de un trayecto formativo singular que se inicia con la genuina elección del espacio de práctica.

Concretamente, la Práctica Docente Situada implicaría un *recorrido teórico* desde lo macro a lo micro en la toma de decisiones que un docente hace en relación con sus propuestas de enseñanza. En el proceso de desarrollar aquel *recorrido teórico*, cada estudiante va haciendo sus opciones, recortes de objeto, experiencias, en definitiva, dejando su marca en un *trayecto* personal de formación como docente universitario.

Docencia, investigación, extensión y gestión en la formación de docentes universitarios

En el año 2017, con la intención de que los estudiantes aprendan al enfrentarse con problemas reales vinculados con las instituciones del nivel superior y sus actores, con el curriculum y con las prácticas de enseñanza y de evaluación, la propuesta de evaluación tomó como eje el diseño e implementación de un proyecto de cátedra que conjugara

---

4   Dada la ambigüedad y polisemia del término "competencia", creemos necesario aclarar que, si bien la noción de competencia proviene del ámbito económico, nuestro posicionamiento teórico se alinea con los aportes —aunque no totalmente coincidentes entre ellos— de Perrenoud (1997, 2004), Barbier (1999) y Mastache (2007). En términos generales, entienden que el conjunto de conocimientos, habilidades, capacidades y actitudes que se transmiten y desarrollan durante la formación, son transferidas al mundo laboral como competencias que permiten fundamentalmente la toma de decisiones y el desempeño autónomo.

dos dimensiones: investigación e intervención, esto es, se solicitó a los estudiantes/practicantes la organización de sus prácticas docentes en el nivel a través de la elaboración de un proyecto de cátedra que favoreciera la producción de conocimiento en contexto sobre algún tema/problema que les preocupara.

Es así que, en parejas pedagógicas y a lo largo de tres entregas formales, los alumnos diseñaron, implementaron y evaluaron sus proyectos de cátedra teniendo siempre como criterio fundamental de evaluación la necesidad de desarrollar una mirada propia sobre la docencia y la enseñanza de la disciplina en el nivel superior de educación.

En la instancia final, se les solicitó que sistematizaran el conocimiento construido acerca de la enseñanza de la propia disciplina en el nivel superior dando cuenta del trayecto formativo recorrido (punto de partida, actividades desarrolladas y resultados obtenidos) y con vistas a la difusión de los saberes construidos en contextos de formación de docentes para el nivel superior.

Resultó una experiencia formativa muy potente, para docentes y estudiantes. En el caso de los docentes, porque las producciones logradas retroalimentaron los sentidos que se intentan trasmitir desde una propuesta que sostiene su núcleo en el trabajo colectivo y que valora especialmente los saberes de la experiencia. En relación con los estudiantes, los trabajos que reúne el libro publicado muestran y legitiman su propia construcción de conocimientos. En esta línea, se puede recuperar el planteo de Alliaud respecto de que

> lo propio de los saberes de la experiencia radica en su cualidad de asociar los conocimientos y la práctica, el saber y el hacer. Son saberes que se producen en situación, a medida que se enseña, siendo sus productores o referentes los protagonistas de estas situaciones. Al superar la disociación entre teoría y práctica, entre saberes y haceres, se presentan como un componente esencial para posibilitar la enseñanza, sobre todo en los tiempos que corren, cuando ya no es suficiente con saber qué decir y cómo decirlo para decidir qué hacer y cómo hacerlo. El saber al que nos referimos es aquel que constituye una herramienta para la acción, siendo la práctica su fuente de referencia y legitimación. Ahora bien, estos saberes de la experiencia suelen quedar "envasados" en quienes los producen, por lo que requieren ser puestos en valor, identificados y recuperados mediante procedimientos específicos para que circulen y se trasmitan a otros (docentes) en proceso de formación. (2017, p.74).

Didáctica de nivel superior y didácticas disciplinares: Lecturas y reconstrucción de los procesos de enseñanza en el nivel superior por estudiantes-practicantes es un libro, entonces, de completa autoría de los alumnos de *Didáctica y Práctica Docente del Nivel Superior* cuya expectativa es que la lectura de las producciones que reúne el libro, aporte a la formación inicial y/o continua de los docentes del nivel superior.

Creemos que los trabajos que reúne la compilación referida dan cuenta de esto y van más allá al democratizar la posibilidad de producir conocimiento en el nivel superior. Sostenemos esto porque, a excepción de una de las carreras, los planes de estudio de los profesorados no incluyen materias o prácticas relativas a la investigación. La posibilidad de investigar se reduce solo a la participación en proyectos de investigación de aquellos alumnos que se "destacan" en su rendimiento académico y, por ello, son invitados a integrar los proyectos de grupo de investigación.

Así como la experiencia pedagógica referida pone en juego las funciones de docencia, investigación y extensión, los docentes de la cátedra mencionan otra actividad en la que los estudiantes se desempeñaron como miembros de las comisiones curriculares desde una auténtica tarea de gestión universitaria.

En este sentido, se les solicitó a los alumnos que presentaran en un informe el análisis y la revisión de su propio Plan de estudios en la universidad. Las docentes sistematizaron los aportes realizados por los estudiantes y los integraron en un documento para cada una de los profesorados. Dichos documentos se pusieron, en primer lugar, a disposición de los alumnos de las correspondientes carreras quienes los revisaron y debatieron, arribando a una versión final que se presentó a las comisiones curriculares respectivas vía Consejo Departamental. Esta auténtica participación estudiantil buscó instalar cuestiones relevantes al momento de tratar institucionalmente la revisión de los planes de estudios.

Al respecto, nos interesa explicitar el posicionamiento de la cátedra sobre los procesos de evaluación. A lo largo de los años, en *Didáctica y Práctica Docente de Nivel Superior* se han desarrollado distintas propuestas, aunque con un enfoque común denominado *evaluación productiva*.

La cátedra define sus propuestas de evaluación como *evaluación productiva* en términos de evaluación positiva, evaluación en la que se produce o se crea algo y esa producción, lejos de reducirse a una instancia evaluativa y de acreditación, en la que se construyen conocimientos en forma individual que solo el profesor lee y archiva, constituye una construcción colectiva de conocimientos que excede, en algún sentido, la materia y el aula universitaria.

Este enfoque de evaluación puede tomar formas diversas en el desarrollo de diferentes actividades y en la implementación de distintos instrumentos tal como lo evidencian las experiencias pedagógicas presentadas.

El núcleo del caso. Conclusiones

A la hora de sintetizar lo analizado y construido a partir de abordar *Didáctica y Práctica Docente de Nivel Superior* como caso, es necesario pensar la *Práctica Docente Situada* como una verdadera experiencia de desempeño en la docencia universitaria y/o en los institutos superiores en contextos reales y que involucra, por definición y en las actividades desarrolladas, las funciones de docencia, investigación, extensión y gestión.

Como sostuvimos, desde la propuesta de *Didáctica y Práctica Docente del Nivel Superior* se buscaría propiciar un espacio de trabajo orientado por los procesos de análisis, interpretación y producción reflexiva, que permita esclarecer las distintas perspectivas desde las que se puede abordar la enseñanza, la evaluación y el curriculum, y sus relaciones, en el nivel superior de educación, así como también favorecer la adquisición de ciertas herramientas que faciliten la articulación y la búsqueda de coherencia entre las construcciones teóricas y las prácticas en el aula. La principal finalidad es favorecer la reflexión sobre las propias prácticas y así poder también apreciar su incidencia en los sujetos y en sus prácticas.

En este sentido dos graduados que ya se desempeñan como docentes del nivel manifiestan

> Creo que el aporte fundamental de Didáctica y Práctica Docente de Nivel Superior a la práctica profesional en el nivel, consiste en la realización de un proyecto de cátedra, tarea que resulta de suma utilidad para confeccionar la propuesta pedagógica que es necesario presentar para acceder a un cargo en un instituto de Educación Superior. El hecho de que dicho proyecto incluya aspectos como el diagnóstico institucional, el planteo de una problemática, el diseño de una intervención, su puesta en práctica y finalmente su puesta en escrito con opción de publicación constituyó un elemento invalorable para mi formación como docente de nivel superior, ya que me permitió reflexionar sobre mi propia práctica, desnaturalizando el "efecto de inmersión" que se genera cuando uno ingresa a una institución que no conoce (según el cual uno no presta atención a aspectos estructurales de la institución por tener que concentrarse en su práctica docente). (Graduado 1).

(…) comencé a dar clases en la universidad en el año 2007 (…). Si se quiere, mantenía en ese momento la posición de una alumna que estudia todo el material y puede reproducirlo de forma ordenada. Los profesores que había tenido en la carrera me habían dado una primera pauta de lo que deseaba hacer (¡y no hacer!) en mis propias clases. Con esas ideas y experiencias llegué a cursar la Práctica Docente en Nivel Superior. La materia me sirvió mucho para repensar lo que había hecho hasta allí, para reafirmar algunas de mis prácticas y modificar otras. En concreto me aportó estrategias variadas que me permitieron articular la exposición (que antes era prioritaria) con otras propuestas más atractivas y significativas para los alumnos.

Por poner un ejemplo concreto, sigo pensando que un docente debe estar en condiciones de problematizar el campo, proponer debates, discutir la agenda de temas y problemas en los sucesivos contextos históricos/políticos/institu-cionales, sugerir líneas de indagación, etc., pero después de cursar tu materia me apropié de contenidos específicos que me permitieron planificar otro tipo de clases apoyándome en los desarrollos teóricos sobre el aprendizaje basado en problemas.

Además, creo que fue un espacio que me sirvió mucho en términos personales para entender que la tarea de ser docente no es sencilla, pero con herramientas/acompañamiento/guía es más fácil transitar por este camino y disfrutar el proceso. (Graduado 2).

El supuesto que subyace es que reflexionar sobre la práctica es tomar la propia acción como objeto de reflexión, ya sea para compararla con un modelo descriptivo, ya sea para explicarla o hacer una crítica, es decir, se intenta construir el lenguaje de esa práctica para comprender, aprender, integrar lo que ha sucedido (Perrenoud, 2004; Tardif, 2004).

Entonces, se concluye que reflexionar no se limita a un recuerdo, a una evocación valorativa, evaluativa, sino que pasa por un análisis, un proceso de establecer relaciones con teorías u otras acciones, con prescripciones, las que pueden también ser objeto de problematización.

La idea del profesional reflexivo que desarrolla Schön (1992), afirma que el conocimiento no precede a la acción, sino que está en la acción, está encarnado en ella, por eso lo denomina conocimiento en la acción. La práctica se constituye así en un proceso que implica la reflexión sobre cuál es su significado en situaciones complejas y conflictivas. Recupera la práctica como un "conocimiento práctico". Desde esta perspectiva vivimos mediatizados por una teoría o sistema de constructos que nos hemos construido y que abarca toda nuestra experiencia significativa. Lo que vemos es el resultado de nuestra teoría personal y nuestro modo de actuar no depende de cómo son las cosas sino de cómo las vemos, cómo las interpretamos, qué sentido les otorgamos.

La práctica reflexiva para Liston y Zeichner (1993) presupone una situación institucional que lleve a una orientación reflexiva y una definición de rol que valore la reflexión y la acción colectivas orientada a cambiar las interacciones dentro del aula y la escuela, como también entre la escuela y la comunidad, y entre la escuela y las estructuras sociales más amplias.

Diversos aportes teóricos de Carr, Schwab, Kemmis, entre otros, han contribuido a la construcción de "la reflexión sobre la práctica", como un enfoque de formación docente. Estos trabajos no constituyen un cuerpo homogéneo de ideas en tanto desarrollan posturas con supuestos pedagógicos, sociológicos e ideológicos diferentes.

Según Contreras (1998), esta perspectiva parece haber dado lugar a una difusión del término reflexión, pero no una concepción concreta sobre la misma, convirtiéndose en un "slogan sin contenido". Richardson (1990) la destaca como una idea vacía de contenido. No dice sobre qué ni cómo el docente en formación reflexiona como tal, ni tampoco se especifican los efectos de esa reflexión.

El propósito del trabajo, insertado en el campo de la formación, es de análisis y crítica en sentido filosófico, es decir, como indagación a partir del análisis de las condiciones y los supuestos (teorías, creencias, tradiciones, modelos) que han hecho posible la situación, para de esta manera reconocer aquellas acciones que resultan para el que las realiza poco satisfactorias, aquellas que son constitutivas de su identidad profesional, aquellas que le brindan satisfacción. De esta manera se construyen nuevos conocimientos, teorías sobre la práctica, que tarde o temprano se utilizarán en la acción.

Se plantea como duda: ¿es la reflexión sobre la acción una instancia evaluativa? Si se vincula a la reflexión sobre la práctica con la evaluación, podemos señalar que el proceso se aproxima a una autoevaluación. El grupo es el contexto y el mediador del trabajo de análisis con el propósito de ayudar a mejorar, a cambiar. Cada uno contribuye en la tarea de interrogar al otro, sugerir pistas y matizar las interpretaciones.

Algunas de las pistas elaboradas para la reflexión son las siguientes:

- Descripción de lo hecho: cómo se gestó, qué intereses, qué contradicciones...
- Cómo se sintieron en el desarrollo de la práctica: inseguridad, tranquilidad, interpelados...

- Cómo percibieron a los demás, al grupo: qué situaciones intersubjetivas identificamos, cómo los afectaron…
- Qué supuestos teóricos sustentaron la elección y el tratamiento de los contenidos, qué creencias…
- Reconocen en lo hecho elementos de confrontación, de conflicto…
- La propuesta puede reformularse, se hipotetizan alternativas…
- Por qué se tomaron las decisiones que se tomaron…
- El grupo qué sugiere revisar, qué dilemas reconoce…
- Situaciones de aprendizaje que se promovieron.
- Comunicación con los alumnos, los pares, autoridades, en forma oral, escrita, gestual y corporal.
- Capacidad creativa (innovación, alternativas diversas).
- Atención de la diversidad.
- Contenidos "apropiados" (asimilados, procesados y actualizados).
- Trabajo en equipo.
- Utilización de nuevas tecnologías y recursos.

Tal como se indica, son *pistas* para: trabajar sobre la identidad sin encarnar un modelo único y rígido; trabajar sobre las dimensiones no reflexionadas de la acción y sobre las rutinas sin descalificarlas; trabajar sobre la persona y su relación con los demás sin convertirse en terapeuta; trabajar sobre lo silenciado y las contradicciones del oficio y de las instituciones, sin caer en la decepción; partir de la experiencia y de la práctica sin limitarse a ellas, para comparar, explicar y teorizar; ayudar a construir capacidades/competencias y movilizar saberes; generar desequilibrios que provoquen apertura a los cambios. Tal como lo expresa una estudiante:

> A veces convendría que el docente se desplace de la tarima, y que el alumno se desplace de su cómodo lugar en el banco. Hay muchos problemas referidos a la enseñanza en la universidad, pero quizá el más grave de todos, es no reflexionar sobre la práctica, porque es el único que puede solucionar todos los demás problemas. (E. Luisina).

El ejercicio de reflexión posterior a la acción actúa como disparador de la integración y movilización de los recursos adquiridos y, por lo tanto, del desarrollo de competencias:

> Resultó que nuestras intervenciones, fueron por un lado puramente teóricas sin poder establecer relación con las actividades propuestas, y por otro muy tendientes a un desarrollo hecológico del período. Lo que faltó fue retomar los resultados de las actividades, en donde surgieron ideas sumamente interesantes por parte de las alumnas, para lograr conceptualizaciones, es decir formulaciones

a nivel teórico. Efectivamente lo que no se logró en la clase fue una articulación entre teoría y práctica (…). Quedamos entrampadas en aquella exposición lineal y secuencial, basada principalmente en un relato cronológico de diferentes hechos que acontecieron (…). La pequeña intervención de dar una clase para el nivel superior y su reflexión posterior permitió por un lado interiorizar aquello que venimos elaborando, pero por otro lado fue romper con ciertas naturalizaciones y costumbres que adquirí y reforcé en estos cinco años.

(…) ¿Cómo lograr introducir las prácticas en las clases? ¿Cuál es el rol del docente en ellas? ¿Con qué fines plantearlas? ¿Qué estrategias usar? ¿Cuáles serán las más convenientes? Estas reflexiones no encuentran respuestas definitivas; es cuestión de replantearlas para así ir transitando las clases, la práctica profesional, e ir encontrando nuevos interrogantes que susciten nuevos movimientos y reflexiones. (E. Florencia).

La propuesta de PDS daría cuenta de una concepción de la relación teoría práctica, de una perspectiva de la formación que se devela en las estrategias de formación que se ponen a disposición en coherencia con las propuestas de evaluación que se implementan:

(…) con respecto a la materia podría decir que es un espacio que aporta a la formación profesional, porque está pensada como un ida y vuelta constante entre la teoría y la práctica, dado que se sustentan mutuamente. Si bien es importante tener una buena base de contenidos teóricos, esta materia nos acercó más a lo que es la profesión en sí, a nuestro ambiente de trabajo y es uno de los pocos espacios que se abre a la reflexión. (E. Luciana).

La evaluación productiva contribuiría a legitimar que todos los estudiantes de profesorado investiguen, construyan conocimientos, puedan documentarlos y difundirlos. Construcciones con sentido social que son esperables por la especificidad propia del nivel superior, pero que no siempre encuentran en la universidad vías de expresión que autoricen a los estudiantes a comunicar sus producciones.

A modo de cierre, nos preguntamos si es factible transferir este tipo de *trayecto* formativo a la formación continua de quienes ya se desempeñan como docentes en las Universidades e Institutos Superiores.

Bibliografía

Alliaud, A. (2017). *Los artesanos de la enseñanza. Acerca de la formación de maestros con oficio*. Buenos Aires: Paidós.

Contreras Domingo, J. (1998). *La autonomía del profesorado*. Madrid: Morata.

Liston, D. y Kenneth, Z. (1993). *Formación del profesorado y condiciones sociales de la escolarización*. Madrid: Morata.

Malet, A. M. y Montano, A. (2013). "Una experiencia de evaluación productiva". Ponencia presentada en el *Congreso en Docencia Universitaria*, organizado por la Secretaría de Asuntos Académicos de la UBA. Buenos Aires, 17 y 18 de octubre de 2013.

Perrenoud, P. (2004). *Desarrollar la práctica reflexiva en el oficio de enseñar*. Barcelona: Grao.

Richardson, V. (1990). "The evolution of reflective teaching and Teacher education". En Perrenoud, P. (2004), *Desarrollar la práctica reflexiva en el oficio de enseñar*. Barcelona: Grao.

Schön, D. (1992). *La formación de profesionales reflexivos*. Barcelona: Paidós.

Souto, M. (2007). "El carácter de 'artificio' del dispositivo pedagógico en la formación para el trabajo". *Ficha de cátedra*. Buenos Aires: Facultad de Filosofía y Letras, UBA.

Tardiff, M. (2004). *Los saberes del docente y su desarrollo profesional*. Madrid: Narcea.

Terigi, F. (2010). "Las cronologías del aprendizaje: un concepto para pensar las trayectorias escolares". *Conferencia de la Jornada de Apertura Ciclo Lectivo 2010*. Santa Rosa La Pampa.

Capítulo VIII

El Departamento de Ciencias de la Salud (UNS) y la formación de los docentes universitarios

Andrea Montano y Ana María Malet

Presentación

Nos propusimos abordar la problemática de la formación de profesores de educación superior en el marco de la investigación colectiva *Estrategias institucionales para la formación pedagógica de los docentes de nivel superior orientadas al mejoramiento de la calidad del nivel superior de educación* (NEIES-Sector Educativo del MERCOSUR) a partir de considerar que, hoy en día, esta tarea se ve desafiada por distintas cuestiones: políticas, encuadres de formación, lógicas de funcionamiento institucional, la propia biografía escolar de los docentes de este nivel, entre otras.

Argentina, Brasil y Uruguay no son ajenos a esta preocupación e históricamente han desarrollado modalidades diversas para formar a los docentes de sus instituciones superiores.

A partir de la perspectiva comparada, se aborda la descripción de las experiencias de mejoramiento de la calidad pedagógica, tomadas como "estudios de casos" desde diversas dimensiones de análisis tales como el espacio institucional de formación, los títulos que se otorgan, la estructura organizativa, la modalidad de cursado, el tipo de formación que se brinda, la articulación teoría y práctica, entre otras.

Se comparan las estrategias de intervención y acompañamiento para la formación de docentes del nivel superior con una finalidad interpretativa que permita su explicación y comprensión desde una mirada diacrónica y sincrónica.

En nuestro caso, investigamos esta problemática en el marco de la Universidad Nacional del Sur y tomamos como uno de los espacios institucionales sistemáticos de formación del cuerpo docente el Departamento de Ciencias de la Salud.

En el año 1998 la Asamblea Universitaria crea la Carrera de Medicina y el título de "Médico" en la Universidad Nacional del Sur, implementándose finalmente en el año 2005, cuyos primeros alumnos egresaron en el año 2010. En noviembre de 2006 la Asamblea Universitaria crea el Departamento de Ciencias Médicas, por lo que la Comisión de la Carrera de Medicina queda disuelta. Su nombre fue reemplazado luego por Departamento de Ciencias de la Salud en noviembre de 2009.

La propuesta innovadora que supone la creación de la carrera de Medicina y el diseño de un Plan de Estudios organizado desde el Aprendizaje Basado en Problemas, demandó la organización e implementación de distintas instancias formativas. Ese proceso se desarrolló conjuntamente entre profesionales formados en Educación Médica y en Ciencias de la Educación.

Para abordar este caso, realizamos análisis de documentos y desarrollamos entrevistas en profundidad al Director del Centro de Estudios de Educación de Profesionales de la Salud del Departamento de Ciencias de la Salud, a tutoras (1° y 2° año de la carrera) y estudiantes avanzados.

Elaboración del marco teórico: acerca de la educación médica

El abordaje teórico del caso nos condujo a investigar la problemática de la formación de profesores de educación superior en el marco del Departamento de Ciencias de la Salud e inicialmente indagamos acerca de la educación médica en tanto complejo campo de análisis.

Para reconstruir las grandes orientaciones o tendencias académicas que han guiado la formación de grado, de postgrado y docente de los profesionales de la medicina a lo largo del último siglo, creemos que necesariamente deben mencionarse dos paradigmas o enfoques: el "flexneriano" y el crítico, sin desconocer la influencia de otra índole de cuestiones que van más allá de lo estrictamente pedagógico,

Tal como lo destaca Borrell Bentz,

> toda la propuesta de Flexner giró alrededor del rol del médico en el tratamiento de la enfermedad, (…) colocó como fundamental la dimensión biológica de la enfermedad y la atención del individuo basada en la "departamentalización" o territorialidad del conocimiento y la especialización de la práctica médica. (2005, p.24).

Desde la década de 1970, el enfoque denominado crítico postula que los factores económicos y políticos que determinan la estratificación social no serían ajenos a los procesos de enfermedad-salud. Se apoya en desarrollos de las ciencias sociales que posibilitaron generar una corriente de medicina social

> cuyo eje de reflexión ha sido la elaboración de una nueva conceptualización biológica y social del proceso salud-enfermedad que sostiene que este binomio guarda una vinculación estrecha con la sociedad en la cual se presenta, que el mejoramiento de las condiciones de salud de la población requiere de algo más que la simple intervención médica y que, por lo tanto, tiene que involucrar algunos cambios sociales. (Borrell Bentz, 2005, p.28).

Aunque someramente planteados, estos enfoques nos permiten comprender y contextualizar distintas orientaciones que han guiado las reformas curriculares en la formación de profesionales médicos en todo el mundo y, en particular, en nuestro país. Entre las experiencias de carácter innovador y con enfoque social se encuentra la iniciada a partir de la aplicación del método de aprendizaje basado en la solución de problemas (ABP) a fines de la década de 1960 en Canadá, en la Universidad de MacMaster.

Borrell Bentz destaca que, como enfoque,

> el ABP representa la posibilidad de reflexionar acerca del nuevo médico que se quiere formar, construir los casos problema desde un enfoque interdisciplinario, (…) romper con el esquema clásico de la enseñanza verticalizada, aceptar la incertidumbre como eje del proceso educativo y sobre todo repensar los aprendizajes significativos para los alumnos en el contexto social de la salud de cada uno de los países, la situación de los sistemas y servicios de salud (…). (2005, p.31).

En este modelo se ha basado la creación de la Escuela de Medicina en la UNS.

Medicina en la U.N.S.

Desde el punto de vista curricular, la carrera de Medicina en la UNS se ha planteado con tres características diferenciales: 1) la integración curricular, 2) el aprendizaje centrado en el estudiante y basado en problemas y 3) el aprendizaje orientado a la comunidad.

En este sentido, el Plan de Estudios está compuesto por dos ciclos, el inicial y el clínico, ambos de tres años de duración. Los contenidos de cinco grandes áreas se integran a lo largo de la formación: Análisis

Epidemiológico de los Determinantes de la Salud; Biológica; Ciencias del Comportamiento; Clínica; Salud Individual y Colectiva.

El ciclo clínico, en particular, contribuye fuertemente al desarrollo del profesional en su sentido más amplio, desde la adquisición de las habilidades clínicas, el desarrollo de capacidades cognitivas hasta la consolidación de las actitudes profesionales. Su organización tiene en cuenta la formación de las competencias necesarias para la práctica profesional.

Pero, ¿cómo se aprende a ser médico? Se destaca la prevalencia de un modelo pedagógico práctico, como aquel que implica la fase histórica de la formación del artesanado. Se trata del "aprender haciendo" de ese aprendiz que, a partir de la observación y el trabajo cotidiano en un taller junto con el maestro, puede aspirar el día de mañana a ser como él, maestro en un arte u oficio determinado –*"magíster artis"*–, porque ha compartido con el mismo el largo tránsito hacia la tradición y el misterio del *"secreto del oficio"* (SantoniRugiu, 1996, p.63). Se infiere la intención de formar a los futuros profesionales médicos desde esta óptica. Tal como se expresa en el Plan de Estudios:

> El Trabajo en la comunidad es un poco más que un `lugar´ de aprendizaje. Es un espacio donde se `aprende a aprender´, donde el estudiante dimensiona realmente el significado de ser médico, es el lugar donde la realidad de las personas y sus circunstancias guían el aprendizaje de no solo un profesional sino de un ser humano, sensible y comprometido con esa comunidad en la que despliega su profesión.

Es en este contexto en el cual el estudiante no sólo deberá apropiarse de los conocimientos y desarrollar habilidades y actitudes para comprender una situación de salud enfermedad desde una perspectiva integral, sino también, a experimentar acciones que promuevan hábitos de vida saludable y que prevengan enfermedades. Además de comprender las situaciones clínicas más prevalentes y su abordaje desde el primer nivel de atención, llevará a cabo investigaciones sanitarias que orienten a describir, comprender y mejorar la situación de salud de la comunidad.

Durante los dos ciclos de la carrera, el inicial y el clínico, el futuro profesional médico tendrá la oportunidad de trabajar en la asistencia junto a su tutor/preceptor y en la investigación, formando parte del equipo de trabajo de la unidad sanitaria y, fundamentalmente, comprometiéndose con su propio aprendizaje.

Para promover este tipo de aprendizajes en los estudiantes-futuros médicos, ¿qué condiciones necesitan reunir los docentes?

El proyecto constituye una propuesta de innovación educativa que representa un aporte original para el desarrollo de la práctica docente y así como requiere de un estudiante diferente, más ocupado en el proceso que en el producto, también requiere un docente que esté familiarizado con los procesos de enseñanza y aprendizaje del ABP. El ABP además de ser un cambio curricular implica un profundo cambio en las prácticas didáctico pedagógicas las que requieren de una especial preparación.

Acerca del aprendizaje centrado en el estudiante y basado en problemas

El primer ciclo de la carrera está organizado mediante el ABP y el segundo ciclo o Ciclo Clínico se desarrolla en base al Aprendizaje Basado en la Resolución de Problemas (ABRP).

El ABP (Aprendizaje Basado en Problemas) consiste en una serie de problemas cuidadosamente construidos por grupos de profesores que se presentan a pequeños grupos de estudiantes (no más de 18 estudiantes) orientados por un tutor. Un problema típico es una narración breve, en lenguaje sencillo, cotidiano (no técnico) de una situación o un estado de cosas. Es una situación confusa, no estructurada. Generalmente, no se formula en términos de problema ni se sugieren preguntas que los estudiantes tienen que contestar y plantean un desafío cognitivo.

Un currículo basado en problemas, a diferencia de uno basado en asignaturas, está organizado temáticamente y, los problemas son elaborados por el equipo de profesores involucrados en un módulo y que tienen formación en diferentes disciplinas. La tarea del grupo es discutir los problemas y producir explicaciones. El material de aprendizaje lo constituyen las descripciones de los problemas y los recursos con los que cuenta la institución formadora y los estudiantes: bibliografía, pero también recursos audiovisuales, registros electrónicos, entre otros. Se llevan a cabo también clases ocasionales y el contacto con expertos a los que los estudiantes pueden contactar para hacerles consultas puntuales, para atenuar si es posible dudas, pero no para que les resuelvan el problema.

El ABP como propuesta pedagógica tiene sus orígenes en los estudios de Medicina de la década de 1960, y en 1969 se implementó en la Universidad de McMaster de Ontario, Canadá. Las orientaciones metodológicas experimentaron algunos cambios, de manera tal que en estos momentos nos encontramos con distintas versiones y una de las más extendidas es la adoptada por la Universidad de Maastricht (Holanda).

Barrows (1986) señala que las dos variables principales que determinan estos distintos tipos de ABP son el *grado de estructuración del problema*, es decir, podemos encontrar desde problemas rígidamente estructurados y con alto grado de detalles, hasta problemas abiertos o mal definidos que no presentan datos y en los que queda en manos del estudiante la investigación del problema y, en cierta medida, su definición. La otra variable es el grado de dirección del tutor/profesor. Podemos encontrar desde el tutor/profesor que controla todo el flujo de información y él mismo se encarga de comentar los problemas en clase, hasta el que se ocupa de orientar los procesos de reflexión y selección de la información que han de ir explorando y descubriendo los propios estudiantes. "Aquí en la UNS seguimos las etapas de Maastricht (...) la propuesta de McMaster es más liberal" (Director del Centro de Estudios de Educación de Profesionales de la Salud del Departamento de Ciencias de la Salud).

Los procesos que siguen los estudiantes en el ABP han sido nombrados de diferentes maneras, pero en la versión utilizada por la Universidad de Maastricht, los estudiantes se sumergen en una situación problemática no estructurada y siguen un proceso de 7 pasos para su resolución:

1. Lectura y aclaración de conceptos y términos: se trata de aclarar posibles términos del texto del problema que resulten difíciles (técnicos) o vagos, de manera que todo el grupo comparta su significado.
2. Definición el problema: se intenta identificar el problema que el texto plantea. Posteriormente, tras los pasos 3 y 4, se puede volver sobre esta primera definición si se considera necesario.
3. Análisis del problema: en esta fase, los estudiantes aportan todos los conocimientos que poseen sobre el problema mediante "lluvia de ideas", así como posibles conexiones que podrían ser plausibles. El énfasis en esta fase es más la cantidad de ideas que en su pertinencia.
4. Una vez generado el mayor número de ideas sobre el problema, el grupo las sistematiza y organiza resaltando las relaciones que existen entre ellas.
5. Se formulan objetivos de aprendizaje y los estudiantes deciden qué aspectos del problema tienen que ser indagados y comprendidos.
6. Búsqueda de información adicional fuera del grupo o estudio individual (autoestudio). Con los objetivos de aprendizaje, los estudiantes

buscan y estudian la información que les falta. Pueden distribuirse los objetivos de aprendizaje o bien trabajarlos todos, según acuerden con el tutor.

7. Síntesis de la información recogida. La información aportada por los distintos miembros del grupo se discute, se contrasta y, finalmente, se extraen las conclusiones pertinentes para el problema y se elabora el informe sobre los conocimientos adquiridos.

La búsqueda de probables soluciones al problema da lugar a diversidad de tareas por parte de los estudiantes tales como:

- Tareas de discusión: el estudiante puede adquirir nociones de diferentes puntos de vista sobre un determinado tema y de este modo se le anima a reflexionar críticamente.
- Tareas estratégicas: el objetivo de las tareas estratégicas es enseñar a los estudiantes a tomar decisiones racionales sobre la base del conocimiento y la comprensión de procesos y situaciones. El énfasis se encuentra más en la toma de decisiones que en la explicación de los procesos.
- Tareas de estudio: en el desarrollo de estas tareas el estudiante asimila determinada materia de forma independiente y suelen consistir en formular una tarea concreta para que el alumno estudie determinados temas. Es importante discutir la tarea en el grupo de aprendizaje porque aquí también es importante la activación del conocimiento previo.
- Tareas de aplicación: en las tareas de aplicación se pretende que el estudiante aplique los contenidos adquiridos previamente en un contexto diferente.

Estas tareas vas acompañadas de actividades de investigación mediante las cuales el estudiante construye sus aprendizajes y transita el trayecto de la autonomía con respecto al estudio y la responsabilidad (Vizcarro y Suárez, 2008).

El llamado grupo de aprendizaje es otro de los componentes cruciales de la metodología ABP y está formado por el tutor y los estudiantes y el cambio radical referido a la enseñanza y el aprendizaje genera un cambio de idénticas características en el enfoque evaluativo.

El ABRP (Aprendizaje Basado en la Resolución de Problemas) es una extensión del ABP que incluye una intervención por parte del estudiante para resolver los problemas planteados en el caso-problema. El alumno aprende a partir de la resolución organizada de problemas clínicos concretos previamente seleccionados por el equipo docente y adquiere la competencia para resolver un problema similar en otra ocasión. En esta instancia la participación es guiada por los docentes, en tanto hay participación de expertos (E. González López *et al.*, 2010).

Encuadre metodológico de la investigación

Planteamos como metodología de trabajo un abordaje de tipo cualitativo y dentro de este enfoque utilizamos el estudio en profundidad de casos, concebido como "el estudio de la particularidad y de la complejidad de un caso singular, para llegar a comprender su actividad en circunstancias importantes" (Stake, 1998, p.11).

En el marco de esta investigación el estudio de diferentes casos tiene la virtud metodológica, de ofrecer la posibilidad de realizar trabajos comparativos en diferentes contextos particulares y de esta manera aproximarnos al conocimiento y explicación de lo estructural. Según Chetty (1996) el estudio de casos es adecuado para investigar fenómenos en los que se busca dar respuesta a cómo y por qué ocurren, permite estudiar los fenómenos desde múltiples perspectivas y explorar en forma más profunda y obtener un conocimiento más amplio sobre cada fenómeno.

Tal como se describió en la introducción realizamos análisis de documentos y desarrollamos entrevistas en profundidad al Secretario Académico del Departamento de Ciencias de la Salud, al Director del Centro de Estudios de Educación de Profesionales de la Salud del Departamento de Ciencias de la Salud, a tutoras (1° y 2° año de la carrera) y a estudiantes avanzados.

Perfil del docente de la carrera de medicina

Los docentes son incorporados con un criterio disciplinar frente a la necesidad de expertos en los diferentes contenidos presentados en la diagramación curricular. La diversidad de áreas que abarca el Plan de Estudios admite la incorporación de docentes de diversas disciplinas. A su vez, cada docente está inmerso en una estructura funcional determinada por la organización de actividades de educación (Unidades) o de apoyo (Evaluación, Admisión, etc.) (Branda, L. *et al.*, 2004).

Más allá de su área de especialización, los docentes están familiarizados con:

- la organización curricular de la carrera,
- los principios y la práctica del ABP,

- el rol de los recursos educacionales en el aprendizaje centrado en el estudiante,
- los principios y la metodología utilizada en la evaluación de estudiantes y docentes.

Asimismo, deben demostrar habilidades para:

- el diseño y planificación educacional,
- liderazgo,
- organizar y llevar a cabo tareas,
- trabajo en equipo.

Los docentes pueden desempeñar una o más de las siguientes funciones:

- Tutor (docente que, a través de las tutorías, asegura el cumplimiento de los objetivos de aprendizaje). Es un facilitador en la construcción del conocimiento.
- Docente Experto de Consulta (responden a áreas de conocimiento en relación con las necesidades de las Unidades: sesiones para grandes grupos, conferencias, talleres, ateneos, sesiones en pequeños grupos, consultorías individuales).
- Preceptor de habilidades de comunicación (docente responsable de la enseñanza de habilidades de comunicación).
- Preceptor de habilidades de semiología (docente/profesional médico responsable de la enseñanza de habilidades clínicas necesarias para el desempeño de la futura práctica profesional).
- Preceptor clínico (profesionales médicos responsables de orientar a los estudiantes en los hospitales, unidades de atención primaria y consultorios en el Segundo Ciclo de la Carrera).
- Tutor de laboratorio (docente que orienta en los laboratorios: informática, biblioteca, investigación, etc.).
- Consejero (docente responsable de orientar a los estudiantes en sus desempeños, en la elección de objetivos, en los problemas de aprendizaje).
- Coordinadores de Área (docente que coordina el desarrollo curricular de cada una de las cinco áreas que constituyen los ejes de la carrera).
- Coordinadores de Unidad (docente encargado de su construcción, organización, coordinación y desarrollo; decide la promoción de los estudiantes a las unidades siguientes).

- Coordinador de Ciclo (docente encargado de la construcción, organización, coordinación y desarrollo curricular de cada uno de los dos ciclos de la carrera).

Historia de la formación docente de Profesionales de la Salud: continuidades y rupturas

Mucho énfasis se ha puesto en la necesidad de formación de los recursos humanos docentes en las instituciones formadoras y en Argentina, en el caso de Medicina, las resoluciones de acreditación de las carreras a través de CONEAU, exigen un mínimo de horas en programas de formación docente. En la Resolución 1314/07, del Ministerio de Educación, Ciencia y Tecnología, se dispone que el cuerpo académico debe acreditar formación en docencia superior, mayor a cincuenta horas y que la Carrera de Medicina ha de ofrecer oportunidades para que los docentes mejoren sus habilidades y conocimientos, no solo en sus disciplinas específicas sino también en estrategias de enseñanza, evaluación y gestión educativas. Los profesionales que pertenecen a hospitales, consultorios, unidades asistenciales y que se desempeñan en la carrera de medicina, también tienen que capacitarse para la docencia.

El desarrollo de un plantel docente con formación en aspectos pedagógicos es relevante no solo para el desarrollo de las actividades cotidianas de la enseñanza y del aprendizaje sino para el diseño, seguimiento y evaluación del diseño curricular, como así también sus eventuales cambios.

En el caso de la Carrera de Medicina de la Universidad Nacional del Sur, la formación de sus docentes se impone habida cuenta de algunas características particulares de la propuesta curricular:

- Es un plan que se inicia con un enfoque nuevo en esta universidad con la consecuente necesidad de involucrar a los docentes en su implementación y se sostiene mediante la evaluación continua para solucionar con creatividad las dificultades planteadas.
- Es una propuesta innovadora. Esto motiva que los docentes tengan que desarrollar y consensuar un común denominador de competencias acerca del plan relacionado con aspectos específicos, tales como la planificación de las unidades, la definición de roles docentes, el desempeño en las tutorías y los procesos de evaluación.

Los responsables de promover la carrera asumen que la mayoría de los docentes universitarios enseñan tal como se les enseñó y, por eso, la implementación del ABP requiere de programas de capacitación con características particulares en relación con las habilidades que este enfoque demanda.

Si consideramos el rol del tutor en el ciclo inicial, encontramos que es facilitador del aprendizaje del estudiante en el trabajo en grupos pequeños y en el estudio de problemas que son interdisciplinarios. No es fuente de información sobre el problema, ni siquiera cuando tienen conocimiento de él. No enseña, sino que facilita el proceso de aprendizaje mediante preguntas que pretenden provocar el pensamiento y el debate entre los estudiantes. La pregunta más común de un tutor es "¿Por qué?" y si han agotado todos los aspectos a tener en cuenta, su trabajo principal es promover que los alumnos revisen y amplíen sus conocimientos. La situación ideal es llegar a que ellos se cuestionen a sí mismos y entre ellos sin depender del tutor facilitador para ello. Al respecto, el tutor contribuye al funcionamiento del grupo al percibir problemas, lo orienta para resolverlos y también motoriza el aprendizaje individual. NO actúa como experto porque su función principal es orientar la discusión.

Si es necesario, los profesores también pueden actuar como expertos a través de clases magistrales en las que proporcionan información especializada sobre el área de conocimiento para la resolución del problema. Esto pueden hacerlo, elaborando material específicos de su área de conocimientos o mediante consultas iniciadas por los propios estudiantes.

Si recuperamos palabras de un párrafo anterior en el que señalamos que en la universidad cuando los docentes son interrogados acerca de cómo han aprendido a serlo, la mayoría responde que sus fuentes la constituyen sus experiencias como alumno y de la observación de sus profesores, nuestra pregunta es qué capacitación docente reciben quienes se desempeñan en la carrera de medicina frente a la diversidad de roles y funciones que han de desempeñar.

En este sentido el Departamento de Ciencias de la Salud ha llevado a cabo distintas iniciativas de desarrollo docente en la Carrera de Medicina:

a) Programa de Formación de Recursos Humanos dependiente de la Comisión de la Carrera de Medicina desde 1999 a 2003.

Para participar de este programa los docentes debían estar en condiciones de participar del programa más allá de su área de conocimiento y estar consustanciados con la propuesta con respecto a la organización curricular de la carrera, los principios y la práctica del ABP; el rol de los recursos educacionales en el aprendizaje centrado en el estudiante; los principios y metodología utilizada en la evaluación de los estudiantes y docentes. Asimismo demostrar habilidades para el diseño y planificación educacional; de liderazgo; de organizar y llevar a cabo tareas para trabajar en equipo. Las actividades de esta capacitación se desarrollaron mediante talleres.

El curso *de Introducción al ABP y a la carrera de medicina,* aunque pone una atención especial en la formación de tutores, está dirigido tanto a docentes de la UNS como a profesionales de la comunidad focalizando la formación de los otros roles docentes tales como preceptor de habilidades, preceptor clínico y experto.

Los tutores formados tienen la oportunidad de participar inicialmente como co-tutores y luego como preceptores en el programa de desarrollo docente de modo de aumentar las instancias para la práctica y el desarrollo de habilidades para la facilitación del aprendizaje.

El entrenamiento de los tutores en el uso de instrumentos de evaluación de los estudiantes y en el desarrollo de la autoevaluación, prevé que cuando sea asignado a una unidad, participe de actividades que le permitan conocer las situaciones de salud seleccionadas en esa unidad, el motivo de su inclusión, qué se espera de los estudiantes, todo en relación con los objetivos educacionales.

Los docentes responsables de supervisar el aprendizaje en la práctica clínica son entrenados en el uso de herramientas relativas a una devolución efectiva y la facilitación del aprendizaje de habilidades de comunicación.

En el marco del programa, se desarrollan también actividades ocasionales surgidas de diferentes grupos de trabajo como, por ejemplo, talleres sobre comunicación y talleres sobre habilidades para la búsqueda de información.

A través del Programa de Formación de Recursos Humanos de la Carrera de Medicina, (en colaboración con las áreas temáticas, grupos de trabajo tales como Evaluación, Admisión, Desarrollo Docente; y las Unidades del Currículo) se ofrece a quienes participarán en distintos roles educacionales, oportunidades de información, discusión y, de ser necesario, *entrenamiento.*

El *programa de desarrollo docente* es definido como el conjunto de "aquellas actividades organizadas por las instituciones educativas destinadas a mejorar el conocimiento educacional y las habilidades de los docentes para que sus tareas sean efectivas en asistir al estudiante a llevar a cabo los objetivos de aprendizaje" (Branda, 2004, p.179).

b) En el período 2003 hasta 2008 se realizaron algunos cursos, pero al no solicitarse el aval del consejo departamental, no hay resoluciones que nos permitan indagar acerca de su contenido.

c) En 2009 se solicita el aval departamental para la Jornada Internacional de Educación de Profesionales de Salud-Junio 2010 y en 2010 se realiza el Seminario Evaluación de competencias profesionales de profesionales de Ciencias de la Salud.

d) En 2011 se genera una modificación en la organización de las áreas del departamento y se incorpora **el área de Educación en Ciencias de la Salud.**

Por resolución Departamental, son sus funciones: a) La coordinación el programa de formación de recursos humanos; b) La organización y dictado de otro tipo de cursos, seminarios y toda otra clase de actividad académica y científica de su incumbencia; c) La planificación de la formación de sus integrantes; d) La realización de reuniones de estudio en torno a temas propuestos, novedades bibliográficas, métodos pedagógicos, etc.; e) El desarrollo de investigación en los procesos de enseñanza-aprendizaje y evaluación; f) La formulación de solicitudes de material bibliográfico.

Se establecen como sus contenidos específicos del área:

*   NATURALEZA DEL APRENDIZAJE. Competencias: definiciones. Modelos pedagógicos en la universidad. Bases pedagógico didácticas de las estrategias de enseñanza y aprendizaje implementadas en la carrera de Medicina. Fundamentos pedagógicos de las tutorías. Fundamento pedagógico didáctico del aprendizaje de habilidades en general y de las habilidades comunicacionales en particular. Desarrollo del razonamiento clínico.
*   PLANIFICACIÓN CURRICULAR. Universidad centrada en la enseñanza y universidad centrada en el aprendizaje El currículo universitario. Perspectivas y modelos. Currículum flexible e integrador de contenidos. La planificación de las Unidades. Los objetivos de cada actividad educacional.
*   ROL DOCENTE. Diferentes roles docentes. Funciones de un tutor de ABP Evaluación de la labor docente.
*   ESTRATEGIAS DE APRENDIZAJE. Estrategias didácticas y aprendizaje. Estrategias y dispositivos docentes en el ABP: momentos de una tutoría. Particularidades del desarrollo de las capacida-

des para el trabajo en comunidad. Desarrollo de actividades para la adquisición de habilidades.

- EVALUACIÓN. Rol de la evaluación y su relación con el aprendizaje. Evaluación formativa y sumativa. Validez y confiabilidad de los instrumentos de evaluación. La observación como método de evaluación. Los reportes de desempeño. Los exámenes escritos. ECOE.

En el marco del programa de desarrollo de Recursos Humanos en la carrera de Medicina, también en 2011 se desarrolla el Módulo Introductorio: Ser Docente en la carrera de Medicina de la UNS, en cuyo programa se proponen como

Objetivos: promover en los docentes el espíritu crítico a partir del conocimiento de las principales características del programa curricular de la carrera y sus bases pedagógico didácticas.

Contenidos:

1. Bases pedagógicas y didácticas de las estrategias de enseñanza y aprendizaje implementadas en la carrera de Medicina. Modelos pedagógicos en la universidad. Universidad centrada en el aprendizaje y universidad centrada en la enseñanza. El currículo universitario. Aprendizaje basado en problemas. Aprendizaje con proyección comunitaria. Estrategias didácticas y aprendizaje.
2. Características generales del programa. La planificación de las unidades. Los objetivos de cada actividad de aprendizaje. La evaluación. El rol docente.
3. El rol docente. Diferentes roles. Y funciones en la carrera de Medicina. Relaciones entre los roles de la carrera y las definiciones del estatuto de la UNS.
4. La tutoría. Fundamentos pedagógicos. Diferentes momentos. El pequeño grupo.
5. La comunidad y las habilidades clínicas. Habilidades comunicacionales. Momentos de relación con la comunidad. Capacidades para el trabajo con la comunidad. El razonamiento clínico.
6. Evaluación. Instrumentos utilizados en la carrera de Medicina. Dimensiones evaluativas de cada uno de ellos.

Bibliografía: la bibliografía comprende material específico de educación médica y textos referidos al ABP y a las tutorías, mayoritariamente en inglés. También se incorporan evaluaciones realizadas a la carrera y *papers* elaborados por los docentes.

Metodología: abarca actividades presenciales y no presenciales. Las primeras se basan en actividades prácticas y diálogos. En las segundas se proponen ejercicios de reflexión a partir de las lecturas de la bibliografía.

Evaluación: Se basa en la transferencia de los contenidos a situaciones problemas:

e) En 2013 se llevan a cabo como cursos de posgrado uno de Aprendizaje Basado en Problemas y otro de Enseñanza Clínica. Se implementa como curso de posgrado el denominado Bases Educacionales, que se reitera en años subsiguientes hasta 2018 inclusive.

f) En 2015 se creó el Centro de Estudios de Educación para Profesionales de la Salud (CEEProS), el que se propone:

- Desarrollar proyectos de investigación científica y tecnológica relacionados con la educación de profesionales de la salud.
- Generar, participar y/o fortalecer redes de investigación tanto en el ámbito local, regional, nacional como el internacional, que permitan la circulación de la información.
- Promover la formación de recursos humanos en los niveles de grado y posgrado.
- Promover la formación de recursos humanos en los niveles de grado y posgrado.
- Gestionar, recibir y administrar subsidios y otros aportes económicos que permitan financiar las actividades realizadas en el Centro.

Sus objetivos son: diseñar e implementar proyectos de investigación y extensión orientados al estudio de temas relacionados con la educación de profesionales de la salud; construir conocimiento que resulte de utilidad para el diseño e implementación de planes de educación para profesionales de la salud; establecer vínculos e intercambios con instituciones similares tanto en el ámbito nacional como en el extranjero, que permitan visibilizar nuevas articulaciones de cooperación en las áreas académicas y de investigación; promover la participación de investigadores de diferentes disciplinas para asesoramiento, capacitación, dirección de tesistas y becarios; organizar cursos, seminarios, talleres y conferencias destinados al perfeccionamiento de investigadores, docentes, tesistas y alumnos avanzados; promover la publicación de los trabajos realizados en el ámbito del Centro.

g) En 2016 se realiza el curso de posgrado referido a Educación y el uso de la simulación en Ciencias de la Salud.

h) En 2017 se desarrolló el curso de Postgrado Bases Educacionales, con una modalidad presencial y virtual , destinado a estudiantes de Carreras de Postgrados en Ciencias Sociales y Humanidades que incluyan disciplinas relacionadas a la educación y de Postgrados en Ciencias de la Salud; docentes de la UNS de carreras relacionadas a las ciencias de la salud y a docentes del Departamento de Ciencias de la Salud con independencia del rol que desempeñan.

El propósito del curso es generar reflexión sobre el desarrollo de competencias, estrategias de enseñanza y su evaluación.

La implementación del aprendizaje basado en la práctica requiere de los profesionales de la salud involucrados en educación, la adquisición de conocimientos y habilidades no incluidos en la formación de grado. Estas habilidades están basadas en una mayor comprensión de bases educacionales y las técnicas para favorecer el aprendizaje en escenarios clínicos (Programa del Curso de Postgrado de Educación para Profesionales de la Salud 2017: Bases Educacionales).

El temario básico abarca:

- Bases pedagógico didácticas de las estrategias de enseñanza y de aprendizaje. Concepto integral de competencias. La planificación educativa en un entorno de competencias.
- Actividades de pequeño grupo: su dinámica (tutorías, simulación, aprendizaje en comunidad, aprendizaje de comunicaciones).
- Otras estrategias de enseñanza.
- Roles y evaluación docentes.
- La evaluación formativa: *feedback*. Rol de la devolución en el aprendizaje y la evaluación.
- Evaluación de competencias. Conceptos de confiabilidad y validez. Selección de pruebas.

El reconocimiento de los fundamentos pedagógicos y de los momentos de las tutorías; la identificación de los roles docentes; la definición de los distintos momentos de la relación del aprendizaje en la comunidad; el reconocimiento del rol de la evaluación formativa y de los diversos instrumentos para la evaluación de competencias, entre otros, son aparte de los objetivos específicos propuestos para el curso.

De acuerdo a la modalidad del curso, las actividades abarcan foros de consulta e intercambio; tareas presenciales en pequeños grupos; presentación de informes referidos a la bibliografía y la participación acreditada en algún taller electivo seleccionado del menú de ofertas del Programa de desarrollo de Recursos Humanos del Departamento de Ciencias de la Salud. Los talleres que se ofrecen son:

- Taller de Diseño de exámenes escritos.
- Taller de Reflexión en la práctica y Portfolio.
- Taller de estrategias no convencionales de enseñanza aprendizaje: uso de literatura-cine.
- Taller de Profundización en la Enseñanza Clínica: simulación.
- Taller de evaluación de desempeño en diferentes escenarios.
- Taller el juego como estrategia de enseñanza aprendizaje colaborativo.

Esta diversidad de propuestas también incorporan Seminarios de Formación de

Formadores en Ciencias de la Salud y Seminarios de Investigación en Educación de Profesionales de la Salud. Además en 2018 se realiza el curso de formación en TIC´S aplicadas al proceso de enseñanza y aprendizaje.

En la actualidad identificamos dos espacios vinculados a la formación docente de los profesionales en salud: el Área de Educación en Ciencias de la Salud y el Centro de Estudios de Educación para Profesionales de la Salud.

> Estos espacios tienen distintas funciones. La primera se ocupa del seguimiento y evaluación de los docentes. Se realizan reuniones anuales con los tutores de ABP con el objetivo de "sostener compromisos". La modalidad de ABP puede dar lugar a distorsiones que pueden ser importantes (…). Esta área es responsable de generar las capacitaciones. El Centro está más abocado a los posgrados y a la investigación. (Sec. Acad.).

Si analizamos los contenidos que los distintos ofrecimientos de formación para los docentes en el Departamento de Ciencias de la Salud, reconocemos que en ellos está el propósito de identificar y reflexionar sobre los fundamentos pedagógicos que sostienen las diversas propuestas de enseñanza y aprendizaje que se han puesto en juego en la trayectoria de la carrera. Comienzan con una fuerte formación en ABP, en tutorías, en evaluación, en roles docentes, para luego transitar por el tema de las competencias.

> En cuanto a los contenidos y modalidades de trabajo de los distintos cursos, tanto los de ABP como los de Bases Educacionales terminan en prácticas de tutoría o cotutorías. (Sec. Acad.).

Los primeros talleres como así también los cursos que se realizaron hasta aproximadamente 2011 fueron desarrollados por profesionales médicos, con una participación minoritaria de especialistas en Educación. A partir de esa fecha los docentes a cargo pertenecen mayoritariamente a la profesión médica o a profesiones afines como bioquímica y enfermería, quienes han realizado Maestrías en Educación de Profesionales de la Salud.

La formación que se brinda está dirigida tanto a las actividades didácticas de los docentes como a sus potenciales trabajos de investigación y de extensión y los formatos institucionales abarcan talleres y cursos tanto presenciales como virtuales.

El caso habla: reflexiones finales y nuevos interrogantes (desafíos)

Partimos del presupuesto de que la formación de los docentes universitarios, en general, y de profesionales de la salud, en particular, es una tarea que se ve desafiada por distintas cuestiones: políticas, encuadres de formación, lógicas de funcionamiento institucional, la propia biografía escolar de los docentes de este nivel, entre otras.

Al indagar acerca de las estrategias institucionales para la formación pedagógica de los docentes de nivel superior en el Departamento de Ciencias de la Salud, encontramos que, más allá de la complejidad propia del campo de la educación médica, se plantea una complejidad inherente a la conformación del cuerpo docente de la carrera de Medicina. Se trata de cargos de profesores y auxiliares que desempeñan distintos roles docentes: preceptores, tutores y expertos.

En primer término, podríamos delimitar dos escenarios institucionales diferentes con distintas demandas de formación de docentes involucrados en la carrera: el primero, fundacional de la carrera, que absorbe para su implementación el personal que se fue formando en el país y en el exterior para este fin; y el otro escenario, es el actual, con la carrera en funcionamiento y las demandas en cuanto a la cobertura de cargos con distintas funciones docentes para los que no siempre se encuentra personal capacitado, por la urgencia del caso o por la necesidad de recurrir administrativamente a profesionales con cargo docente en otros departamentos.

En segundo lugar, resulta complejo en la actualidad establecer a quién o quiénes se dirigen los distintos programas de formación docente, quién o quienes están a cargo de la formación, en base a qué diagnósticos, en qué contenidos se capacita, a la vez, de tener en cuenta el cambio o la movilidad de los sujetos en las distintas funciones docentes.

Este testimonio da cuenta de una situación compleja que muestra que la formación docente para profesionales de la salud no garantiza necesariamente la homogeneidad de las prácticas docentes. Esto nos remite a la noción de "trabajo vivo", categoría planteada por Marx, y resignificada en el campo de la salud por Emerson Merhy, médico sanitarista brasilero, quien se inquietaba por la idea, de que en los mismos servicios, en un equipo con las mismas reglas, con los mismos sueldos, con la misma jornada de trabajo, no todos trabajaban de una manera igual. Elabora una problematización de la teoría marxista que interroga la relación entre el trabajo vivo y el trabajo muerto. "La mirada marxista tiene una formulación conceptual que supone que juntamos trabajo muerto con trabajo vivo. Trabajo muerto es el producto de un trabajo, como la silla en la que estoy sentado, en la que antes había trabajo vivo" (Merhy, 2016).

A partir de estas nociones plantea la idea de "micropolítica del trabajo vivo en acto", que es cuando el trabajador elige qué va a hacer con sus éticas, con su idea de qué es la vida del otro, y construye una experiencia singular.

En este sentido interpretamos las capacitaciones como trabajo muerto y el desempeño de cada profesional durante las prácticas docentes concretas, como trabajo vivo en el que se toman diversidad de decisiones que dan lugar a que no todos trabajen de la misma manera.

En tercer lugar, nos preguntamos qué sucede luego de ingresar a la carrera como profesor o auxiliar con funciones docentes.

La carrera tiene una organización totalmente diferente a las carreras tradicionales (…) yo me preparé para la carrera es una metodología de aprendizaje que me llamó mucho la atención porque el estudiante va adquiriendo otras herramientas. En los cursos nos daban lineamientos sobre qué es ser tutor y trabajábamos como alumnos con un coordinador que era severo y muy inteligente (…) fue muy shockeante (…) trabajamos en grupo y algunos le decían Ud. no me va a decir qué tengo que hacer (…). Pasamos por las distintas etapas del a tutorías, las analizamos y comenzamos a actuar como tutores/facilitadores en talleres (…) fue muy difícil. Luego esta formación se complementó con cursos sobre educación, de enseñanza. En las tutorías no aparece el tema de la enseñanza (…) el tutor es un comunicador, no un transmisor. (Tutora 2).

Es decir, cumplido el requisito de contar con una formación previa en ABP al momento del concurso, ¿cómo continúa esa formación? ¿Depende de los sujetos o existe un requerimiento institucional de actualización según los emergentes o necesidades de la carrera y del contexto, y los cambios de función docente, aunque no impliquen un cambio de cargo?

Finalmente, podemos reconocer que la formación docente para desempeñarse en diferentes roles en la carrera de Medicina lleva a que quienes reflexionan sobre sus propias prácticas construyan saberes profesionales que transfieren a prácticas docentes en otros contextos del nivel superior. Al respecto, una de las tutoras entrevistadas sostiene que

el ABP tiene muchas fortalezas, se logra el autoaprendizaje por parte de los alumnos (…) no me iban a cumplir a mí, realmente iban con placer a decir lo que habían investigado (…). En Epidemiología [se trata de otra carrera] yo no doy clase prácticamente. Los temas los vamos abordando, ellos tienen que elegir una enfermedad e investigar. No sabés las cosas que hacen, maravilloso (…). (Tutora 1).

Al respecto, uno de los estudiantes entrevistados plantea que

(…) todo tendría que tener un poco de todo. Hay cosas que se necesitan de clases magistrales: Farmacología, Anatomía (…). Los primeros años hay seminarios, pero son pocos (…) y en Farmacia o en otras carreras estaría bueno implementar ABP (…) lo que pasa es que hay que ver si la materia o la carrera da para la discusión o no (…). Los tutores pueden ser de cualquier especialidad (…) el rol del tutor es que se cumplan las etapas del ABP. Es cierto, para mí, que por ahí es necesaria una instrucción más médica, clínica o lo que sea porque por ahí nos estamos mandando una pavada, decimos algo que no es y (…) o se da una discusión, yo estoy diciendo algo incorrecto, otro me decía algo correcto y alguien tiene que decir, no se puede ir a buscar eternamente. (Estudiante 1).

Consideramos que en la formación disciplinar de base se transmiten, explícitamente o no, junto a los conocimientos específicos, determinados patrones de construcción de conocimiento y quiénes son los sujetos que intervienen en esa construcción.

En general, los docentes universitarios se desempeñan como lo hicieron sus docentes y reproducen aquellos patrones. La formación docente para profesionales de educación en salud en este caso, lleva a desnaturalizar las prácticas aprendidas y requiere de cambios profundos en la comprensión y puesta en práctica del rol docente.

El cambio sustancial que se requiere es pasar de la función de transmisor de información a la de acompañante, guía y orientador, convirtiéndose el docente en un diseñador de situaciones de aprendizaje y de ayuda para que los estudiantes busquen y organicen los conocimientos que las situaciones problemáticas requieren. Los estudiantes de esta manera se convierten en investigadores y aprenden a evaluar y tratar críticamente la información que tienen a su alcance.

En este sentido reconocemos, en este caso, la coexistencia de distintas lógicas en los profesores que se desempeñan en la educación médica: una, vinculada a la base disciplinar de la profesión; y otra relacionada a la formación recibida para la creación de la carrera desde un enfoque de ABP. En aquellos docentes en quienes esos saberes se integran y se resignifican, se favorece la problematización de las propias prácticas docentes.

En esta línea, los estudiantes entrevistados manifiestan que

(…) las dos carreras [se refiere al primer año aprobado de una carrera universitaria, como exigencia para el ingreso, y a la carrera de Medicina propiamente dicha] fueron bastante autogestionadas. En Farmacia o en una carrera como cualquier otra de la uni, tenés vos la responsabilidad de estudiar y en el tiempo que vos querés estudiar, las cursadas lo mismo, si querés vas si no, no (…) en cambio, en Medicina es más escuelita en ese sentido porque no podés faltar o si faltás tenés que justificar (…) al ser una enseñanza en un grupo reducido es más personalizada y te conocés con los tutores, eso te genera una presión personal de estar preparado para la clase que te lleva a tener que estudiar todos los días. Es autogestión porque vos ves hasta dónde llegás pero también te genera todos los días tener que preparar un tema (…) es un compromiso individual, para el profesor y para tus compañeros porque el aprendizaje en el ABP o en el ABRP [Aprendizaje Basado en la Resolución de Problemas] tus compañeros aprenden de vos y vos aprendés de tus compañeros (…). Eso es lo más rico de la carrera de Medicina (…). A mí me sirve más el discutir, el hablar, el escuchar de otras ciertas informaciones (…) en llevar una duda o que se genere un conflicto, siempre te va a marcar y te va a quedar esa información. En cambio, en una clase magistral –como en cualquier otra carrera– vos no llevás preparado el tema, vos escuchás por primera vez algo. (Estudiante 1).

En el Ciclo Clínico en el Hospital donde estuve el tutor está siempre y discutimos con él algún tema después de la rotación. En este ciclo todos los tutores son médicos. (Estudiante 2).

Como una reflexión final nos interesa señalar que en el estudio de este caso desarrollamos un proceso de meta-análisis en tanto investigamos un caso que desde la perspectiva didáctica involucra la formación de los estudiantes a través de la problematización y la investigación.

Bibliografía

Barrows, H. (1986). "A Taxonomy of problem based learning methods". *Medical Education*, 20, pp.481-486.

Borrell Bentz, R. M. (2005). *La educación médica de posgrado en Argentina: el desafío de una nueva práctica educativa*. Buenos Aires: Organización Panamericana de la Salud – OPS.

Branda, L. *et al.* (2004). "Capítulo 8: Formación de recursos humanos y capacitación docente". En Gutiérrez, Ricardo (editor), *Programa de medicina para la UNS. Planificación de una Carrera de Medicina basada en nuevos paradigmas*. Bahia Blanca: AMBB.

Chetty, S. (1996). "The case study method for research in small and medium size firm". En Martínez Carazo, P. (2006), *El método de estudio de casos. Pensamiento y Gestión*, n.20. Colombia.

González López, E. *et. al.* (2010). "Aprendizaje basado en la resolución de problemas: una experiencia práctica". *EDUC MED* 2010, 13 (1), pp.15-24. Barcelona: Viguera Editores.

Gutiérrez, R. (editor) (2004). *Programa de medicina para la UNS. Planificación de una Carrera de Medicina basada en nuevos paradigmas*. Bahía Blanca: AMBB.

Merhy, E. (2016). "La enfermedad es un fenómeno social, no es un fenómeno biológico". *Página 12*. Diálogos. Set.2016.

Santoni Rugiu, A. (1996). *Nostalgias del maestro artesano*. México: UNAM.

Stake, R. (1998). *Investigación con estudio de casos*. Madrid: Morata.

Vizcarro, C. y Juárez, E. (2008). "¿Qué es y cómo funciona el aprendizaje basado en problemas?". En García Sevilla, J. (coord.), *El aprendizaje basado en problemas en la enseñanza universitaria*. España: Universidad de Murcia.

Capítulo IX

Políticas institucionales de formación docente e innovación educativa: el caso de la Universidad de la República (UDELAR, Uruguay)

Mercedes Collazo (Coord.), Sylvia De Bellis,
Virginia Fachinetti, Nancy Peré y Vanesa Sanguinetti

1. Presentación general

En el marco del proyecto conjunto de investigación regional, el estudio sobre la universidad pública uruguaya[1] se focaliza en el análisis de la convergencia entre las políticas de formación docente y las políticas de innovación educativa promovidas por la UDELAR desde la reapertura democrática (1985-2016)[2].

El desarrollo de la formación pedagógico-didáctica de los docentes y el fomento de la innovación educativa constituyen dos ejes vertebradores de las iniciativas centrales de mejora de la calidad de la enseñanza de grado, como parte fundamental de los planes estratégicos de la institución. Instrumentadas de forma autónoma, pero claramente sinérgicas en sus formulaciones programáticas, estas líneas de mejora se promueven desde el Prorrectorado de Enseñanza a través de dos mecanismos prioritarios de política central: los proyectos concursables de convocatoria general y la creación de programas centrales y semicentralizados.

Las políticas y los procesos de renovación de la enseñanza de grado promovidos en estos años se comienzan a investigar en tiempos recientes, en el marco de los posgrados de educación[3] de la UDELAR y a

---

1   La educación universitaria pública en el Uruguay la componen actualmente la Universidad de la República, con 170 años de vida institucional, y la Universidad Tecnológica del Uruguay creada en el año 2012, en proceso de institucionalización.

2   El estudio está a cargo de la Unidad Académica del Pro-Rectorado de Enseñanza de la UDELAR.

3   Maestría en Enseñanza Universitaria y Maestría en Psicología y Educación.

través de convocatorias centrales[4], por lo que constituyen aún áreas de estudio y profundización.

De este modo, entendemos relevante avanzar en la sistematización de los procesos de gestación y desarrollo, definiciones e instrumentos institucionales que pautan las políticas centrales de formación docente e innovación educativa impulsadas por la UDELAR, en tanto temáticas esenciales para la construcción del campo pedagógico-didáctico universitario nacional. El desarrollo de este campo multidisciplinar y, en particular, de las didácticas de las profesiones muestra actualmente a nivel mundial un importante crecimiento (Camilloni, 2014).

El proyecto de investigación regional de la UDELAR se organiza en dos niveles de estudio. En primer lugar, se aborda el análisis de las políticas institucionales en su dimensión prescriptiva, a través de un estudio de análisis documental (presente capítulo). En segundo lugar, se aborda el análisis de las políticas en su dimensión fáctica, a través de un estudio comparativo de casos de proyectos concursables financiados por la institución, a cargo de grupos académicos específicos (siguiente capítulo).

Las políticas universitarias de enseñanza como políticas públicas

Las políticas educativas universitarias se caracterizan en este proyecto como políticas públicas, en los términos que las define Jenkins (1978).

> (…) el conjunto de decisiones interrelacionadas adoptadas por un actor o conjunto de actores políticos respecto a la selección de ciertos objetivos y medios para alcanzarlos en el marco de una situación específica, decisiones que deberán estar dentro del poder de los actores para lograrlos. (p.17).

Los objetivos de la política pública consisten en examinar los problemas públicos, determinar sus orígenes y buscar soluciones aplicadas en contextos específicos. Para que se constituya una política pública, Roth (2002) establece que se requiere la existencia de:

> (…) un conjunto conformado por uno o varios objetivos colectivos considerados necesarios o deseables y por medios y acciones que son tratados, por lo menos parcialmente, por una institución u organización gubernamental con la

---

4   Llamado a Proyectos de Investigación para la Mejora de la Calidad de la Enseñanza de la UDELAR, Comisión Sectorial de Enseñanza – Comisión Sectorial de Investigación Científica, UDELAR.

finalidad de orientar el cumplimiento de actores individuales o colectivos para modificar una situación percibida como insatisfactoria o problemática. (p.27).

Con esta definición de partida, nuestro estudio entiende las políticas educativas universitarias como "políticas públicas" en función del interés público que estas concitan, más allá de la autonomía política –no presupuestal– que mantiene la institución en relación con el Estado.

Roth (2002) distingue cuatro momentos que organizan el ciclo de una política pública: 1) *identificación del problema, construcción de la agenda*, 2) *formulación de soluciones*, 3) *implementación* y 4) *evaluación de la implementación de la política y su retroalimentación*.

Se identifican a la vez diversos enfoques para el análisis de las políticas públicas, algunos con mayor consenso entre los especialistas. Ellos son:

1) el enfoque "top down" (Sabatier, Mazmanian en Aguilar, 1993, p.335) que "comienza con el análisis de la toma de decisiones (...) y después examina el grado en que sus objetivos, generalmente ordenados, fueron alcanzados en el tiempo y por qué". Se trata de un enfoque que analiza: "a) el comportamiento de los burócratas y de los grupos objetivos hacia la decisión política; b) el logro de objetivos a través del tiempo; c) los factores principales que afectan los impactos de la política y sus resultados, y d) la reformulación de la política (...)".
2) el enfoque "bottom-up" (Elmore, 1979-1980) que "comienza a partir del nivel más bajo del proceso de implementación fortaleciendo la comprensión de la organización como un elemento esencial para el análisis de la implementación. Como resultado, la investigación se construye de abajo hacia arriba" (Revuelta Vaquero, 2007, p.3).
3) el enfoque "híbrido" que se constituye en una combinación de los dos enfoques anteriores.

En nuestro caso, se apela a este modelo de análisis pues como se desarrolla más adelante, las políticas públicas de enseñanza universitaria podrían entenderse desde ambas perspectivas. Desde el enfoque *top-down* la cadena de la implementación comienza con un documento inicial vertebrador, a partir del cual se desprenden otros niveles de acción. Por su parte, el enfoque *bottom-up* busca conocer qué sucede en los niveles "más bajos" de la implementación, en un marco institucional concreto: modos de organización, estructura organizacional, dinámicas políticas de la institución.

Por último, según Mancebo y Bentancur (2012), varias son las definiciones posibles de las políticas públicas en educación.

(…) constituyen un conjunto de líneas de acción diseñadas, decididas y efectivamente implementadas por la autoridad educativa en el ámbito de su competencia (…) son las acciones o inacciones (…) en el campo educativo en el que se resuelven decisiones de una autoridad con competencia legal en la materia, pero además involucran a múltiples actores sociales y políticos en su ciclo (agenda, formulación, implementación, evaluación). (p.7).

A los fines de nuestro estudio nos preguntamos entonces, si ¿estas políticas surgieron de una necesidad de las facultades, institutos y escuelas o fueron los equipos rectorales los que marcaron los temas de agenda, siendo los encargados de su formulación, y en esa circunstancia, los centros universitarios vieron la oportunidad para su implementación?

En este sentido el estudio se plantea un interjuego entre la planificación de una política "desde arriba hacia abajo". Además de poder definir desde dónde se formulan, resulta enriquecedor comprender que éstas son políticas donde la definición del problema, el diseño, la implementación y finalmente su evaluación constituyen un ciclo que se retroalimenta. Resulta así fundamental analizar las políticas tanto desde una perspectiva institucional como en su articulación con la dimensión académica.

En suma, se considera las políticas educativas universitarias como políticas públicas y las analiza a través de tres dimensiones principales: a) el proceso de las políticas seleccionadas (gestación y desarrollo), b) el contenido (objetivos y modalidades de intervención) y c) su institucionalidad (reglas de juego en torno a las cuales operan los actores, generando apoyos y resistencias), todos ellos vinculados dinámicamente.

Veamos a continuación cuáles son las pautas que caracterizan la configuración de las políticas educativas universitarias en el período a estudio.

Configuración institucional de las políticas educativas universitarias

La UDELAR promovió desde el retorno a la democracia la formulación de políticas generales de investigación, enseñanza y extensión con el fin de impulsar un desarrollo estratégico institucional que permitiera superar el modelo histórico de formación profesionalista y de fuerte autonomía política de las facultades.

Con este fin, creó organismos centrales de cogobierno –que posteriormente se constituirán en Prorrectorados–, destinados al fomento global de las funciones universitarias. Es así como se conformó a mediados de los años noventa un organismo central de cogobierno universitario que tendrá a su cargo la *coordinación, estímulo y desarrollo de la actividad de enseñanza de grado* en la Universidad de la República; asesor del Consejo Directivo Central en materia de políticas educativas y promotor de iniciativas de fomento de la innovación en la educación universitaria, la Comisión Sectorial de Enseñanza (CSE).

El estudio sistemático de las líneas e iniciativas educativas impulsadas por la UDELAR en las últimas décadas muestra algunas pautas de configuración de estas políticas centrales que permiten comprender el enfoque político institucional que orienta el desarrollo de la enseñanza en estos años (Collazo, 2016).

Se observa en primer lugar, que el diseño, las formas de ejecución y los instrumentos de evaluación de las políticas centrales de enseñanza se configuran de un modo peculiar en cada período de gobierno universitario, quedando pautados nítidamente los cortes de análisis en las tres etapas rectorales y sus correspondientes presupuestos quinquenales[5]. Esto es, cada rectorado definió nítidamente una agenda política propia en materia de enseñanza de grado.

Los distintos períodos de gobierno estuvieron guiados por un ideario político rectoral que presenta nexos —explícitos o implícitos— con la agenda de orientaciones de política universitaria consensuadas por las universidades de la región en las Cumbres Regionales y Mundiales de Educación Superior (UNESCO). A la vez, se incorporan desarrollos teóricos nacionales y se introducen y recrean tradiciones, debates y lineamientos innovadores presentes en los distintos campos de formación universitaria de la UDELAR. La universidad pública uruguaya cumplió un rol muy activo en las definiciones del concierto académico regional, confrontando con los enfoques de corte neoliberal que promueven los organismos internacionales en los años noventa.

Cada ciclo rectoral construye una agenda de prioridades que incorpora nuevos ejes, líneas e instrumentos de políticas centrales de enseñanza, a la vez que da continuidad, con mayor o menor sostenimiento, a los ejes y líneas de políticas que lo precedieron. De este modo, se verifica un movimiento de política educativa más propenso a la innovación y la estabilidad, que a la innovación y la ruptura.

Las diferentes etapas rectorales se concentran en un foco o núcleo de preocupación en torno al cual se definen el conjunto de los linea-

---

5   Rectorado del Dr. Jorge Brovetto, 1989-1998. Rectorado del Dr. Rafael Guarga, 1998-2006. Rectorado del Dr. Rodrigo Arocena, 2006-2014. Rectorado del Dr. Roberto Markarián, 2014-2018.

mientos de política educativa: a) mejora de la enseñanza y fortalecimiento docente, b) diversificación y flexibilización curricular, c) respaldo a los procesos de aprendizaje y apoyo estudiantil. A lo largo
de estas décadas va conformándose, de este modo, un abordaje progresivamente multidimensional y complejo de la problemática de IX
enseñanza universitaria en la línea de profundizar la construcción
de un nuevo modelo pedagógico.

Cada etapa se construye además a través de un entramado de
actores institucionales, de nivel de cogobierno y de nivel técnico, de
creciente amplitud, que juegan un papel protagónico en la operaciona-
lización de las políticas de enseñanza e involucran espacios cada más
amplios que los proyectados (Red de Unidades de Apoyo a la Enseñanza, Comisiones Sectoriales de Enseñanza, de Investigación y de
Extensión, Comisión Coordinadora el Interior, Comisión Académica de
Posgrados, Programas y Proyectos Centrales ligados a la enseñanza,
Espacio Interdisciplinario, etc.).

En resumen, no se identifican en la UDELAR compromisos de
orientación política institucional ajenos a los acuerdos regionales
y propiamente universitarios como sucediera en otros países de la
región, al impulso de las orientaciones políticas mundiales de los años
noventa para la educación superior. Se podría afirmar que, en términos comparados, la universidad pública uruguaya logra preservar un
alto grado de autonomía política frente a las presiones ejercidas por
las dinámicas de la globalización.

Surgimiento de las políticas de formación docente e innova-
ción educativa

El origen de estas políticas se ubica en los movimientos de renovación pedagógica emergentes de las facultades agrarias, de la salud,
el derecho y las ingenierías que comienzan a nuclearse a partir de los
años ochenta, buscando hacer frente a los desafíos del nuevo contexto
institucional: un aula universitaria masificada, a cargo de académicos
en ejercicio y retornados al país, así como de noveles docentes que,
en un alto número, debieron incorporarse a la enseñanza de grado
rápidamente. La irrupción de colectivos estudiantiles crecientemente
heterogéneos en una institución históricamente identificada con la
formación de las élites y con una identidad inspirada en el modelo
de universidad investigativo-académico, dará lugar a la irrupción en
la escena institucional y en la preocupación de los actores universitarios de los "problemas de la enseñanza". Serán fundamentalmente

las dificultades derivadas del desajuste estructural las que movilicen las necesidades de renovación pedagógica en la UDELAR. Esto condiciona un proceso de constitución del campo pedagógico-didáctico universitario pautado por la ambigüedad de los discursos respecto de su legitimidad disciplinar (Collazo, 2008).

De este modo, en la dinámica del ciclo de las políticas de enseñanza universitaria es claro que la agenda de la formación y el desarrollo de capacidades de innovación educativa de los docentes universitarios tiene en la UDELAR un origen en las asesorías pedagógicas y su núcleo histórico impulsor[6], para luego transformarse en una política institucional general, una vez creado el organismo cogobernado central rector de la enseñanza en el año 1993, la Comisión Sectorial de Enseñanza, integrado al Pro Rectorado de Enseñanza de la UDELAR a partir del año 2003 (Collazo *et al.*, 2015).

Se trata así de una política que se gesta en primer lugar desde la base universitaria, liderada por las facultades profesionales que logran instalar en la agenda institucional central, en una lógica de "abajo hacia arriba", las principales preocupaciones pedagógicas universitarias de la época.

En la etapa de desarrollo estratégico de la UDELAR que se inicia en los años 2000 con el rectorado de Rafael Guarga, se va a consolidar el impulso institucional a las dos vertientes de la profesionalización docente: la formación académica y la formación pedagógico-didáctica, así como la promoción de innovaciones educativas. A continuación, analizaremos las características que asumen estos procesos con lógicas propias.

2. El desarrollo profesional docente en la UDELAR: dinámicas institucionales diferenciadas[7]

El proceso de profesionalización docente en la universidad pública uruguaya presenta en los planos académico y pedagógico desarrollos

---

6 Grupo de Trabajo central de Formación Docente que impulsó la creación de las unidades pedagógicas en la UDELAR, liderado por el Departamento de Ciencias de la Educación de la Facultad de Humanidades y Ciencias de la época y la Dirección General de Planeamiento Universitario de la UDELAR.

7 Capítulo basado en estudios antecedentes de Collazo, M. (2016). "La formación de docentes para la educación superior: el caso de la universidad pública uruguaya". En Insaurralde, M. (comp.), *La enseñanza en la educación superior. Investigaciones, experiencias y desafíos.* Tomo 1. Buenos Aires: Noveduc.

en tiempos diversos en función del juego de concepciones educativas y de distribución de prestigios de las funciones universitarias.

La profundización disciplinar y la formación de investigadores fue una prioridad a la salida de la dictadura a los fines de contrarrestar el desmantelamiento de la producción científica nacional. Es así que la UDELAR promovió antes que nada el desarrollo de los posgrados en el área de las ciencias básicas (Matemática, Física, Química, Biología, Informática), las políticas centrales de investigación científica para el conjunto de las áreas del conocimiento y el desarrollo de la educación permanente de los graduados universitarios[8]. No obstante, en un contexto de fuertes restricciones presupuestales, el desarrollo de los posgrados, ya tardío en términos históricos, avanzó muy lentamente hasta bien entrados los años dos mil. Luego del impulso a las ciencias básicas a través de una decidida política de formación académica docente, en el exterior y en el país, se logra crear una oferta nacional de posgrados académicos en ciencias sociales y humanas, y posteriormente en el área agraria y de la salud.

Las políticas de fortalecimiento académico de los docentes se aceleran en el quinquenio 2010-2015 incrementándose significativamente el número de ingresos a los posgrados. El último Censo de Funcionarios (2015) registra en un total de 10.799 docentes, que el 61% posee formación de posgrado. Como plantean Lorieto y Simon "se verifica una correlación cada vez más estrecha entre el posgrado y la carrera docente, más como condición necesaria que suficiente para el ascenso" (2013, p.65).

De este modo, el gobierno universitario priorizó la formación académica de los docentes en la perspectiva de que el impulso a la investigación y el relacionamiento con el medio lograría arrastrar de forma casi mecánica el perfeccionamiento de la docencia, y en última instancia, la mejora de la calidad de la enseñanza de grado (Ares Pons, 1995).

Las políticas de formación pedagógica, y recientemente de formación en extensión universitaria, se desarrollan con posterioridad y con escasos nexos entre estos y la formación de posgrado disciplinar. Como contracara, universidades del mundo anglosajón evolucionan en el sentido de integrar la formación en enseñanza, investigación y extensión en los posgrados académicos.

---

8   En el año 1986 se crea el Programa de Desarrollo de las Ciencias Básicas (PEDECIBA), MEC-UDELAR; en 1990 la Comisión Sectorial de Investigación Científica y en el año 2000 la Comisión Sectorial de Educación Permanente de la UDELAR.

Capítulo IX

Estrategias diversificadas de formación pedagógica didáctica de los docentes universitarios[9]

La UDELAR concibió desde sus primeras definiciones una multiestrategia de formación pedagógico-didáctica que buscaba idealmente construir un modelo de formación docente diferenciado del esquema tradicional centralizado y de orientación normalizadora de la educación básica.

Con una visión crítica de la experiencia histórica y una conciencia de la debilidad del campo de la educación a nivel nacional –muy especialmente a nivel superior–, la UDELAR resolvió promover una estrategia de formación que resultara más idónea a la identidad docente universitaria. Atendiendo las características de la enseñanza superior que, a diferencia de los restantes niveles del sistema educativo, se liga estrechamente a la creación y la aplicación del conocimiento, proyecta un modelo de formación docente que reconoce la diversidad epistemológica disciplinar y profesional, las problemáticas y demandas específicas de los centros universitarios, así como las condiciones reales del ejercicio docente actual. Con un enfoque interdisciplinario, busca estimular una reflexión pedagógico-didáctica asociada al componente epistemológico propio de las disciplinas académicas y profesionales.

Por otra parte, la singularidad de la profesionalidad docente a nivel universitario condiciona a su vez una propuesta de formación docente enfocada a la capacitación voluntaria para el logro de un mejor ejercicio del rol docente. Esto es, se entiende la formación docente universitaria como un modelo de desarrollo profesional y no como una táctica para suplir carencias, entendiendo por desarrollo profesional los esfuerzos sistemáticos de mejorar la práctica, las creencias y los conocimientos profesionales, con el propósito de potenciar la capacidad docente e investigadora.

Con este marco de definiciones, la UDELAR impulsa en estas décadas tres grandes estrategias de desarrollo profesional docente que de forma directa o indirecta contribuyan a la construcción del campo pedagógico-didáctico:

---

9   Fuentes de referencia: Collazo, M. (2013). "La formación pedagógico-didáctica en el desarrollo profesional de los docentes universitarios". En *Desarrollo profesional docente y mejora de la educación. Informe país.* ANEP-MEC-UDELAR, Cap. 2. / Collazo, M. (comp.) (2012). "Políticas y estrategias de formación docente en la Universidad de la República (Uruguay): una década de realizaciones". En Lorenzatti, M. C. (coord.), *Construcción cooperativa de políticas y estrategias de formación de docentes universitarios en la región.* Córdoba: UNC.

- una estrategia de creación de programas de formación central y por áreas académicas que atiendan tanto los requerimientos de capacitación en temas de Didáctica General como de Didácticas Específicas;
- una estrategia de promoción de experiencias de innovación educativa a cargo de los colectivos docentes que estimule la mejora de la calidad y la renovación pedagógica en la enseñanza de grado;
- una estrategia de desarrollo de la investigación en enseñanza universitaria que busca fortalecer el conocimiento y la transformación institucional de los procesos educativos.

Tabla 1: Niveles y tipos de acción política universitaria para la Formación Docente

Central	Semi centralizado	Descentralizado
1996: Llamados a Innovaciones Educativas	**2001:** Programas de Formación Didáctica de los Docentes Universitarios Áreas Académicas: Artística, Agraria, Científico-Tecnológica, Salud, Social.	Cursos de formación docente y Asesorías Pedagógicas a cargo de las Unidades de Apoyo a la Enseñanza de los centros universitarios*
2001: Programa de RRHH: Apoyo a la formación en posgrados en el exterior		
2006: Programa de Especialización y Maestría en Enseñanza Universitaria		
2012: Proyectos de Investigación para la Mejora de la Enseñanza de Grado		
2016: Programa de Desarrollo Pedagógico Docente		

* La UDELAR cuenta con unidades pedagógicas en cada uno de los centros universitarios (24) que cumplen con la finalidad de brindar asesoramiento y apoyo pedagógico a docentes y estudiantes, asesoramiento curricular e investigación educativa (Ordenanza de Estudios de Grado, 2011, UDELAR).

Este estudio, como vimos, se focaliza en la convergencia de las dos primeras estrategias que impulsa la UDELAR desde el nivel central: programas de formación docente y convocatorias concursables de innovación educativa.

Programas de formación docente organizados por el nivel central

En primer lugar, se desarrolla desde el Pro Rectorado de Enseñanza de la UDELAR una oferta central de formación que integra un Programa de Formación de RRHH (2001), una Maestría en Enseñanza Universitaria (2006) y un Programa de Desarrollo Pedagógico Docente (2016).

El ***Programa de Recursos Humanos*** de la CSE tiene como uno de sus principales componentes el apoyo económico a los docentes universitarios para la realización de posgrados en el exterior en temáticas vinculadas a la educación superior. En los últimos diez años se financian 218 apoyos a docentes para la realización, fundamentalmente, de maestrías y doctorados en universidades extranjeras.

El ***Programa de Especialización y Maestría en Enseñanza Universitaria***, dirigido a docentes activos de los niveles universitario y terciario. Su objetivo primordial es formar a los docentes en la reflexión pedagógica universitaria e iniciarlos en la investigación educativa, entendiendo esta área de conocimiento como multidisciplinar que no disocia los contenidos del campo académico y profesional del componente epistemológico propio de cada disciplina. Esta iniciativa se fundamentó en la necesidad de avanzar en la integración entre investigación y docencia, no sólo en la perspectiva históricamente planteada de enseñar lo que se investiga, sino también de investigar lo que se enseña. Las líneas de investigación del posgrado comprenden las temáticas de "políticas de enseñanza superior", "didáctica universitaria" y "problemas de enseñanza" (Plan de Estudios, 2006). Transcurridas cinco ediciones bienales del Programa, el posgrado cuenta con más de 200 cursantes y 67 egresos.

El ***Programa de Desarrollo Pedagógico Docente***, de creación más reciente, cumple con la finalidad de fortalecer la formación didáctica y pedagógica general de los docentes de ingreso, así como estimular nuevas modalidades y estrategias de desarrollo didáctico de los docentes de todos los grados, promoviendo comunidades de prácticas u otras formas de experimentación y profundización, más focalizadas en el desarrollo de las didácticas específicas de las disciplinas y las profesiones. Se ejecuta a través de la modalidad de proyectos concursables y las acciones forman parte de la oferta de educación permanente y de formación de posgrado, cumpliendo con los requerimientos exigidos por el nivel con acreditación en los programas de maestrías. Se trata así del diseño de acciones que fortalezcan, por un lado, el binomio formación-innovación y, por otro, estén en condiciones de ser reconocidos en la carrera docente o incluso integrarse a la formación académica propia de las disciplinas. Se conciben como modalidades prioritarias de formación:

- *Cursos semi presenciales* que deberán proponer el desarrollo de una temática pedagógica o didáctica (de la agenda clásica, emergente o disciplinar) específica.

- Talleres de análisis de las prácticas de enseñanza y diseño de *experiencias innovadoras* en los que se espera que el trabajo se realice bajo una modalidad de taller teórico-práctico. El objetivo al finalizar el taller es contar con un conjunto de experiencias analizadas y con el diseño básico de una propuesta de innovación que tenga su origen en las necesidades detectadas en el análisis.
- *Laboratorios de experimentación de innovaciones* que supongan la conformación de comunidades de práctica y de intercambio intra o inter unidades académicas, interservicios y en múltiples ámbitos. (Llamado a Proyectos de Desarrollo Pedagógico Docente, CSE, 2016).

Los resultados de la ejecución de esta línea de proyectos concursables muestra una priorización por parte de los colectivos docentes de las modalidades de cursos y talleres sobre los formatos experimentales de innovaciones educativas (Estadísticas Básicas 2016-2018, UDELAR).

Programas de formación docente organizados por las Áreas Académicas

Desde el año 2001 se conforman equipos de formación docente especializados en los campos de la educación agraria, artística, salud, social y científico-tecnológico, los que con desarrollos desiguales y singularidades específicas, lograron profundizar en temas de didáctica general, didácticas de las profesiones y de las disciplinas universitarias.

En ciencias agrarias (Agronomía y Veterinaria) se logra consolidar un programa estable que aborda contenidos de la agenda clásica de la didáctica, tales como *planificación, metodologías de enseñanza, estrategias de aprendizaje, evaluación de los aprendizajes y TIC aplicadas a la enseñanza*. En los últimos años se procura además la articulación de la formación pedagógica con los programas de formación en investigación y extensión universitaria, en una perspectiva integral del desarrollo profesional docente.

En el área artística (Bellas Artes y Música) el programa de formación se orienta a *atender las necesidades específicas de los servicios, abordando problemáticas asociadas a Educación Artística, Investigación de procesos de creación y aprendizajes colaborativos o Pedagogías culturales*. De este modo, se conjuga la formación en didácticas específicas con reflexiones globales inherentes al campo de la educación artística.

En el área de la Salud Humana el foco de la formación docente ha sido *el abordaje reflexivo de la problemática de la enseñanza en los espacios de práctica caracterizados por la presencia simultánea de estudiantes, docentes, egresados y actores sociales*, en un marco doctrinario de atención integral e integrada en la asistencia individual y comunitaria. Esto es, se privilegia la formación práctica profesional como componente clave del aprendizaje profesional.

En el área social se diseña también un programa de formación focalizado en temas de la agenda clásica y emergente de la Didáctica General universitaria, con sólido sostén teórico y una fuerte orientación hacia la innovación educativa y la incorporación de las TIC en las prácticas docentes.

Para finalizar, el área Científico Tecnológica resuelve desarrollar una estrategia de formación en servicio y no por área académica, profundizando especialmente en la Didáctica de las Ciencias y particularmente en un enfoque de enseñanza para la comprensión. En el caso de Arquitectura se profundiza en el área específica de la Didáctica Proyectual.

La formación pedagógico-didáctica de la UDELAR conjuga así en estos años una variedad de enfoques pedagógicos, combinando perspectivas netamente técnicas con abordajes crítico reflexivos, en un contexto de demandas de formación esencialmente instrumentales para la resolución de los problemas de enseñanza.

3. Las políticas de innovación educativa: de las soluciones técnicas a las prácticas reflexivas

La promoción de la innovación educativa a través de proyectos concursables se concibió tempranamente como una estrategia indirecta de formación pedagógica de los docentes, a la vez que de renovación de la enseñanza de grado. Es así que a partir del año 1996 la UDELAR realiza llamados institucionales para la presentación de proyectos concursables de *Innovaciones Educativas* como instrumento de política de fortalecimiento del rol docente. Estas convocatorias tuvieron en los primeros años una alta demanda, cercana a los 200 proyectos, pero sólo se dispuso de fondos para apoyar el 24% de las iniciativas de innovación (Artigas y Collazo, 2000).

Es a partir de los años 2000 que se logra diseñar un proyecto institucional enmarcado en un plan de desarrollo estratégico general que ubica las políticas de estímulo a las innovaciones educativas en un complejo de políticas de mejora de la enseñanza orientadas a respaldar el objetivo estratégico de:

> Responder a la demanda creciente por enseñanza superior, promoviendo la equidad social y geográfica y mejorando la calidad de la oferta pública. (PLE-DUR, 2001, 2005).

De este modo, las políticas de enseñanza universitaria comienzan a incorporar de forma explícita, siguiendo las definiciones de la Conferencia Mundial de Educación Superior de 1998, una perspectiva de inclusión educativa que comprenderá medidas de combate a la masificación y a la deserción estudiantil, y en términos amplios, de estrategias de mejora de la calidad educativa. Las definiciones que orientan esta línea institucional en el período son las siguientes:

> Aportar soluciones innovadoras en el ámbito de la enseñanza de grado que impliquen un análisis de las concepciones educativas y de la relación enseñanza-aprendizaje. Se procurará impactar principalmente a nivel de las prácticas educativas cotidianas. Asimismo, se propenderá a la integración de funciones universitarias de modo de aportar a los cambios que requiera la institución para tener un estudiante activo, crítico, creativo, con iniciativa y un fuerte componente ético en su quehacer. Finalmente, se propone formar una red de intercambio y socialización de las innovaciones educativas, como forma de potenciar el trabajo que se lleva a cabo en la UDELAR. (PLEDUR, 2005, p.57).

En su primer Plan Estratégico (2001) la UDELAR concibe el desarrollo de la innovación educativa en el marco de la creación de un régimen de alta dedicación docente[10]:

> Orientación 1.13- Se estimulará la innovación educativa mediante la incorporación de una modalidad del régimen de alta dedicación que la tenga como contenido principal. Dicha modalidad implicará un estímulo salarial cuyo otorgamiento será temporal y requerirá una evaluación previa a la renovación del mismo. (PLEDUR, 2001).

No obstante, la insuficiencia de fondos presupuestales para financiar el nuevo régimen docente dará lugar al mantenimiento de los proyectos concursables como instrumento de estímulo a las innovaciones, con resultados similares al período antecedente en términos de satisfacción de la demanda (26%).

---

10 Supone una carga horaria de 30 a 40 horas semanales y una meta para el quinquenio de 150 docentes dedicados a la innovación.

Del estudio de las bases formuladas para dicha convocatoria se desprende que, en un contexto de impulso a la educación a distancia como estrategia de ampliación de la matrícula, se concibe la innovación fundamentalmente como incorporación de nueva tecnología educativa:

> Contribuir al mejoramiento de la enseñanza de grado en el contexto de las actuales transformaciones de la Universidad de la República, estimulando la capacidad de innovación de los Servicios a través de proyectos vinculados con el mejoramiento de la calidad de la enseñanza, incluidas la formación y la evaluación docente. Se busca mejorar la calidad de la enseñanza, posibilitando la implementación y evaluación de iniciativas innovadoras que supongan transformaciones en: el acompañamiento de los estudiantes durante la carrera; la enseñanza de una disciplina en el área, pudiendo incluir además la constitución de redes académicas en la UDELAR; la incorporación de nuevas tecnologías: estrategias de enseñanza a distancia; metodologías de enseñanza que contemplen la situación de masividad, etc. (Bases del llamado de Innovaciones educativas, 2001).

Algunos ejemplos de proyectos financiados en la convocatoria de los años 2001 y 2002 son los siguientes:

Convocatoria 2001	"Diseño de software multimedia interactivo para apoyo a la enseñanza de grado": consiste en el desarrollo de un software multimedia interactivo, para el apoyo de dos cursos de grado (Zoología y Botánica) en sus aspectos teóricos y prácticos.
	"Incorporación de metodologías interactivas en la enseñanza de la Física para la Ingeniería": supone la incorporación de estrategias educativas para la mejora de la calidad de la enseñanza en un curso "masificado", mediante adopción de nuevas tecnologías informáticas. Se busca desarrollar herramientas educativas avanzadas, tales como: sistemas de expertos, simulaciones en clase, problemas interactivos, módulos de autoevaluación, consultas en línea.
	"Introducción de la Educación a distancia a través de la WEB en el Ciclo Básico de Facultad de Ciencias Sociales": aprovechamiento de los espacios de comunicación virtual existentes en la Facultad de Ciencias Sociales, para la enseñanza de la asignatura de Metodología con utilización de foros, chat, listas de discusión, evaluaciones on-line.

continúa>>

	"Clases grabadas en video, una posibilidad de aliviar el problema de la masificación de las clases teóricas": oso de clases grabadas en video y material didáctico de consulta en internet.
Convocatoria 2002	"Generación de software educativo destinado a la enseñanza integrada de las disciplinas básicas en la Escuela de Nutrición": Incorporar la informática como una herramienta de apoyo en la enseñanza con el objetivo de lograr un mejor aprendizaje de los contenidos temáticos en grupos de estudiantes, muy numerosos.

Fuente: Proyectos presentados y financiados por CSE. Cuadro elaborado por los autores.

El período rectoral posterior, liderado por Rodrigo Arocena[11], marca un punto de inflexión en las políticas educativas de la UDE-LAR en el contexto de la llamada "Segunda Reforma" que tendrá como centro del discurso institucional al sujeto de la formación:

La intención común a todas estas acciones es colocar efectivamente a los estudiantes en el centro de los esfuerzos institucionales. Tratar además de brindar atención a la creciente diversidad social, económica y cultural del núcleo estudiantil y muy particularmente, a atender la situación del creciente número de estudiantes que al mismo tiempo trabajan. (Universidad de la República: Memoria 2010. UDELAR, 2010, p.229).

La reforma universitaria se orienta globalmente a la activación de un proceso profundo de renovación de la enseñanza con tres ideas fuerza. Por un lado, la recuperación del enfoque de enseñanza activa promovido por la universidad en su proyecto pedagógico de los años 60, de fuerte inspiración escolanovista, que enfatiza el autodesarrollo estudiantil —y en última instancia el logro de capacidades de formación autónoma— como estrategia pedagógica primordial:

aquella que privilegia las experiencias en las cuales el estudiante, en forma individual o en grupos, se enfrenta a la resolución de problemas, ejercita su iniciativa y su creatividad, adquiere el hábito de pensar con originalidad, la capacidad y el placer de estudiar en forma permanente y la habilidad de movilizar conocimientos específicos para resolver problemas nuevos y complejos. (Art. 5, Ordenanza de Estudios de Grado).

Por otro lado, la idea de diversificación de la enseñanza, no solo en términos metodológicos como se ha planteado tradicionalmente, sino

---

11 Rector Rodrigo Arocena, doctor en Matemática y Ciencias Sociales. Rector de la UDE-LAR en dos oportunidades: 2006-2010/2010-2014.

también en relación con las modalidades organizativas (presencial, semipresencial y virtual), así como de uso diversificado de recursos educativos. Concebida para atender la heterogeneidad de necesidades y perfiles de formación actuales, la diversificación de la enseñanza se concibe de este modo como una estrategia esencial para el logro de la igualdad de oportunidades en el nivel superior. En tercer lugar, la reconceptualización de la evaluación de los aprendizajes en la universidad como un componente clave de la renovación pedagógica, restituyendo su función formativa y no sólo certificadora de conocimientos hacia la que ha derivado la enseñanza de masas.

En este marco, a partir del año 2007 las bases de los llamados de *Innovaciones Educativas* muestran un desplazamiento de la idea de innovación como introducción de nueva tecnología educativa hacia una preocupación más amplia por la reflexión pedagógico-didáctico. Se plantea la necesidad de aportar soluciones innovadoras en el ámbito de la enseñanza que involucren un análisis de las concepciones pedagógicas y de la relación existente entre la enseñanza y el aprendizaje, con impacto a nivel de la práctica docente:

> (…) Promover el diseño de innovaciones relacionadas con algunos de estos tópicos y que no se limiten a la mera incorporación de nuevas tecnologías. 1. El mejoramiento de los vínculos existentes entre los cursos teóricos y prácticos del currículo y su resolución en la práctica educativa universitaria. 2. La puesta en práctica de sistemas de evaluación formativa que implique cambios en la concepción tradicional. 3. El desarrollo de programas educativos sustentados en la integración de diferentes funciones universitarias: enseñanza, extensión e investigación. (Bases del llamado a Innovaciones educativas, 2011).

Algunos ejemplos de proyectos financiados en las convocatorias de los años 2007-2008, 2011 y 2013 son los siguientes:

Convocatoria 2007-2008	Desarrollo de competencias genéricas en el ámbito de los grupos teórico-prácticos.
Convocatoria 2011	Grupos operativos como dispositivo didáctico-pedagógico en la formación de licenciados en Ciencias de la Comunicación.
	Relaciones entre enseñanza e investigación: realización de cursos de carácter opcional.
	Aprendizaje cooperativo en el curso de Física I.

continúa>>

Convocatoria 2013	Dispositivo de reflexión colectiva para la formación en intervención comunitaria en la Facultad de Psicología.
	Desarrollo de una modalidad alternativa de aprendizaje y evaluación en el curso de historia de la ciencia (EUBCA).
	Curso-taller de formación en interdisciplina.

Fuente: Proyectos presentados y financiados por CSE.

Este cambio de orientación se produce al mismo tiempo que se abre una línea de proyectos concursables de promoción de Cursos semi-presenciales y desarrollo de las Tecnologías de la Información y la Comunicación (TIC) y Recursos Educativos Abiertos (REA). Del análisis de los proyectos financiados en ambas ejes de política se constata que ésta línea es la que cuenta con mayor continuidad y financiación en el período. La línea de innovaciones mejora levemente el nivel de satisfacción de la demanda (30%), pero se reduce el número de proyectos financiados porque se discontinúan las convocatorias institucionales.

Proyectos concursables	2008		2009		2010		2011		2012		2013		2014	
	P	F	P	F	P	F	P	F	P	F	P	F	P	F
Innovaciones educativas	56	12	---	---	---	---	46	16	---	---	25	11	38	11
Semipresenciales TIC y REA	28	26	42	29	73	27	50	25	---	25	32	22	---	22

Cuadro elaborado en base a las Estadísticas Básicas de la UDELAR. Años 2008-2014. (P= proyectos presentados. F= proyectos financiados).

Ya en un nuevo período rectoral (2014-2018), las políticas de innovación e incorporación de TIC en la enseñanza de grado se reunifican y la CSE redefine el llamado de Innovaciones Educativas orientando los proyectos hacia la búsqueda de rupturas paradigmáticas, de superación de las prácticas educativas tradicionales dominantes en el aula universitaria. Se plantean como objetivos del llamado:

a) Experimentar en el contexto específico de un curso nuevas estrategias de enseñanza que apunten a resolver problemas o abordar situaciones educativas que rompan con las prácticas tradicionales, promoviendo procesos reflexivos y activos de construcción de conocimientos, antes que de exclusiva transmisión de información.

b) Movilizar variadas formas de relación educativa docente-estudiante, estudiante-estudiante, estudiante-comunidad, con encuentros presenciales y virtuales utilizando las diversas tecnologías existentes.

c) Profundizar en el desarrollo de experiencias de hetero y autoevaluación de los aprendizajes con fines formativos, así como la puesta en práctica de una variedad de estrategias de evaluación de los aprendizajes, de los procesos de enseñanza y de los impactos institucionales de la formación brindada. (Bases Llamado Innovaciones Educativas, CSE, 2015).

La reformulación de las bases del llamado es coincidente con las investigaciones regionales sobre innovaciones educativas universitarias; afirma Elisa Lucarelli:

(…) esta situación de ruptura implica ver la innovación como interrupción de una determinada forma de comportamiento que se repite en el tiempo. A su vez se legitima dialécticamente, con la posibilidad de relacionar esta nueva práctica con las ya existentes a través de mecanismos de oposición, diferenciación y articulación. (2004, p.3).

Y continúa:

(…) entender la innovación como ruptura en la dimensión didáctica suponía mirar en el escenario del aula para considerar cómo se alteran las formas habituales de la relación docente-alumno-contenido y cómo los sujetos del aprender son incluidos como tales. (2004, p.4).

Resulta notorio que las bases reformuladas en el año 2015 ponen de manifiesto la importancia de entender la innovación de la enseñanza desde otras complejidades, diferentes a la de los años 2000; innovar ya no sólo significa introducir nueva tecnología en el aula, sino comprometerse en un proceso de movilización de las prácticas que pueda derivar o no en una ruptura del paradigma tradicional. En este sentido afirma Lucarelli (2004, p.512):

una innovación en el aula supone siempre una ruptura con el estilo didáctico impuesto por la epistemología positivista, aquel que habla de un conocimiento cerrado, acabado, conducente, una didáctica de la transmisión que regido por la racionalidad técnica reduce el estudiante a un sujeto destinado a reconceptualizarlo positivamente.

A modo de cierre y nueva apertura

La sistematización inicial de las políticas de formación docente y las políticas de innovación educativa promovidas por la UDELAR desde la reapertura democrática (1985-2016) nos permite identificar algunos rasgos singulares del proceso institucional uruguayo.

Por un lado, se comprueba que el origen de las preocupaciones pedagógicas radica en las inquietudes que plantean las carreras profesionales tradicionales en la etapa de restauración institucional, fuertemente interpeladas por los imperativos del cambio institucional y social de la época. En este sentido, son las unidades pedagógicas de las facultades las que logran instalar en la agenda universitaria los temas de la formación docente y la innovación educativa.

La conformación en los años noventa y dos mil de estructuras universitarias centrales para la promoción de políticas de desarrollo de las funciones esenciales, permitirá introducir estos nuevos tópicos en los proyectos institucionales que vertebran los planes estratégicos de la universidad. En una primera etapa, con una visión esencialmente técnica, instrumental de resolución de los problemas de las prácticas de enseñanza. Con posterioridad, serán acciones encuadradas en una perspectiva crecientemente compleja de la problemática educativa, en el marco de proyectos rectorales de mayor contenido y alcance conceptual y programático. Se trata de un movimiento de construcción institucional generado en las bases universitarias que evoluciona en el sentido de una lógica dialéctica, "arriba abajo arriba", enriquecida por procesos de evaluación –más o menos sistemáticos– que retroalimentan el ciclo de las políticas.

En particular, la búsqueda de convergencia entre las líneas de formación docente e innovación educativa es explícita en el plano de las definiciones institucionales, pero se viabilizan a través de instrumentos diferenciados (programas centrales y semi centralizados y proyectos concursables docentes), dando lugar a una cierta segmentación en la ejecución y evaluación de las mismas. Resulta también claro que la dinámica institucional está pautada más por una lógica de diversificación de estrategias de ejecución de políticas que por lógicas unitarias, lo que complejiza el análisis de los impactos relativos en las prácticas educativas.

A los fines de avanzar en el análisis de las políticas en su dimensión fáctica, en el próximo capítulo se presenta un estudio comparativo de casos de proyectos concursables de innovación educativa. Este segundo abordaje se concentra en el análisis de la dimensión "formación docente" en las experiencias de innovación educativa desarrolladas por equipos académicos, en el marco de las convocatorias centrales destinadas a la mejora de la enseñanza de grado en la UDELAR.

Bibliografía

Aguilar Villanueva, L. (1993). *La implementación de las políticas*. México: Porrúa.

Ares Pons, J. (1995). Documento de trabajo. Universidad de la República.

Artigas, S. y Collazo, M. (2000). "Políticas de formación docente en la Universidad de la República (Uruguay)". Informe de avance de investigación, Unidad de Apoyo Pedagógico, Facultad de Odontología, UDELAR.

Bentancur, N. y Mancebo, E. (2012). "Políticas educativas en tiempos de cambio: actores, programas e instituciones en Uruguay y la región". *Revista Uruguaya de Ciencia Política*, 21 (1), pp.7-13.

Camilloni, A. (2014). "Las Didácticas de las profesiones y la Didáctica General. Las complejas relaciones de lo específico y lo general". En Civarolo, M. y Lizarriturri, S. (comps.), *Didáctica general y didácticas específicas: la complejidad de sus relaciones en el nivel superior*. Villa María, Argentina: Universidad Nacional de Villa María.

Collazo, M. (2008). "El sentido de la didáctica en la formación docente universitaria". En *Debates teóricos, metodológicos y políticos sobre la formación docente universitaria*. Comisión Sectorial de Enseñanza. Montevideo: UDELAR.

Collazo, M., De Bellis, S., Perera, P. y Sanguinetti, V. (2015). "Asesorías pedagógicas y políticas de enseñanza en la universidad pública uruguaya: pasado y presente". En Lucarelli, E. (editora), *Universidad y asesoramiento pedagógico*. Buenos Aires: Miño y Dávila.

Collazo, M. (2016). "La formación de docentes para la educación superior: el caso de la universidad pública uruguaya". En Insaurralde, M. (comp.), *La enseñanza en la educación superior. Investigaciones, experiencias y desafíos*, t.1. Buenos Aires: Noveduc.

Jenkins, W. (1978). *Policy análisis: A political and Organizational perspective*. Londres: Martín Robertson.

Lorieto, V. y Simon, M. (2013). "Los posgrados universitarios: su desarrollo y su rol en la formación de los docentes". En *Desarrollo profesional docente y mejora de la educación. Informe país*, capítulo 2. Montevideo: MEC; ANEP-CODICEN; UDELAR.

Lucarelli, E. (2004). "Innovaciones en la enseñanza. ¿Caminos posibles hacia la transformación de la enseñanza en la universidad?". Terceras Jornadas de Innovación Pedagógica en el Aula Universitaria. Argentina: Universidad Nacional del Sur.

Revuelta Vaquero (2007). "La implementación de políticas públicas". *Díkaion*, a.21, n.16. Colombia.

Roth, A. (2002). *Políticas públicas: formulación, implementación y evaluación*. Bogotá: Ediciones Aurora.

Universidad de la República. Plan de Desarrollo Estratégico 2000 y 2005. Uruguay.

Universidad de la República. Memorias de Rectorado 2010. Uruguay.

Universidad de la República. Ordenanza de Estudios de Grado y otras Formaciones Terciarias, 2011. Uruguay.

Universidad de la República. Bases de los Llamados a Innovaciones Educativas 2001, 2011, 2015 y Desarrollo Pedagógico Docente 2016-2019, Comisión Sectorial de Enseñanza. Uruguay.

Universidad de la República. Censo de Funcionarios 2015. Uruguay.

Universidad de la República. Estadísticas Básicas 2016, 2017, 2018. Uruguay.

Formación e innovación, rutas alternativas de desarrollo profesional docente

Mercedes Collazo (Coord.), Sylvia De Bellis,
Virginia Fachinetti, Nancy Peré y Vanesa Sanguinetti

1. Introducción

En el presente capítulo el estudio de la universidad uruguaya aborda la problemática de la formación pedagógica y didáctica del docente universitario, focalizándose en el análisis de la dimensión "formación docente" en las experiencias de innovación educativa desarrolladas por equipos académicos, en el marco de las convocatorias centrales destinadas a la mejora de la enseñanza de grado en la UDELAR.

En esta fase de la investigación se busca caracterizar las modalidades, alcances y límites de la formación pedagógica presentes en las experiencias de innovación educativa desarrolladas a través de los llamados a proyectos concursables del Prorrectorado de Enseñanza, ejecutados por grupos académicos en los años 2013 y 2014. Para ello se lleva a cabo un estudio comparativo de casos que profundiza en las similitudes y diferencias que presentan los proyectos de innovación en las dimensiones y categorías construidas a partir de la revisión de la literatura.

Las preguntas básicas que guiaron la indagación fueron las siguientes: ¿los proyectos de innovación educativa incorporan o promueven procesos de formación pedagógica de los docentes universitarios?, ¿qué formatos y alcances presentan dichos procesos?, ¿existen diferencias vinculadas con la naturaleza de la innovación realizada?, ¿cómo se entrelazan en las prácticas de enseñanza innovadoras las dos líneas de política educativa universitaria?

Antecedentes y selección de casos de proyectos de innovación

Las convocatorias destinadas al desarrollo de "Innovaciones Educativas" se impulsan en la UDELAR desde los años noventa, con el propósito de estimular y apoyar a los colectivos docentes en la experimentación de innovaciones en el conjunto de las áreas del conocimiento.

Entre los años 1996 y 2008, se realizaron llamados de forma ininterrumpida a la vez que se inició la promoción de experiencias de educación a distancia. Entre los años 2008 y 2014 se priorizó el desarrollo de la enseñanza semipresencial, así como el uso de recursos educativos abiertos (TIC y REA) y sólo se realizaron cuatro convocatorias anuales a innovaciones educativas. A partir del año 2015 se resolvió unificar estas dos líneas de financiación de proyectos, volviendo a centrar el eje de la política institucional en la innovación pedagógica, aplicada a las diversas modalidades de enseñanza, hoy indisociablemente articuladas. De este modo, la UDELAR respondió a la necesidad de continuar el esfuerzo de búsqueda y diseño de soluciones educativas creativas que dieran respuesta a los complejos problemas de la enseñanza y del aprendizaje en la formación universitaria de grado, con un enfoque aplicado a los espacios de enseñanza directa, en modalidades diversas: aulas, talleres, espacios comunitarios, entornos virtuales de aprendizaje, etc.

Del relevamiento histórico de los llamados, se consideró para este estudio el segundo período del rectorado del Dr. Rodrigo Arocena (2011-2014). En la elección estas convocatorias se visualizaron significativas porque implicaron un cambio en la conceptualización de la innovación educativa en la UDELAR respecto de los períodos anteriores. Se pasa de una visión netamente técnica de la innovación, muy ligada a la irrupción de las TIC, a una visión que prioriza la dimensión pedagógico-didáctica, sin desconocer el vínculo con lo tecnológico.

En una primera fase de análisis se revisaron los 31 proyectos aprobados en los años 2011, 2013, 2014. A partir de esta lectura se seleccionaron los casos comprendidos en las convocatorias 2013 y 2014 cuyas propuestas de innovación contemplaran procesos de formación pedagógica, tanto formales como informales, esto es, que implicaran procesos de autoformación del docente participante.

Para la selección se tuvieron en cuenta los proyectos de innovación aprobados y financiados en el período elegido y los informes de evaluación presentados por los responsables. Estos informes están diseñados en formato de encuesta con el fin de lograr cierta homogeneidad en la información obtenida, así como contar con datos relevantes para la toma de decisiones futuras. Una vez identificados los proyectos que presentaron propuestas de formación pedagógica, se tomaron como criterios para el análisis en profundidad la variedad de áreas de conocimiento, los tipos de innovación, la autoevaluación de resultados alcanzados y la diversidad de modalidades de formación.

De un total de 22 proyectos aprobados en los dos llamados (2013 y 2014) a proyectos concursables "Innovaciones Educativas" se tomaron ocho casos que abordan la formación docente para su análisis en profundidad (Tabla 1).

Tabla 1: Proyectos Innovación Educativa por áreas de conocimiento y año

Área	2013	2014	Total
Ciencias de la Salud	2	1	3
Ciencias Sociales y Artística	1	2	3
Tecnologías y Ciencias de la Naturaleza y el Hábitat	1	1	2
Total	4	4	8

Luego de identificados los casos se procedió a indagar algunos tópicos de análisis: a) génesis de la innovación identificando los momentos de ruptura de la práctica tradicional, b) las concepciones de innovación, c) componentes claves de la innovación, d) relación teoría-práctica, e) incorporación de TIC en la formación, f) roles cumplidos por los diferentes miembros del equipo, g) intervención de las asesorías pedagógicas en la experiencia, h) sostenimiento y alcance de la innovación, i) formatos que asume la formación docente.

A partir de ello, se resuelve focalizar la mirada en cuatro de los ocho casos (dos de cada uno de los años mencionados) para realizar las entrevistas a los docentes responsables de los proyectos. En ellas se consideran aspectos vinculados a los siguientes ejes:

a) problema que dio origen al proyecto (identificación, contexto institucional, motivación para elaborar el proyecto);

b) innovación planteada en el proyecto (descripción, concepciones de innovación del responsable y/o del equipo, motivación para concursar en la línea de llamados de innovación educativa);

c) componentes de la innovación propuesta (cambios en el diseño curricular, en las prácticas de enseñanza, en la evaluación, intervención del equipo docente en la implementación, papel de las unidades pedagógicas);

d) modalidades y alcances de la formación docente propuesta.

Definiciones conceptuales de partida

La dimensión "innovación educativa" se trabaja a partir de las conceptualizaciones desarrolladas por Elisa Lucarelli (2003, 2004, 2009, 2010) en investigaciones que buscan indagar y dar visibilidad a las prácticas alternativas de enseñanza universitaria en relación con el contexto específico que las significa.

Se trata de propuestas que *rompen el estilo didáctico tradicional* de matriz epistemológica positivista, pautado por una *didáctica de la transmisión* de *conocimientos cerrados, acabados* que *reduce al estudiante a un sujeto destinado a recepcionarlos pasivamente.*

> En este encuadre las innovaciones son entendidas como producciones originales en su contexto de realización, que se inician a partir del interés por la solución de un problema relativo a las formas de operar de los docentes en relación con uno o varios componentes didácticos; tales innovaciones son llevadas a cabo por esos sujetos a lo largo de todo el proceso y afectan el conjunto de las relaciones de la estructura didáctico-curricular. (Lucarelli, 2003).

En particular, la articulación dialéctica teoría-práctica aparece en estos estudios como un dinamizador de las innovaciones en un marco de enseñanza universitaria predominantemente teoricista y disciplinar; emerge como un *elemento sinérgico de la situación didáctica* (Lucarelli, 2004, 2009, 2010)

> Se constituye en una forma de potenciación de los componentes didácticos y de los sujetos de las acciones de la enseñanza y el aprendizaje asociados, ya que, por ser (…) *contrahegemónicos, revierten las racionalidades dominantes, tales como la competencia y la coacción.* (Neef, 1986, p.45). (Lucarelli, 2010, p.13).

También se recuperan en esta dimensión las teorizaciones desarrolladas por Miguel Ángel Zabalza (2016) en su abordaje conceptual general de las innovaciones en el marco educativo, incorporando las nociones de procesos historizados, niveles, ámbitos y modelos institucionales de innovación.

La dimensión "formación docente", por otra parte, interesa a los fines de este estudio profundizarla en relación con las dinámicas individuales y grupales, formales e informales de "autoformación" que tienen lugar en las instituciones universitarias, estimuladas actualmente por las necesidades de educación continua o permanente de los docentes en tanto hacedores de la formación (Marcelo, 1995; Yurén & Romero, 2008).

Más ampliamente, también entendida la formación docente como la construcción personal de una trayectoria de desarrollo profesional docente, en constante movimiento (Ferry, 1996), y a la vez sustentada por un proceso reflexivo permanente sobre la propia acción (Schön, 1992).

Finalmente, en lo que tiene que ver con los aspectos institucionales del análisis, se parte de algunas conceptualizaciones básicas trabajadas en investigaciones anteriores.

La idea de asesoría pedagógica entendida como profesión de ayuda que —poniendo en juego de forma flexible concepciones pedagógico didácticas, en una posición de mutuo asesoramiento—, contribuye a una mayor eficiencia institucional en áreas diversas del campo (definición de modelos didácticos, análisis de las condiciones del aprendizaje estudiantil, programación del curriculum, creación de sistemas de evaluación, etc.). Se trata de modalidades de intervención complejas que operan en condiciones de gran diversidad epistemológica, académica e institucional. El asesor pedagógico universitario debe construir su propio lugar en cada unidad académica, interpretar el lenguaje particular de la cultura profesional en la que se inserta y lograr conformar un espacio de interdisciplina que permita proyectar soluciones apropiadas a los problemas pedagógicos del contexto educativo específico (Lucarelli, 2000; Lucarelli y Finkelstein, 2012).

La relación entre las nociones de "espacio, lugar y territorio" para comprender las diferentes fases de consolidación institucional de los núcleos formadores innovadores e instituyentes. La idea de *espacio* como marco de posibilidad, el *lugar* "cuando le atribuimos sentido a los espacios, o sea, reconocemos su legitimidad para ubicar acciones, expectativas, esperanzas y posibilidades" y finalmente, los *territorios* cuando estos espacios se legitiman institucionalmente siendo reconocidos desde el punto de vista simbólico y normativo (Cunha, 2010).

La identificación en el proceso de desarrollo de las políticas educativas de una variedad de modelos e instrumentos institucionales, en este caso de mejora de la calidad de la enseñanza y en particular, de formación y desarrollo profesional docente, que con diverso grado de centralización, descentralización y formas de control de acciones derivan en distintas orientaciones y posibilidades de impacto (Cunha, 2011).

Finalmente, la necesidad de recuperar la memoria individual, colectiva e institucional como mecanismo de recuperación de una identidad poco visibilizada. Se trata de reconstruir la dimensión macro institucional, política, pero a la vez la historia de los sujetos, recuperar a los protagonistas que desde sus prácticas concretas hacen historia, humanizando la historia institucional.

2. Estudios de casos

En este apartado se presentan los cuatro casos a estudio y el análisis comparativo por contraste (Coller, 2005) de las experiencias de innovación buscando identificar las similitudes y diferencias expresadas en las dimensiones y categorías de análisis que se definen a partir de la revisión de la literatura. Para la construcción de estos casos se utilizaron como documentos los proyectos presentados (P), sus informes de evaluación (IE) y las entrevistas realizadas a los responsables del proyecto (E).

Caso 1: Aprendizaje basado en equipos y formación docente

Perfil de la experiencia

El primer caso refiere a un curso de Matemática de primer año de la carrera de Arquitectura de la UDELAR.

El dispositivo pedagógico innovador que vertebra el proyecto es el aprendizaje en equipos, en un contexto de aula invertida. La propuesta se basa en la estrategia de aprendizaje y enseñanza colaborativa *Team Based Learning* (según la denominación original en inglés, TBL) como metodología organizacional del trabajo en el aula. La misma consiste en la estructuración de la clase en equipos de estudiantes conformados de acuerdo a criterios pedagógicos, que permanecen con la misma integración durante todo el curso, y la aplicación de un sistema de evaluación con instancias individuales y grupales que tiene en cuenta todas las dimensiones del trabajo en grupo: preparación para trabajar en equipo, aportes realizados al equipo, calidad global del trabajo en equipo. Es así que los estudiantes deben realizar un pre-aprendizaje orientado por los docentes y asumir activamente la responsabilidad del trabajo en equipo.

Su puesta en práctica tiene como condición fundamental la realización de una cuidadosa planificación inicial y un trabajo de elaboración y supervisión académica intensivo. De este modo, el equipo docente cumple variadas actividades durante la implementación de TBL: reorganización del curso en unidades temáticas prioritarias de corta duración (10-15 horas aula); preparación de la propuesta de actividades; elaboración de baterías de preguntas para los test que aseguren la preparación previa de los estudiantes; elaboración o selección de materiales adecuados para el trabajo autónomo de los estudiantes durante la etapa fuera del aula; estudio, apropiación y contextualización del ambiente de aplicación por parte del equipo docente. Los materiales elaborados además constituyen una base para el desarrollo de otras modalidades de trabajo colaborativo, con la característica de que se actualizan a medida que se desarrollan los cursos y se adaptan a otras propuestas. Cada unidad del curso finalmente se organiza en tres etapas que interactúan entre sí. Una etapa inicial de preparación previa, en la que la información se obtiene fuera del aula, a través de lecturas, videos, plataformas de educación a distancia. Una segunda etapa de evaluación de la preparación previa, con aplicación de pruebas individuales y en equipos, evaluando a cada estudiante y el fortalecimiento de cada equipo, luego de lo cual se realizan devoluciones docentes a fines de orientar y ajustar los aprendizajes. Una tercera etapa de aplicación a problemas, como tarea fundamental de TBL ya que el diseño del ejercicio de aplicación debe contemplar tanto el trabajo individual como la consistencia del equipo y ser significativo para los estudiantes, trabajando sobre el mismo problema y con un criterio de resolución colectiva y no individual.

Presupuestos y enfoques pedagógicos básicos

La innovación planteada en el proyecto se basa en la constatación de que es posible lograr una mejor calidad de aprendizaje de los estudiantes en cursos instruidos o monitoreados por sus pares, y en los que la adquisición de la información ocurre fuera del aula. Quien conduce el proyecto valora que los resultados de los métodos tradicionales de enseñanza de la Matemática han demostrado ser altamente insatisfactorios ya que se organizan en la lógica de *estructuración formal lógico-deductiva* de la disciplina: *definiciones, enunciado de teoremas, demostraciones, ejercicios, aplicaciones* (E1-C1;09/12/15), a la que sigue finalmente una evaluación sumativa que cierra el proceso. En este esquema, el estudiante no logra apropiarse de los contenidos que normalmente procesa individualmente, por lo que, alineados con un enfoque socioconstructivista de la educación, se apuesta a generar un ámbito de trabajo colectivo que resulte fértil para la reflexión y la aplicación grupal de lo aprendido.

Contexto institucional y curricular

La iniciativa de innovación se formula en la Facultad de Arquitectura en un clima instituyente de cambio de autoridades que moviliza el debate sobre problemas estructurales de la organización de la enseñanza de la carrera —fundamentalmente la histórica política de cupos[1]—, del que deriva la necesidad de concretar cambios curriculares que den lugar a un nuevo plan de estudios[2].

El proyecto de innovación del curso de Matemática se concibe y se formula en el marco de este proceso de revisión curricular que pone en juego no sólo la discusión de los perfiles y los contenidos de la formación, sino también la revisión de las didácticas desarrolladas por las distintas cátedras. En este sentido, la estrategia de organización del aula que se propone se visualiza como una oportunidad para atender los problemas de numerosidad y las dificultades de cursado regular de la asignatura. Se entiende en este contexto que los cursos potencialmente masivos requieren diversificación de las estrategias de enseñanza y una mejora metodológica que permita atender las demandas estudiantiles y el sistema de inscripción vigente.

El curso de Matemática se dicta en el primer semestre de la carrera de Arquitecto, con régimen de exoneración por parciales, y constituye la única instancia curricular de participación de la disciplina en toda la formación. Se trata normalmente de un curso numeroso, de alrededor de mil estudiantes.

> (…) tiene el objetivo de proporcionar al estudiante de Arquitectura la cultura matemática básica necesaria para el conjunto de su formación (…). El curso aspira a ampliar el espesor cultural de la formación del futuro arquitecto, poniendo a la Matemática en contexto, buscando su apreciación por parte del estudiante y desarrollando en él la capacidad de reconocer que constituye una manera de mirar al mundo abierta a muchos usos e interpretaciones, potencialmente capaz de generar recursos diversos –que desbordan la aplicación de la Matemática como herramienta subordinada a otras áreas del conocimiento– para enfrentar situaciones de cualquier naturaleza. (P-C1).

Relevancia del apoyo político central

En este marco, el proyecto de innovación financiado con fondos centrales se propuso implementar técnicas de Aprendizaje Colaborativo (AC) en general y la metodología de Aprendizaje Basado en Equipos TBL en particular, en al menos un grupo del curso Matemática de la

---

1 La misma establece la restricción por sorteo del cursado de todas las asignaturas de la carrera, exceptuando el área de Talleres proyectuales.

2 El nuevo plan de estudios es finalmente aprobado en 2015 e implementado a partir de 2017.

  Capítulo X

Facultad de Arquitectura del segundo semestre de 2014, y observar los rendimientos estudiantiles en relación con los resultados de instancias precedentes. Se esperó que la aplicación de TBL mejore las evaluaciones respecto al formato de clase tradicional, los índices de asiduidad y de abandono, los vínculos entre estudiantes y docentes y entre estudiantes, y se obtenga mayor satisfacción de ambos colectivos en el proceso educativo. Entre sus objetivos específicos se planteó, asimismo, documentar los contenidos del curso de Matemática en un libro y una serie de videos, desarrollar sobre la plataforma virtual de la facultad toda la actividad de al menos un grupo del curso de Matemática durante su implementación en el formato TBL, generar espacios de intercambio con docentes de otros institutos de la Facultad de Arquitectura, de otras facultades y otras instituciones acerca de estrategias de aprendizaje colaborativo que puedan adaptarse a contextos de masividad, y en especial fortalecer la colaboración entre la Cátedra de Matemática y el Programa de Respaldo al Aprendizaje de la UDELAR.

Resultó clave para la aplicación del proyecto la obtención del financiamiento central (CSE), a partir del cual se esperó lograr un andamiaje institucional a la innovación.

El proyecto buscó aportar a las carreras de la facultad experiencia y un saber práctico en metodologías de organización del aula que fortaleciera el aprendizaje colaborativo en contextos de masividad. Adicionalmente, se pretendió contribuir en el desarrollo de estrategias de aprendizaje cooperativo y de técnicas participativas que mejoraran el rendimiento, las evaluaciones, la retención, el vínculo y la satisfacción de estudiantes y de docentes.

> La apuesta de la Cátedra (de Matemática) hacia trabajar en entornos colaborativos de aprendizaje se acompaña de la atención a fortalecer el vínculo estudiante-estudiante y estudiante-docente. Otra posibilidad que genera su implementación es la de integrar los aspectos disciplinares con los pedagógico-didácticos, desarrollando una práctica educativa integral y específica, generadora de motivación para estudiantes y para docentes, en un marco de trabajo colaborativo. Un aspecto esencial del método es que los estudiantes reciben una realimentación instantánea sobre su trabajo, tanto de sus pares como de sus docentes, en todas las etapas. Esta característica, que es una fortaleza de TBL, implica que la preparación del sistema de evaluación requiera una planificación cuidadosa y una esmerada selección de actividades. (P-C1).

Historicidad de la innovación

El rasgo característico de esta experiencia es que está a cargo de un docente innovador, quien cuenta con una larga historia de experimentación didáctica en la enseñanza de la Matemática en la universidad. Se trata de un responsable de proyecto con formación de grado y de posgrado disciplinar, con múltiples antecedentes personales de formación pedagógica y desarrollos didácticos respaldados por espacios de asesoría pedagógica docente y equipos de apoyo estudiantil de la universidad. De este modo, su trayectoria personal académica ha sido, y es, netamente innovadora, evidenciando una práctica constante de formulación de alternativas de enseñanza de la Matemática para resolver los críticos problemas de aprendizaje que presenta la disciplina en la enseñanza de grado, especialmente en la etapa inicial de las carreras, pero también en los niveles educativos precedentes con los que, por otra parte, trabaja en colaboración[3].

Es a partir de la asunción de la dirección de la cátedra de Matemática en la carrera de Arquitectura que, con un fuerte liderazgo personal, busca promover innovaciones metodológicas más radicales en la enseñanza de la Matemática, en un contexto curricular que no presenta dificultades tan relevantes en el rendimiento de la disciplina como en otras carreras del campo de conocimiento.

> En ese momento teníamos una expectativa un poco desmedida, estábamos un poco sobrepasados de rosca en motivación con la idea de "si implementamos Team Based Learning bien, nos va a resolver todos los problemas". Y creo que se fue dando más o menos naturalmente la idea de presentar un proyecto orientado a implementar el aprendizaje basado en equipo. Aparte también teníamos conciencia de que era una cosa un poco laboriosa en cuanto a su instalación, que había que trabajar bastante para prepararla. Pero nos pareció natural juntar el interés de hacerlo y la necesidad de contar con algunos recursos para instalarlo. Creo que más o menos fue eso la génesis del proyecto, y había alguna gente en el equipo bastante entusiasmada con esto también. (E2- C1;03/07/17).

---

3   Entrevista realizada en el marco de la Tesis de Doctorado Collazo, M. (2018). "Estructuras de conocimiento y currículo universitario: los casos de las carreras de Ingeniería Eléctrica, Odontología y Sociología de la UDELAR". Facultad de Filosofía y Letras, Universidad de Buenos Aires.

Capítulo X

Logros y continuidad de la innovación

De acuerdo con los informes y testimonios docentes, la experiencia de innovación tuvo resultados muy limitados, fundamentalmente debido a la débil adhesión de la mayoría de los estudiantes a la propuesta de aprendizaje, basada en un modelo netamente activo, colectivo y autónomo. Al término de la experiencia se identificaron dificultades no previstas de aplicación de la estrategia con cursantes que demandaron formatos de enseñanza y de evaluación tradicionales.

> (…) la modalidad de aula invertida no tuvo buena recepción por parte de los estudiantes, que reclamaron permanentemente un formato de clase tradicional con exposición del docente que habilitara a tomar un rol más pasivo por parte de los estudiantes. Los aspectos negativos se refieren fundamentalmente a la estrategia de enseñanza y al sistema de evaluación: los estudiantes reclamaron los formatos tradicionales de clase expositiva-práctica-evaluación. Los aspectos positivos tienen que ver con la entrega de materiales de apoyo y el interés del equipo docente en el aprendizaje. (I E-C1).

De este modo, estas nuevas prácticas de enseñanza no se sostuvieron en el tiempo con su encuadre original, si bien se logró un avance en la organización futura del curso de Matemática aplicando TBL en formato digital y se avanzó en la caracterización de la población recursante, de manera de diseñar actividades diferenciadas más adecuadas a sus necesidades. Culminada la implementación del proyecto, se ofreció un nuevo curso en modalidad TBL y la preinscripción mostró que solo un 10% de los estudiantes tenían interés, por lo que se decidió no abrirlo. Del proyecto inicial el equipo docente dio continuidad a aquellas actividades que facilitan el funcionamiento en *aula invertida*. Actualmente se ofrece la misma opción en el segundo semestre, y una aplicación similar en el Curso de Verano, con frecuencia diaria.

El impacto a nivel institucional fue limitado. Con el nuevo plan de estudios y la liberación de los cupos en determinadas asignaturas, algunos docentes se acercaron a la Cátedra para asesorarse sobre estrategias que permitan una mejor atención a cursos masivos.

Papel de la formación pedagógica en la innovación educativa

El colectivo docente que acompaña la innovación no contaba con antecedentes de formación pedagógica ni conocimiento previo de los dispositivos pedagógicos que se buscó experimentar.

Y en el 2013 empezamos a planificar un poco más sistemáticamente el estudiar, formarnos en esa dirección, leer la literatura que existía o lo que habíamos logrado identificar. Y ahí los dos referentes principales fueron los trabajos de Mazur de instrucción por pares y los trabajos de Larry Michaelsen sobre Team-Based Learning, y nos entusiasmó la parte de Team-Based Learning, incluso vino Michaelsen, dio unos seminarios, fuimos con todo el equipo de la Cátedra. (E2-C1;03/07/17).

La cátedra manifestó en general un gran interés en poner en práctica el dispositivo pedagógico, demostrar su efectividad y adoptarlo como propuesta metodológica, fundamentalmente, creando una infraestructura de *aula invertida*. Por tratarse de una organización del aula diferente, y por ello, compleja, el compromiso del colectivo docente resultó decisivo.

(…) requiere de los equipos docentes un período previo de estudio, apropiación y contextualización al ambiente en que se pretende aplicar, durante el que se construyan las capacidades y la convicción necesarias para sostenerla en el aula. (E2-C1;03/07/17).

Desde la dirección de cátedra el grupo docente realiza habitualmente reuniones de discusión de diversos temas de interés, desarrollando de forma sistemática lecturas pedagógicas generales o disciplinares que luego se comparten en el colectivo. La necesidad de disponer de una capacitación en AC, y en TBL en particular, obligó en el marco del proyecto a articular una estrategia de seminarios-taller, reuniones periódicas abordando temáticas del rol docente en AC, comentarios y discusiones grupales de bibliografía sobre el tema. Se programaron asimismo visitas de intercambio con un núcleo docente experimentado en TBL que ya se implementaba en la Universidad Católica del Uruguay.

Potencialmente estas formas de organización del aula de inspiración socioconstructivista posibilitan una dinámica activa de aprendizaje conjunto que redunda en un fortalecimiento del equipo docente. En el caso analizado, es claro que los mayores logros de la innovación experimentada se sitúan en la generación de capacidades de autodesarrollo profesional docente, no sólo a través de estrategias formales de formación pedagógica y didáctica, sino muy especialmente a través del propio proceso de diseño, implementación y evaluación de la innovación educativa sustentada en una praxis pedagógica potente.

Caso 2: Aprendizaje basado en proyectos y formación docente

Perfil de la experiencia

Este segundo caso refiere a un Taller de Introducción a la Ingeniería Eléctrica (Tallerine) de primer año de la carrera.

Se propone un dispositivo pedagógico innovador basado en el aprendizaje por proyectos, de fuerte componente práctico. Con un enfoque de enseñanza centrado en el estudiante, el Taller se concibe con una metodología de aprendizaje activo, de carácter grupal, organizado en torno al desarrollo de proyectos previamente diseñados por los docentes, para la resolución de un determinado problema técnico, con elementos lúdicos motivadores. A partir de una introducción teórica somera inicial, los estudiantes experimentan con objetos tecnológicos con la finalidad de construir prototipos, orientados por docentes y tutores estudiantiles. Los equipos deben realizar sucesivas entregas de avance y una presentación pública final del proyecto y sus resultados. En este nivel inicial experimental se abordan problemas de desarrollo o de diseño tecnológico sencillo, pre-diseñados, con solución prevista, que habilitan ciertas integraciones de conocimientos básico-tecnológicos.

La motivación aparece como la *herramienta formativa principal* asociada a la construcción en equipo de prototipos y/o elaboración de proyectos con *sesgo lúdico*, de libre elección del estudiante. En este marco se buscan desarrollar competencias generales de trabajo en equipo, de comunicación y creatividad, así como competencias específicas de reconocimiento inicial de los objetos y métodos de la Ingeniería Eléctrica y la movilización de conocimientos de variadas disciplinas asociadas (lógica, física, informática, electrónica, matemática). (P-C2).

Presupuestos básicos y enfoques pedagógicos

El marco de referencia remite a enfoques socioconstructivos centrados fundamentalmente en la noción de motivación, aprendizaje en equipo basado en proyectos y de evaluación participativa entre estudiantes (co-evaluación).

Contexto institucional y curricular

En el contexto institucional se pueden identificar dos espacios bien definidos: el instituto y la facultad. El Instituto de Ingeniería Eléctrica (IIE) se destaca en el concierto de las ingenierías por su rol histórico innovador, colocado a la vanguardia del cambio curricular desde la década de los sesenta e introduciendo en los años noventa por primera vez un modelo de flexibilidad basado en un sistema de créditos académicos. A nivel de la Facultad de Ingeniería, por otra parte, se destaca desde la reapertura democrática un ambiente institucional propicio al cambio y de promoción de experimentaciones educativas.

La iniciativa surge de la necesidad de contar con una presencia temprana de la Ingeniería Eléctrica en la carrera, a los fines de motivar su cursado y mejorar la retención estudiantil. El ingreso con inscripción a carrera específica y las dificultades de visibilidad social del campo profesional de esta rama de las ingenierías, no contribuyen a captar una matrícula suficiente, que se encuentra además en proceso relativo de decrecimiento. Por otra parte, la alta competencia matemática que exige el cursado de la carrera la hace menos atractiva.

En este sentido, la innovación curricular constituye en sí misma un instrumento de política educativa en la medida que se identifica a la organización curricular como parte responsable del fracaso académico y se asume su transformación en el marco de un plan de mejora de la carrera, integrado a los procesos de evaluación institucional y acreditación regional y en sintonía con experiencias internacionales similares.

> El actual ordenamiento curricular de la carrera tiene varias virtudes y un fuerte debe: no motiva a los estudiantes. (P-C2).

> Las actividades académicas más motivantes para la mayoría de los estudiantes se dan a partir del semestre 4, con Diseño Lógico y en semestres posteriores, en que comienzan a trabajar con dispositivos y sistemas una vez que han adquirido las herramientas de análisis que le ha brindado la formación básica inicial. Acercarse a las aplicaciones y realizar proyectos en equipo son, desde nuestra experiencia, las actividades de la carrera más motivantes para la franca mayoría de los estudiantes de IE. (P-C2).

El contexto específico de realización de la experiencia es de masividad en el primer año de la carrera, inserta en el área de formación "complementaria" del plan de estudios como curso optativo en el primer semestre y en el segundo semestre, recomendándose especialmente a los estudiantes su cursado.

Relevancia del apoyo político central

La financiación de los proyectos ante los organismos centrales se considera como un respaldo que complementa las iniciativas que se propone el IIE; se visualiza como una herramienta más para cumplir con los desafíos pedagógicos que se proponen.

Historicidad de la innovación

En la experiencia se cuenta con un colectivo amplio de docentes innovadores que son promotores de iniciativas, participan y se involucran en la implementación de experiencias, aportan para su seguimiento y evaluación y elaboran nuevas propuestas ajustadas, de acuerdo con los resultados obtenidos. Presentan a su vez un interés permanente por los aspectos pedagógicos, lo que genera un importante número de antecedentes en estos temas de varios de los integrantes del equipo y el vínculo fluido con las estructuras de asesoramiento pedagógico con que cuenta la facultad.

Luego de diversas experiencias de taller llevadas a cabo por el IIE desde principio de los años dos mil aplicadas a otras etapas de la formación (*Taller de Proyecto, Taller Encararé, Taller de Electrónica Libre*), se maduró la idea de diseñar un *Taller de Introducción a la Ingeniería Eléctrica (Tallerine)* en el ingreso que supone por primera vez la intervención del Instituto en la etapa inicial de la carrera, reservada durante los dos primeros años fundamentalmente a la formación básica general, exclusivamente a cargo de matemáticos y físicos.

Es posible observar así una "biografía de innovaciones" en el sentido de identificar diversas fases, momentos, mecanismos y situaciones que han favorecido el desarrollo constante de innovaciones en ese contexto. No es la mera continuidad de un experimento exitoso sino la reevaluación de cada cambio que se produce en materia de enseñanza y como eso deja abierto el camino para la búsqueda de soluciones creativas a nuevos problemas.

En este círculo permanente de problema-innovación-evaluación-ajuste-nuevo problema, se ubica fácilmente la idea de posteriores innovaciones. Es casi una continuidad en el trabajo del colectivo. En el mismo momento que se desarrolla una innovación se está pensando qué otras situaciones deberán ser abordadas en próximas iniciativas.

Logros y continuidad de la innovación

El colectivo docente evalúa como altamente exitosa la experiencia, lo que ha favorecido su continuidad en el tiempo con financiación propia de la facultad (casi sin financiación externa) y la evaluación estudiantil acompaña esta perspectiva. En palabras del entrevistado:

> Se tuvo un impacto muy fuerte en la motivación de los estudiantes de Ing. Eléctrica y en la divulgación de los contenidos de la carrera hacia los ingresantes. Los estudiantes tuvieron una vivencia directa de que ellos son capaces de hacer cosas concretas en Ing. eléctrica, mismo pese a sus malos resultados académicos en la mayoría de los cursos que se imparten en paralelo a los ingresantes. (E-C2).

> Se divirtieron, aprendieron, se integraron a la facultad. Tuvieron una experiencia muy positiva de aprendizaje y comunicación. (E-C2).

Es claro que el Taller tiene un importante valor e impacto desde el punto de vista didáctico ya que se focaliza en la inversión de la secuencia tradicional de articulación teoría-práctica en la enseñanza y habilita al amplio colectivo docente que participa a experimentar nuevas formas de construcción del conocimiento en el aula, probándose la validez de cada una de las propuestas diseñadas en el contexto educativo específico.

Contribuye asimismo a permear y renovar los territorios curriculares habilitando la participación de todos los docentes que propongan un proyecto de trabajo adecuado a la etapa de formación.

De la evaluación de la experiencia surge también como valor agregado su contribución a la *creación de una comunidad educativa*, en el sentido de estimular el establecimiento de lazos sociales y afectivos entre docentes y estudiantes que ayudan al ingresante a construir el sentido de pertenencia institucional y académica (P-C2).

A cuatro años de iniciada la experiencia se cuenta con algunos estudios realizados por el equipo docente que muestran resultados promisorios desde el punto de vista de la retención y el rendimiento estudiantil.

Tallerine constituye así una actividad educativa de reciente experimentación que involucra simultáneamente una innovación curricular y pedagógica y tiene un valor ejemplar para la carrera en relación con los cambios que el IIE busca realizar en el conjunto del currículo. Logra impactar además en las carreras de la facultad sugiriéndose su generalización en primer año.

Papel de la formación pedagógica en la experiencia innovadora

Dentro de las categorías que se organizaron en el marco de esta investigación se define este caso como un proceso de autoformación. El entrevistado lo explica de esta forma:

Nosotros tenemos una formación en ingeniería y en materia de cuestión pedagógica y educación somos idóneos, si la palabra cabe, no tenemos formación específica en eso, más allá de alguna lectura, de alguna experiencia. (E-C2).

Aún con un proceso bien evaluado de autoformación reconocen la importancia del saber pedagógico y didáctico específico, para ello buscan los aportes desde los ámbitos correspondientes. Es claro que seleccionan aquellos conceptos e instrumentos que consideran más adecuados para sus propósitos.

Nosotros habíamos tenido un diálogo con la Unidad de Enseñanza en los 15 años previos por las cosas que veníamos haciendo con talleres y demás. A la hora de —esto habla mal de nosotros, pero fue así— tener que escribir el proyecto para la Comisión Sectorial de Enseñanza, dijimos: "esto tendría que tener algún sabor erudito en ciencias de la educación". Entonces conversamos con la Unidad de Enseñanza, les contamos las ideas y ellos nos sugirieron alguna referencia que usamos para presentar el proyecto y también nos arrimaron alguna luz metodológica. En particular ellas —son ellas— nos arrimaron algunas referencias, y en particular lo que usamos para la herramienta de coevaluación. (E-C2).

Es de destacar que este vínculo interdisciplinario no es buscado solo a los efectos del proyecto sino que es parte del proceso general de trabajo conjunto de más de una década.

Al revisar la experiencia de formación pedagógica del equipo docente se presenta la participación en cursos realizados por la Unidad de Enseñanza como complementarios a otras estrategias o situaciones personales que aportan nuevas ideas.

Si bien hubo mucha gente que los hizo (cursos formales), también hay mucha gente que por la rotación del cuerpo docente ya no está más acá. Y después lo que ha habido es una discusión metodológica de la mano de los talleres, que a lo largo de los años se fue viendo, facilitada muchas veces por el hecho de que muchos docentes hacen estadías de investigación o posgrados en el exterior y conocen otras realidades. Si hay una evolución en la formación didáctica de los docentes se ha dado de esa forma, medio sui generis, autodidacta. (E-C2; 07/2017).

A los efectos de la investigación se diferencian dos tipos de procesos formativos. Los que se producen en un momento concreto con un inicio y final claramente definido y aquellos que se instalan como una práctica paralela a la innovación y acompañan toda la experiencia.

En este caso se puede percibir la amplitud de la formación como permanente, con instancias cortas de participación en cursos, reuniones de discusiones metodológicas y aportes varios en distintos momentos que ayudan a profundizar en el campo disciplinar de lo educativo, pero asociado fuertemente a la enseñanza de la ingeniería eléctrica de actualidad y sus desafíos específicos.

El impacto de un proceso de formación autodidacta (que casi por definición es permanente) es muy difícil de identificar, más en este caso que es una experiencia de desarrollo profesional complejo y colectivo. Se puede constatar de forma aproximada mediante la continuidad en el tiempo, el involucramiento del equipo, las respuestas de los estudiantes, su expansión hacia otros contextos (otras carreras), etc. En todos esos elementos se encuentran aportes desde las ciencias de la educación que colaboran para repensar una disciplina de un área tecnológica.

Caso 3: Aprendizaje basado en equipos y formación docente

Perfil de la experiencia

Este tercer caso refiere a una actividad de formación didáctica de docentes de primer año de la Facultad de Ciencias Económicas y de Administración (FCEA) de la UDELAR.

El proyecto buscó conjugar la integración de dos dinámicas de innovación: un dispositivo de formación docente universitaria en la modalidad de ateneo didáctico articulado con un trabajo de promoción de innovaciones educativas en aulas masivas de primer año. El equipo responsable, en su condición de unidad asesora pedagógica de la facultad, se plantea la experimentación de nuevas estrategias de formación didáctica de los docentes y a la vez el desarrollo de innovaciones que apunten a la incorporación de mejoras en un sentido de "(…) deshacer cosas y desacomodar" las rutinas de enseñanza (E-C3; 07/2017).

El ateneo didáctico se asimila en esta experiencia al ateneo médico, proponiéndose un trabajo de reflexión colectiva en torno a problemáticas identificadas por los docentes participantes, a partir de las cuales el equipo coordinador construye situaciones problema y consignas de trabajo disparadoras que el grupo selecciona para su posterior profundización reflexiva. Se documenta todo lo discutido, se selecciona bibliografía y se devuelve el material a los docentes participantes para su estudio.

> El ateneo trabaja a partir de problemáticas puntuales que trae uno de los docentes o un equipo docente, a partir de eso se trabaja en cómo se abordaría, cómo abordaría el resto. Funciona parecido a los ateneos médicos, que se lleva un caso y todos los especialistas trabajan en torno a ese caso. Nosotros tratamos de estimular eso, que lo que se trabajara en cada una de las reuniones tuviera que ver con lo que traían los equipos docentes. Claro, nosotros igual organizábamos un poco y preparábamos cada una de las reuniones tratando de focalizar en algunos aspectos, porque la idea era que, entre el primer encuentro y el quinto, que era el último, se lograra modificar algún material que se estaba utilizando o, si no era modificado, que se argumentara por qué se dejaba como estaba, porque estábamos trabajando sobre materiales educativos. (E-C3;07/2017).

El centro del proceso formativo radica en el *trabajo en equipo* llevado a cabo en esta experiencia por los colectivos docentes que abordan el análisis de las problemáticas que enfrentan en el momento actual, comunes o no, a partir de los materiales de estudio sugeridos por la UAE.

Las inquietudes planteadas por los docentes en esta experiencia se focalizaron en la necesidad de mejorar la articulación teoría-práctica en las aulas de primer año, procurando la reformulación de los materiales educativos utilizados y de las prácticas de enseñanza. La experiencia buscó poner en juego estrategias de enseñanza alternativas a la clase expositiva, opción priorizada por las condiciones de enseñanza masiva. Se indagaron nuevas formas de transmisión de conocimientos y otras posibilidades metodológicas. Se profundizó asimismo en los materiales educativos propuestos por los docentes (casos prácticos, ejercicios, etc.), sus particularidades didácticas y los modos de articulación de la teoría y la práctica. Finalmente se focalizó el análisis en las consignas de trabajo y el tipo de ejercicios construidos por los docentes.

Contexto institucional y curricular

La innovación se desarrolla en la FCEA de la UDELAR en el marco de un proceso de transformaciones curriculares y académicas que involucra una intensa reestructuración y movilización de la vida institucional. Las tres carreras de grado se flexibilizan, se articulan y se reducen un año en su duración, dando lugar a dinámicas de reselección y reorganización curricular, incorporación de nuevas estrategias de enseñanza y de evaluación, así como de revisión de las modalidades de cursado.

Se trata de un centro universitario que presenta uno de los índices de mayor crecimiento[4] de la universidad en los últimos años, con una tasa de crecimiento intercensal anual promedio de más de 2,5% (Estadísticas Básicas, 2012, p.26) y en un marco estructural de bajas dedicaciones horarias docentes. Por otra parte, presenta como el conjunto de la institución, cambios en los perfiles de ingreso estudiantiles que Correa (2014) citando a Landinelli (2008, p.160) describe de "capital cultural desventajoso, dedicación parcial al estudio y dificultades en el aprendizaje que determinan rendimientos irregulares y riesgos de deserción temprana".

El proyecto de innovación se concibe y se formula así en el marco de este proceso de cambio curricular, buscando respaldar desde lo institucional la generación de espacios de reflexión y formación docente que acompañen las transformaciones buscadas. A su vez, es interés del equipo responsable conocer las concepciones y estrategias adoptadas por los equipos docentes que se desempeñan en el tramo inicial de las carreras acerca de la articulación teoría-práctica en la formación de los estudiantes de ingreso, de forma de contribuir a la integración de saberes.

Se debe considerar que muchos de los docentes provenían de cursos avanzados de las carreras con experiencia de enseñanza en grupos reducidos. El trabajo con estudiantes de ingreso y en situación de numerosidad implicó una revisión de programas, contenidos y estrategias didácticas vinculados con temas de administración, gestión de la organización, cálculo, matemática, derecho y economía.

> (…) en ese tipo de equipos docentes puntualmente muchas veces impactó el cambio en la cantidad de estudiantes, no solamente el perfil del estudiantado sino el número. (E-C3;07/2017).

Presupuestos y enfoques pedagógicos básicos

En un contexto de transformación institucional global, el marco teórico conceptual del proyecto entiende el cambio curricular como

---

4   Fundamentalmente en la carrera de Contador Público.

un cambio sociocultural profundo que involucra transformaciones en distintos planos de la vida institucional y conlleva una atención específica sobre los procesos de implementación de los nuevos planes de estudios (Camilloni, 2010).

Con este encuadre, la facultad se propone la "(...) generación de espacios de reflexión e intercambio entre docentes sobre las prácticas de aula y los recursos pedagógicos a ser utilizados, espacios que serán promovidos por la institución" (P-C3, p.7).

La propuesta innovadora parte del supuesto que las estrategias de formación pedagógica de los docentes podrán enfrentar los cambios institucionales, fundamentalmente centrados en lo curricular, brindándoles instrumentos y recursos para la renovación de sus prácticas de enseñanza. A su vez, el proceso de formación del equipo que lleva adelante la innovación es pensado como otra estrategia para el desarrollo pedagógico en la facultad y posible promotor de innovadores. Los principales aportes teórico pedagógicos que nutren el proyecto se refieren a los aportes de Celman (1994) y Lucarelli (2007) y sus desarrollos vinculados a las modalidades de abordaje de la teoría y la práctica, así como la relevancia de pensarlos en su relación dialéctica.

Relevancia del apoyo político central

La experiencia innovadora se enmarca en una estructura universitaria, la UAE, que entre sus objetivos se plantea la formación y asesoramiento pedagógico a los docentes de su facultad. El proyecto se propuso instrumentar con fondos centrales un dispositivo innovador de formación pedagógica que permitiera atender la demanda de apoyo de los docentes de la FCEA que trabajan en los cursos de primer año de las carreras. Su objetivo fue contribuir a la integración de saberes teóricos y prácticos, así como problematizar sobre las prácticas de enseñanza y dispositivos al inicio de la formación curricular. De esta forma, se posibilita el desarrollo de una propuesta que es novedosa para la facultad y para sus docentes, atendiendo la relevancia de la reflexión de las prácticas de enseñanza para quienes no tienen trayectoria en el trabajo con estudiantes de ingreso y en situación de numerosidad.

El aporte del proyecto fue problematizar y conocer sobre dispositivos alternativos para los cursos de inicio, resultando clave el apoyo financiero central para viabilizar el tiempo de dedicación de la UAE a la experiencia formativa. Si bien el organismo cumple, entre otras, funciones de formación docente, la posibilidad de realizar innovaciones sostenidas en un período de tiempo prolongado sólo resulta viable con apoyos institucionales complementarios.

Historicidad de la innovación

La UAE de FCEA se crea en el año 1997 con apoyo financiero central a través de convocatorias concursables destinadas a la instalación y fortalecimiento de unidades pedagógicas en la UDELAR. La responsable del proyecto y el equipo que implementa esta experiencia integran dicha UAE, quienes además de desarrollar cursos de formación pedagógica para la mejora de los procesos de enseñanza, han instrumentado diversas propuestas innovadoras.

La docente responsable del proyecto y coordinadora de la UAE cuenta con formación de posgrado a nivel pedagógico didáctico universitario y parte de su práctica docente se vincula a la formación docente. Ha integrado varios equipos de Unidades de Apoyo a la Enseñanza y equipos de innovación educativa. Sus investigaciones educativas son en torno a TICs y formación docente.

El resto del equipo está conformado por cuatro docentes con formación pedagógica también de posgrado. De este modo, todos los docentes involucrados en la propuesta cuentan con experiencia personal y grupal en innovaciones y una trayectoria de formación pedagógica.

Logros y continuidades de la innovación

En la experiencia participan docentes de unidades curriculares de todas las carreras y aquellas vinculadas a la administración, gestión de la organización, cálculo, matemática, contabilidad, derecho y economía. Se combinan cursantes con antecedentes de formación pedagógica y cursantes que asisten por primera vez a una instancia de este tipo. Participan tanto docentes de ingreso como con amplia trayectoria académica, con un interés focalizado en disponer de herramientas para abordar el cambio curricular y la heterogeneidad de la población estudiantil ingresante.

Culminan finalmente la actividad de formación escasos cursantes. De la evaluación realizada, los participantes destacan como aspectos positivos la metodología del curso que habilita el abordaje de los problemas o temas concretos de la práctica, no obstante, también se demandan mayores aportes teóricos expositivos de la UAE.

El equipo coordinador del proyecto plantea como efecto de la experiencia el establecimiento de un vínculo de asesoramiento permanente con las unidades académicas de aquellos docentes que finalizaron el curso y a su vez el logro de una mayor participación de estos en las propuestas formativas que la UAE instrumenta posteriormente. Se destaca a su vez el valor de la conformación de un equipo coordinador multidisciplinario (sociología, comunicación y psicología) proveniente de diferentes facultades.

> (…) fue un desafío trabajar, sobre todo para las profes que venían de otras facultades, fue todo un desafío trabajar con profes que tienen un perfil al que no estamos habituados, que es bien distinto. Estuvo bueno también el trabajo conjunto en las interpretaciones que tuvimos que dar. (E-C3;07/2017).

La experiencia fue valorada positivamente por el equipo coordinador, por lo que se implementó una segunda experiencia (E-C3;07/2017) que no fue considerada para esta investigación.

Papel de la formación pedagógica en la innovación educativa

Si bien el equipo se había formado pedagógicamente, la implementación de este dispositivo de formación docente era novedosa para ellos, lo que implicó un esfuerzo de estudio, comprensión y puesta en práctica para su apropiación.

> (…) estábamos buscando experimentar con esa estrategia de formación docente que nunca habíamos implementado, la del ateneo didáctico, entonces nos obligó a estudiar bastante, también a interpretar, más que estudiar interpretar cómo trabajarla. Y en esa experimentación y en esa interpretación de lo que se supone que es la estrategia didáctica logramos incorporarla y trabajarla. (E-C3;07/2017).

De este modo, se entiende que el proceso de autoformación requerido fue relevante para el equipo que instrumentó la propuesta, permitiéndole implementar y así profundizar en un dispositivo que abre a nuevas modalidades de formación docente.

> (…) Nosotros hicimos una formación, de hecho, las reuniones en el ateneo eran mensuales, pero este equipo se reunía una vez por semana. Y en cada una de las reuniones traíamos bibliografía, temas de discusión, las cosas que iban produciendo, los que iban logrando la producción fueron mermando, pero nosotros hacíamos una interpretación teórica de eso y eso nos obligaba a leer, a estudiar, y sí, fue muy formativo. Por eso para mí fue una experiencia muy rica y creo que para ellas también, pero no puedo hablar por ellas. (E-C3;07/2017).

Los docentes participantes consideraron la experiencia significativa para pensar y modificar sus futuras prácticas de enseñanza. Asimismo, los docentes responsables de cursos se abrieron al diálogo con el equipo de la UAE para contar con una mirada pedagógica en la planificación de la enseñanza, resituando la valoración de la mirada pedagógica. Es de destacar que este curso se propuso y logró desarrollar una experiencia de doble proceso de formación, el de los docentes participantes y el de los docentes responsables (autoformación).

Caso 4: Talleres de prácticas de enseñanza y formación docente

Perfil de la experiencia

Este cuarto caso refiere a una actividad de formación docente dirigida principalmente a docentes de primer año de la Facultad de Ciencias Sociales de la UDELAR.

La propuesta da continuidad al espacio de formación teórica y de planificación de intervenciones educativas generado en el proyecto de innovación educativa financiado en 2011, a partir de la problematización de las prácticas de enseñanza y de aprendizaje en el Ciclo Inicial de la Facultad de Ciencias Sociales (FCS), y su vinculación con la evaluación de los aprendizajes.

El proyecto focaliza en la evaluación como proceso integrador de la enseñanza y el aprendizaje, y en la evaluación formativa como potenciadora de esta dinámica durante el Ciclo Inicial. Comprende también el trabajo con docentes en el acompañamiento de estudiantes en lectura y escritura académicas y en el uso del Entorno Virtual de Aprendizaje de la Facultad (EVA).

> (…) en el proyecto hablábamos de la existencia de una distancia entre las propuestas que hacen los docentes, en este caso las propuestas de escritura, y los trabajos que los estudiantes efectivamente realizan. Un aspecto específico que se trabajó fue qué consignas planteaban ellos a sus estudiantes, y trabajamos con consignas reales que ellos usaban en sus cursos para aportar y para contribuir a la formulación de consignas claras. Si bien eso no garantiza que después el trabajo sea el esperado, sí ayuda a un mejor acercamiento entre lo que el docente pide y lo que el estudiante hace. (E-C4:07,2017).

El rasgo característico de esta experiencia es que propone generar espacios de reflexión entre los docentes del Ciclo Inicial de la Facultad.

Las temáticas giran en torno a la innovación educativa, a la evaluación formativa, y a la lectura y escritura académicas. El equipo responsable del proyecto busca que con estas actividades de formación de docentes se contribuya a mejorar las prácticas de enseñanza a partir del diseño y aplicación de nuevos dispositivos de evaluación con el fin de lograr mejorar los aprendizajes por parte de los estudiantes.

Como propuesta original en el contexto se propone el trabajo de contenidos disciplinares, conjuntamente con la lectura y escritura académicas. En cuanto a lo metodológico se combinaron instancias presenciales cerradas con eventos abiertos, grupos de discusión, formación con expertos y talleres de trabajo sobre prácticas concretas de materias de Ciclo Inicial, con el fin de incorporar innovaciones en ellas.

Su puesta en práctica tiene como condición fundamental la realización de una cuidadosa planificación inicial y un trabajo de elaboración y supervisión académica intensivo.

Presupuestos y enfoques pedagógicos básicos

El marco de referencia remite a enfoques de inspiración constructivista con focalización en las prácticas de evaluación de los aprendizajes como motor de mejora de los procesos de aprendizaje (evaluación formativa) y de la propia enseñanza.

A su vez el proyecto se basa en componentes del área de comunicación y lenguaje; con un enfoque de alfabetización académica tomando a Carlino y Soler como autores referentes.

Para su perspectiva de la innovación educativa toman como presupuestos en el contexto del proyecto que:

> no se centrará en la incorporación de lo nuevo, sino en la revisión de las prácticas existentes para reflexionar sobre ellas y diseñar estrategias de mejora. En palabras de Stenhouse "Lo deseable en innovación educativa no consiste en que perfeccionemos nuestras tácticas para hacer progresar nuestra causa, sino en que mejoremos nuestra capacidad de someter a crítica nuestra práctica a la luz de nuestras creencias y nuestras creencias a la luz de nuestra práctica". (Cit. por Huberman, 1996, p.11). (P-C3).

Otro eje de fundamento pedagógico del proyecto es el tema de la evaluación formativa tomando los aportes conceptuales de Anijovich y Camilloni. Proponen a los docentes participantes una constante revisión de las prácticas de enseñanza y evaluación, y para los estudiantes el repensar sus estrategias de aprendizaje.

La importancia de trabajar las consignas la plantean como una herramienta que puede configurar las acciones mentales de los estudiantes para la resolución de tareas y por tanto como organizadoras.

Contexto institucional y curricular

La iniciativa de innovación se formula en un contexto de diversificación y renovación curricular que involucra la reforma de las licenciaturas de Sociología, Ciencia Política y Trabajo Social, así como la creación de la Licenciatura en Desarrollo.

Los fundamentos del nuevo plan de estudios están explícitamente alineados con las políticas centrales universitarias del período y los resultados de la evaluación institucional de la FCS. En este marco, se enfatizan particularmente las orientaciones de flexibilización curricular y articulación entre las carreras, los problemas de desvinculación estudiantil temprana, los déficits de formación interdisciplinaria, así como los débiles vínculos de las formaciones con el quehacer profesional y el mercado de trabajo.

El proyecto busca respaldar el desarrollo del Ciclo Inicial de las carreras en tanto componente de innovación curricular fundamental. Con una duración de algo más de un año, se privilegia en esta etapa una perspectiva de formación problematizadora multidisciplinaria con alta flexibilidad, que rompe con la tradición asignaturista disciplinar y el ciclo único común. Se constituye así en un espacio de permanente controversia académica e institucional que da lugar a sucesivos ajustes en el diseño curricular, las modalidades de enseñanza y evaluación y los regímenes de cursado y exámenes.

El proyecto de innovación se concibe y se formula en el marco de la UAE junto con el Programa de Formación Docente y en respuesta a una demanda de los docentes y del decanato.

Historicidad de la innovación

La Unidad de Asesoramiento y Evaluación (UAE) de la FCS se crea en el año 2003 ligada a los procesos de evaluación institucional, como resultado de la fusión de la Unidad de Enseñanza y la Unidad de Planeamiento y Evaluación. Hoy cumple "tareas de apoyo a la función de enseñanza, asesoramiento a estudiantes y docentes, ejecución de proyectos de enseñanza y formación pedagógico-didáctica de docentes del área social". "Asimismo, contribuye a la evaluación institucional de la FCS, desarrollando investigaciones y estudios sobre temáticas educativas específicas" (FCS, s.f.).

Cuenta con una larga tradición de promoción de innovaciones y una participación sostenida en las transformaciones curriculares y de la enseñanza de grado de la FCS.

Sus miembros conjugan en sus perfiles la formación pedagógica y disciplinar de base con posgrados específicos en el campo de la educación superior.

Logros y continuidad de la innovación

La dispar asistencia y participación de los docentes del Ciclo planteó limitaciones al desarrollo previsto y dejó en evidencia que las actividades en la temática de evaluación de los aprendizajes deben ser más frecuentes y secuenciadas.

En el informe de evaluación del proyecto se destaca

(…) lo positivo de intercambiar con otros docentes sobre aspectos relativos a la evaluación y la planificación de los cursos. También se comenta la utilidad de trabajar concretamente en el análisis de consignas. (IE-C4).

Como aspectos negativos se mencionan:

(…) la falta de tiempo para participar de las actividades previstas y las condiciones institucionales de desarrollo de los cursos del Ciclo Inicial como aspecto prioritario para poder implementar cambios en las propuestas de evaluación. (IE-C4).

En lo que refiere a las concepciones docentes, los responsables del proyecto señalan en el informe de evaluación indicios que surgen de la experiencia que dan cuenta de procesos de revisión de algunas ideas previas:

Las actividades realizadas durante la ejecución de este proyecto pusieron de manifiesto algunas concepciones de los docentes con respecto a las temáticas abordadas. Cuando hablamos de concepciones, nos estamos refiriendo a aquellas teorías implícitas que orientan sus prácticas, en tanto síntesis de conocimientos que estarían en la base de sus decisiones y acciones (Makuk, 2008). En este sentido, el estudio de las teorías implícitas de los profesores pretende explicar la estructura latente que da sentido a la enseñanza, es decir, a la mediación docente en el currículum. Al respecto, Rodrigo, Rodríguez y Marrero (1993) sostienen que las concepciones de los profesores acerca del valor de los contenidos propuestos en el currículum y de sus condiciones de trabajo los llevarán a interpretar, decidir y actuar en la práctica. Esto incluye la selección de libros de texto, la toma de decisiones, la adopción de estrategias de enseñanza y la evaluación de los procesos de enseñanza y aprendizaje. Considerando estos aspectos realizamos un primer acercamiento a esas ideas previas. Como resultado, encontramos que no existe una única visión sobre las tareas de lectura y escritura realizadas por los estudiantes: si bien predominaron los planteos acerca de las dificultades que los estudiantes traen, también hubo alguna reflexión con respecto al posible apoyo que los docentes podrían brindarles. En algunos casos eso fue explícito "no les damos la instrucción específica en cómo hacerlo" (lo que denota la necesidad de dar esa instrucción) y en otros, implícito, cuando hicieron referencia a las condiciones de trabajo que dificultan la realización de devoluciones más personalizadas o a la falta de asesoramiento para elaborar consignas claras. A partir de entonces, entendimos pertinente la implementación de un ciclo de formación docente en el cual, entre otros aspectos, intentamos problematizar esas concepciones. En consonancia con lo planteado más arriba, entendemos que la reflexión sobre esas ideas previas, a la luz de los aportes de las investigaciones más recientes sobre lectura, escritura y evaluación, contribuyó a que los profesores participantes repensaran sus modos de "interpretar", "decidir" y "actuar" en la práctica. (IE-C4).

Papel de la formación pedagógica en la innovación educativa

En este caso se puede constatar la amplitud de estrategias de formación docente puestas en juego, tales como instancias cortas de participación en cursos y reuniones de discusiones metodológicas para profundizar en el campo disciplinar específico.

Del análisis surge que los mayores logros de la innovación experimentada se sitúan en la generación de capacidades de desarrollo profesional docente a través de estrategias formales de formación pedagógica y didáctica.

En un nivel menor, pero esperable, está la participación en estas instancias de formación como un antecedente para el desarrollo de otras iniciativas innovadoras o de cambios. En la entrevista:

> (…) algunos de nosotros seguimos trabajando en estos temas, y se dio la situación de que uno de los equipos docentes que estuvieron más comprometidos en este proyecto, que es el equipo de la unidad curricular La Cuestión Social en la Historia, ahora, en este momento, presentó otro proyecto de innovaciones educativas[2] al que me invitaron a participar y vamos a trabajar también particularmente en esa unidad curricular. El equipo docente de esta unidad curricular fue cambiando, no son exactamente las mismas personas, pero es

una materia que está —siempre estuvo— particularmente interesada en estos temas y eso siguió (…). (E-C4,07/2017).

3. Análisis comparativo de casos

Construidos los cuatro casos seleccionados, se realiza un análisis comparativo por contraste (Coller, 2005) de las experiencias de innovación buscando identificar las similitudes y diferencias expresadas en las dimensiones y categorías de análisis que se definen a partir de la revisión de la literatura (Da Cunha, 2010; Lucarelli, 2000, 2004, 2009, 2010; Marcelo, 2010; Yurén & Romero, 2008; Zabalza, 2016).

Historicidad de las innovaciones

Como plantea Zabalza (2016), las innovaciones educativas que llevan a cabo los colectivos docentes constituyen procesos decisionales que tienen lugar en contextos específicos que le dan "identidad y sentido" y en tanto "evento humano" presentan una biografía sinuosa, no necesariamente lineal, que las va modificando y reorientando. En los cuatro casos analizados los núcleos académicos impulsores de las innovaciones muestran una historia innovadora propia que no se inicia ni culmina con el proyecto financiado por la universidad, y que involucra tanto experiencias de logros como de fracasos (Tabla 2).

En el caso del dispositivo de *aprendizaje basado en equipos*, se identifica a un "líder innovador" que da cuenta de una larga trayectoria personal académica de innovación en la enseñanza de la Matemática, desarrollada en diversos contextos institucionales (Ingeniería, Arquitectura, Administración Nacional de Educación Pública, etc.), y respaldada por múltiples antecedentes de formación y experimentación didáctica que contaron con el asesoramiento de unidades pedagógicas y programas de formación de tutores de la UDELAR. Se trata, en cierto modo, de una figura docente identificada con la innovación de la enseñanza de la Matemática a nivel institucional, en un contexto marcadamente tradicional de enseñanza de la disciplina, con logros educativos históricamente bajos a nivel de rendimientos estudiantiles. No obstante, la cátedra que lleva a cabo la experiencia analizada, no cuenta con ningún antecedente en este sentido. La experiencia educativa se desarrolla, de este modo, a impulso de una figura carismática que, con fuerte capacidad motivacional, compromete al colectivo docente en una dinámica de constante indagación y experimentación didáctica. Es claro en este caso que la dimensión personal resulta decisiva en el proceso de innovación (Zabalza, 2016).

En el caso del dispositivo de *aprendizaje basado en proyectos*, identificamos la existencia de un enclave institucional, el Instituto de Ingeniería Eléctrica, que ha cumplido un rol histórico innovador académico y pedagógico en el concierto de las ingenierías, especialmente destacado en la renovación de su carrera de grado, y que se remonta a etapas anteriores al retorno a la democracia (Collazo, 2018). Se trata de un colectivo docente con una fuerte tradición de innovaciones que en los últimos años desarrolló numerosas mejoras curriculares y didácticas respaldadas y en interlocución con la unidad pedagógica de la facultad. En la experiencia analizada constatamos que la participación activa de un núcleo muy amplio de docentes de alta jerarquía académica, junto con los docentes más jóvenes, fue un factor relevante para potenciar el impacto de la innovación, no sólo desde el punto de vista de la calidad de los aprendizajes, sino también de los efectos en los niveles de política institucional. Si bien la dimensión personal también resulta decisiva en este caso, el compromiso grupal antes que individual, parece un rasgo que contribuirá a la continuidad y la estabilización de la innovación.

En los casos de los dispositivos de formación docente del *ateneo didáctico* y los *talleres*, las experiencias de innovación se enmarcan en las funciones que normativamente cumplen las unidades pedagógicas de las facultades en la UDELAR. Estas tienen la finalidad de "respaldar desde el punto de vista pedagógico los procesos de enseñanza y de aprendizaje" y su acción está guiada por el principio general de la *enseñanza activa*, entendida como una "acción pedagógica (…) orientada a motivar procesos reflexivos y activos de construcción de conocimientos, antes que de exclusiva transmisión de información" (Arts. 3 y 23, Ordenanza de Estudios de Grado). En este marco, su labor se encuentra naturalmente orientada a la promoción de innovaciones educativas en general y muy especialmente en el nivel del aula universitaria. Los equipos docentes responsables de los proyectos tienen un perfil de formación multidisciplinar, en general con capacitación pedagógica adquirida en la etapa de posgrado. Este rasgo constituye una singularidad del caso uruguayo por las condiciones en las que históricamente se ha desarrollado el campo de estudio de la educación en el país (Collazo *et al.*, 2015).

Tabla 2: Dimensión: Historicidad de las innovaciones

Ejes de innovación	Historicidad proceso innovaciones	Promotores de las innovaciones	Antecedentes formación pedagógica	Papel apoyo central
Enseñanza de la Matemática	Trayectoria personal académica innovadora en diversos contextos institucionales	Líder innovador (cátedra)	Múltiples antecedentes personales de formación y experimentación didáctica con apoyo de unidades pedagógicas y de tutorías. Cátedra sin antecedentes de formación pedagógica	Coadyuvante
Enseñanza de la Ingeniería Eléctrica	Trayectoria histórico institucional de innovación académica y pedagógica	Colectivo innovador (instituto)	Múltiples antecedentes de experimentación de innovaciones con apoyo unidad pedagógica	Coadyuvante
Enseñanza de las Ciencias Económicas	Trayectoria espacio institucional creado en 1997	Organismo promotor de innovaciones (unidad pedagógica)	Docentes con formación pedagógica a nivel de posgrado	Coadyuvante
Enseñanza de las Ciencias Sociales	Trayectoria espacio institucional creado en 1997-2003	Organismo promotor de innovaciones (unidad pedagógica)	Docente con formación pedagógica de base Docentes con formación pedagógica a nivel de posgrado	Coadyuvante

En síntesis, y desde una perspectiva político institucional, las convocatorias centrales en estos casos respaldaron financieramente experiencias de innovación impulsadas por núcleos académicos que contaban con una historicidad de innovación propia, operando el llamado como una ventana de oportunidad para una implementación más sistematizada. En tal sentido, el aporte de la política aparece como un jalón en un proceso de experimentación permanente que, antes que responder a un modelo centro-periferia, se asimila a la dinámica de un modelo periferia-centro-periferia (Zabalza, 2016), donde la clave radica en el estímulo institucional a las innovaciones educativas que de forma autónoma impulsan los colectivos docentes en un sentido transformador de las rutinas de enseñanza. En los términos que lo conceptualiza Lucarelli (2009, 2010, p.12) se trata de "experiencias que representan una ruptura con las prácticas habituales en el aula universitaria y que son gestadas y llevadas a cabo de manera protagónica por los docentes".

Contexto institucional y de innovación educativa

Del análisis comparativo de casos se observa también que el conjunto de las innovaciones tienen lugar en momentos claramente instituyentes de las facultades, configurándose la dimensión institucional como un componente también clave de las experiencias. Todas ellas se encuadran directa o indirectamente en los procesos de renovación de los planes de estudios que tienen lugar al amparo de las políticas curriculares y de enseñanza que centralmente la UDELAR impulsa, por primera vez, a partir del año 2012, e instrumenta a través de la *Ordenanza de Estudios de Grado y otros Programas de Formación Terciaria*. Asimismo, en dos casos se asocian con los procesos de acreditación de las carreras a nivel regional. Las dinámicas de transformación, por otra parte, en la mayoría de las experiencias tienen lugar en momentos de renovación de los liderazgos en el nivel de conducción de las facultades, básicamente alineados con la agenda de políticas centrales universitaria (Tabla 3).

En cuanto al contexto particular de las innovaciones, por otro lado, las cuatro experiencias se ubican en la etapa de ingreso a las carreras, en condiciones de masificación de la enseñanza y dificultades en el aprendizaje de algunas disciplinas (Tabla 3). La presentación de proyectos de innovación a cargo de docentes de primer año de las carreras ha sido una constante en los llamados a proyectos concursables en la línea de Innovaciones Educativas de la UDELAR, lo que da cuenta de una problemática educativa especialmente sentida por parte de los actores universitarios que moviliza activamente la renovación de la enseñanza. Este nudo gordiano parece constituir el *componente crítico* de este tipo de innovaciones, "dotándolas de energía y de capacidad de ruptura" (Zabalza, 2016).

Situación problema y foco de la innovación

Si bien las situaciones problema son todas comunes a la etapa de ingreso universitario en carreras con alta masificación, los problemas que se enfatizan en cada caso son de naturaleza diferente. Unos de índole netamente epistemológico y curricular, ligados a las dificultades de aprendizaje propios de la disciplina y su selección curricular (Matemática) o de construcción de sentido en los aprendizajes en una carrera profesional (Ingeniería Eléctrica) con una formación básica inicial descontextualizada y prolongada (Matemática y Física). Otros de orden netamente curricular, ligados a la sobrecarga que resulta de la nueva selección y organización de contenidos de un primer año común a varias carreras (Ciencias Sociales). Otros problemas ligados a las necesidades de reorganización docente asociadas con el cambio de los planes de estudios (Ciencias Económicas) (Tabla 3).

Las cuatro innovaciones analizadas involucran primordialmente cambios más o menos radicales en las prácticas educativas, pero todas ellas se orientan explícitamente a la mejora de los aprendizajes de los estudiantes. En este sentido se trata de experiencias diseñadas en el marco de los enfoques centrados en el aprendizaje, con inspiración primordialmente socioconstructivista. Desde este encuadre se buscan movilizar varios planos del proceso educativo, proyectándose cambios en la planificación y las estrategias de enseñanza en el aula, cambios en los roles educativos con el propósito de estimular nuevas formas de relación pedagógica, y en última instancia, cambios en las concepciones docentes y estudiantiles sobre la enseñanza y el aprendizaje. Se trata de experimentaciones guiadas por una idea de transformación integral de los procesos de construcción de conocimientos en el aula universitaria y de reflexión crítica sobre las ideologías educativas personales.

El eje de las transformaciones del aula es la ruptura de la segmentación tradicional teoría-práctica a través de la incorporación de dispositivos pedagógicos que buscan activar, de forma directa o indirecta, formas de relación dialécticas y no meramente aplicacionistas. Como plantea Lucarelli (2010, p.13),

> en la organización académica, en los planes de estudios y en las situaciones de enseñanza aún predomina una perspectiva dicotómica de la relación, propia de la persistencia, en lo epistemológico, de posiciones positivistas que transferidas a la esfera didáctica dan cuenta de enfoques tecnicistas frente a la cuestión. (2010, p.13).

En este marco, la rearticulación dialéctica teoría-práctica en los procesos de construcción de conocimiento aparece como un componente dinamizador de las innovaciones educativas en el aula universitaria (Lucarelli, 2004, 2009). Opera como un "elemento sinérgico de la situación didáctica, se constituye en una forma de potenciación de los componentes didácticos y subjetivos de las acciones de los sujetos de la enseñanza y del aprendizaje asociados" (2010, p.13).

Modelos de innovación mixtos: prácticos y técnicos

Otro elemento que presentan en común las experiencias analizadas refiere a la configuración de un modelo de innovación mixto que resulta de la conjunción de la participación de perfiles docentes y perfiles expertos (Zabalza, 2016), estos últimos con diverso grado de involucramiento en el proceso de diseño, implementación y evaluación de las experiencias. El modelo se sustenta en el ideal de combinar el saber práctico docente y el saber técnico, de forma de enriquecer, potenciar y brindar mayor factibilidad a los proyectos de innovación educativa. En nuestro escenario institucional las condiciones de este encuentro resultan óptimas ya que se articulan grupos que desarrollan intervenciones contextualizadas, institucional y disciplinarmente, resultado de una labor conjunta y sostenida en el tiempo de "mutuo asesoramiento" entre colectivos docentes y unidades pedagógicas de las facultades (Lucarelli, 2000). Se trata un trabajo pedagógico conjunto que se desarrolla en las facultades desde la reapertura democrática, inicialmente concentrado en las carreras profesionales y actualmente generalizado en todos los centros universitarios (Collazo *et al.*, 2015).

En los dos primeros casos se trata de innovaciones directamente lideradas por los grupos académicos que se respaldan en el conocimiento experto de las unidades pedagógicas. En los otros dos casos la promoción de innovaciones está impulsada y mediada por la acción de las unidades pedagógicas a través de la formación docente. En todas las situaciones de enseñanza la confluencia multidisciplinar entre saberes profesionales docentes y saberes pedagógicos es una clave del modelo de innovación.

Resultados de la innovación

Si bien el conjunto de las experiencias analizadas presentan en su concepción y diseño un alto potencial innovador, desde la perspectiva de los actores involucrados los resultados alcanzados son muy diversos.

El proyecto de Ingeniería Eléctrica alcanza el mayor impacto en términos de mejoras en el aprendizaje, se estabiliza curricularmente y es identificada desde el nivel político institucional como una experiencia modélica para el conjunto de las carreras de ingeniería.

El proyecto de Arquitectura, en contrapartida, se valora esencialmente como un fracaso pedagógico por las dificultades de involucramiento estudiantil en el modelo de aprendizaje basado en equipos. La resistencia a la adopción de nuevas formas de aprender de los estudiantes de ingreso aparece como el componente fundamental de los escasos logros educativos. De este modo, se resuelve no mantener el dispositivo pedagógico en los sucesivos cursos.

Los proyectos de Ciencias Sociales y Ciencias Económicas, liderados por las unidades pedagógicas, se visualizan con logros limitados y difusos. Dada la posición de mediación en la experiencia, en la que no se realiza una intervención pedagógica directa, se manifiestan dificultades para construir una valoración de los impactos efectivamente alcanzados por los equipos docentes.

En suma, las cuatro innovaciones educativas analizadas obtienen, en función de los objetivos buscados, resultados altamente exitosos, limitados o nulos.

Tabla 3: Dimensión: Características de la experiencia innovadora

Dispositivo pedagógico	Destinatarios	Situación problema	Contexto institucional	Contexto innovación	Foco de la innovación	Evaluación actores y proyección
Aprendizaje basado en equipos. Aula invertida.	Estudiantes	Dificultades aprendizaje disciplina Matemática	Renovación liderazgo institucional. Momento instituyente: renovación y acreditación carrera	Condiciones enseñanza masiva primer año Innovación de una asignatura desde abajo	Rearticulación teoría-práctica enseñanza Innovación directa	Fracaso en el compromiso estudiantil Sin continuidad
Aprendizaje basado en proyectos	Estudiantes	Problemas de retención estudiantil por dificultades de construcción de sentido en el aprendizaje	Movimiento instituyente permanente instituto: renovación curricular permanente, acreditación carrera	Condiciones enseñanza masiva primer año Innovación curricular desde abajo	Rearticulación teoría-práctica Innovación directa	Mejora de la retención estudiantil Ampliación en el currículo

continúa>>

Ateneo didáctico de innovación educativa	Docentes	Reubicación y nuevas responsa-bilidades docentes por renovación curricular	Renovación liderazgo institucional. Momento instituyente: renovación curricular y académica	Condiciones enseñanza altamente masiva primer año Innovaciones enseñanza "desde arriba"	Rearticula-ción teoría-práctica FD Innovación indirecta	Impactos limitados, difusos
Talleres de innovación educativa	Docentes	Dificultades de rendimiento estudiantil a partir del cambio curricular	Renovación liderazgo institucional. Momento instituyente: renovación curricular y de la enseñanza en el ciclo inicial	Condiciones enseñanza masiva primer año Innovaciones enseñanza "desde arriba"	Mejora coherencia entre enseñanza y evaluación FD Innovación indirecta	Impactos limitados, difusos

Papel de la formación pedagógica en la innovación

El análisis de las experiencias de innovación muestra una variedad de situaciones didácticas que tienen lugar en contextos disciplinares e institucionales singulares y ponen en juego estrategias y procesos de enseñanza con resultados educativos diversos. No obstante, el componente de formación docente aparece en todos los casos como un elemento crucial para la viabilidad de los proyectos y un resultado agregado altamente valorado por los equipos responsables (Tabla 4).

En los proyectos liderados por grupos académicos los procesos de *autoformación docente* adquieren particular protagonismo en todas las etapas de la innovación: la planificación, la implementación y la evaluación.

Como plantea Marcelo (2010, p.5) a partir de la revisión de la literatura, especialmente francófona:

> (...) la autoformación aparece como un proceso por el cual las personas, individualmente o en grupo asumen su propio desarrollo, se dotan, como sujetos adultos que son, de sus propios mecanismos y procedimientos de aprendizaje, que principalmente es experiencial (Mallen, 1987; Galvani, 1995). Es un tipo de formación informal, no formal, sin programa cerrado, por contacto directo,

en donde la experiencia sirve como argumento para el aprendizaje. Es un aprendizaje por la experiencia pero donde la reflexión juega un importante papel. (Pinau, 1989).

Además del aporte experto de las unidades pedagógicas, es claro que los equipos buscan antecedentes, realizan lecturas, planifican, elaboran materiales didácticos, deliberan conjuntamente y desarrollan un proceso profesional reflexivo permanente en el sentido planteado por Schön (1992). Se trata de una dinámica clara de construcción de la profesionalidad docente asociada a una acción educativa colectiva, compleja e incierta, que exige el desarrollo de un *pensamiento práctico* que se compone del conocimiento implícito organizador de la acción, el conocimiento generado durante la acción y el conocimiento que el docente construye a posteriori sobre el diseño, el proceso y los resultados de la propia acción (Ib.). Se trata además esencialmente de la ruptura del esquema de formación tradicional, mediado exclusivamente por el *magister* y la *lectio*, para pasar a una dinámica de *coformación* donde el papel de los pares como mediadores del aprendizaje resulta decisivo (Yurén & Romero, 2008).

En los proyectos liderados por las unidades pedagógicas se organizan, por el contrario, espacios formales de formación docente. No obstante, las experiencias presentan a la vez un alto componente de coformación ya que los dispositivos pedagógicos apelan fundamentalmente al trabajo en equipo, con la consecuente deliberación sobre el complejo de decisiones adoptado por cada uno de ellos. Se observa así que las innovaciones promovidas por núcleos académicos disciplinares, con antecedentes históricos de renovación pedagógica, destinadas directamente a la mejora de los aprendizajes, parecen presentar un mayor potencial formador.

Finalmente, y apelando a las categorías de análisis que construye Da Cunha (2010) podemos distinguir tres tipos de ámbitos de formación docente implicados en las innovaciones. El caso de la cátedra de Matemática de Arquitectura se configura como un *espacio* institucional en el que es posible la autoformación docente, asumida de forma intencional y sistemática. En el caso del Instituto de Ingeniería Eléctrica, por su fuerte tradición renovadora pedagógica, parece haberse configurado ya como un *lugar* reconocido de autoformación. En los casos de las unidades pedagógicas de Ciencias Sociales y Ciencias Económica se trata de *territorios* institucionales legítimos de formación.

Tabla 4: Dimensión: Papel de la formación pedagógica en la innovación

Dispositivos de formación en contexto	
Matemática	* Generación de capacidades de autodesarrollo profesional docente, no sólo a través de estrategias formales de formación pedagógica y didáctica, sino muy especialmente a través del propio proceso de diseño, implementación y evaluación de la innovación educativa sustentada en una praxis pedagógica potente.
Ingeniería Eléctrica	* Generación de capacidades de autodesarrollo profesional docente, no sólo a través de estrategias formales de formación pedagógica y didáctica, sino muy especialmente a través del propio proceso de diseño, implementación y evaluación de la innovación educativa sustentada en una praxis pedagógica potente.
Ciencias Económicas	* La propuesta de Formación Docente es la propia innovación. * El desarrollo profesional docente resulta más potente para la Unidad Pedagógica que para el colectivo académico.
Ciencias Sociales	* La propuesta de Formación Docente es la propia innovación. * El desarrollo profesional docente resulta enriquecedor para el colectivo académico en relación con el objeto de la innovación.

4. Algunas reflexiones finales

La investigación buscó caracterizar las modalidades, alcances y límites de la formación pedagógica presentes en las experiencias de innovación educativa desarrolladas a través de las convocatorias a proyectos concursables del Pro Rectorado de Enseñanza de la UDELAR, durante los años 2013 y 2014. La inquietud central que guiaba esta indagación nos remite a las preocupaciones iniciales expresadas en el capítulo antecedente, esto es, ¿las políticas de formación docente y las políticas de innovación educativa presentan en las prácticas docentes puntos de contacto o implican desarrollos independientes?, así como ¿estas políticas constituyen en la universidad rutas alternativas de desarrollo profesional docente?.

En primer lugar, es claro que fue posible identificar la imbricación de las políticas de estímulo a las innovaciones educativas lideradas y protagonizadas por los colectivos docentes con las políticas formales e informales de formación pedagógica universitaria. Las experiencias de innovación educativa, en los dos formatos analizados, muestran con nitidez que el componente de formación docente es constitutivo de las mismas y se configura como un "resultado" en sí mismo de la innovación, más allá de los logros alcanzados en la mejora de los aprendizajes estudiantiles.

En segundo lugar, la modalidad de "autoformación" docente, acompañada de una importante dosis de formación entre pares, con el necesario aporte técnico, aparece como un mecanismo muy potente para el desarrollo del *pensamiento práctico* y la búsqueda de rupturas en la enseñanza. Contribuye asimismo a la construcción de un modelo de desarrollo profesional docente más cercano a los parámetros de la educación de adultos y menos atado a los formatos prescriptivos de la formación docente tradicional.

En tercer lugar, una vez más podemos constatar las rutas diversas, complejas y en constante recreación a través de las cuales se construye la pedagogía y la didáctica universitarias, así como la riqueza de estrategias que logran desarrollar los asesores pedagógicos en su tarea de acompañamiento a los grupos académicos (Lucarelli, 2000, 2015). Toda ellas con la finalidad de estimular transformaciones en las concepciones y en las prácticas docentes para el logro de una mejora de los aprendizajes y de las oportunidades no sólo de acceso, sino también de permanencia de los estudiantes que ingresan a la universidad.

En momentos de imposición de nuevos ajustes a las universidades públicas, parece necesario profundizar aún más los procesos de democratización de la educación superior en la región. Ello exige afinar la convergencia de las políticas e instrumentos de mejora de la enseñanza con el propósito de alcanzar altos niveles de compromiso académico en iniciativas innovadoras y en procesos de autoformación que contribuyan al desarrollo profesional docente.

Bibliografía

Camilloni, A. (2001). "Modalidades y proyectos de cambio curricular". En *Aportes para un cambio curricular en Argentina 2001*. Facultad de Medicina/UBA–OPS/OMS.

Collazo, M., De Bellis, S., Perera, P. y Sanguinetti, V. (2015). "Cap. 6. Asesorías pedagógicas y políticas de enseñanza en la universidad pública uruguaya: pasado y presente". En Lucarelli, E. (editora), *Universidad y asesoramiento pedagógico*. Buenos Aires: Miño y Dávila.

Collazo, M. (2018). *Estructuras de conocimiento y currículo universitario: los casos de las carreras de Ingeniería Eléctrica, Odontología y Sociología en la UDELAR*. Tesis de Doctorado. Argentina: Facultad de Filosofía y Letras, Universidad de Buenos Aires.

Correa, N. (2014). "Proyecto Articulación teoría-práctica en los dispositivos de formación de estudiantes e ingreso a la Facultad de Ciencias Económicas y Administración". Facultad de Ciencias Económicas y Administración. Unidad de Apoyo a la Enseñanza.

CSE - IE (2014-2015). "Informes de evaluación. Encuesta de Informes finales de los Proyectos de innovación educativa". Comisión Sectorial de Enseñanza. UDELAR.

Da Cunha, M. I. (org.) (2010). *Trayectorias e lugares de formação da docencia universitária: da perspectiva individual ao espaço institucional.* San Pablo: Junqueira&Marin.

Da Cunha, M. y Lucarelli, E. (2011). "Estrategias institucionales para el mejoramiento de la educación superior y el desarrollo profesional docente". Proyecto de Investigación-Cooperación Internacional CAPES-SPU/Min.Educ.

España, A. E. (2009). "Los ateneos didácticos como dispositivo de formación y socialización de las prácticas". En Sanjurjo, L. (coord.), *Los dispositivos para la formación en las prácticas profesionales.* Rosario: Homo Sapiens.

Facultad de Ciencias Sociales (s/f). "Unidad de asesoramiento y evaluación", tomado de: http://cienciassociales.edu.uy/unidaddeasesoramientoyevaluacion/.

Ferry, G. (1997). *Pedagogía de la formación.* Buenos Aires: Novedades educativas, FFyL-UBA, Formación de formadores, serie Los documentos, n.6.

Gil, O. (2014). "Proyecto Aprendizaje basado en equipos". Facultad de Arquitectura, Cátedra de Matemática.

Giusto, A. (2013). "Proyecto 'Tallerine'". Facultad de Ingeniería, Instituto de Ingeniería Eléctrica (IIE).

Landinelli, Jorge (2008). "Escenarios de diversificación, diferenciación y segmentación de la Educación Superior en América Latina y el Caribe" [en colaboración con: McDowell de Figueiredo, Antonio, Mollis, Marcela, Manigat, Sabine y Mato, Daniel]. En Gazzola, Ana Lúcia y Didriksson, Axel, *Tendencias de la Educación Superior en América Latina y el Caribe.* Caracas: IESALC.

Lucarelli, E. (comp.) (2000). *El asesor pedagógico en la universidad. De la teoría pedagógica a la práctica en la formación.* Buenos Aires: Paidós.

Lucarelli, E. (2003). *Innovación en el aula: el eje de la articulación teoría-práctica en la universidad.* Facultad de Filosofía y Letras, Universidad de Buenos Aires.

Lucarelli, E. (2004). "Prácticas Innovadoras en la Formación del Docente Universitario". *Educação*, v.XXVII, n.54, setembro-dezembro. Porto Alegre, Brasil: Pontifícia Universidade Católica do Rio Grande do Sul, pp.503-524.

Lucarelli, E. (2009). *Teoría y práctica en la universidad.* Buenos Aires: Miño y Dávila.

Lucarelli, E. y Malet, A. M. (comps.) (2010). *Universidad y prácticas de innovación pedagógica.* Buenos Aires: Jorge Baudino Ediciones.

Lucarelli, E. y Finkelstein, C. (edit.) (2012). *El asesor pedagógico en la universidad. Entre la formación y la intervención.* Buenos Aires: Miño y Dávila.

Lucarelli, E. (editora) (2015). *Universidad y asesoramiento pedagógico.* Buenos Aires: Miño y Dávila.

Mallada, N. (2013). "Proyecto Prácticas innovadoras de enseñanza y evalaución formativa en lectura y escritura académicas dirigidas a estudiantes de ingreso de la FCS". Facultad de Ciencias Sociales. Unidad de Apoyo a la Enseñanza.

Marcelo, C. (2010). "Autoformación para el siglo XXI". En Gairín, J. (coord.), *Nuevas estrategias formativas para las organizaciones*. Madrid: Wolters Kluwer, pp.141-170.

Schön, D. (1992). *La formación de profesionales reflexivos. Hacia un nuevo diseño de la enseñanza y el aprendizaje en las profesiones*. Madrid, España: Paidós.

Yurén, M. T y Romero, C. (2008). "Los retos de la autoformación en la universidad". En Lugo, E. (coord.), *Reformas educativas. Su impacto en la innovación curricular y en la formación docente*. México D.F.: Ediciones Mínimas.

Zabalza, M. A. y Zabalza, A. (2016). *Innovación y cambio en las instituciones educativas*. Rosario, Argentina: Homo Sapiens Ediciones.

Capítulo XI

Desenvolvimento profissional do docente universitário: contribuição da problematização sobre a prática em uma pesquisa-ação

Sandra Regina Soares, Liége Maria Queiroz Sitja y
Mariana Soledade Barreiro

A formação do docente universitário, tema central deste livro, é analisada neste texto na perspectiva de compreender o potencial da pesquisa-ação em grupo para a formação, em outros termos, para o desenvolvimento profissional docente, aqui entendido como um processo de transformação de representações, valores, crenças e práticas acerca dos elementos inerentes ao ensino e à aprendizagem e, consequentemente, de mudança do contexto em que se desenrola sua prática educativa.

Por que almejar a transformação das representações e práticas docentes? Em outros termos, por que considerar que o ensino universitário tradicional não atende às necessidades da sociedade contemporânea?

Ora, todos os cidadãos minimamente inseridos nas relações e práticas laborais e sociais sentem que viver na sociedade contemporânea é extremamente desafiante.

> Vivemos na aldeia global e na era da informação, uma época de rápidas mudanças, de aumento sem precedentes de interdependência e complexidade, o que está causando uma mudança radical na nossa forma de comunicar, agir, pensar e expressar. (Pérez Gómez, 2015, p.14).

Disso decorre que os cidadãos e profissionais, necessitam de competências cognitivas, sociais e emocionais que não foram desenvolvidas intencionalmente em nenhuma instância da educação formal.

Os governantes, legisladores, gestores e grande parte dos docentes universitários parecem perplexos diante desta realidade mais ampla. Não conseguem analisá-la criticamente, avaliar suas consequências e empreender novos rumos para a formação de cidadãos e profissionais. Enquanto a realidade exige que a universidade forme profissionais capazes de lidar de maneira crítica, investigativa, reflexiva, autônoma e ética com o conhecimento, com os dilemas da prática profissional, com a crise de valores, com a manipulação da grande mídia, com a naturalização da máxima, especialmente no cenário brasileiro, de que os fins justificam os meios, em síntese, com o contexto de complexidade e incerteza imperante na atualidade, a universidade continua formando na perspectiva da aquisição, pelos estudantes, de uma bagagem de teorias e técnicas, de forma geral, assumidas como verdades absolutas, inquestionáveis e duradouras. A instituição universitária persiste, portanto, investindo em cabeças inflacionadas de informações que não se transformam em conhecimento e nem em saberes; formando técnicos que aplicam acriticamente receitas e teorias, mais preocupados com interesses próprios e não profissionais capazes de resolver problemas inusitados da prática profissional de forma competente, altruísta e com base em valores éticos construídos na experiência formativa.

A docência centrada na transmissão de conteúdos, muitos dos quais com prazo de validade semelhante ao dos iogurtes, e não no desenvolvimento de competências cognitivas, atitudes e valores, torna os estudantes inaptos para lidar com os desafios da contemporaneidade e do seu impacto na produção do futuro. Assim, como enfatizam Monereo e Pozo (2009, p.17):

> Si los alumnos aceptan esos conocimientos que se les proporcionam sin reflexión o discusión sobre su naturaleza, simplemente porque se les exigen, como suele ser el caso, carecerán de criterios para decidir cuándo esos conocimientos deben ser postos en duda, con lo que su capacidade de gestionarlos, como profesionales, será siempre muy limitada, subsidiaria de una autoridade que actualice sus saberes. Por ello, si se pretende que, como futuros profesionales de la produción, distribuición y gestión social del conocimiento, los alumnos tengam criterios proprios para decidir la validez de um saber teórico o práctico en una situación dada, hay que formarlos para la autonomia (…).

A farta legislação educacional brasileira, a exemplo da Lei de Diretrizes e Bases da Educação Nacional (Brasil, 1998) e das Diretrizes Curriculares Nacionais para os diversos cursos, produzidas nas últimas décadas, não revela clareza em relação a esse cenário mais amplo e aos desafios que dele decorrem para a docência universitária. A legislação apresenta proposições interessantes para a formação dos profissionais, a exemplo da ênfase na aprendizagem dos estudantes na relação teoria e prática na pesquisa. No entanto, não deixa claro o tipo de aprendizagem; a concepção de relação teoria e prática, de pesquisa e de inserção desta no processo de ensino e aprendizagem; a concepção de profissional (centrado na racionalidade técnica ou na perspectiva construtiva e autônoma). A par disto, não contempla aspectos determinantes como a formação de atitudes e valores, a ressignificação da relação de poder na sala de aula etc.

Ademais, os aspectos da legislação que evidenciam algum tipo de mudança que resulte na superação da lógica tradicional de formação dos profissionais, incorporados nos Projetos Políticos Pedagógicos dos Cursos (PPC), de forma geral, se configuram como prescrições que não conseguem se efetivar e se traduzir em práticas docentes coerentes com as necessidades cotidianas vivenciadas nas salas de aula, permanecendo como letra morta, meras intencionalidades esvaziadas de sentido, uma vez que a produção de sentido se dá na esfera da vida.

Implementar o texto da lei na prática docente, e ir além dele, pressupõe que a docência universitária assuma como ponto de partida as necessidades e os interesses dos estudantes de forma que, mediante a reflexão e a problematização, sejam capazes de ressignificar suas representações e atitudes frente ao conhecimento, à aprendizagem, aos docentes, aos colegas, à sua formação profissional; possibilite a aprendizagem efetiva e a capacidade de solução autônoma de problemas complexos, e não somente a memorização de conteúdos; proporcione o acesso a problemas de aprendizagens ou tarefas abertas e ambientes de cooperação entre os estudantes; adote no processo formativo a prática de pesquisa autêntica, envolvendo os estudantes em todas as etapas, contribuindo assim para a formação de profissionais investigativos (Monereo, Pozo, 2009; Sanz de Acedo Lizarraga, 2010). Empreender uma docência dessa natureza exige dos docentes o desenvolvimento, neles próprios, dessas e de outras competências cognitivas, afetivas e político-pedagógicas. O que implica a construção de saberes, especialmente da pedagogia universitária, a qual não se efetiva em uma formação de natureza transmissiva, que se pretende que eles superem junto aos estudantes. Numa lógica isomórfica, tais saberes são desenvolvidos mediante um processo de problematização e reflexão da própria prática docente, de seus dilemas e inquietações, de forma acolhedora, compreensiva, voltada para o seu crescimento pessoal e profissional.

Naturalmente muitos aspectos precisam ser considerados quando se busca investir na transformação da docência universitária. Nesse sentido, cabe destacar a crescente subestimação da docência, especialmente nos cursos de graduação, em contrapartida à supervalorização da pesquisa e do ensino nos cursos de pós-graduação; a ênfase produtivista que coloca em dificuldade os docentes que atuam simultaneamente nesses dois níveis de ensino; a falta de cultura de avaliação do trabalho docente, especialmente, nas universidades públicas brasileiras; a subestimação do Ministério da Educação e da Coordenação de Aperfeiçoamento do Pessoal do Ensino Superior (CAPES) em relação à formação pedagógica do docente universitário, enquanto em outros países da América Latina, esta é uma questão que envolve políticas e investimento dos governos e das instituições universitárias.

A Lei de Diretrizes e Bases da Educação Nacional (Brasil, 1996) e o Plano Nacional de Educação (Brasil, 2014), quando se referem aos docentes universitários, concebem que a sua formação para o exercício do magistério "far-se-á em nível de pós-graduação, prioritariamente em programas de mestrado e doutorado", cujo foco seja a pesquisa e a formação do pesquisador. A despeito da miopia exacerbada desses atores, os gestores de diversas universidades através da Associação Brasileira dos Reitores das Universidades Estaduais e Municipais (ABRUEM) têm se debruçado sobre a questão e, provavelmente, tocados pelas evidências (índice crescente de reprovação dos estudantes, ampliação das queixas nas ouvidorias universitárias, conflitos abertos entre docentes e estudantes, dificuldade de um numero expressivo de estudantes em permanecer nos cursos; casos de suicídio discente, etc.) estão concebendo programas de formação dos seus docentes universitários. Esperamos que eles sejam capazes de, efetivamente, gerar transformações nas representações e nas práticas docentes.

Em consonância com as reflexões e pressupostos supramencionados, o grupo de pesquisa Docência Universitária e Formação de Professores (DUFOP), visando contribuir para a ampliação dos conhecimentos sobre as perspectivas de formação docente, decidiu, no ano de 2106, provocar docentes do campus I da Universidade do Estado da Bahia (UNEB), universidade *multicampi*, na qual atua, a investigarem suas práticas docentes, mediante uma pesquisa-ação. Depois dos ajustes iniciais, a exemplo de desistência daqueles que não se identificaram com a concepção de pesquisa-ação implicada, reflexiva, definida no primeiro encontro, o grupo ficou com onze participantes, referidos neste texto com nomes fictícios, que possuem formação diversificada, a saber: Psicologia (02), Administração (01), Enfermagem (03), Fisioterapia (01), Engenharia (01), Design (01), Letras (01), Pedagogia (02). Estes atuavam, salvo o caso dos psicólogos, como docentes de cursos de formação de profissionais da própria área.

A experiência desta pesquisa-ação envolveu a realização de 19 (dezenove) encontros, com três horas de duração, exceto um deles que aconteceu durante todo o dia e fora da universidade, cujas atividades centrais são apresentadas sinteticamente na Tabela 1.

   Capítulo XI

Tabela 1: Síntese das principais temáticas trabalhadas nas sessões grupais

Data	Atividades centrais realizadas
16/05/2016	Construção da concepção coletiva de pesquisa-ação. Elaboração do contrato grupal de funcionamento. Definição de cronograma inicial.
30/05/2016	Reflexão sobre o significado de problematização. Apresentação de situações dilemáticas no exercício da docência universitária visando iniciar a problematização das práticas pedagógicas dos/pelos docentes/participantes.
13/06/2016	Rodada de perguntas e respostas sobre as situações dilemáticas relatadas pelos docentes/participantes.
04/07/2016	Reflexão sobre as situações dilemáticas trazidas pelos docentes/participantes a partir das questões formuladas pelos integrantes.
18/07/2016	Discussão do objetivo geral e dos objetivos específicos da pesquisa-ação. Leitura e reflexão conjunta sobre atitudes dos estudantes do texto "Mudando atitudes dos alunos perante a ciência: o problema da (falta de) motivação" (Pozo, Crespo, 2009).
01/08/2016	Retomada dos objetivos e questões de pesquisa. Discussão sobre o tema das atitudes a partir de perguntas formuladas pelos participantes com base na leitura do texto referido.
15/08/2016	Definição da tarefa de escrita individual sobre o perfil do egresso que deseja formar no curso em que atua. Sugestão de se definir os eixos teóricos que devem apoiar a realização da pesquisa, a fim de se elaborar o referencial teórico da pesquisa-ação.
29/08/2016	Atividade entre pares, com formações diferentes, para analisar a concepção de cada um sobre o perfil do egresso almejado e compartilhamento, questionamentos e sugestões do coletivo para o perfil do egresso proposto por cada participante.
12/09/2016	Continuação da reflexão sobre o perfil do profissional a ser formado a partir da questão: como fazer com que os estudantes se envolvam mais em seu processo formativo, sendo protagonistas do processo de aprendizagem?
26/09/2016	Leitura e debate coletivo de fragmentos de textos sobre os conceitos de profissão/ profissional. Aprovação da leitura sobre competências cognitivas (Lizarraga) para debate no encontro seguinte.
10/10/2016	Discussão do texto sobre competências cognitivas. Decisões sobre as estratégias que seriam utilizadas com vistas a responder ao primeiro objetivo específico: "Identificar atitudes e competências necessárias para os profissionais na contemporaneidade".
31/10/2016	Elaboração coletiva de um questionário para ser aplicado com os estudantes no sentido de permitir uma compreensão acerca de suas atitudes e competências, e assim, contribuir para responder ao objetivo específico dois da pesquisa-ação.
07/11 /2016	Discussão sobre procedimentos para aplicação do questionário com os estudantes. Aprovação da feitura de um inventário individual de práticas dos participantes que deram certo e desenvolver estudo em duplas de outros capítulos do livro "Competências cognitivas" de autoria de Lizarraga.

continúa>>

21/11/2016	Balanço da aplicação dos questionários com os estudantes. Inicio da apresentação das duplas e discussão coletiva sobre o desenvolvimento de competências cognitivas complexas dos estudantes.
11/12/2016	Balanço sobre o estágio atual da pesquisa. Conclusão do estudo do referencial teórico sobre competências cognitivas complexas.
19/12/2016	Construção coletiva do design da intervenção com vistas a responder ao objetivo geral da pesquisa-ação.
01/02/2017	Apresentação e discussão do planejamento de uma disciplina, com base no design geral de intervenção didática construído na reunião anterior, a ser desenvolvida no semestre letivo seguinte.
22/03/2017	Resgate da trajetória do grupo e dos objetivos da pesquisa-ação. Apresentação das propostas de intervenção após o *feedback* do dia 01/02. Decisão pela observação entre pares, de uma aula na disciplina alvo da pesquisa-ação.
29/05/2017	Balanço da trajetória do grupo, iniciando pela reflexão sobre o objetivo geral da pesquisa.

Fonte: Grupo de pesquisa Docência Universitária e Formação de Professores – DUFOP.

As reuniões foram registradas em áudio e vídeo, cujos conteúdos constituíram o *corpus* principal de dados do presente estudo, aliados às informações fornecidas, após a conclusão da experiência, mediante a técnica da entrevista semiestruturada. Os dados foram tratados mediante a análise de conteúdo de Bardin (2009).

Nesse artigo, optamos por apresentar os resultados da análise desta experiência pesquisa-ação, especialmente, a partir do processo de problematização vivenciado. Em consonância com este recorte, apresentamos a seguir reflexões sobre os conceitos de desenvolvimento profissional docente e de problematização.

Concepção de desenvolvimento profissional docente

Pensar o conceito de desenvolvimento profissional docente implica refletir sobre a concepção de docência universitária. Na atualidade, coexistem duas grandes perspectivas, com representações e propostas de práticas antagônicas. Uma delas, comumente denominada tradicional, considera a docência como meio de disponibilização de aulas magistrais, através da reprodução de saberes estabelecidos por especialistas ou cientistas a serem considerados pelos estudantes como um parâmetro único para sua formação. Nesse modelo, o professor é o único detentor do saber especializado, apresentado de forma dogmatizada e como verdade absoluta e inquestionável (Ramalho, Nuñez, Gauthier, 2004). Essa perspectiva de docência está assentada em uma concepção de formação baseada na racionalidade técnica, na qual a prática profissional consiste na solução instrumental de problemas mediante a aplicação de um conhecimento teórico e técnico, que procede da pesquisa científica e nunca do contexto da prática e de sua problematização, portanto envolve uma relação entre a teoria e a prática hierárquica (Contreras, 2002). As práticas de ensino são desenvolvidas privilegiando os conteúdos disciplinares, que, por sua vez, são informados de maneira transmissiva, acrítica e reprodutivista. Nesse sentido, a docência que se ajusta a essa concepção tem como características principais o treinamento de habilidades, a dissociação e hierarquização entre teoria e prática.

A outra perspectiva compreende a docência universitária como atividade altamente complexa, na medida em que as práticas de ensinar privilegiam o desenvolvimento de atitudes e competências necessárias à formação de profissionais reflexivos, investigativos, autônomos e éticos, a partir de uma mediação que possibilite experiências concretas e desafiadoras que tenham como pressuposto uma relação dialética e dialógica entre teoria e prática, a partir de um processo de problematização, criatividade e criticidade. Configura-se como uma concepção de docência verdadeiramente autônoma, orientada por princípios fundamentais como: intencionalidade, que envolve clareza dos pressupostos que orientam sua ação; transparência, que implica a explicitação desses pressupostos e da finalidade dos seus atos; coerência, que coloca em sintonia a ação, os pressupostos, finalidades e a lógica avaliativa que adota; relevância, que contempla expectativas, necessidades, saberes e experiências que fazem sentido para a formação dos profissionais; reflexividade, que envolve o exercício da reflexão e da crítica sobre suas concepções, valores e práticas e sobre o contexto educativo na qual é exercida; democraticidade que se baseia na liberdade de expressão, sentido de justiça, respeito à diversidade; autodireção ou autonomia, que contempla a capacidade intelectual de conceber e desenvolver as ações, investimento na aprendizagem permanente e no fortalecimento da autoestima; criatividade e inovação, que se expressam na intervenção crítica no contexto da prática profissional, mediante a pesquisa, a resolução criativa de problemas e a busca de ruptura com os métodos tradicionais (Vieira, Silva, Almeida, 2009).

Desenvolvimento profissional docente, por sua vez, é uma concepção de formação comprometida com a transformação de representações e práticas docentes. Nesse sentido, é uma perspectiva de formação relacionada ao percurso laboral do professor, englobando a reflexão e a crítica das experiências adquiridas ao longo da formação inicial em seus campos profissionais específicos e da sua atuação docente.

Tem como ponto de partida o desejo dos docentes de responderem aos âmbitos sociais, pessoais, profissionais, organizacionais e políticos em incessante processo de mudança (Day, 2001). Assim, o desenvolvimento profissional docente se configura como um processo formativo que implica mais do que a simples apreensão de conhecimentos pedagógicos.

Aposta, portanto, na transformação da lógica de ensino tradicional, considerada como insuficiente para lidar com os desafios complexos próprios da sociedade contemporânea, para uma visão de docência que provoque a problematização, que tenha como foco a aprendizagem, que auxilie o estudante a se desenvolver como pessoa e como profissional. Requer capacidade de adaptação contínua às transformações da sociedade, das profissões, dos estudantes e dos desafios impostos à docência, com o objetivo de ressignificar as práticas de ensino-aprendizagem e possibilitar mudanças nas representações e atitudes dos docentes.

Para tanto, tal processo de formação depende da implicação e desejo do sujeito em compreender suas lacunas formativas e superá-las, através de um processo de problematização e reflexão sobre a própria prática (Marcelo Garcia, 1999). Fundamental nesse processo, a reflexão possibilita o reconhecimento da insatisfação com determinado estado de coisas e a construção da mudança. Quando realizada em grupo, essa reflexão amplia as possibilidades de mudança. O diálogo reflexivo com os pares, envolvendo também a busca conjunta de teorias que subsidiem novos olhares e provoquem desequilíbrios das representações e práticas cristalizadas, naturalizadas, é um potente elemento de transformação.

Neste estudo, a reflexão, dispositivo fundamental do desenvolvimento profissional docente, é entendida como um processo cujo intuito é, além de estimular processos racionais e decisórios, acionar as fontes intrapessoais do comportamento do docente, proporcionando uma noção de ensino na sua globalidade, com vistas a ensejar um conhecimento mais crítico e abrangente sobre si e seu contexto de atuação e, consequentemente, possibilitar mudanças de representações e de práticas pedagógicas.

Conforme Korthagen (2009), o processo de reflexão se apresenta em seis níveis (modelo da cebola apresentado graficamente na Figura 1): o ambiente, o comportamento, as competências, crenças, identidade e missão docentes. Nesse sentido, os docentes podem se comprometer com reflexões relacionadas: ao seu contexto de atuação pedagógica (ambiente); às suas condutas em relação a alguma prática educativa que mediou (comportamento) e ainda às competências e habilidades acionadas para mediar tais práticas (competências). Nesse modelo, esses três primeiros graus requerem uma capacidade de problematização/reflexão mais superficial. A reflexão começa a se aprofundar quando há a possibilidade de o professor problematizar e refletir sobre as teorias implícitas que se encontram latentes nas próprias práticas (crenças) e sobre suas relações com sua identidade pessoal ou profissional (identidade). No entanto, para o alcance de uma reflexão mais profunda há que se levar em conta os significados inerentes à inspiração pessoal do docente, suas convicções e objetivos morais (missão). Os níveis de reflexão interagem e contribuem para o desenvolvimento profissional, especialmente quando a reflexão opera em níveis mais próximos da essência da pessoa, possibilitando mudanças mais significativas no decorrer do processo formativo. Isto quer dizer que as competências conquistam um sentido diferente quando se valoriza o comprometimento do docente e seus atributos nos processos formativos grupais e/ou individuais.

Figura 1: Modelo da cebola

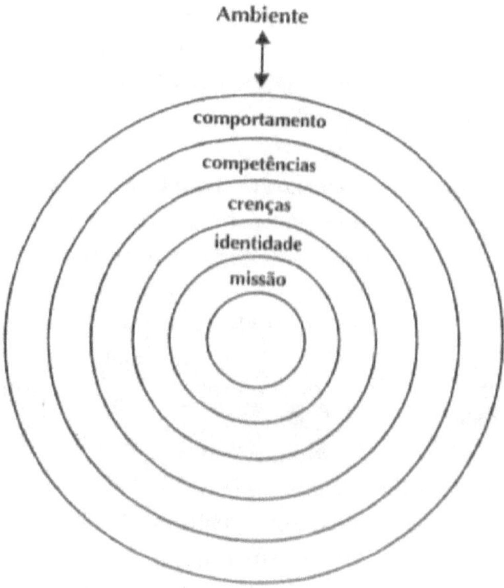

Fonte: Korthagen (2009, p.54).

Contudo, o processo reflexivo presente nas problematizações grupais, de base intersubjetiva, precisa se constituir na própria consciência do docente convocando-o assim a indagar e transformar suas práticas e teorias implícitas, contribuindo para que ele possa elaborar suas ações pedagógicas embasadas em valores e atitudes autônomas e coerentes.

Esse processo de empoderamento docente cria as condições para o questionamento e a investigação sobre os saberes pedagógicos e da sua área específica de atuação profissional, mas também sobre formas contextuais e inovadoras de ensino-aprendizagem (Kincheloe, 2006; Vieira, 2013). Entretanto, esse processo só se torna significativo para o docente quando ele toma como ponto de partida e de chegada a sua própria prática, problematizado-a para encontrar caminhos possíveis para ressignificá-la (Vieira, 2009).

Reflexões sobre pensamento docente problematizador

Ninguém duvida da ideia de que o professor precisa saber problematizar, elaborar juízos que conduzam suas ações pedagógicas no propósito de promover a aprendizagem crítica e construtiva dos estudantes. Problematizar é uma atividade que surge com a própria humanidade, entretanto, os sistemas de pensamento estão articulados a determinadas conjunturas e estruturas históricas que estabelecem as condições de possibilidade do pensamento a partir dos desafios de entendimento do real.

Assim, mundos que se pretendiam estáveis, cujas tradições forneciam lugares e papéis sociais bem demarcados −como foram o medievo e a modernidade, com suas metanarrativas teológicas e antropocêntricas, apesar dos diferentes conteúdos, se aproximam ao enfatizarem um desenvolvimento humano previamente determinado, cujas referências hegemônicas oferecem as réguas desse desenvolvimento− e não são problemáticos. O sistema oferece repertórios epistemológicos, culturais e políticos como referências instituídas e confiáveis a partir do qual a realidade é apreendida, não havendo espaço para criação de novo pensamento fora desse repertório.

É possível concluir, como o fazem Santos (2000) e Rancière (2002), que existe uma distinção entre pensamento sistemático e pensamento problemático. No primeiro, parte-se do pressuposto de que há um sistema que fornece a base para a solução de todos os problemas (apresentando um repertório de topói dominantes). Em surgindo um problema fora do rol do sistema mencionado ele deve ser simplesmente ignorado, uma vez que o próprio sistema determina o que pode ser considerado como problema, dentro de seu âmbito de abrangência e de suas teorias. No segundo, se dá ênfase a uma situação concreta, para a qual são possíveis várias respostas, devendo-se optar por uma ou construir uma nova a partir da ideia de contemplar o que se considera válido, ainda que não integralmente, das respostas formuladas, com base em determinados critérios previamente estabelecidos ou a partir de novos referenciais, então fixados (topói emergentes).

Outra perspectiva de distinguir essas formas de pensamento, é que o primeiro modelo parte da lógica formal, eleva a proposição a ente originário do pensamento, validando-a ou recusando-a, como disparadora do movimento do pensar, de acordo com sua coerência interna e adequação aos princípios lógicos da identidade, da não contradição e do terceiro excluído. Uma das críticas fundamentais a esta perspectiva é a de que se toma a proposição como uma entidade isolável, perdendo-se de vista as questões que a geraram (Fabre, 2011a). O segundo, parte da experiência, não isola as respostas das perguntas que as originaram, e, principalmente, afasta-se das interrogações essencialistas transcendentais (iniciadas pelo que é?). A contextualização do perguntar manifesta, para os epistemólogos da experiência, a indissociabilidade entre conhecimento e subjetividade. Os elementos circunstanciais (onde? quem? quando? como? por quê?) são valorizados como partes fundamentais da realidade para construção do seu entendimento.

Em sintonia com essa segunda perspectiva, partimos da ideia de que problematizar é um ato do pensamento mais amplo do que interrogar e questionar. Consiste na ação de elaborar um conjunto de interrogações articuladas que coloca uma tensão sobre a forma rotineira e naturalizada com que se tem abordado determinadas situações e os resultados por esta via alcançados. Em outras palavras, problematizar é movimentar o pensamento, promover um tipo de ruptura, total ou parcial, com a forma como se compreende as coisas, com o saber existente e, a partir dessa experiência, construir ações e tomar decisões. Em síntese, problematizar é "suscitar, construir e resolver problemas (...)" (Fabre, 2011a, p.645). Mas, em que consiste um problema? Este pode ser entendido como uma situação complexa que não pode ser enfrentada sem o empreendimento de uma pesquisa (Fabre, 2011a), mas também como uma situação que não possui um significado ou alternativa única (Abbagnano, 2007), portanto pressupõe um conjunto de questionamentos e reflexões com vistas à escolha da alternativa que convém. Todavia, no processo de problematização nem tudo pode estar em questão. Não é possível problematizar sem partir de alguns pressupostos, sem se apoiar em algumas certezas mesmo que provisórias, pois:

> Saber questionar exige mobilizar conhecimentos que funcionam como ferramentas para construir e resolver problemas. Mas a própria problematização produz respostas que constituem novos saberes, suscetíveis de intervir, na qualidade de dados ou condições, em novos problemas; ao mesmo tempo elas expõem-se a ser, por sua vez, questionadas. É essa dialética da busca que as pedagogias do problema pretendem mobilizar para a aprendizagem, sejam quais forem os dispositivos preconizados. (Fabre, 2011a, p.646).

Essa reflexão nos remete ao processo de ensino-aprendizagem e coloca em relevo a compreensão de que problematizar situações, teorias e práticas não consiste em um processo objetivista, dissociado da subjetividade do sujeito que problematiza, sim em um meio de desalienação, de ruptura de estereotipias dos atores envolvidos nesse processo.

Ainda refletindo sobre a problematização no processo formativo, corroboramos com Fabre (2011a, p.647) quando alerta que:

> Convém desprender-se da imagem escolar segundo a qual é o professor que suscita e constrói o problema, enquanto o aluno limita-se a resolvê-lo; como se o essencial não fosse aprender a construir os problemas que, fora da escola, nunca se apresentam resolvidos. (…) No entanto, o difícil é efetivamente não decalcar os problemas a partir das soluções. Será que basta colocar um ponto de interrogação no título da lição para problematizar seu curso? Multiplicar as perguntas para constituir problemas?

A problematização como uma atitude e como uma estratégia formativa é uma ação bastante difícil de ser assumida, pois a modernidade desenvolveu um estilo de pensamento baseado na lógica "dura", própria do pensamento formal. A lógica formal estaria fundamentada na ideia da busca exaustiva de uma verdade essencial. Segundo esta visão a realidade está ordenada em termos de verdades e falsidades lógicas e bem delimitadas. O significado dessa estruturação mental para o pensamento é a dificuldade em lidar com a contradição, com a simultaneidade, com o fluído, elementos, inevitavelmente, presentes no mundo-vivido, portanto, na experiência. Assim os sujeitos estariam preparados para lidar com tarefas abstratas bem estruturadas, falhando, contudo, em tarefas mais complexas e dinâmicas para as quais é necessário considerar pontos de vistas contraditórios e igualmente válidos.

Problematização na experiência grupal de pesquisa-ação e repercussão na prática docente: discussão dos resultados

A problematização sobre a própria prática se configurou como fio condutor desta experiência de pesquisa-ação em grupo, tomando como ponto de partida situações dilemáticas do processo de ensino-aprendizagem vividas pelos participantes, o que exigiria dos mesmos implicação, disposição para expor suas dúvidas sobre aspectos importantes do fazer docente. Assim, a problematização, além de contribuir para a construção do problema e dos objetivos da pesquisa-ação empreendida, se configurava como geradora de desequilíbrios cognitivos e atitudinais, portanto potencializadora de aprendizagens significativas, na medida em que colocava em questão a representação, historicamente construída, do docente como detentor do conhecimento, como aquele que não admite o "não sei", especialmente, diante dos estudantes.

A disposição para vivenciar tal processo tinha como elemento facilitador a motivação para aprender e para encontrar saídas para suas inquietações. No entanto, dada a profundidade desse desafio, isso não parecia ser suficiente. Pressupunha ainda a criação de um clima de confiança mútua e de vínculo entre pessoas que anteriormente não se conheciam. Nesse sentido, foi fundamental no primeiro encontro a realização de duas atividades: a apresentação das pessoas, suas expectativas e motivações para ali estarem e a construção coletiva do entendimento sobre pesquisa-ação e dos combinados sobre seu desenvolvimento, o que gerou o sentimento de identificação e afinidade de buscas, a percepção de que "estamos todos no mesmo barco", tornando mais fácil a exposição requerida.

O contrato construído pelos participantes do grupo evidenciava a disposição para vivenciar uma experiência autêntica, implicada, corajosa e radical de fazer pesquisa-ação e de se desenvolver como pessoas e profissionais, como se pode ver nos trechos a seguir:

> Construção coletiva que parte da contextualização e problematização das situações desafiantes vividas pelos integrantes no processo de ensino-aprendizagem, procurando entender por diferentes ângulos a teia de relações que concorrem para a emergência ou manutenção dos fenômenos investigados;
> (...) vai além da problematização e compreensão crítica do contexto, implica um olhar reflexivo, autocompreensivo, autocrítico conquistado num processo de reflexão-ação. Reflexão que envolve o reconhecimento e análise crítica dos

próprios comportamentos, condutas, competências, crenças, ideais e propósitos morais do docente;

(...) resulta de uma visão e postura dialética, na medida em que integra sujeito e objeto, pois os integrantes serão sujeitos pesquisadores sobre objetos que fazem parte de suas próprias práticas (...).

A perspectiva epistemológica adotada aproximava os participantes da concepção de pesquisa-ação crítica e emancipadora,

(...) dirigida a mejorar prácticas, a compreender mejor sus próprias acciones y comprenderse a sí mesmo, pero además busca llegar a una crítica de su ámbito social e educativo. Nos leva a reflexionar sobre la razón de ser de nostro próprio quehacer que es influenciado pelo contexto social. (Boggino, Rosekrans, 2013, p.36).

Definidas as bases da pesquisa-ação a ser empreendida, o passo seguinte foi o compartilhamento das situações dilemáticas vividas pelos integrantes do grupo, precedido, entretanto, de uma discussão sobre o que entendiam por problematização:

Acho que é expor a dificuldade que você tem, expor determinadas situações que você até mesmo se questiona, como ser humano na sua prática (...). Então, eu acho que são todas aquelas situações que põem alguma questão, alguma coisa que a gente não consegue responder ou alguma situação que a gente não aprendeu a vivenciar. Geralmente, é algo novo. (Maria – segunda reunião da pesquisa-ação).

É que, nesse momento, é uma situação dilemática para você, mas o grupo pode ter pontos de vista diferenciados sobre aquelas situações que são importantes, não é? E serem conhecidos, até para saber como tratar de fato aquela situação. (Camila – segunda reunião da pesquisa-ação).

E, na realidade, a gente percebe que tem vezes que a gente fica sem chão e não sabe como resolver. Então, também como é que a gente se comporta diante dessa situação. (Alessandra – segunda reunião da pesquisa-ação).

Os depoimentos sugerem que os participantes associam problematização a expor situações desafiadoras, aquelas que geram insegurança na ação e para as quais não se tem respostas. Como se pode ver, num processo de tateamento, típico diante de uma abordagem de algo que não é familiar, se referem, principalmente, à natureza da situação alvo da problematização, mas não conseguem definir o que seria problematização. Dessa forma não revelam conceber problematização como um processo de questionamento, a partir de ângulos variados, acerca da situação desafiadora com o sentido de compreendê-la mais profundamente, de entender os nexos causais que a engendram e, assim, construir um problema que orientaria a busca de respostas para o enfrentamento eficaz dessa situação, saindo da leitura superficial e naturalizada originalmente assumida (Fabre, 2011a).

Problema aparece como sinônimo da situação que paralisa o sujeito, como algo dado, exterior ao seu pensamento:

> Eu fiquei pensando que, não necessariamente seja algo que a gente enxergue como um problema hoje, mas talvez uma situação que a gente não esteja conseguindo chegar ao objetivo. Algo que seja desafiador e não necessariamente é um problema para mim (...) mas que ainda, por algum motivo, eu não consegui trazer (...). (Adriana – segunda reunião da pesquisa-ação).

> Na verdade, não chega a ser um problema, porque você não está estanque, porque, de qualquer forma (...). Mas, não está dentro do que você gostaria da plenitude, está andando um pouco, mais ou menos assim. (André – segunda reunião da pesquisa-ação).

Os testemunhos sugerem uma compreensão de problema que o associa a algo desqualificado, que afronta uma ordem e precisa ser removido com rapidez, sem maiores reflexões, não como uma percepção construída pelo sujeito sobre o contexto que inquieta, sustentada em pressupostos e valores e que traz em si pistas da investigação que possibilitaria a sua solução. Nesta ótica,

> Definir o problema é, simultaneamente, entender o contexto no qual ele ocorre, a complexidade de fatores coincidentes e a singularidade do caso que enfrentamos. Porém, é também reconhecer as diferentes avaliações e decisões implícitas na definição do problema. (Contreras, 2002, p.97).

Na perspectiva de, também, evidenciar o processo de desenvolvimento da competência de problematizar dos participantes, cabe destacar a sinalização da coordenação para provocá-los a distinguirem, nas suas falas, situação dilemática e problematização da situação:

> Vocês captaram o sentido da situação dilemática a ser compartilhada. Agora a questão é: diante dessas situações o que nós vamos fazer? Nós estamos chamando a isso de problematização. (Coordenação – segunda reunião da pesquisa-ação).

E expressa seu entendimento sobre a problematização proposta:

> O convite é que hoje, a partir de compartilhar essas práticas, possamos interrogá-las: O que está concorrendo para que as coisas aconteçam dessa forma? O que tem de meu, o que tem dos alunos concorrendo? Que fatores sociais,

econômicos, culturais, institucionais, pedagógicos podem estar incidindo? (…). (Coordenação – segunda reunião da pesquisa-ação).

Então, o sentido desse movimento que estamos começando hoje é exatamente partir das nossas inquietações para submeter ao questionamento de vários ângulos, trazendo o contexto, mas também nós mesmos. O que me fez tomar tal atitude? O que me motivou? Que crenças estão subjacentes a isso? Que visão disso, daquilo? (Coordenação – segunda reunião da pesquisa-ação).

Perguntar é um repensar. Ao repensar abordam-se novas facetas do fenômeno que se tenta compreender e, nesse mesmo movimento, é possível perceber o que esse perguntar vai fazendo com o sujeito que pensa/repensa. A dúvida e o desequilíbrio são as primeiras manifestações do movimento de repensar, do pensar problemático, quando as certezas começam a ser questionadas e é possível reconhecer a própria incompletude e vulnerabilidade do fazer docente. Na prática docente, cuja natureza é, essencialmente, relacional, portanto carregada de conflitos de valor, esse reconhecimento coloca em relevo a importância da autocompreensão, da reflexão e de posturas éticas e políticas para o desenvolvimento profissional docente (Kelchtermans, 2009).

A partir da elaboração grupal de um domínio consensual linguístico comum acerca da prática de problematização, as situações dilemáticas, consideradas nesta experiência como aquelas vivenciadas em suas práticas docentes que lhes desestabilizaram ou aquelas cuja forma de enfrentamento adotada não tem produzido os resultados esperados, foram compartilhadas num contexto de muita escuta empática. O conteúdo da quase totalidade dessas situações envolvia queixas, principalmente, quanto à postura dos estudantes frente à avaliação, à leitura e ao estudo das disciplinas.

Para ilustrar a experiência de problematização vivenciada, resgatamos uma dessas situações apresentadas e debatidas no grupo:

Eu disse (para os alunos): "Gente, vocês estão colocando à prova o meu processo de avaliação e o meu processo até de condução da disciplina!". E eles: "Ah, mas a gente quer que a senhora anule a prova". Eu disse: "Eu não vou anular uma prova sendo uma situação dessas. Se eu não tivesse dado, vocês poderiam até ter tido alguma dificuldade no aprendizado, me sinalizassem". E aquele dilema, aquela coisa e eu: "Meu Deus, o que eu vou fazer?" "Então, eu disse: Meu Deus, eu vou ter que fazer essa correção com um professor da coordenação na frente dos alunos". E fiz. "Eu não fiz a anulação da prova, porque eu não achei pertinente, visto que o conteúdo tinha sido dado. Foi uma avaliação minha, não sei se foi até uma atitude individual e egoísta nesse sentido. Mas eu não achei certo fazer a avaliação. Os alunos ficaram com muita raiva de mim, me falaram. (…). Eu acho que da minha parte eu não tive nenhum tipo de responsabilidade. Depois, eu comecei a refletir. Algumas vezes eu fazia mais provas. A partir daí eu comecei a fazer provas com mais casos clínicos, embora trazendo coisas do livro, trazendo coisas dos slides, porque o conteúdo é sempre muito teórico". (Maria – quarta reunião da pesquisa-ação).

Embora este texto não tenha como propósito analisar a natureza de cada situação dilemática, cabe destacar que essa situação tem o mérito de revelar a representação inicial da participante, bastante difundida na academia, de docente como porta voz do saber, dono da verdade, que não pode falhar e, pior ainda, admitir sua falha perante os estudantes. Sua função primordial é expor de forma a mais clara possível as teorias adotadas e a função dos estudantes é estudar essas verdades e demonstrar a sua aquisição, em outros termos, a sua memorização na prova, se isso não acontece a responsabilidade é exclusivamente deles. Essa situação é muito simbólica dessa experiência de pesquisa-ação, pois a sua problematização deu origem a profundas reflexões e ressignificações do pensar e agir da docente.

Após a rodada de apresentação das situações dilemáticas, o combinado era que os integrantes trocassem questões sobre todas as situações, tanto no sentido de colher mais elementos sobre as mesmas e sobre o pensamento do seu proponente, quanto no sentido de provocar que este pensasse sobre as ditas situações por diferentes ângulos. Entretanto, provavelmente, em função do *habitus* professoral, através do qual o professor sempre fornece respostas, soluções, conselhos, a tendência do grupo foi de colocar em ação este *habitus*. As questões, a princípio, não foram efetivamente formuladas.

Considerando a natureza estratégica da problematização de formular questões desafiadoras, provocativas, neste caso, tanto para a construção do problema da pesquisa-ação, quanto para o desenvolvimento da competência de problematizar no exercício da docência, a coordenação reafirma a importância de se investir na perspectiva de elaborar questões para cada situação, e convida a todos para assim fazê-lo até o encontro seguinte. Tal investimento tinha como base o exercício da construção do espaço da dúvida, de lidar com a angústia inicial de não ter uma resposta pronta, pois a problematização implica "(…) retardar o momento da solução para aproveitar o tempo de construir os problemas (…)" (Fabre, 2011b, p.27).

Assim, desafiados, os participantes formularam suas questões, todavia muitas ainda eram pouco provocativas. No entanto, a partir da experimentação, da observação da natureza das questões formuladas pelos demais participantes e pela coordenação, e diante das respostas a essas questões, o grupo foi se autorizando, arriscando e espontaneamente formulando questões mais inteligentes, mais bem construídas, mais desafiadoras para os pares.

Construir problemas no sentido de colocar a atenção em algo que nos desequilibra exige um esforço cognitivo, ético e instrumental, em outras palavras, exige um pensamento complexo a serviço de uma docência comprometida com uma sociedade mais justa, humana e igualitária. Esta perspectiva tem como pressuposto que "Nada existe antes de ser moldado pela consciência em algo que possamos discernir. O que surge como realidade objetiva é meramente o que a nossa mente constrói, o que estamos acostumados a ver" (Kincheloe, 2006, pp.15-16).

Todavia, os docentes estão acostumados a associar a percepção disseminada nos meios acadêmicos, especialmente sobre a conduta dos estudantes, como realidade objetiva, como verdade inquestionável. Como afirma Kincheloe (2006, p.17):

Dado que as pessoas são habitualmente incapazes de discernir de que maneiras os seus ambientes moldam a sua percepção —i.e constroem a sua consciência— o desenvolvimento de modos de análise que exponham este processo complexo torna-se muito importante no contexto do nosso esforço construtivista crítico.

Esse processo de problematização, de provocação da dúvida sobre as certezas construídas e de construção de consciências mais críticas, sobre o ensino e a aprendizagem, vivido pelos participantes desta experiência pode ser ilustrado por algumas das questões formuladas pelos demais docentes para a autora da situação dilemática anteriormente referida:

O que você espera que os estudantes aprendam na disciplina?
Você adota alguma maneira para provocar alguma discussão criativa de saberes necessários à atuação do profissional da área?
Diante desse resultado da avaliação, antes da queixa dos alunos na coordenação, o que você poderia ter feito visando à aprendizagem dos estudantes?
Você acredita que suas atividades didático-pedagógicas e avaliativas oportunizam o máximo da aprendizagem esperada?
De que forma a disciplina busca estabelecer relação entre a teoria e a prática do profissional da sua área?
O que é você está entendendo por aprendizagem?
Se queremos que eles aprendam, será que esse fato de noventa por cento ter tido nota baixa na disciplina não poderia ser usado para provocar uma reflexão com eles: o que aconteceu? Como se chegou a esse resultado? O que é que a gente pode fazer para recuperar?
O que ensinamos significa que eles aprendem?

A reflexão acerca dessas questões desenvolvida no grupo possibilitou que a docente se questionasse se o seu ensino efetivamente estava preocupado com a aprendizagem dos estudantes. Ademais, provocou um olhar mais sensível em relação aos estudantes e um movimento de se colocar no lugar do estudante.

Podemos falar em desenvolvimento profissional docente quando há uma abertura para a transformação impulsionada reflexivamente pela substituição da certeza pela dúvida. Esse movimento ocorreu no grupo, e pode ser evidenciado em momentos em que os docentes tomam novas decisões a partir de uma autoanálise provocada pelo movimento grupal, como ilustram os depoimentos:

> A questão da criatividade, do relacionamento com o outro, com o paciente, acabou sendo despertado a partir da participação da pesquisa-ação. Então, hoje em dia a gente não faz mais avaliação com o aluno, por exemplo, no momento que ele está com o paciente no hospital, apenas se ele soube ou não fazer o procedimento, se ele soube ou não interpretar o exame, mas a relação com ele e com os outros alunos durante o procedimento, a criatividade, a potencialidade de resolver problemas, a iniciativa, outras habilidades e atitudes tão importantes quanto você ter o conhecimento técnico cientifico. (…) hoje em dia como avaliação, a gente não faz apenas a prova escrita, a gente tem o mapa mental, que o aluno faz a correlação entre os assuntos que traz para apresentar com o grupo (…) o grupo propõe mudanças, e tudo isso surgiu a partir da pesquisa-ação. (Camila – entrevista).

> (…) de uma forma que eu acho que foi muito forte no grupo da pesquisa-ação para mim, a democracia, o professor (docente) ser o mediador do processo de ensino e aprendizagem, e não aquele sujeito que chega na sala de aula dita todas as regras, estabelece lá o que será feito. (Emília – entrevista).

> É, de me vincular de forma diferente com a minha posição, porque eu sempre trouxe tudo prontinho. Sempre delineei tudo, sempre disse que dia vai ser tal avaliação, que conteúdos abarca tal avaliação. E dessa vez eu não fiz isso. Fui mudar o meu vínculo com a postura de ser profissional e o meu comportamento ali, perante a turma, porque eu acreditei que era um movimento de tentar fazer isso mesmo, entendeu? (Adriana – quarta reunião da pesquisa-ação).

Uma transformação, extremamente significativa no processo de desenvolvimento profissional docente, vivenciada em níveis variados pelos participantes do grupo da pesquisa-ação, foi a ampliação da capacidade de problematizar o currículo, a própria docência e o impacto dela na formação dos estudantes. A problematização desenvolvida no processo da pesquisa-ação em grupo (sobre a própria prática e dos pares, sobre as teorias estudadas, sobre as opiniões e argumentos circulantes no grupo) permitiu uma visão mais complexa da relação professor/estudante e desestabilizou o discurso da queixa e da responsabilização exclusiva do estudante por seus possíveis fracassos.

Ademais, a problematização, conforme os participantes, está mais presente e mais qualificada no processo de ensino-aprendizagem que desenvolvem, após a experiência desta pesquisa-ação:

> Então eu não tenho como tratar um problema, trazendo já uma solução se eu não estou inserida naquele contexto. Então, problematizar nesse sentido é fundamental, até porque dá poder e voz a todos, e você consegue ter a perspectiva do problema do ponto de vista do coletivo, e não apenas de uma pessoa individualmente, então você tem uma visão mais ampla sobre aquele problema e sobre as possibilidades, consequentemente, de resolução daquele problema. Então a pesquisa-ação ela tem um potencial imenso. (Camila – na entrevista).

> Como as atitudes e competências nossas para promover esse ambiente. Isso porque as perguntas que me fizeram me trouxeram muito isso. Como é que eu posso mudar? (…). É bem isso. E isso me fez tomar uma atitude pessoal, na abertura do semestre com os alunos (…). Porque eu fiz aquela pergunta que foi sugerida aqui: "O que eles entendem do profissional da área deles, que eles escolheram para estar se formando?" (…). E eu fiz esse levantamento para daí realizar esse delineamento do programa junto com eles na sala. Foi muito interessante. E foi por conta dessa inquietação aqui e das perguntas que tinham sido feitas para mim que eu resolvi correr esse risco. (Adriana – quarta reunião da pesquisa-ação).

> Um dos estudantes afirmou que a turma tem uma dificuldade: "ah professora, a gente tem dificuldade de ler, não gosto de ler, só leio se for cobrado" (…). Aí a gente foi discutir como seria isso na empresa? Eu só faço se tiver um bônus para isso? como é que você seria como gestor? Você só vai se motivar se tiver uma troca imediata? A gente fez muitas reflexões e aí mudou um pouco (a atuação dos estudantes), entendeu? (Marília – na entrevista).

Em suma, problematizar é correr riscos, é lançar-se no caminho de quebra dos obstáculos epistemológicos que se traduzem em saberes, crenças e atitudes cristalizados de forma acrítica nas representações dos docentes. O protagonismo docente está intimamente articulado ao desenvolvimento do protagonismo do estudante. Nesse sentido, Pozo e Echeverría (2009) destacam como meta principal do ensino superior uma formação que desenvolva o protagonismo estudantil e para atingi-la os docentes também precisam ser formados para construir a condição de transferir progressivamente o controle da aprendizagem para os próprios estudantes. Isso implica coragem e determinação para mudar a rota na docência, para fomentar a autogestão dos estudantes no processo de construção do conhecimento.

Considerações finais

No contexto contemporâneo marcado por profundas transformações econômicas, sociais e culturais, especificamente no mundo do trabalho, promover a formação pessoal e profissional é o grande desafio que enfrenta a pedagogia universitária. Tradicionalmente centralizada na figura do professor como transmissor de conteúdos, as aulas universitárias assemelhavam-se mais a palestras, cujo objetivo principal é transmitir informações, não havendo espaço para a preocupação com a aprendizagem e o desenvolvimento de competências dos estudantes, futuros profissionais. Este modelo de ensino universitário não se sustenta mais! Disso decorre a necessidade de qualificar os processos de formação do docente universitário, uma vez que não há como formar discentes autônomos, ativos e implicados com a própria aprendizagem desconsiderando que o professor é o mediador fundamental do processo de ensino/aprendizagem. Assim, os resultados deste estudo contribuíram para evidenciar que a formação pedagógica dos docentes universitários é um passo essencial para a transformação da qualidade do ensino e que essa formação só faz sentido, só gera aprendizagem e desenvolvimento de competências docentes se se configurar como uma experiência, ou seja, se conseguir tocar os sujeitos e provocar reflexão de si, das suas práticas e concepções e do contexto.

A análise dessa experiência, que teve como centro a reflexão e a problematização da própria prática, permite inferir que o desenvolvimento profissional docente, portanto, a autoformação só acontece se o docente se dispuser a refletir, corajosamente, sobre seu "fazer" e "(...) a identificar as suas falhas e, ao mesmo tempo, a disponibilizar-se, em função do diagnóstico que fez, a delinear um plano estratégico de actuação/formação" (Almeida, 2009, p.39).

É possível concluir, ainda, que esse movimento pode ser potencializado se os docentes integrarem comunidades de investigação sobre a prática, de preferência multidisciplinares, que rompam com a visão imediatista, centrada na racionalidade técnica e que efetivamente integrem a pessoa e o papel do docente, que articule a razão e a emoção, o pensar, sentir e agir numa perspectiva emancipatória.

E, como afirmam os participantes deste estudo, os desafios vivenciados na experiência de confrontarem-se criticamente com a própria prática pedagógica, diretamente, ou pela identificação com as posturas, valores e didática dos demais, e de iniciarem um processo de problematização do próprio pensamento, não foram oportunizados em nenhum momento da formação inicial ou em serviço desses docentes. Dessa forma além de considerarmos exitosa a experiência desta pesquisa-ação postulamos que ela pode ter um importante lugar na formação dos docentes universitários.

Bibliografía

Abbagnano, Nicola (2007). *Dicionário de Filosofia*. 5 ed. revisada e ampliada. São Paulo: Martins Fontes.

Almeida, Maria Judite (2009). "Experiências pedagógicas: uma moda ou uma necessidade?". In Vieira, Flávia (org.), *Transformar a pedagogia universitária: narrativas da prática*. Santo Tirso, Portugal: De facto Editores.

Bardin, Laurence (2011). *Análise de Conteúdo*. Trad. Luis Antero Reto, Augusto Pinheiro. São Paulo: Edições 70.

Boggino, Norberto y Rosekrans, Kristin (2013). *Investigación-Acción: reflexión crítica sobre la práctica educativa. Orientaciones prácticas y experiências*. Rosário, Argentina: HomoSapiens.

Brasil. *Lei de Diretrizes e Bases da Educação Nacional, nº 9394/96*. Disponível em: http://portal.mec.gov.br/index.php?option=com_docman&view=download&alias=13448-diretrizes-curiculares-nacionais-2013-pdf&Itemid=30192. Acesso em: 10.05.2018.

Brasil. *Lei nº 13.005*, de 25 de junho de 2014. Aprova o Plano Nacional de Educação - PNE e dá outras providências. *Diário Oficial [da] República Federativa do Brasil*. Poder Executivo, Brasília, DF, 26 jun. 2014. Disponível em: https://goo.gl/ac2FsS. Acesso em: 28 abr. 2018.

Contreras, José (2002). *A autonomia de professores*. Tradução de Sandra Trabucco Valenzuela. São Paulo: Cortez.

Day, Christopher (2001). *Desenvolvimento profissional de professores: os desafios da aprendizagem permanente*. Porto, Portugal: Porto Editora.

Fabre, Michel. "O que é problematizar? Gênese de um paradigma". *Saber & Educar. Revista Científica*, n.16, a.2011. Disponível em: http://revista.esepf.pt/index.php/sabereducar/index.

Fabre, Michel (2011). "Problematização dos saberes". In Zanten, Agnès Van (coord.), *Dicionário de Educação*. Petrópolis, RJ: Vozes.

Kelchtermans, Geert (2009). "O comprometimento profissional para além do contrato: autocompreensão, vulnerabilidade e reflexão dos professores". In Flores, Maria Assunção y Simão, Ana Maria Veiga (orgs.), *Aprendizagem e desenvolvimento profissional de professores: contextos e perspectivas*. Portugal: Edições Pedago.

Kincheloe, Joe (2006). *Construtivismo Crítico*. Trad. Manuel Alberto Vieira. Mangualde: Portugal.

Korthagen, Fred (2009). "A prática, a teoria e a pessoa na aprendizagem profissional ao longo da vida". In Flores, Maria Assunção y Simão, Ana Maria Veiga (orgs.), *Aprendizagem e desenvolvimento profissional de professores: contextos e perspectivas*. Portugal: Edições Pedago.

Marcelo García, Carlos (1999). *Formação de Professores. Para uma mudança educativa*. Trad. Isabel Narciso. Portugal: Porto Editora.

Monereo, Carles y Pozo, Juan Ignacio (2009). *La universidad ante la nueva cultura educativa: enseñar y aprender para la autonomia*. Madrid: Editorial Síntesis.

Pérez Gómez, Ángel I. (2015). *Educação na era digital: a escola educativa*. Trad. Marisa Guedes. Porto Alegre: Penso, pp.15-30.

Pozo, Juan Ignacio, Echeverría, M. del Puy Pérez (2009). *Psicología del aprendizaje universitário: La formación en competências*. Madrid: Edições Morata.

Ranciere, Jacques (2005). *A partilha do sensível*. Trad. Mônica Costa Netto. São Paulo: Ed. 34.

Ramalho, Betania Leite, Nuñez, Isauro Beltran y Gauthier, Clermont (2004). *Formar o professor, profissionalizar o ensino: perspectivas e desafios*. Porto Alegre: Sulina.

Santos, Boaventura de Sousa (2000). *Introdução a uma ciência Pós Moderna*. 3.ed. Rio de Janeiro: Graal.

Sanz de Acedo Lizarraga, Maria Luisa (2010). *Competencias cognitivas em Educación Superior*. Madrid: Narcea.

Vieira, Flávia, Silva, José Luis y Almeida, Judite (2009). "Transformar a pedagogia na universidade: possibilidades e constrangimentos". In Vieira, Flávia (org.), *Transformar a pedagogia universitária: narrativas da prática*. Santo Tirso, Portugal: De facto Editores.

Vieira, Flávia (2013). "O professor como arquiteto da pedagogia na universidade". *Revista Teias*. Rio de Janeiro, v.14, n.33, pp.138-156. Dossiê Especial.

Vieira, Flávia (2009). "(Des)aprender a avaliação avaliando: episódios de uma experiência pedagógica". In Vieira, Flávia (org.), *Transformar a pedagogia universitária: narrativas da prática*. Santo Tirso, Portugal: De facto Editores.

CONCLUSIONES

Claudia Finkelstein y Elisa Lucarelli

Esta obra recorre diversas miradas acerca de la formación del docente universitario atravesadas en gran medida por los marcos regulatorios de las diferentes instituciones en que se inscriben los estudios realizados. Las condiciones socio históricas e institucionales en las que se desarrollan estas prácticas de formación determinan los modelos que se implementan. Esto da lugar a programas formativos para los docentes universitarios que se sustentan en diferentes concepciones y que se centran en diversos ejes temáticos.

Se han podido identificar –a partir del trabajo de cada subequipo, profundizando en el análisis de su propio caso/universidad– diversidad de dispositivos utilizados para la formación de sus docentes.

Los consideramos dispositivos pedagógicos de formación en tanto en su construcción se han tenido en cuenta las reglas que posibilitan su funcionamiento, los tiempos y espacios reales, las personas, los acuerdos teóricos y técnicos, encuadres, etc. (Souto, 1999); y su carácter normativo e intencional de provocar cambios vinculados a la reflexión acerca de los estereotipos referidos al rol del profesor universitario, a las formaciones ideológicas que se expresan como defensas y justifican las acciones, creencias, etc. y a cambios relacionados con la incorporación de nuevos conocimientos y al establecimiento de nuevas tramas vinculares entre los miembros participantes de todas las instancias formativas. En casi la totalidad de los casos se trata de dispositivos de formación de docentes con un alto grado de institucionalización y de reconocimiento de la comunidad educativa en su conjunto.

En el caso de la investigación desarrollada por la UBA, la UNT, la UNS y UCR se reconocen dispositivos que adoptan formatos más clásicos, en tanto focalizan en el análisis de cursos y programas formativos de diversa índole.

En cambio, UDELAR y UFPEL, centran su interés en un tipo de dispositivo que ha demostrado tener impacto formativo y que se basa en los intercambios reflexivos sobre las experiencias docentes consideradas exitosas y/o innovadoras por sus protagonistas, en un encuadre regulado.

El dispositivo más distante a los formatos más tradicionales corresponde a UNEB que apela a modalidades más cercanas a la autogestión en la definición de las problemáticas a abordar por los docentes participantes, en un encuadre que se asemeja a los grupos de reflexión.

Por otro lado, es interés de esta investigación, como ya se ha señalado, poder ahondar en la consideración de los diferentes espacios de formación para poder analizar si se trata de espacios, lugares o se han constituido como territorios. Las exploraciones llevadas a cabo por los diferentes subequipos permitirían aventurar que los espacios tomados como casos, podrían encaminarse a ser considerados como territorios de formación, cada uno con sus propias especificidades.

Ahora bien, ¿qué contenidos son ineludibles en la formación del profesor universitario? ¿Qué saberes deben estar presentes en esos programas formativos?

Macchiarola (1998) plantea que el saber del docente puede cambiar de acuerdo a las circunstancias y los contextos en función de considerar a las situaciones de enseñanza como únicas e idiosincrásicas y determinadas social e históricamente.

Diferencia, retomando las ideas de Villorio (1982), entre conocer y saber. Conocer implica haber tenido una experiencia personal y directa con el objeto, se valida a través de la experiencia individual y es por eso intransferible. El saber exige justificación objetiva, y supone acuerdo de una comunidad académica.

Desde esta perspectiva, el conocimiento del profesor se compone de creencias, y de conocimientos personales que se construyen y validan a través de la experiencia.

Es un conocimiento práctico en tanto su intención es orientar la acción educativa al tiempo que al ser producto de la experiencia sigue una lógica de uso y no de producción académica. Lo guía un razonamiento práctico que se construye en la experiencia, en la práctica profesional, en la acción cotidiana. Estas experiencias se registran y permiten predecir y guiar las acciones en base a patrones más o menos prototípicos y rutinarios. En este sentido, las políticas educativas, las condiciones de trabajo, la cultura institucional, etc. condicionan su pensamiento y su accionar. Este conocimiento le otorga un marco cognitivo que da sentido a las acciones, que brinda razones para sus elecciones, pero no las determina. Las teorías que construyen los profesores ofrecen argumentos para justificar la práctica y son construcciones elaboradas a posteriori de la acción que se organizan en esquemas, guiones y marcos de referencia.

Desde esta perspectiva, Sanjurjo (2014) afirma que el enfoque de racionalidad práctica o hermenéutico-reflexiva ha permitido comprender que los docentes construyen conocimiento partir de su accionar, confrontando la acción y sus marcos referenciales previos de manera que laboran estructuras conceptuales, teorías prácticas o de acción que permiten la resolución de problemas prácticos.

Este conocimiento es una construcción social y cultural: se construye en la interacción con sus pares, con los alumnos y en una cultura institucional. En un proceso que comienza con las propias experiencias como alumno y continúa en durante el desarrollo profesional y la socialización laboral.

Como ya hemos señalado anteriormente, el profesor universitario es un profesional que asume funciones docentes. Su identidad de base refiere a su campo profesional de origen y su inserción en el campo de la enseñanza, le otorga un componente a esa identidad, pero no modifica sustancialmente la primera. Sus modos de hacer en su práctica profesional están determinados por las tradiciones, costumbres, modos de relacionamiento y cultura propias de su área de experticia. Al acercarse a la enseñanza universitaria, ejerce las prácticas docentes desde las modalidades propias de su comunidad profesional. Al respecto Souto (2019, p.3) señala: "Se trata de un médico o de un abogado que hace docencia y no de un docente que enseña medicina o derecho".

Leite y Da Cunha (1994, 1995; Da Cunha y Leite (1996) abordaron en una investigación llevada a cabo en diversas universidades de Brasil la relación entre las decisiones pedagógicas y las estructuras de poder en la universidad. Las autoras afirman que el control de la distribución del conocimiento llevado a cabo por la sociedad, a través de su estructura de poder, impacta profundamente en las prácticas pedagógicas de la enseñanza superior y crea tensiones importantes en su interior. Plantean que las decisiones de qué enseñar y de cómo enseñar están vinculadas a las estructuras de poder más amplias controladas por las corporaciones que congregan a las diferentes formaciones profesionales. Retoman las ideas de Bourdieu (1983), que sostiene que el espacio universitario, como lugar productor de ciencia, no es un espacio neutro de intereses, sino que refleja las mismas disputas que cualquier campo social.

Los programas formativos abordan teorías y saberes científicos. Al apropiarse de ese saber el docente universitario puede encontrar razones que le permiten justificar sus creencias. Las teorías y enunciados científicos le brindan proposiciones u orientaciones, no prescripciones para la acción. Le permiten tomar distancia de sus propias representaciones, y constituyen la base en la que se instala el conocimiento práctico profesional; estos saberes cobran nuevos significados y son puestos a prueba y reconstruidos en la acción.

Requieren ser internalizados y ser promotores de la reflexión individual y colectiva como procesos ineludibles para su sistematización.

Pimenta (2009) afirma que la docencia es un campo de conocimientos específicos que se configuran en cuatro conjuntos: contenidos referidos a las ciencias humanas y naturales, a la cultura y las artes, los referidos a saberes pedagógicos más amplios, contenidos didáctico-pedagógicos vinculados con la práctica profesional y contenidos de índole social y personal.

En esta línea Da Cunha (2006) discrimina los saberes de orden pedagógico en aquellos relacionados con el contexto en el que se desenvuelve la práctica pedagógica —que suponen la comprensión del papel de las universidades en la construcción del Estado democrático—; con el ambiente de aprendizaje de los estudiantes —que dan cuenta de las condiciones que supone el aprendizaje de los adultos—; con el contexto histórico-social; con el planeamiento de las actividades de enseñanza favorecedoras del aprendizaje significativo; con la evaluación y con la capacidad de facilitar la comunicación y las relaciones interpersonales.

Si analizamos las áreas de conocimiento que abordan los diferentes casos, se advierte en la mayoría de ellos que en estos saberes están contemplados y que contribuyen —en diferente forma y grado— a la profesionalización del accionar del profesor universitario.

En este sentido, los aportes de Da Cunha (2009) y Lucarelli (2000, 2011) sobre el lugar de la Pedagogía y Didáctica Universitaria resultan significativos.

Si recorremos las investigaciones que se encuentran en esta obra desde una perspectiva comparada podemos encontrar algunos aspectos que las articulan.

Es necesario señalar que los aportes teóricos realizados en el capítulo desarrollado por María Isabel Da Cunha son abordados de

   Conclusiones

diferente manera por los diferentes equipos y se ven reflejados en toda la obra.

En primer lugar analizando la cantidad de casos considerados por cada equipo ya sea tomando sujetos personales o instituciones (Universidades, Facultades, Cátedras) se advierte que el equipo de la UBA analiza 5 casos que corresponden a las Facultades de Agronomía, Derecho y Ciencias Sociales, Farmacia y Bioquímica, Medicina y Odontología.

Los investigadores de la Universidad Nacional del Sur toman como objeto dos casos, uno correspondiente a la Facultad de Medicina y otro a varios profesorados de esa universidad.

En el caso de la Universidad Nacional de Tucumán se abordan las diferentes instancias formativas de esa universidad en sus diversas modalidades.

La Universidad de la República, en uno de sus capítulos, estudia tres programas de formación dependientes del Pro Rectorado de Enseñanza y los Programas de formación docente organizados por las Áreas Académicas: los del área de Ciencias Agrarias, artística (Bellas Artes y Música), de la Salud Humana, Social y Científico Tecnológica. Asimismo, los llamados institucionales para la presentación de proyectos concursables de Innovaciones Educativas desde el año 2007 al 2014.

En otro de sus capítulos profundiza el análisis de 8 proyectos concursables situados en 2013 y 2014 en diferentes áreas académicas.

En el caso de la UFPEL, las investigadoras analizan cuatro Universidades Federales del Sur de Brasil y trabajan con 28 profesores iniciantes/novatos.

La investigación llevada a cabo en la UNEB centra su interés en el Campus I de la universidad y conforman un grupo de 11 integrantes.

En el caso de la UCR se abordan los Programas de formación docente de 5 Universidades Estatales.

Otro aspecto de interés resulta comparar los equipos que operan como sujetos de la formación identificando si pertenecen a una especialidad o a varias especialidades.

En los casos que indagan los equipos de la UBA, UNT, UDELAR, UFPEL, UNEB, UCR y el segundo caso de la UNS, se identifican equipos de distintas especialidades disciplinares.

En el caso de la UNS correspondiente a los Profesorados el equipo refiere a una especialidad.

Hemos tomado en consideración la orientación de los dispositivos de formación reconociendo si tienden hacia la autorreflexión del grupo sobre sus prácticas (como estrategia total), si presentan instancias de reflexión sobre sus prácticas o si predominantemente contemplan los contenidos didácticos pedagógicos.

Los equipos pertenecientes a UBA, UNS (uno de sus casos), UDELAR, UNT, UFPEL y UCR reconocen orientación con instancias de reflexión sobre sus prácticas y también orientación predominante acerca de los contenidos didácticos pedagógicos.

El dispositivo que indaga la UNEB se ubica hacia la autorreflexión del grupo sobre sus prácticas (como estrategia total).

El Profesorado, objeto de trabajo de uno de los capítulos aportados por la UNS, se ubica en la orientación que contempla instancias de reflexión sobre las prácticas.

En cuanto a las referencias al contexto socio histórico o al proceso de gestación y desarrollo de los casos que presentamos en esta obra, podemos señalar que:

La UBA realiza una breve caracterización de esa universidad y describe los casos que son objeto de su indagación aludiendo al proceso de gestación y desarrollo de los mismos.

Las investigadoras de la UNT y de la UDELAR abordan en profundidad la política educativa de estas universidades y dan cuenta de los procesos de gestación y desarrollo de sus aportes.

Los dos capítulos que refieren a los casos de la UNS presentan referencias históricas que contextualizan sus contribuciones.

En la UFPEL encontramos una breve referencia a la política educativa universitaria del país.

La UNEB se centra en la relación universidad-sociedad y profesión-estructura social y en el proceso de gestación y desarrollo del grupo tomado como caso.

La UCR no realiza consideraciones al respecto.

En lo relativo a la dimensión metodológica, ya hemos señalado que casi todas las investigaciones adoptaron un enfoque de generación conceptual (comúnmente denominado cualitativo), y en el caso de la UNEB, se reconoce una investigación-acción participativa.

Todos han utilizado como estrategias de recolección de la información empírica la administración de entrevistas —en algunos casos semi-estructuradas y en otras abiertas— y el análisis documental, salvo el caso de la UNEB, donde se realizaron reuniones registradas con audio y video.

Otro aspecto a considerar en el análisis transversal es considerar si los investigadores a su vez son los sujetos responsables de las acciones de formación estudiadas.

En los casos de la UNT, UDELAR y UNS en una de sus indagaciones, los investigadores pueden ser vistos de esta manera. En el caso de la UBA, son parcialmente responsables y las acciones desarrolladas son objeto del trabajo.

En cambio, en el caso de la UCR, UNEB y UNS, los investigadores pueden ser reconocidos como sujeto-objeto de la indagación.

El equipo de la UFPEL no refiere al respecto.

Finalmente, mencionaremos los marcos teóricos más relevantes que se presentan y que sintetiza Da Cunha en su capítulo.

En este sentido los equipos de la UBA, UCR, UNS, UNT, UNEB y UDELAR abordan temáticas referidas a la Pedagogía y Didáctica Universitaria en general, la formación pedagógica del docente universitario y su caracterización, desarrollo profesional docente, perspectivas didáctico pedagógicas. En algunos casos se hace foco en la articulación teoría-práctica (UBA, UNEB).

Temas referidos a Política Educativa en general y Universitaria en particular son de tratamiento de las indagaciones llevadas a cabo en la UNT y UDELAR.

El equipo de la UFPEL centra su preocupación en la caracterización de los profesores iniciantes/novatos y del Asesor Pedagógico Universitario. Esta última temática es objeto de abordaje también en el caso de la UNT.

Esperamos que esta obra aporte a la reflexión acerca de la complejidad inherente a la formación del docente universitario. Es necesario seguir poniendo en cuestión el orden natural que legitima el saber profesional como condición suficiente para la enseñanza de las diferentes profesiones y realizar propuestas formativas para los profesores de nuestras universidades, enfocadas desde una perspectiva crítica (Candau, 1985; Lucarelli, 2009) que permitan dejar atrás las visiones instrumentales y ahistóricas, ligadas a la racionalidad técnica.

Es la intención que ha guiado a quienes conformamos este equipo interdisciplinario y que confiamos, se haya plasmado en esta obra.

Bibliografía

Bourdieu, P. (2000). "El campo científico". En *Los usos sociales de la ciencia*. Buenos Aires: Ediciones Nueva Visión.

Candau, V. M. (1985). *Hacia una nueva didáctica*. Río de Janeiro: Vozes.

Da Cunha, M. I. y Leite, D. (1996). *Decisiones pedagógicas y estructuras de poder en la universidad*. Campinas: Papirus Editora.

Da Cunha, M. I. (2008). "Os conceitos de espaço, lugar e territorio nos procesos analíticos da formação de docentes universitários". En *Educação Unisinos*, v.12, n.3, pp.182-186.

Da Cunha, M. I., Soares, S. y Lopes Ribeiro, M. (org.) (2009). *Docencia Universitaria: profesionalización y prácticas educativas*. Feira de Santana: UEFS Editora.

Garrido Pimenta, S. (2009). "La profesión profesor universitario; procesos de construcción de identidad docente". En Da Cunha, M. I., Soares, S. y Lopes Ribeiro, M. (org.) (2009), *Docencia Universitaria: profesionalización y prácticas educativas*. Feira de Santana: UEFS Editora.

Lucarelli, E. (org.) (2000). *El asesor pedagógico en la universidad: de la teoría pedagógica a la práctica en la formación*. Buenos Aires: Paidós.

Lucarelli, E. (2009). *Teoría y práctica en la universidad. La innovación en las aulas*. Buenos Aires: Miño y Dávila.

Lucarelli, E. (2011). "Didáctica universitaria, ¿un asunto de interés para la universidad actual?". En *Revista Perspectiva*, v.29, n.2, julho-dezembro. Florianópolis: UFSC.

Macchiarola, V. (1998). "El conocimiento de los profesores universitarios. ¿De qué tipo de conocimiento estamos hablando?". En *Revista Ensayos y Experiencias*, n.23. Buenos Aires: Ediciones Novedades Educativas.

Villoro, L. (1982). *Creer, saber, conocer*. México: Siglo XXI Editores.

Souto, M. y otros (1999). *Grupos y dispositivos de formación*. Buenos Aires: Universidad Nacional de Buenos Aires/Novedades Educativas.

Souto, M. (2019). "Acerca de la noción de dispositivo en la formación universitaria". En *Educación, Lenguaje y Sociedad 16* (16), pp.1-16. EISSN 2545-7667.

Sanjurjo, L. (2014). "Dilemas, problemas y tensiones en la formación didáctica de los docentes". En Malet, A. M. y Monetti, E. (comps.), *Debates universitarios cerca de lo didáctico y la formación docente. Didáctica general y didácticas específicas. Estrategias de enseñanza. Ambientes de aprendizaje*. Bs.As.: Noveduc.

Autoras / Autores

Claudia Finkelstein

Es Especialista y Magister en Formación de Formadores y Profesora Asociada de la Didáctica de Nivel Superior (FFyL-UBA). Es Sub directora del Área de Educación Odontológica y Asistencia Pedagógica (FOUBA-UBA). Profesora en Programas en el área Didáctica y Pedagogía Universitaria. Directora del Programa de "Estudios sobre el aula universitaria" (IICE-FFyL-UBA). Directora de proyectos de investigación (UBA) y del Proyecto del Núcleo de Estudios e Investigaciones en Educación Superior del Sector Educativo del MERCOSUR. Autora de publicaciones en su especialidad.

Elisa Lucarelli

Su campo académico es la Didáctica y la Pedagogía Universitarias. Es Doctora en Educación (UBA), Asesora e Investigadora del Programa "Estudios sobre el aula universitaria" (UBA, FFyL, IICE). Directora de Programas de Investigación SID y Profesora de Posgrados del NIFEDE (UNTREF). Profesora de Posgrados en Universidades Nacionales de Argentina y otros países de la región. Investigadora I del Sistema Nacional de Investigaciones.

Autoras/es Primera Parte

Gladys Rosa Calvo

Doctora en Educación (UBA). Licenciada y Profesora en Ciencias de la Educación (FFyL-UBA). Integrante del Programa "Estudios sobre el aula universitaria" del IICE-FFyL-UBA. Coordinadora de proyectos de investigación en UNTREF desde 2012. Docente regular del Departamento de Ciencias de la Educación (FFyL-UBA). Profesora del Centro para el desarrollo docente (Facultad de Derecho, UBA). Formadora de formadores (GCBA).

María Mercedes Lavalletto

Especialista en Tecnología Educativa (UBA). Diplomada Superior en Constructivismo y Educación y Curriculum y Prácticas (FLACSO). Licenciada y Profesora en Ciencias de la Educación UBA. Integrante del Programa de Investigación "Estudios sobre el aula universitaria" del IICE-UBA. Docente del Departamento de Ciencias de la Educación

FFyL-UBA. Formadora de Formadores (GCBA e INFD) e investigadora en Institutos de Formación Docente (GCBA).

Walter Viñas
Especialista en Educación y TIC. Lic. y Prof. en Ciencias de la Educación (UBA). Secretario Académico del Instituto Superior del Profesorado "Dr. Joaquín V. González". Integrante del equipo técnico pedagógico del Ministerio de Educación de CABA. Docente de Didáctica de Nivel Superior en la FFyL (UBA) y otras instituciones de Nivel Superior no Universitario. Investigador en el Programa "Estudios sobre el aula universitaria" IICE (UBA).

María Alicia Villagra
Profesora en Pedagogía (UNT) y Doctora en Cs. de la Educación. Docente de Posgrado en Universidades Nacionales argentinas. Categorizada I como Investigadora, dirigió y participó en proyectos nacionales e internacionales sobre Pedagogía y Didáctica Universitarias. Fue Directora de la Maestría en Docencia Superior Universitaria (UNT), Coordinadora Nacional de RUEDA y Presidenta de la AIDU/A (Asociación Iberoamericana de Docencia Universitaria/Argentina).

Maria Isabel da Cunha
É professora do Programa de Pós Graduação em Educação da Universidade Federal de Pelotas, onde foi Pró Reitora de Graduação e Coordenadora do Programa de Pós Graduação em Educação. Atuou no PPG de Educação da Universidade do Vale do Rio dos Sinos (UNISINOS). É doutora em educação pela Universidade Estadual de Campinas. É pesquisadora do Conselho Nacional de Pesquisa (CNPq). Dedica-se ao campo da pedagogia universitária e formação de professores.

Beatriz Maria Boéssio Atrib Zanchet
Graduada em Matemática pela Universidade Católica de Pelotas (UCPel), Mestre em Educação pela Universidade Federal de Santa Maria (UFSM), Doutora em Educação pela Universidade do Vale do Rio dos Sinos (UNISINOS) e pós-doutora pela mesma Universidade. Foi professora do IFSul-Pelotas e da Faculdade de Educação da Universidade Federal de Pelotas (UFPel)/RS/Brasil. Atualmente desenvolve atividades de pesquisa junto ao grupo Pedagogia Universitária coordenado por a Profa Dra Maria Isabel da Cunha.

Nadiane Feldkercher

Doutora e Mestre em Educação pela Universidade Federal de Pelotas (UFPel). Licenciada em Pedagogia pela Universidade Federal de Santa Maria (UFSM). Professora da Universidade Estadual de Maringá (UEM), vinculada ao Departamento de Teoria e Prática da Educação.

Gabriela Machado Ribeiro

Licenciada em Pedagogia e Educação Física, mestre e doutora em Educação pela Universidade Federal de Pelotas. Professora Adjunta da Universidade Federal de Uberlândia. Líder do Grupo de Pesquisa em Políticas Públicas e Formação Profissional (GPForP) atuando no campo das políticas educacionais e formação de professores.

Nora Cascante Flores

Es Doctora en Educación por la Universidad de Montreal, Canadá. Directora del Departamento de Docencia Universitaria de la Universidad de Costa Rica y Asesora pedagógica en diferentes instancias de educación superior a nivel nacional e internacional. Docente del programa de Maestría en Docencia Universitaria y de la Licenciatura en Docencia Universitaria de la Universidad de Costa Rica. Investigadora en temas de formación pedagógica de docentes universitarios, innovación y contextos de transformación de las prácticas en educación universitaria.

Patricia Marín Sánchez

Cuenta con un Doctorado Latinoamericano en Educación de la Universidad de Costa Rica. Directora del Posgrado en Educación y Coordinadora de la Maestría académica en Docencia Universitaria, Docente de la Licenciatura en esa misma área. Subdirectora de la Escuela de Formación Docente de la Facultad de Educación de la Universidad de Costa Rica. Asesora Pedagógica a nivel nacional e internacional e Investigadora en temas relacionados con la pedagogía y la didáctica universitarias.

Autoras Segunda Parte

Ana María Malet

Doctora en Educación (UNCo). Magister en Educación Superior Universitaria (UNCo). Diplomada y Especialista en Ciencias Sociales con mención en Currículo y Prácticas Escolares (FLACSO). Licenciada en Ciencias de la Educación (UNCPBA). Profesora en Humanidades, Esp. Filosofía y Pedagogía (UNS). Se ha desempeñado como Docente en Didáctica General, Didáctica y Práctica en Educación Superior e Investigadora en la UNS y en otras universidades. Ha participado como panelista en eventos académicos y cuenta con diversas publicaciones. En la actualidad es partícipe en el desarrollo de cursos de posgrado.

Andrea Montano

Magister en Políticas y Estrategias por la Universidad Nacional del Sur y Especialista en Gestión y Conducción del Sistema Educativo y sus Instituciones (FLACSO). Profesora adjunta ordinaria de Didáctica y Práctica Docente en el Nivel Superior en carreras de profesorado y de Didáctica I en la Licenciatura en Ciencias de la Educación de la Universidad Nacional del Sur. Directora de proyectos de grupo de investigación relacionados con la enseñanza y el aprendizaje de las prácticas profesionales. Es autora de publicaciones referidas a la formación docente y a la formación en la práctica profesional.

Mercedes Collazo

Es Doctora en Educación de la Universidad de Buenos Aires. Profesora Titular coordinadora de la Unidad Académica del Pro Rectorado de Enseñanza de la Universidad de la República. Cuenta con numerosas publicaciones y producciones institucionales sobre temas de Pedagogía y Didáctica Universitaria, con especialización en el campo del currículo. Es Directora y Docente de la Maestría en Enseñanza Universitaria y representante nacional en el Grupo de Trabajo del Núcleo de Estudios e Investigaciones en Educación Superior, NEIES MERCOSUR.

Sylvia De Bellis

Licenciada en Ciencias de la Educación por la Facultad de Humanidades, Universidad de la República. Diploma Superior en Ciencias Sociales, mención Constructivismo y Educación por FLACSO, Argentina. Asistente en la Unidad Académica del Pro Rectorado de Enseñanza de la Universidad de la República. Participa en estudios e investigaciones sobre articulación y flexibilización en planes de estudio, carreras flexibles, currículo universitario.

Virginia Fachinetti
Doctoranda en Educación en la Universidad de la República (UDE-
LAR). Magister en Psicología y Educación (UDELAR). Asistente en la
Unidad Académica en el Pro Rectorado de Enseñanza en la UDELAR.
Integrante del equipo de Formación Docente del Área Salud-UDELAR.
Docente de la Maestría en Psicología y Educación y de la Lic. en Psico-
logía de la UDELAR. Investigadora en temas de formación pedagógica
de docentes universitarios, innovación y enseñanza universitaria.

Vanesa Sanguinetti
Doctoranda en Ciencias Humanas, opción Educación por la Universidad de la República del Uruguay. En la actualidad es Asistente en la
Unidad Académica en el Pro Rectorado de Enseñanza en la Universidad de la República. Autora de capítulos de libros sobre la enseñanza
en la educación superior y la innovación educativa.

Nancy Peré
Es Profesora Adjunta de la UA de la Comisión Sectorial de Enseñanza
(CSE) Universidad de la República, Uruguay. Doctoranda en Educa-
ción, FILO-UBA, Magíster en Psicología y Educación, Universidad de
la República. Especialista en Entornos Virtuales de Aprendizaje y en
Informática en la Educación. Responsable de la línea de proyectos en
Innovaciones Educativas y del Programa de Desarrollo Pedagógico
Docente de la CSE. Su campo académico se vincula con: La formación
pedagógico-didáctica de los docentes universitarios y la integración
de tecnologías en las prácticas de enseñanza en educación superior.

Sandra Soares
Doutora em Educação pela Université de Sherbrooke (Quebec-Canada).
Pesquisadora do campo da Pedagogía Universitária. Professora plena
da Universidade do Estado da Bahia (UNEB). Líder do grupo de pesquisa Docência Universitária e Formação de Professores (DUFOP).
Membro da Coordenação Executiva do Centro de Assessoria e Pesquisa
em Inovação Pedagógica (CEAPIP) da UNEB.

Liége Maria Queiroz Sijta
Doutora em Educação pela Universidade Federal da Bahia-UFBA.
Pesquisadora do campo da Pedagogia Universitária. Líder do grupo
de pesquisa DUFOP-UNEB. Professora Titular do PPGEduc-Uneb.

Mariana Soledade Barreiro
Doutora em Educação e Contemporaneidade pela Universidade do Estado da Bahia - UNEB. Pesquisadora do campo da Pedagogia Universitária, professora do Centro Universitário Faculdade de Tecnologia e Ciências - UniFTC.